2025
9급 · 7급 · 군무원
공사공단 대비

2025 김규대 비주얼 행정학

지방직 기출 미러링 모의고사

(주) K&P TRADERS

김규대 지음

이 책의 머리말

Preface

안녕하세요.
행정학을 바라보는 새로운 시선, 비주얼 행정학 김규대입니다.

"실제 지방직 기출을 그대로 반영한 모의고사입니다."

지방직 기출 미러링 모의고사는 교재 명 그대로, 지방직 기출의 유형을 그대로 반영한 기출변형 모의고사입니다. 같은 기출을 여러번 회독하다보면 어느 순간에는 내가 기출을 외운 것인지, 제대로 이해한 것이 맞는지 헷갈리는 순간이 올 수 있습니다. 그때 미러링이 방향을 제시해 드릴 것입니다. 미러링 모의고사는 지방직 기출의 유형을 그대로 반영한 변형 모의고사이기 때문에 기출인 듯 아닌 듯 실전 연습을 하시기에 정말 적합한 교재입니다. 6개년 지방직 기출을 꼼꼼하게 잘 정리하고 싶으시다면 미러링은 최고의 선택이 되실거라 자신합니다.

"여러분도 행정학을 정복하실 수 있습니다."

처음 행정학을 접하시는 분들께서는 방대한 양을 암기하는 것에 대해 가장 걱정하십니다. 그리고 행정학이라는 과목 자체가 실생활에서 쉽게 접하는 부분이 아니고, 처음 배워보시다 보니 더 낯선 감정을 가지시는 것 같습니다. 하지만 충분히 정복하실 수 있습니다. 저는 해당 내용이 눈앞에 잘 그려질 수 있어야 좋은 설명이라고 생각합니다. 그래서 항상 이 부분을 어떻게 설명해드리면 더 쉽게 이해 하실까 끊임없이 고민하여 도식화로 행정학을 표현하고, 행정학 개념을 설명할 때 실생활에서 쉽게 접하실 수 있는 부분과 연계해서 설명을 해드리려고 노력하고 있습니다. 이렇게 추상적인 이론이 현실적으로 피부에 와닿으시도록 시각화, 도식화 하는 과정을 저의 비주얼 행정학 커리큘럼에 담았고, 커리큘럼을 따라 비주얼 행정학만의 복습프로그램까지 진행하시다 보면 어느새 자연스럽게 행정학을 정복하실거라 확신합니다.

김규대 행정학
지방직 기출
미러링
모의고사

"공부의 가속도가 붙는 것이 중요합니다."

수험생들은 공부하다보면 자신에게 끊임없이 "과연 내가 합격할 수 있을 것인가?"라는 의문을 갖게 됩니다. 이렇게 합격할 수 있을지에 대한 고민을 하다보면 그 생각에 빠지게 되고, 더 불안하고 초조해지게 됩니다. 하지만 이런 생각을 하기보다는 "나는 반드시 합격한다. 다만 그 시간을 단축시킬 수 있는 방법은 무엇일까?"라는 앞을 향한 질문을 던지셔야 합니다. 처음 기출문제집을 공부하시다 보면 이런 문제들을 내가 과연 시험장에서 1분 안에 풀어낼 수 있을까라는 생각이 들 것입니다. 결론부터 말하자면 분명히 하실 수 있고, 실전에서 더 빨리 풀 수 있습니다. 공부의 가속도가 붙기 시작하면 나중에 그 속도는 어마어마하게 빨라집니다. 이제 본격적으로 출발선에 섰습니다. 달리십시오! 결승선에서 기쁨의 눈물을 흘릴 수 있는 멋진 주인공이 될 것입니다. 저도 여러분이 최대한 빠르게 결승선에 도달할 수 있도록 노력할 것이며, 이 책이 그 시간을 조금이나마 단축 시켜주기를 간절히 바라봅니다.

"감사하고, 또 감사드립니다."

이 교재가 출간되기까지 항상 연구실의 기둥이 되어 최선을 다해 노력해주신 연구실장님과 애써주신 연구실 가족 여러분들께 진심으로 감사의 말씀 전합니다. 좋은 교재와 강의를 만들고 싶어하는 저의 바람을 항상 이해해주시고 늘 같은 마음으로 지지해주셔서 감사합니다. 그리고 항상 부족한 저에게 힘이 되어주는 저의 가족들에게도 진심으로 감사하다는 말씀 전합니다. 마지막으로, 절 믿어주시고, 선택해주신 많은 분들께 합격이라는 행복만 드릴 수 있도록 최선을 다하는 김규대가 되겠습니다. 감사합니다.

2025년 3월
김규대 드림

이 책의 구성 및 특징

Guide

1. 실제시험에 맞춘 난이도

지방직 기출 미러링 모의고사는 기출 + 기출변형 전범위 모의고사로, 실제 시험의 유형에 맞게 변형문제를 구성했기 때문에 실제 시험장에서 문제를 풀어보시는 듯한 경험을 미리 하실 수 있습니다.

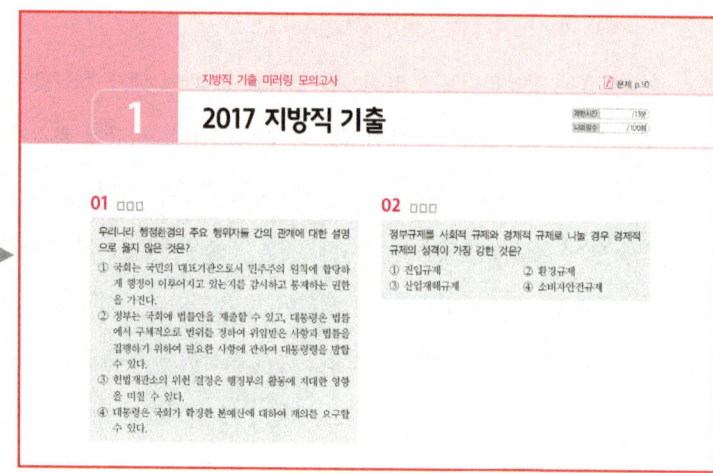

2. 행복노트와의 완벽한 연계

행정학 도식화로 유명한 행복노트의 주요 내용을 해설에 담았습니다. 추가 교재 없이 단원별 모의고사 한권 만으로도 행정학을 쉽고 편하게 이해하신 후 학습하실 수 있습니다.

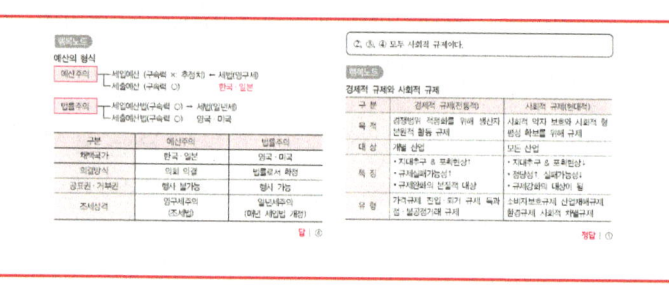

김규대 행정학
지방직 기출
미러링
모의고사

3. 주요 개념 강조

해설에서 중요한 개념을 굵게 표시하여, 중요한 포인트를 나타냈습니다. 이 교재를 처음 접하시더라도, 밑줄친 내용을 중점적으로 보시면 핵심 키워드를 쉽게 이해하실 수 있습니다.

4. 행복한 암기팁

수업을 들으실 때에 편리하게 공부하실 수 있도록 김규대 선생님만의 암기팁을 정리해 두었습니다. 암기팁만 읽어도 음성지원 되는 느낌을 받으실 것입니다.

이 책의 차례

Contents

문제편

- **2019년**
  1. 2019 지방직 기출 / 10
  2. 2019 지방직 미러링 1회 / 14
  3. 2019 지방직 미러링 2회 / 18

- **2020년**
  4. 2020 지방직 기출 / 22
  5. 2020 지방직 미러링 1회 / 26
  6. 2020 지방직 미러링 2회 / 30

- **2021년**
  7. 2021 지방직 기출 / 34
  8. 2021 지방직 미러링 1회 / 38
  9. 2021 지방직 미러링 2회 / 42

- **2022년**
  10. 2022 지방직 기출 / 47
  11. 2022 지방직 미러링 1회 / 50
  12. 2022 지방직 미러링 2회 / 54

- **2023년**
  13. 2023 지방직 기출 / 58
  14. 2023 지방직 미러링 1회 / 62
  15. 2023 지방직 미러링 2회 / 66

- **2024년**
  16. 2024 지방직 기출 / 70
  17. 2024 지방직 미러링 1회 / 74
  18. 2024 지방직 미러링 2회 / 78

해설편

• **2019년**
  1. 2019 지방직 기출 / 84
  2. 2019 지방직 미러링 1회 / 94
  3. 2019 지방직 미러링 2회 / 104

• **2020년**
  4. 2020 지방직 기출 / 114
  5. 2020 지방직 미러링 1회 / 124
  6. 2020 지방직 미러링 2회 / 134

• **2021년**
  7. 2021 지방직 기출 / 144
  8. 2021 지방직 미러링 1회 / 154
  9. 2021 지방직 미러링 2회 / 164

• **2022년**
  10. 2022 지방직 기출 / 174
  11. 2022 지방직 미러링 1회 / 184
  12. 2022 지방직 미러링 2회 / 194

• **2023년**
  13. 2023 지방직 기출 / 204
  14. 2023 지방직 미러링 1회 / 214
  15. 2023 지방직 미러링 2회 / 224

• **2024년**
  16. 2024 지방직 기출 / 234
  17. 2024 지방직 미러링 1회 / 244
  18. 2024 지방직 미러링 2회 / 254
  ■ 정답편 / 265

메모

2025 김규대 비주얼 행정학

지방직 기출
미러링
모의고사

[문제편]

- 2019년
- 2020년
- 2021년
- 2022년
- 2023년
- 2024년

2019 지방직 기출

01
행정이 추구하는 가치에 대한 설명으로 옳지 않은 것은?
① 합리성은 어떤 행위가 궁극적인 목표달성을 위한 최적의 수단이 되느냐를 가리키는 개념이다.
② 효과성은 투입 대비 산출의 비율을, 능률성은 목표의 달성도를 나타내는 개념이다.
③ 행정의 민주성은 대외적으로 국민 의사의 존중·수렴과 대내적으로 행정조직의 민주적 운영이라는 두 가지 측면이 있다.
④ 수평적 형평성이란 동등한 것을 동등하게 취급하는 것, 수직적 형평성이란 동등하지 않은 것을 서로 다르게 취급하는 것을 의미한다.

02
대표관료제에 대한 설명으로 옳지 않은 것은?
① 소극적 대표가 적극적 대표를 촉진한다는 가정하에 제도를 운영해 왔다.
② 엽관주의 폐단을 시정하기 위해 등장하였으며 역차별의 문제를 완화할 수 있다.
③ 소극적 대표성은 전체 사회의 인구 구성적 특성과 가치를 반영하는 관료제의 인적 구성을 강조한다.
④ 우리나라는 균형인사제도를 통해 장애인·지방인재·저소득층 등에 대한 공직진출 지원을 하고 있다.

03
조직의 의사결정에 대한 설명으로 옳지 않은 것은?
① 고도로 집권화된 구조나 기능을 중심으로 편제된 조직의 의사결정은 최고관리자 개인이 주도하는 경우가 많다.
② 브레인스토밍 과정에서는 타인의 아이디어를 비판하거나 평가하지 말아야 한다.
③ 현실의 세계에서는 완벽한 합리성이 아닌 제한된 합리성의 상황에서 의사결정이 이루어진다.
④ 전통적 델파이 기법은 전문가들의 다양성을 고려해 의견 일치를 유도하지 않는다.

04
정책 환경의 불확실성을 극복하는 대처방안 중 소극적인 방법에 해당하는 것은?
① 상황에 대한 정보의 획득
② 정책실험의 수행
③ 협상이나 타협
④ 지연이나 회피

05
광역행정에 대한 설명으로 옳지 않은 것은?
① 기존의 행정구역을 초월해 더 넓은 지역을 대상으로 행정을 수행한다.
② 행정권과 주민의 생활권을 일치시켜 행정 효율성을 증진시킬 수 있다.
③ 규모의 경제를 확보하기 어렵다.
④ 지방자치단체 간에 균질한 행정서비스를 제공하는 계기로 작용해 왔다.

06
옴부즈만(Ombudsman) 제도에 대한 설명으로 옳지 않은 것은?
① 우리나라의 국민권익위원회는 헌법상 독립성을 보장하기 위해 대통령 소속으로 설치되었다.
② 옴부즈만을 임명하는 주체는 입법기관, 행정수반 등 국가별로 상이하다.
③ 스웨덴에서는 19세기에 채택되었다.
④ 행정에 대한 통제 기능을 수행한다.

07
통합재정에 대한 설명으로 옳은 것은?
① 일반회계, 특별회계, 기금을 포함한다.
② 통합재정의 기관 범위에 공공기관은 포함되지만, 지방자치단체는 포함되지 않는다.
③ 국민의 입장에서 느끼는 정부의 지출 규모이며 내부거래를 포함한다.
④ 2005년부터 정부의 재정규모 통계로 사용하고 있으며 세입과 세출을 총계 개념으로 파악한다.

08
로위(Lowi)가 제시한 구성정책의 사례로 옳지 않은 것은?
① 공직자 보수에 관한 정책
② 선거구 조정 정책
③ 정부기관이나 기구 신설에 관한 정책
④ 국유지 불하 정책

09
예산과정에 대한 설명으로 옳은 것은?
① 각 중앙부처가 총액 한도를 지정한 후에 사업별 예산을 편성하고 있어 기획재정부의 사업별 예산 통제 기능은 미약하다.
② 예산제도 개선 등으로 절약된 예산 일부를 예산성과금으로 지급할 수 있지만 다른 사업에 사용할 수는 없다.
③ 예산 집행의 신축성을 확보하기 위해 예비비, 총액계상 제도 등을 활용하고 있다.
④ 예산과정은 예산편성 – 예산집행 – 예산심의 – 예산결산의 순으로 이루어진다.

10
우리나라 정부조직의 변화에 대한 설명으로 옳지 않은 것은?
① 중소기업, 벤처기업 등에 관한 사무를 관장하는 중소벤처기업부를 신설하였다.
② 행정안전부의 외청으로 소방청을 신설하였다.
③ 국가보훈처가 국가보훈부로 격상되었다.
④ 한국수자원공사에 대한 관할권을 환경부에서 국토교통부로 이관하였다.

11
직업공무원제에 대한 설명으로 옳지 않은 것은?
① 젊고 우수한 인재가 공직을 직업으로 선택해 일생을 바쳐 성실히 근무하도록 운영하는 인사제도이다.
② 폐쇄적 임용을 통해 공무원집단의 보수화를 예방하고 전문행정가 양성을 촉진한다.
③ 행정의 안정성을 확보할 수 있고, 높은 수준의 행동규범을 유지하는 데 도움이 된다.
④ 조직 내에 승진적체가 심화되면서 직원들의 불만이 증가할 수 있다.

12
미국에서 등장한 행정이론인 신행정학(New Public Administration)에 대한 설명으로 옳지 않은 것은?

① 신행정학은 미국의 사회문제 해결을 촉구한 반면 발전행정은 제3세계의 근대화 지원에 주력하였다.
② 신행정학은 정치행정이원론에 입각하여 독자적인 행정이론의 발전을 이루고자 하였다.
③ 신행정학은 가치에 대한 새로운 인식을 기초로 규범적이며 처방적인 연구를 강조하였다.
④ 신행정학은 왈도(Waldo)가 주도한 1968년 미노브룩(Minowbrok) 회의를 계기로 태동하였다.

13
'변혁적 리더십(transformational leadership)'에 대한 설명으로 옳지 않은 것은?

① 리더가 인본주의, 평화 등 도덕적 가치와 이상을 호소하는 방식으로 부하들의 의식수준을 높인다.
② 리더가 부하들의 창의성을 계발하는 지적 자극(intellectual stimulation)을 중시한다.
③ 리더가 부하에게 특별한 관심을 보이거나 자긍심과 신념을 심어준다.
④ 조직참여의 기대가 적은 경우에 적합하며 예외관리에 초점을 둔다.

14
정책결정모형에 대한 설명으로 옳지 않은 것은?

① 린드블롬(Lindblom)같은 점증주의자들은 합리모형이 불가능한 일을 정책결정자에게 강요함으로써 바람직한 정책결정에 도움을 주지 못한다고 주장한다.
② 사이먼(Simon)의 만족모형은 합리모형에 대한 심각한 도전이자, 인간의 인지능력이라는 기본적인 요소에서 출발했기에 이론적 영향이 컸다.
③ 에치오니(Etzioni)는 합리모형과 점증모형의 단점을 극복하기 위하여 최적모형을 주장하였다.
④ 스타인부르너(Steinbruner)는 시스템 공학의 사이버네틱스 개념을 응용하여 관료제에서 이루어지는 정책결정을 단순하게 묘사하고자 노력하였다.

15
주민참여제도에 대한 설명으로 옳지 않은 것은?

① 주민참여제도에는 주민투표, 주민소환, 주민소송 등이 있다.
② 「지방자치법」에서는 주민소송에 관한 사항을 명시하고 있다.
③ 지역구지방의회의원에 대한 주민소환투표는 당해 지방의회의원의 지역선거구를 대상으로 한다.
④ 지방자치단체가 조례를 제정하면 해당 지역에 거주하는 18세 이상의 외국인에게 주민투표권을 부여할 수 없다.

16
다음 특징을 가진 정책변동 모형은?

- 분석단위로서 정책하위체제(policy sub-system)에 초점을 두고 정책변화를 이해한다.
- 신념체계, 정책학습 등의 요인은 정책변동에 영향을 준다.
- 정책변동 과정에서 정책중재자(policy mediator)가 중요한 역할을 한다.

① 정책패러다임 변동(Paradigm Shift) 모형
② 정책지지연합(Advocacy Coalition Framework) 모형
③ 단절적 균형(Punctuated Equilibrium) 모형
④ 정책흐름(Policy Stream) 모형

17
정책평가에서 내적 타당성에 대한 설명으로 옳지 않은 것은?

① 준실험설계보다 진실험설계를 사용할 때 내적 타당성의 저해 요인이 다양하게 나타난다.
② 정책의 집행과 효과 사이에 존재하는 인과관계의 추론이 가능한 평가가 내적 타당성이 있는 평가이다.
③ 허위변수나 혼란변수를 배제할 수 있다면 내적 타당성을 높일 수 있다.
④ 선발요인이나 상실요인을 통제하기 위해서는 무작위배정이나 사전측정이 필요하다.

18

공무원의 근무성적평정에 대한 설명으로 옳은 것은?

① 평정대상자의 근무실적과 직무수행능력을 평가하지만 적성, 근무태도 등은 평가하지 않는다.
② 중요사건기록법은 평정대상자로 하여금 자신의 근무실적을 스스로 보고하도록 하는 방법이다.
③ 평정자가 평정대상자를 다른 평정대상자와 비교함으로써 발생하는 오류는 대비오차이다.
④ 우리나라의 6급 이하 공무원에게는 직무성과계약제가 적용되고 있다.

19

예비타당성조사에 대한 설명으로 옳은 것은?

① 조사대상 사업의 경제성, 정책적 필요성 등을 종합적으로 검토하여 그 타당성 여부를 판단한다.
② 중앙행정기관의 장은 예비타당성조사를 실시하고 기획재정부장관과 그 결과를 협의해야 한다.
③ 신규 사업 중 총사업비가 300억 원 이상이 사업은 예비타당성 조사대상에 포함된다.
④ 기존에 유지된 타당성조사의 문제점을 보완하기 위해 2013년부터 도입하였다.

20

국가채무에 대한 설명으로 옳지 않은 것은?

① 기획재정부장관은 국가채무관리계획을 수립하여야 한다.
② 국채를 발행하고자 할 때에는 국회의 의결을 얻어야 한다.
③ 우리나라가 발행하는 국채의 종류에 국고채와 재정증권은 포함되지 않는다.
④ 우리나라의 GDP 대비 국가채무비율은 일본과 미국보다 낮은 상태이다.

2019 지방직 미러링 1회

01
형평성(equity)에 대한 다양한 시각의 설명에서 옳지 않은 것은?
① 사회적 형평성은 능률 중심의 전통적 행정에 대한 비판과 함께 강조되었다.
② 지역인재할당제나 누진세 제도의 적용은 수직적 형평에 맞는 제도이다.
③ 소수민우대와 장애인을 우대하는 대표관료제 등은 적극적 형평에 속한다.
④ 현재 차별을 하지 않는 것으로서 과거의 차별로 인한 결과의 시정까지 요구하는 것은 아니다.

02
대표관료제에 대한 설명으로 옳은 것은?
① 대표관료제는 개인의 권리와 자유를 강조한다.
② 실적제의 폐단을 시정하기 위해 등장하였으며 역차별의 문제를 유발할 수 있다.
③ 적극적 대표성은 전체 사회의 인구 구성적 특성과 가치를 반영하는 관료제의 인적 구성을 강조한다.
④ 우리나라는 균형인사제도를 통해 국가유공자·장애인·지방인재·저소득층 등에 대한 공직진출 지원을 하고 있다.

03
집단적 의사결정 기법의 설명에서 사실의 내용과 다른 것은?
① 휴리스틱(heuristic) – 최선의 답보다는 어림짐작으로 가장 그럴 듯한 답을 선택하는 주먹구구식 탐색적 방법
② 변증법적 토론기법(dialectical discussion method) – 찬성과 반대 양 팀으로 나누어 토론진행 과정에서 합의를 도출하는 방식
③ 델파이(Delphi) – 익명으로 제시한 아이디어에 대하여 참여자들의 투표를 통하여 서열을 정하는 선택법
④ 반전기법(reversal technique) – 기존의 시각과 반대되는 시각에서 문제를 검토하게 하는 기법

04
다음의 불확실성 대처방안에 내용 중 적극적 방안으로 보기 어려운 것은?
① 흥정이나 협상
② 정보의 충분한 획득
③ 정책델파이기법
④ 보수적 방법

05
광역행정의 방식에 대한 설명으로 옳지 않은 것은?
① 흡수통합은 자치단체를 몇 개 폐합하여 하나의 법인격을 가진 새로운 자치단체를 신설하는 방식이다.
② 공동치리방식은 둘 이상의 자치단체가 상호 협력관계를 형성하여 광역적 행정사무를 공동으로 처리하는 방식이다.
③ 연합은 기존의 자치단체가 각각 독립적인 법인격을 유지하면서 그 위에 광역행정을 전담하는 새로운 자치단체를 신설하는 방식이다.
④ 자치단체 간 계약은 한 자치단체가 다른 자치단체에게 일정한 대가를 받고 서비스를 제공하는 것을 말한다.

06
옴부즈만(Ombudsman) 제도에 의한 행정통제 방식의 특성으로 보기 어려운 것은?

① 직권에 의한 조사와 직접적 통제권을 행사한다.
② 국민과 행정기관 간의 완충장치 역할을 통한 갈등 해결기능을 한다.
③ 직무수행상의 독립성을 강하게 보장받는다.
④ 신속한 처리와 저렴한 비용이 특징이다.

07
예산집행의 신축성 유지를 위한 취지의 제도로 거리가 먼 것은?

① 통합예산
② 추가경정예산
③ 예비비와 국고채무부담행위
④ 총액승인 예산

08
로위(Lowi)의 정책 유형 구분에서 상호 연결이 잘못된 것은?

① 분배정책 - 특혜관세, 저소득층을 위한 근로장려금
② 구성정책 - 기관신설, 선거구조정
③ 규제정책 - 불공정 거래제한, 과장 광고 처벌
④ 재분배정책 - 누진소득세, 사회보장

09
예산과정에 대한 설명으로 옳은 것은?

① 각 중앙관서의 장은 매년 3월 31일까지 중기사업계획서를 기획재정부장관에게 제출하여야 한다.
② 예산안에 대해서는 예산결산특별위원회에서 정부의 시정연설을 듣는다.
③ 예산의 심의는 대통령 중심제에서 비교적 상세하고 엄격하게 이루어지는 경향이 있다.
④ 기획재정부장관은 각 중앙관서의 장에게 예산을 배정한 때에는 감사원에 통지하지 아니하여도 된다.

10
우리나라 정부조직에 대한 설명으로 옳지 않은 것은?

① 중앙행정기관의 설치와 직무 범위는 법률로 정한다.
② 식품 및 의약품의 안전에 관한 사무를 관장하기 위하여 국무총리 소속으로 식품의약품안전처를 둔다.
③ 국무총리가 특별히 위임하는 사무를 수행하기 위하여 부총리 3명을 둔다.
④ 특허청은 중앙책임운영기관의 유형에 해당한다.

11
직업공무원제도에 대한 설명으로 가장 옳은 것은?

① 직위분류제에 입각한 공직분류 구조가 필수적이다.
② 폐쇄형 임용제도와 밀접한 관련성을 가진다.
③ 전문가적 행정가 양성에 유리하다.
④ 완전한 기회균등을 보장한다.

12
신행정학이 지향하였던 내용으로서 타당성이 없는 것은?

① 능률에 앞서서 또는 그에 추가하여 사회적 형평성 증진에 앞장서야 한다고 주장하였다.
② 혜택 받지 못한 계층에 대한 사회정의 실현에 보수적인 기성체제를 비판하였다.
③ 적극적이고 능동적인 정부역할보다 소극적인 정부역할을 지향한다.
④ 실증주의의 문제점을 비판하고 현상학 등 비실증주의적 철학의 사고방식을 도입하려 하였다.

13
'변혁적 리더십(transformational leadership)'에 대한 설명으로 옳지 않은 것은?
① 무엇인가 가치 있는 것을 교환함으로써 추종자에게 영향력을 행사하는 리더십이다.
② 리더가 부하에게 특별한 관심을 보이거나 자긍심과 신념을 심어준다.
③ 리더가 부하들의 창의성을 계발하는 지적 자극(intellectual stimulation)을 중시한다.
④ 리더가 인본주의, 평화 등 도덕적 가치와 이상을 호소하는 방식으로 부하들의 의식수준을 높인다.

14
정책결정모형에 관한 다음 설명 중 옳지 않은 것은?
① 현실적으로 정책을 결정하는 사람들은 합리성에 의존하기보다는 시간, 공간, 예산의 제약 때문에 제한된 합리성을 추구할 수밖에 없다는 주장을 최적모형이라 한다.
② 정책결정을 위한 대안탐색에 있어서 합리모형과 점증모형의 결합을 주장한 모형을 혼합모형이라 한다.
③ 대학조직에서의 정책결정과정을 설명하는 대표적 모형에는 쓰레기통 모형이 있다.
④ 우리나라 예산당국이 예산편성 및 심의 시에 주로 사용하는 정책결정 모형은 점증주의 모형이다.

15
우리나라의 주민참여제도에 대한 설명으로 옳은 것은?
① 지방자치제가 1995년 부활한 이후 주민투표제, 주민소환제, 주민소송제의 순서로 도입되었다.
② 주민소환 청구요건이 엄격해 실제로 주민소환제를 통해 주민소환이 확정된 지방자치단체장이나 지방의회의원은 없다.
③ 기획재정부장관은 지방자치단체별 주민참여예산제도의 운영에 대한 평가를 실시할 수 있다.
④ 주민투표는 특정한 사항에 대하여 찬성 또는 반대의 의사표시를 하거나 두 가지 사항 중 하나를 선택하는 형식으로 실시하여야 한다.

16
다음 중 정책집행의 통합모형에서 사바띠에(Sabatier)가 제시한 정책지지연합모형(advocacy coalition framework)에 대한 설명으로 틀린 것은?
① 옹호연합은 그들의 신념 체계가 정부 정책에 관철되도록 여론, 정보, 인적자원 등을 동원한다.
② 행위자들은 신념체계에 따라 단순화하여 지지연합이라는 행위자 집단에 초점을 두어 이들의 정책학습을 살펴보고자 한다.
③ 정책하위체제라는 분석 단위에 초점을 두고 정책변화를 이해한다.
④ 정책학습을 통해 행위자들의 기저 핵심 신념(deep core beliefs)을 쉽게 변화시킬 수 있다.

17
정책평가의 타당도에 대한 설명으로 틀린 것은?
① 정책효과가 다른 경쟁적 원인들보다는 당해 정책에만 기인한 것이라고 판단할 수 있는 정도는 내적 타당성이다.
② 정책효과를 찾아낼 만큼 충분히 정밀하게 연구 설계가 이루어졌다면 구성적 타당도가 높은 것이다.
③ 특정의 평가를 넘어 그 평가결과를 일반화할 수 있는 정도가 높을수록 외적 타당도가 높은 것이다.
④ 실험집단과 통제집단을 구성할 때, 선발요소는 내적 타당도를 위협하는 외재적 요소이다.

18
근무성적평정 방법에 대한 내용으로 상호 연결이 잘못된 것은?
① 서열법과 강제배분법은 상대평가에 속한다
② 도표식평정척도법은 연쇄영향(halo effect)을 띠기 쉽다.
③ 다면평정은 대중적 인기영합(Populism)식 평가를 피할 수 있다.
④ 행태관찰척도법(Behavioral Observation Scales)은 연쇄영향(halo effect)을 띠기 쉽다.

19

중앙 예산부서의 사업예산 관리 혁신에 대한 설명으로 틀린 내용은?

① 예비타당성조사 – 사업관련 이해관계가 있는 기관에서 실시하며, 경제성 분석과 정책성 분석은 동시에 한다.
② 총사업비관리 – 단년도에 완공되지 않는 대규모사업에 대하여 사업의 규모 및 사업기간을 정하여 기획재정부장관과 협의하도록 국가재정법 제50조에서 규정하고 있다.
③ SOC민간투자 – 사회기반시설에 대한 민간투자법 제5조에 의하여 사회기반시설에 대한 민간투자와 관련된 주요 정책의 수립에 관한 사항사항을 심의하기 위하여 기획재정부장관 소속으로 민간투자사업심의위원회를 둔다.
④ 예산성과금제도 – 예산의 지출이 절약되거나 새로운 세입원 발굴과 제도 개선으로 수입을 증대시키는 데 기여한 사람에게 성과금을 지급하는 제도로서, 일반 국민은 성과금 지급 대상이 된다.

20

우리나라 국가채무와 국가부채에 대한 설명에서 옳지 않은 내용은?

① 국가채무에는 국채, 차입금, 국고채무부담행위와 정부의 대지급이행이 확정된 국가보증채무가 포함된다.
② 국가채무는 채무의 존재, 지급 시기, 금액이 확정되어 지급 의무가 확실하게 결정된 채무만을 대상으로 한다.
③ 한국은행으로부터의 일시차입금이나 다른 회계 또는 기금으로부터의 차입금은 국가채무에서 제외된다.
④ 국가의 회계 또는 기금의 국고채무부담행위는 국가채무에 해당하지 않는다.

2019 지방직 미러링 2회

01
행정의 본질적 가치에 관한 설명으로 가장 적절한 것은?

① 롤스(J. Rawls)는 원초적 상태하에서 합리적 인간은 최대 극소화 원리에 따라 의사결정을 한다고 전제한다.
② 지나친 집단 이기주의를 극복하기 위해서는 공익에 대한 과정설적인 입장을 반영할 필요가 있다.
③ 실체설은 공익을 사익의 총합으로 보며, 사익을 초월한 별도의 공익은 존재하지 않는다고 본다.
④ 사회적 형평은 성별, 계층별, 세대별로 사회적 약자들을 적극 배려해야 한다는 적극적인 신념에 바탕을 두고 있다.

02
다음 중 대표관료제에 관한 설명으로 가장 옳지 않은 것은?

① 관료제에 대한 외부적 통제는 근본적 한계를 지닐 수 밖에 없다는 인식이 확산되면서 제기되었다.
② 정부관료제 인적 구성의 대표성 확보를 통해 전체 국민에 대한 정부의 대응성을 저하시킨다.
③ 정부의 양성채용목표제, 장애인 의무고용제, 지역인재추천 채용제 등이 대표관료제를 배경으로 한 인사정책이라 할 수 있다.
④ 능력과 자격을 부차적인 임용기준으로 삼기 때문에 행정의 전문성과 생산성을 저하시킬 우려가 있다.

03
집단적 문제해결의 다양한 기법에 대한 설명으로 올바르지 못한 것은?

① 명목집단법은 제한된 집단적 토론만 한 다음 해결방안에 대해 표결을 하는 문제해결기법이다.
② 델파이기업은 문제해결의 아이디어를 제공하는 사람들이 서로 대면적인 접촉을 하는 기법이다.
③ 브레인스토밍은 다른 사람의 아이디어에 자기 의견을 첨가해 새로운 아이디어를 종합하는 편승을 허용한다.
④ 변증법적 토론기법은 토론집단을 대립적인 두 개의 팀으로 나누어 토론을 진행하는 과정에서 합의를 도출한다.

04
환경의 불확실성에 대처하는 소극적 방안에 대한 설명으로 잘못된 설명은?

① 보수적(conservative) 방법 – 최악의 경우를 전제로 정책 대안의 결과를 예측하여 최선의 대안을 선택하는 방법이다.
② 민감도분석(sensitivity analysis) – 미리 산정한 생산계수나 기술계수와 같은 모수(매개변수값, parameter)가 변경되었을 때, 결과가 어떻게 달라지는가에 대해 추가적으로 분석한다.
③ 분기점 분석(break-even analysis) – 우수한 대안에서는 최악의 상태로 발전할 것으로 가정하고, 나머지 대안에 대해서는 최선의 상태가 발생하리라 가정한다.
④ 한정적 합리성(local rationality) 확보 – 복잡한 문제를 여러 개의 단순한 문제로 분할하여 제한 범위 내의 합리성을 추구한다.

05
광역행정에 대한 설명으로 옳지 않은 것은?

① 지역보존을 적극적으로 촉진시킬 수 있다.
② 광역행정은 광역행정수요에 초점을 맞추는 경향이 있기 때문에 기초자치단체의 행정수요를 경시할 가능성이 있다.
③ 광역행정을 처리하기 위한 기구인 협의회는 집행에서 실질적인 강제력이 결여되어 있기 때문에 당사자 간에 심각한 의견불일치를 보이는 광역사무를 해결하기 어렵다.
④ 행정서비스의 균질화와 평준화를 모색하기 위하여 광역행정이 필요하다.

06
우리나라 옴부즈만 제도인 국민권익위원회에 대한 설명으로 가장 옳지 않은 것은?

① 국민권익위원회에 중앙행정심판위원회를 두도록 하고, 국민권익위원회의 부위원장 중 1명이 중앙행정심판 위원회의 위원장이 된다.
② 접수된 고충민원은 접수일로부터 60일 이내에 처리하여야 한다.
③ 신청에 의한 조사만 가능하고, 직권에 의한 조사는 불가능하다.
④ 국민권익위원회는 국무총리 소속이며, 부위원장은 위원장의 제청으로 대통령이 임명한다.

07
한국 정부의 재정 규모에 대한 설명으로 틀린 내용은?

① 통합재정 규모는 일반회계, 특별회계, 기금의 지출 규모에서 내부거래와 채무 상환 등을 차감한 순수한 재정활동의 규모이다.
② 총지출 규모는 국민 입장에서 느끼는 정부의 지출 규모이다.
③ 일반정부 재정 규모는 경제협력개발기구의 국민계정 작성 기준에 따라 한국은행이 작성한다.
④ 총지출 규모 = 경상지출 + 자본지출로 산출한다.

08
로위(Lowi)는 강제력의 행사방법과 강제력의 적용영역 차이에 따라 정책을 네 가지(A~D)로 유형화하고, 정책유형별 특징과 사례를 제시하였다. 이에 대한 설명으로 옳지 않은 것은?

강제력의 행사방법 \ 강제력의 적용영역	개별적 행위	행위의 환경
간접적	A	B
직접적	C	D

① A에서는 정책내용이 세부단위로 쉽게 구분되고 각 단위는 다른 단위와 별개로 처리될 수 있다.
② B에는 선거구 조정, 정부조직이나 기구 신설, 공직자 보수 등에 관한 정책이 포함된다.
③ C에서는 피해자와 수혜자가 명백하게 구분되며 정책결정자와 집행자가 서로 결탁하여 갈라먹기식(log-rolling)으로 정책을 결정하는 것이 어렵다.
④ D에서는 지방적 수준에서 분산적인 정책결정이 이루어진다.

09
우리나라 예산과정에 대한 설명으로 옳지 않은 것은?

① 우리나라 국회에서는 본회의보다 상임위원회와 예산결산특별위원회를 중심으로 예산이 심의된다.
② 예산총액배분 자율편성제도는 중앙예산기관과 정부부처 사이의 정보 비대칭성을 완화하려는 목적을 갖고 있다.
③ 예산집행의 신축성을 확보하기 위한 제도로써 이용, 총괄예산, 계속비, 배정과 재배정 제도가 있다.
④ 예산제도 개선 등으로 절약된 예산 일부를 예산성과금으로 지급할 수도 있고, 다른 사업에 사용할 수도 있다.

10
우리나라 정부조직에 대한 설명으로 옳지 않은 것은?
① 국무총리는 국무회의의 부의장이다.
② 특허청은 행정 및 재정상의 자율성이 부여되고 성과에 대해 책임을 지도록 하는 책임운영기관에 해당한다.
③ 법제처에 처장 1명과 차장 1명을 두되, 차장은 고위공무원단에 속하는 일반직 공무원으로 보한다.
④ 영유아 보육 및 교육에 관한 사무를 교육부에서 보건복지부로 일원화하였다.

11
직업공무원제(career civil service system)에 대한 설명으로서 타당한 내용으로 보기 어려운 것은?
① 직위분류제에 의존해 온 미국은 계급제나 폐쇄형 공무원제 및 일반행정가주의에 입각한 직업공무원제의 장점을 도입하고 있다.
② 직업공무원제는 절대군주 시대에 군주를 정점으로 하는 중앙집권적 통일국가체제를 유지하기 위해 강력하고 대규모적인 상비군 양성의 관점에서 확립되었다.
③ 직업공무원제는 정책결정 및 행정관리 기능을 담당하는 고급공무원의 양성에는 불리한 제도이다.
④ 외부환경의 급격한 변화에 적응하지 못하고 무사안일에 빠지거나 변화에 저항적인 관료적 병리현상을 초래할 수 있다.

12
다음 밑줄 그은 내용 중에서 틀린 부분 몇 개인가?

> 신행정학은 전통행정학의 능률지상주의를 탈피하여 ㉠ 사회적 형평, 민주적 가치, 인본주의에 입각한 ㉡ 소극적 행정의 자세와 ㉢ 가치중립 행정을 주장하면서, ㉣ 소용돌이 극복대책으로서 엄격한 관료제 대응방식을 제시하였으며, ㉤ 현상학적 접근방법을 제시하였다.

① 2개 ② 3개
③ 4개 ④ 5개

13
변혁적 리더십(transformational leadership)에 대한 설명 중 가장 옳지 않은 것은?
① 카리스마적 리더십은 공공부문의 리더가 난관을 극복하고 현상에 대한 각성을 확고하게 표명함으로써 부하에게 자긍심과 신념을 심어 주는 것을 의미한다.
② 영감적 리더십은 공공부문의 리더가 부하로 하여금 형식적 관례와 사고를 다시 생각하게 함으로써 새로운 관념을 촉발시키는 것을 의미한다.
③ 개별적 배려는 리더가 부하에게 특별한 관심을 보이고 각 부하의 특정한 요구를 이해해 줌으로써 부하에 대해 개인적으로 존중한다는 것을 전달하는 것을 의미한다.
④ 변혁적 리더십은 인간의 행태나 상황뿐 아니라 리더의 개인적 속성도 다시 재생시키고 있으므로 신속성론에 해당한다.

14
정책결정모형에 관한 설명 중 가장 적절한 것은?
① '점증주의 모형'에서는 정책대안의 분석과 비교가 총체적·종합적으로 이루어진다.
② '만족모형'은 정책결정자나 정책분석가가 절대적 합리성을 가지고 있고 주어진 상황하에서 목표의 달성을 극대화할 수 있는 최선의 정책대안을 찾아낼 수 있다고 본다.
③ 앨리슨(Allison) 모형은 쿠바 미사일 사태에 대한 사례연구를 바탕으로 발전하였는데 합리모형, 조직과정모형, 정치모형의 세 가지 정책결정모형을 제시한다.
④ 킹던(Kingdon)의 '정책창문(Policy Window) 이론'은 정책 창문이 한 번 열리면 문제에 대한 대안이 도출될 때까지 상당기간 열려 있는 상태로 유지된다고 본다.

15
현행 우리나라 지방자치 하의 주민참여제도에 대한 설명으로 옳지 않은 것은?

① 일정 요건을 갖춘 주민들에게도 조례 제정·개정·폐지 청구권한을 인정하고 있다.
② 광역지방의회의 비례대표 의원은 주민소환투표의 대상에서 제외된다.
③ 재외국민은 모두 주민투표권을 갖지만 국내 거주 외국인은 주민투표권이 없다.
④ 수사 또는 재판에 관여하게 되는 사항은 주민감사청구대상이 아니다.

16
사바티어(Sabatier)가 주장하는 통합모형에 대한 설명으로 가장 옳지 않은 것은?

① 경쟁하는 정책옹호연합들이 선택하는 전략은 정책중개자(policy broker)들에 의하여 중재된다.
② 정책 하위시스템 내에는 신념을 공유하는 행위자들끼리의 지지연합으로 뭉쳐 있다.
③ 정책하위시스템 참여자의 활동에 영향을 미치는 요소를 통합적 접근방법으로 도출하였다.
④ 기본적 분석단위는 하향적 접근을 토대로 하고, 영향요인은 상향적 접근상의 여러 변수와 사회경제 상황 및 법적 수단을 결합한다.

17
정책평가의 타당성에 대한 적절한 설명이 아닌 것은?

① 내적 타당성은 정책효과가 다른 경쟁적 원인들보다는 당해 정책에만 기인되는 것이라고 판단할 수 있는 정도를 의미한다.
② 특정한 상황에서 얻은 정책평가가 다른 상황에도 그대로 적용될 수 있는 정도를 외적 타당성이라고 한다.
③ 정책의 효과를 찾아낼 만큼 충분히 정밀하고 강력하게 연구설계가 이루어진 정도는 통계적 결론의 타당성이라고 한다.
④ 내적 타당성을 위협요인 중에 실험집단과 통제집단이 서로 다른 개인들을 할당함으로써 발생하게 되는 선발요인은 내재적 요인이다.

18
근무성적평정에 관한 다음의 설명 중 가장 옳지 않은 것은?

① 평정의 착오에 있어 상동적 오차는 평정자가 자기 자신과 성향이 유사한 부하에게 후한 점수를 주는 오차이다.
② 집중화경향을 방지하기 위한 강력한 방법은 상대평가를 반영하는 강제배분법이다.
③ 체크리스트 평정법은 공무원을 평가하는데 적절하다고 판단되는 표준행동 목록을 미리 작성해 두고, 이 목록에 가부를 표시하게 하는 방법이다.
④ 평정자마다 척도에 사용되는 용어에 대한 지각과 이해가 상이할 경우 평정상의 오류가 범해질 수 있으며, 이러한 문제는 특히 도표식 평정척도법에서 많이 나타난다.

19

재정·예산제도에 대한 설명으로 옳은 것은?

① 예산지출이 간접적 예산 집행이라면 조세지출은 세제상의 혜택을 통한 직접 지출의 성격을 띤다.
② 통합재정은 일반회계, 특별회계, 기금을 모두 포괄하며, 재정활동의 전모를 파악할 수 있도록 융자지출을 통합재정수지의 계산에 포함하고 있다.
③ 성인지 예산제도는 각 지출부처가 기획재정부와 여성가족부의 지휘 아래 대부분의 재정사업에 대해 성인지 예산서·결산서를 작성하도록 하고 있다.
④ 예비타당성조사는 대규모 건설사업, 정보화사업, 연구개발사업 등을 대상으로 하며, 교육·보건·환경 분야 등에는 아직 적용되지 않고 있다.

20

국가재정법 제91조에 의거한 국가채무에 포함되지 않는 내용은?

① 국가회계 또는 기금이 발행한 채권
② 국가의 회계 또는 기금의 차입금
③ 정부의 대지급 이행이 확정된 채무
④ 보증채무

2020 지방직 기출

01
작은정부를 적극적으로 옹호하는 것은?
① 행정권 우월화를 인정하는 정치·행정 일원론
② 경제공황 극복을 위한 뉴딜정책
③ 사회복지 프로그램의 확대
④ 신공공관리론

02
기능(functional) 구조와 사업(project) 구조의 통합을 시도하는 조직 형태는?
① 팀제 조직　　② 위원회 조직
③ 매트릭스 조직　④ 네트워크 조직

03
지방재정의 세입항목 중 자주재원에 해당하는 것은?
① 지방교부세　　② 재산임대수입
③ 조정교부금　　④ 국고보조금

04
국내 최고 대학을 졸업했기 때문에 일을 잘했을 것이라고 생각하여 피평정자에게 높은 근무성적평정 등급을 부여할 경우 평정자가 범하는 오류는?
① 선입견에 의한 오류
② 집중화 경향으로 인한 오류
③ 엄격화 경향으로 인한 오류
④ 첫머리 효과에 의한 오류

05
행정 가치에 대한 설명으로 옳지 않은 것은?
① 공익 과정설에 따르면 사익을 초월한 별도의 공익이란 존재할 수 없다.
② 롤스(Rawls)는 사회정의의 제1원리와 제2원리가 충돌할 경우 제1원리가 우선이라고 주장한다.
③ 파레토 최적 상태는 형평성 가치를 뒷받침하는 기준이다.
④ 근대 이후 합리성은 목표를 달성하는 수단과 관련된 개념이다.

06
기술과 조직구조의 관계에 대한 페로(Perrow)의 설명으로 옳지 않은 것은?
① 정형화된(routine) 기술은 공식성 및 집권성이 높은 조직구조와 부합한다.
② 비정형화된(non-routine) 기술은 부하들에 대한 상사의 통솔범위를 넓힐 수밖에 없을 것이다.
③ 공학적(engineering) 기술은 문제의 분석가능성이 높다.
④ 기예적(craft) 기술은 대체로 유기적 조직구조와 부합한다.

07
지방분권 추진 원칙 중 다음 설명에 해당하는 것은?

- 기능 배분에 있어 가까운 정부에게 우선적 관할권을 부여한다.
- 민간이 처리할 수 있다면 정부가 관여해서는 안 된다.
- 가까운 지방정부가 처리할 수 있는 업무에 상급 지방정부나 중앙정부가 관여해서는 안 된다.

① 보충성의 원칙　② 포괄성의 원칙
③ 형평성의 원칙　④ 경제성의 원칙

08
정책집행의 하향식 접근(top-down approach)에 대한 설명으로 옳은 것만을 모두 고르면?

> ㄱ. 집행이 일어나는 현장에 초점을 맞춘다.
> ㄴ. 일선공무원의 전문지식과 문제해결능력을 중시한다.
> ㄷ. 하위직보다는 고위직이 주도한다.
> ㄹ. 정책결정자는 정책집행에 영향을 미치는 정치적·조직적·기술적 과정을 충분히 통제할 수 있다.

① ㄱ, ㄴ
② ㄱ, ㄷ
③ ㄴ, ㄹ
④ ㄷ, ㄹ

09
조직구성 원리에 대한 설명으로 옳지 않은 것은?

① 분업의 원리 - 일은 가능한 한 세분해야 한다.
② 통솔범위의 원리 - 한 명의 상관이 감독하는 부하의 수는 상관의 통제능력 범위 내로 한정해야 한다.
③ 명령통일의 원리 - 여러 상관이 지시한 명령이 서로 다를 경우 내용이 통일될 때까지 명령을 따르지 않아야 한다.
④ 조정의 원리 - 권한 배분의 구조를 통해 분화된 활동들을 통합해야 한다.

10
직업공무원제의 단점을 보완하는 것으로 옳지 않은 것은?

① 개방형 인사제도
② 계약제 임용제도
③ 계급정년제의 도입
④ 정치적 중립의 강화

11
A 예산제도에서 강조하는 기능은?

> A 예산제도는 당시 미국의 국방장관이었던 맥나마라(McNamara)에 의해 국방부에 처음 도입되었고, 국방부의 성공적인 예산개혁에 공감한 존슨(Johnson) 대통령이 1965년에 전 연방정부에 도입하였다.

① 통제
② 관리
③ 기획
④ 감축

12
직위분류제의 단점은?

① 행정의 전문성 결여
② 조직 내 인력 배치의 신축성 부족
③ 계급 간 차별 심화
④ 직무경계의 불명확성

13
행정통제의 유형 중 외부통제가 아닌 것은?

① 감사원의 직무감찰
② 의회의 국정감사
③ 법원의 행정명령 위법 여부 심사
④ 헌법재판소의 권한쟁의심판

14
민간투자사업자가 사회기반시설 준공과 동시에 해당 시설 소유권을 정부로 이전하는 대신 시설관리운영권을 획득하고, 정부는 해당 시설을 임차 사용하여 약정기간 임대료를 민간에게 지급하는 방식은?

① BTO(Build-Transfer-Operate)
② BTL(Build-Transfer-Lease)
③ BOT(Build-Own-Transfer)
④ BOO(Build-Own-Operate)

15

정책평가의 논리에서 수단과 목표 간의 인과관계에 대한 설명으로 옳은 것만을 모두 고르면?

> ㄱ. 정책목표의 달성이 정책수단의 실현에 선행해서 존재해야 한다.
> ㄴ. 특정 정책수단 실현과 정책목표 달성 간 관계를 설명하는 다른 요인이 배제되어야 한다.
> ㄷ. 정책수단의 변화 정도에 따라 정책목표의 달성 정도도 변해야 한다.

① ㄱ
② ㄷ
③ ㄱ, ㄴ
④ ㄴ, ㄷ

16

비용·편익분석에 대한 설명으로 옳지 않은 것은?

① 분야가 다른 정책이나 프로그램은 비교할 수 없다.
② 정책대안의 비용과 편익을 모두 가시적인 화폐 가치로 바꾸어 측정한다.
③ 미래의 비용과 편익의 가치를 현재가치로 환산하는데 할인율(discount rate)을 적용한다.
④ 편익의 현재가치가 비용의 현재가치를 초과하면 순현재가치(NPV)는 0보다 크다.

17

정책결정 모형에 대한 설명으로 옳은 것만을 모두 고르면?

> ㄱ. 만족 모형에서는 정책결정을 근본적 결정과 세부적 결정으로 구분한다.
> ㄴ. 점증주의 모형은 현상유지를 옹호하므로 보수적이라는 비판을 받고 있다.
> ㄷ. 쓰레기통 모형에서 의사결정의 4가지 요소는 문제, 해결책, 선택기회, 참여자이다.
> ㄹ. 갈등의 준해결과 표준운영절차(SOP)의 활용은 최적모형의 특징이다.

① ㄱ, ㄴ
② ㄱ, ㄹ
③ ㄴ, ㄷ
④ ㄷ, ㄹ

18

조세지출 예산제도에 대한 설명으로 옳지 않은 것은?

① 세제 지원을 통해 제공한 혜택을 예산지출로 인정하는 것이다.
② 예산지출이 직접적 예산 집행이라면 조세지출은 세제상의 혜택을 통한 간접지출의 성격을 띤다.
③ 직접 보조금과 대비해 눈에 보이지 않는 숨겨진 보조금이라고 이해할 수 있다.
④ 세금 자체를 부과하지 않는 비과세는 조세지출의 방법으로 볼 수 없다.

19

유비쿼터스 전자정부에 대한 설명으로 옳은 것만을 모두 고르면?

> ㄱ. 기술적으로 브로드밴드와 무선, 모바일 네트워크, 센싱, 칩 등을 기반으로 한다.
> ㄴ. 서비스 전달 측면에서 지능적인 업무수행과 개개인의 수요에 맞는 맞춤형 서비스를 제공한다.
> ㄷ. Any-time, Any-where, Any-device, Any-network, Any-service 환경에서 실현되는 정부를 지향한다.

① ㄱ, ㄴ
② ㄱ, ㄷ
③ ㄴ, ㄷ
④ ㄱ, ㄴ, ㄷ

20

민원행정의 성격에 대한 설명으로 옳은 것만을 모두 고르면?

> ㄱ. 규정에 따라 서비스를 제공하는 전달적 행정이다.
> ㄴ. 행정기관도 민원을 제기하는 주체가 될 수 있다.
> ㄷ. 행정구제수단으로 볼 수 없다.

① ㄱ
② ㄷ
③ ㄱ, ㄴ
④ ㄴ, ㄷ

01
작은 정부에 대한 설명으로 옳지 않은 것은?
① 작은 정부는 절대적이라기보다 상대적인 표현이며 크고 비효율적인 정부에 대조된다.
② 정부 규모의 총량에 관심을 가지며 무절제한 정부팽창에 반대한다.
③ 산업화 국가, 발전행정, 케인스 학파의 복지국가 이념은 작은 정부의 논리와 대조된다.
④ 작은 정부를 실현하기 위해서는 모든 면에서 축소해야 한다.

02
매트릭스구조에 대한 설명으로 가장 옳은 것은?
① 계층제적 구조가 존재하지 않으며, 계선과 참모의 역할 구분도 명확하지 않다.
② 수평적이고 평면적인 조직으로서 유연성과 탄력성을 지닌다.
③ 대사관조직이나 대학교의 특수대학원은 매트릭스 구조에 해당한다.
④ 조정이 용이하여 결정이 신속하게 이루어질 수 있다.

03
우리나라의 지방재정에 대한 설명으로 가장 옳지 않은 것은?
① 지방자치단체의 세입재원에 자주재원에는 지방세와 세외수입이 있고, 의존재원에는 국고보조금과 지방교부세 등이 있다.
② 지방세 중 목적세로는 오직 광역자치단체에 귀속되는 지역자원시설세와 지방교육세 등이 있다.
③ 지방교부세는 지방자치단체 간 재정력의 불균형을 조정하는 재원으로, 보통교부세, 특별교부세, 부동산교부세 및 소방안전교부세가 있다.
④ 지방재정자립도가 비슷하면 자치단체의 재정력은 유사하다.

04
평정결과가 공개되는 경우에 평정대상자와 불편한 관계에 놓이는 것을 피하려는 경우에 흔히 발견되는 근무성적 평정 오류에 해당하는 것은?
① 연쇄효과(halo effect)
② 일관적 오류(Central Error)
③ 근접효과 오류(Overemphasis of Recent Behavior Error)
④ 관대화 경향

05
행정운영에서 가외성이 갖는 가치에 대한 설명으로 옳지 않은 것은?
① 행정의 경제적 능률성과 상충관계를 띨 수 있다.
② 행정체제의 신뢰성과 안전성 유지에 기여할 수 있다.
③ 행정의 창의성과 다양성을 높일 수 있다.
④ 운영상의 갈등대립의 가능성을 줄여주는 효과를 기대할 수 있다.

06
조직구조를 결정하는 기술 요인에 관한 설명 중 바르지 못한 것은?
① 조직 기술은 자원을 산출물로 전환하는 사용되는 도구, 기법, 활동을 의미한다.
② 페로(C. Perrow)는 과제의 다양성과 분석 가능성을 기준으로 조직 기술은 장인기술, 비일상 기술, 일상 기술, 공학 기술로 범주화했다.
③ 일상 기술은 높은 공식화, 수직적 계층제 등을 속성으로 갖는 기능구조에 적합하다.
④ 비일상 기술이 요구되는 부서는 예측 가능성이 높은 기계적 조직에서 효과적이다.

07
지방자치단체 사무배분의 원칙에 대한 설명으로 상호 연결이 잘못된 것은?

① 보충성의 원칙 – 중층의 국가공동체 조직에서 하급단위에서 잘 처리할 수 있는 업무를 상급단위에서 직접 처리해서는 안 된다.
② 비경합성의 원칙 – 각급 자치단체가 사무를 처리함에 있어서 서로 경합되지 않도록 하여야 한다.
③ 포괄성의 원칙 – 지방정부가 배분받은 사무에 대해 배타적(exclusive)인 권한을 행사해서는 안 된다.
④ 충분재정의 원칙 – 중앙행정기관의 장은 지방자치단체가 이양받은 사무를 원활히 처리할 수 있도록 충분한 재정지원을 하여야 한다.

08
정책집행 연구에서 하향적 접근과 상향적 접근에 대한 서술로서 틀린 것은?

① 하향적 접근은 집행과정에서 나타난 문제의 인과론적 설명에 중점을 둔다.
② 하향적 접근은 기본적으로 정책집행을 채택된 정책목표를 달성하는 과정으로 보는 정치행정이원론적인 시각을 갖고 있다.
③ 하향적 접근은 정책결정자의 입장에서 집행을 보는 시각이다.
④ '숲은 보되 나무는 보지 못하는' 한계가 하향적 접근의 단점이라면, '나무는 보되, 숲은 보지 못하는' 점은 상향적 접근의 단점에 해당된다.

09
행정관리에서 조정(coordination)의 원칙에 대한 설명에서 옳지 않은 것은?

① 계층제의 원칙 – 조직은 하나의 피라미드 구조를 형성하여 권위·명령의 권한이 조직하부로 차등적으로 분산되는 구조를 가져야 한다.
② 단일명령의 원칙 – 조직의 어떤 개인도 둘 이상의 상위자로부터 명령을 받지 않는다.
③ 통솔범위의 원칙 – 어떤 상위관리자도 적정 수 이상의 부하직원을 감독하지 않도록 해야 한다.
④ 예외의 원칙 – 상위관리자들은 모든 일상적 활동을 수행하는 하급자와 달리 일상적 방법에 의해 대처할 수 없는 예외적, 비정형적 사안에 전념하여야 한다.

10
직업공무원제를 올바르게 수립하기 위한 요건에 대한 설명으로 잘못된 것은?

① 공직에 대한 높은 사회적 평가가 있어야 한다.
② 공무원 인력충원에 대한 장기적인 계획이 수립되고 운용되어야 한다.
③ 젊은 사람보다는 직무경험이 있는 사람이 채용되도록 하여야 한다.
④ 노력에 대한 보상이 적절해야 하며, 보수가 적절하게 지급되어야 한다.

11
계획예산(PPBS) 예산의 장점으로 보기 어려운 것은?

① 계획과 예산의 연계적 통합운영이 장점이다.
② 간접비와 공통비 배분의 정확성을 기할 수 있다.
③ 기획과 예산의 복잡한 의사결정을 일원화시킬 수 있다.
④ 부서할거주의 극복에 기여하고 갈등 조정의 효과가 있다.

12
다음 중 직위분류제에 대한 설명으로 틀린 것은?
① 계급제에 비하여 능력발전에 적합하다.
② 신축성이 높아 상호조정과 인적자원의 융통이 가능하다.
③ 신분보장은 계급제보다 미흡하다.
④ 개방형의 인사제도를 확립하는 데 적합하다.

13
행정통제 중 내부통제에 해당하는 것만을 모두 고른 것은?

ㄱ. 입법부에 의한 통제	ㄴ. 사법부에 의한 통제
ㄷ. 감사원에 의한 통제	ㄹ. 시민에 의한 통제
ㅁ. 공무원으로서 직업윤리	

① ㄱ, ㄴ
② ㄴ, ㄷ
③ ㄷ, ㅁ
④ ㄹ, ㅁ

14
1995년에 완공된 ○○터널은 민간 건설주체의 자본으로 건설하고, 20년간 약정을 맺어 건설원금과 상응 이자를 통행료로 직접 징수한 후에 2015년에 정부에 기부 채납하여 지금은 무료통행을 전환하였는데, 국우 터널의 민간자본 유치 방식은?
① BTL
② BOT
③ BTO
④ BOO

15
다음에 제시하고 있는 내용의 정책평가 유형은?

> 정책수단과 정책효과 간의 인과관계를 파악하되 도중에 개입되는 매개변수를 확인함으로써 인과관계의 경로를 확인하는 행위이다.

① 과정평가
② 총괄평가
③ 메타(meta)평가
④ 평가성검토

16
비용·편익분석의 특성에 대한 설명으로 가장 거리가 먼 것은?
① 미시경제학적 이론의 응용이며, 개별사업에 관한 정책을 주된 대상으로 한다는 점이 특성이다.
② 비용을 부담하거나 편익을 누릴 사람이 누구인지 확인하기가 용이하다.
③ 정책의 능률성 내지 경제성에 초점을 맞춘 정책분석의 접근방법이다.
④ 특정 정책의 모든 바용과 편익을 장기적 시각에서 분석하는 것이 특징이다.

17
다양한 정책결정 모형에 대한 설명으로 내용상 틀린 것은?
① 만족모형은 모든 대안을 탐색하지 않고 무작위적이고 순차적인 몇 개의 대안만을 탐색한다.
② 합리모형은 주어진 목표달성을 극대화하기 위하여 최대한 합리적으로 노력한다는 합리적 인간을 전제로 한다.
③ 최적모형은 최적의 정책 선택하기 위해서는 합리성뿐만 아니라 직관, 판단, 창의성과 같은 초합리적 요인 고려를 동시에 해야 한다고 주장한다.
④ 점증모형은 과거 정책의 불합리성과 관계집단간 정치 권력의 불균형이 일반적인 사회에서 설명력이 높다.

18
조세지출예산제도의 문제점으로 보기 어려운 것은?
① 조세지출은 매년 의회의 심의에 의하여 집행되기 때문에 만성적 기득권화를 방지하는데 기여한다.
② 조세지출은 조세특혜의 성격 때문에 특정집단의 이해관계와 관련되어 있다.
③ 과세의 수직적, 수평적 형평을 파악할 수 있기 때문에 세수인상을 위한 정책판단의 자료가 된다.
④ 국가에 대해 조세지출예산서, 지방자치단체에 대해 지방세지출보고서의 작성을 의무화하고 있다.

19
스마트 전자정부(Smart Government) 구현을 위한 전략으로 가장 거리가 먼 것은?

① 정보 공개(open)
② 분업(specialization)
③ 통합(integration)
④ 녹색정보화(green)

20
민원행정에 대한 다음 설명 중 사실과 다른 것은?

① 민원은 신청인이 요구한 것뿐만 아니라 신청하지 않은 다리를 놓거나 쓰레기를 치우는 것, 도로보수 및 공원관리도 포함한다.
② 민원은 주민의 요구는 물론, 사경제주체로서 공공단체나 행정기관이 요구하는 것도 민원에 포함된다.
③ 민원은 국민의 정서에 많은 영향을 끼치기 때문에 정치인들의 관심대상이다.
④ 복합민원은 민원인이 하나의 목적을 실현하고자 할 때, 복수의 기관에 의하여 복수의 인허가 등 처분을 받아야 하는 민원이다.

01
작은 정부 구현을 위한 감축관리의 방안으로 적합하지 않은 것은?
① 성과주의 예산제도의 도입
② 일몰법의 도입
③ 탈규제화
④ 조직과 정원의 정비

02
매트릭스 조직의 특성과 거리가 먼 것은?
① 빈번한 회의와 갈등 조정 과정으로 인해 많은 시간이 소요된다.
② 이중의 명령체계보다 명령통일의 원리에 따라 조직의 능률성을 높이고자 할 때 필요한 조직이다.
③ 조직이 수행하는 과제가 고도의 불확실성이나 복잡성 및 상호의존성을 띰으로써 고도의 정보처리 능력이 요구될 때 필요한 조직이다.
④ 조직의 통제능력을 넘어설 정도로 인적 자원이나 재정 및 물리적 설비 등의 성장이 커서 규모경제나 자원의 공유 및 융통적 활용이 요구되는 상황에서 적합한 조직이다.

03
지방재정 확충을 위하여 자주재원주의를 강조할 경우의 특징이 아닌 것은?
① 세입분권을 확대하는 방향이 되어야 한다는 주장이다.
② 자치단체의 재정 자율성 강화에 초점을 맞추고 있다.
③ 지역간 형평성을 강조하는 입장이다.
④ 국세의 지방이양을 통해 재정이 확충되어야 한다고 주장한다.

04
근무성적평정시에 평정자가 범하기 쉬운 오류를 설명한 것으로 옳지 않은 것은?
① 한 평정요소에 대한 평정자의 판단이 피평정자의 다른 요소의 평정에도 영향을 주는 현상은 고정관념에 의한 오류(stereotyping)이다.
② 평정자가 모든 피평정자에게 대부분 중간 수준의 평정점을 주는 경향은 집중화 경향(central tendency)이다.
③ 우리나라에서 많은 평정자들은 승진에 임박한 선임순위자들을 우대하는 소위 역산제라는 오류를 범하고 있다.
④ 평정결과의 공개는 평정자의 관대화 경향을 초래한다.

05
행정이 추구하는 가치에 대한 설명으로 옳은 것을 〈보기〉에서 모두 고른 것은?

보기
ㄱ. 효과성을 추구하는 과정에서 능률성의 희생이 발생될 수 있다.
ㄴ. 민주성은 국민과의 관계뿐만 아니라 정부 관료제 내부의 의사결정 과정의 두 가지 측면에서 논의된다.
ㄷ. 절차적 합리성은 목표에 비추어 적합한 행동이 선택되는 정도를 의미한다.
ㄹ. 투명성은 정보공개뿐만 아니라 정보에 대한 접근권까지 포함하는 개념이다.
ㅁ. 제도적 책임성은 자율적이고 적극적인 행정책임을 의미한다.

① ㄱ, ㄷ, ㅁ
② ㄴ, ㄷ, ㅁ
③ ㄱ, ㄴ, ㄹ
④ ㄴ, ㄷ, ㄹ

06
페로(C.Perrow)의 기술유형 중 과업의 다양성과 문제의 분석가능성이 모두 낮은 경우에 해당하는 기술은?

① 장인 기술
② 비일상적 기술
③ 공학적 기술
④ 일상적 기술

07
자치단체 간 사무배분과 분쟁조정에 대한 잘못된 설명은?

① 같은 광역자치단체안의 기초자치단체간의 분쟁은 시도지사소속의 지방분쟁조정위원회에서 수행한다.
② 기초와 광역자치단체 간 사무 경합이 있을 때에는 광역자치단체 중심으로 조정한다.
③ 중앙정부의 일선행정기관보다는 지방자치단체에 많은 사무배분이 필요하다.
④ 지방자치단체 간 사무배분에는 지역 특수성 고려가 중요하다.

08
정책집행에 대한 상향적·하향적 접근방법에 대한 논의 중 옳지 않은 것은?

① 상향적 접근은 집행자의 재량을 중시한다.
② 지역 간의 집행상의 차이를 파악하는 데에는 상향적 접근이 유리하다.
③ 오늘날 두 가지 접근을 상황적으로 적용하고자 하는 주장도 나타나고 있다.
④ 하향적 접근의 경우 정책집행을 반대하는 입장이나 전략 파악이 용이하다.

09
조직에 관한 원리를 설명한 것 중에서 옳지 않은 것은?

① 계층제의 원리는 직무를 권한과 책임의 정도에 따라 등급화하고 상하계층 간에 지휘와 명령복종 관계를 확립하여 구성원의 귀속감과 참여감을 증진시키는 순기능을 가지고 있다.
② 전문화(분업)의 원리는 업무를 종류와 성질별로 구분하여 구성원에게 가급적 한 가지의 주된 업무를 분담시켜 조직의 능률을 향상시키려는 것이나 업무수행에 대한 흥미상실과 비인간화라는 역기능을 가지고 있다.
③ 조정의 원리는 공동목적을 달성하기 위하여 구성원의 행동통일을 기하도록 집단적 노력을 질서있게 배열하는 과정이며 전문화에 의한 할거주의, 비협조 등을 해소하는 순기능을 가지고 있다.
④ 통솔범위의 원리는 1인의 상관 또는 감독자가 효과적으로 직접 감독할 수 있는 부하의 수에 관한 원리로서 계층의 수가 많아지면 통솔범위가 축소된다.

10
직업공무원제의 장단점에 대한 설명으로 틀린 것은?

① 공직을 하나의 전문직업 분야로 확립하는데 유리하다.
② 높은 수준의 봉사정신과 행동규범을 유지하는데 도움을 준다.
③ 정책결정 및 행정관리 기능을 담당하는 고위 공무원 양성에는 불리하다.
④ 전문행정가 양성을 저해함으로써 행정의 전문화 요구에 역행한다.

11
기획예산제도(PPBS)의 특성에 해당하지 않는 것은?
① 장기적인 안목을 중시하며 비용편익분석 등 계량적인 분석기법의 사용을 강조한다.
② 도입 초기부터 행정부에 대한 의회의 통제력을 약화시킨다는 점에서 의회의 반대에 직면했던 제도이다.
③ 장기적 관점에서 다원적 이해관계를 고려하여 기획과 예산을 연결시키는 제도이다.
④ 사업을 계획하고 분석하는 전문가의 힘이 강해지는 반면 경험 많은 관료의 영향력은 감소하게 된다.

12
직위분류제의 특성에 가장 부합하는 내용은?
① 넓은 시야의 인재양성이 용이하기 때문에 장기적인 행정계획에 적합하다.
② 직책과 상관없이 신분보장을 하기 때문에 안정감을 갖고 근무할 수 있다.
③ 계급만 같으면 쉽게 인사이동이 가능하기 때문에 인력운영의 탄력성이 높다.
④ 필요한 자격요건과 시험내용이 일치하여 채용시험의 타당성 확보가 쉽다.

13
행정통제 유형 중에서 통제자의 위치가 밖에 있고, 공식적 성격의 통제 유형에 속하는 것은?
① 옴부즈만제도에 의한 통제
② 교차기능조직에 의한 통제
③ 상급기관의 지휘감독에 의한 통제
④ 감사원과 국민권익위원회에 의한 통제

14
사회간접자본에 대한 '민간투자 유치제도'를 설명하는 내용으로 옳은 것은?
① BTO는 최종 수요자에게 사용료를 부가하여 투자비의 회수가 어려운 시설에 적용된다.
② BLT는 민간의 투자 자금으로 건설한 공공시설을 정부가 사업운영하며 민간에 임대료를 지불하는 방식으로, 운영종료 시점에 정부가 소유권을 이전 받게 된다.
③ BTL은 민간의 투자 자금으로 사회간접자본을 건설하여 소유권을 민간에서 보유한 채로 민간이 사업을 운영하는 방식이다.
④ BOT는 민간이 공공시설을 건설하여 소유권을 정부에 이전한 후 민간이 사업을 운영하는 방식이다.

15
쌀 가격 안정 사업모형에 대한 정책평가의 유형 중 연결이 옳지 않은 것은?
① 형성평가: 사업목표인 쌀 가격 안정의 달성 평가
② 좁은 의미의 과정평가: 정부미 방출 → 쌀 공급 증가 → 쌀 가격 안정으로 이어지는 인과관계의 검증
③ 집행분석: 여러 정책대안들의 투입 및 활동의 실현 여부와 중간목표 등의 성과의 점검.
④ 평가성 검토: 쌀 가격 안정 사업의 범위 확정

16
비용편익분석방법에 대한 설명으로 옳지 않은 것은?
① 편익과 관계되는 소비자 잉여는 지불할 용의가 있는 가격과 실제 지불한 가격을 뺀 값이다.
② 할인율(r)이 높거나 할인기간(t)이 길어질수록 현재가치가 높아지므로 사업의 타당성은 높아지게 된다.
③ 총비용 40억 원이고, 1년 후의 예상총편익이 60억 원이라면, 내부수익률은 50%이다.
④ 순현재가치가 0보다 크거나 편익비용비가 1이상이면 일단 경제성이 있다고 본다.

17

정책결정모형에 대한 설명으로 옳은 것은?

① 쓰레기통모형은 의사결정을 위해서는 문제, 해결책, 참여자의 세 가지 요소가 필요하다고 본다.
② 만족모형은 의사결정자들이 만족할 만하고 괜찮은 해결책을 얻기 위해 몇 개의 대안만을 병렬적으로 탐색한다고 본다.
③ 앨리슨(Allison) 모형II는 긴밀하게 연결된 하위 조직체들이 표준운영절차를 통해 상호의존적인 의사결정을 한다고 본다.
④ 최적모형에 따르면 정책결정과 관련해 위험최소화전략 대신 혁신전략을 취하는 것은 상위정책결정(meta-policy making)에 해당한다.

18

조세지출예산에 대한 설명으로 틀린 것은?

① 항목 간 전용을 용이하게 해주는 운영예산 제도이다.
② 조세지출 정보가 공개되면 재정부담의 형평성에 기여한다.
③ 조세감면의 통제가 가능하여 국고수입을 증대시킬 수 있다.
④ 미국보다 독일에서 먼저 시작되었다.

19

스마트 사회의 전자정부의 특성으로 거리가 먼 것은?

① 중개기관을 통한 접속에서 개인별 정부서비스 창구로 전환된다.
② 개인중심에서 시민중심의 서비스 방식으로 전환된다.
③ 프로세스 통합에서 서비스 통합 방식으로 전환된다.
④ 양방향 정보제공에서 개인별 맞춤정보 제공으로 전환된다.

20

민원에 대한 설명으로서 사실의 내용과 다른 것은?

① 민원인이라 함은 행정기관에 대하여 처분 등 특정한 행위를 요구하는 개인·법인 또는 단체를 말한다.
② 민원이란 민원인이 행정기관에 대하여 처분 등 특정한 행위를 요구하는 사항에 관한 것을 말한다.
③ 민원이란 신청, 신고, 확인 및 증명서 신청, 설명이나 해석의 요구, 건의, 해결요구 등으로 행정기관에 대하여 특정한 행위를 요구하는 사항을 말한다.
④ 공공단체나 행정기관과 사법상의 계약관계에 있는 자가 행정기관에 특정한 행위를 요구하는 것은 민원에 해당한다.

2021 지방직 기출

01
정치·행정 일원론에 대한 설명으로 옳은 것은?
① 행정국가의 등장과 연관성이 깊다.
② 윌슨(Wilson)의 「행정연구」가 공헌하였다.
③ 정치는 의사결정의 영역이고, 행정은 결정된 내용을 집행한다고 보았다.
④ 행정은 경영과 비슷해야 하며, 행정이 지향하는 가치로 절약과 능률을 강조하였다.

02
신공공관리론에서 지향하는 '기업가적 정부'의 특성에 해당하지 않는 것은?
① 경쟁적 정부
② 노젓기 정부
③ 성과 지향적 정부
④ 미래 대비형 정부

03
공직 분류 체계에 대한 설명으로 옳은 것은?
① 소방 공무원은 특수경력직 공무원에 해당한다.
② 국회 수석전문위원은 일반직 공무원에 해당한다.
③ 차관에서 3급 공무원까지는 특정직 공무원에 해당한다.
④ 경력직 공무원은 실적과 자격에 의해 임용되고 신분이 보장된다.

04
예산제도에 대한 설명으로 옳지 않은 것은?
① 품목별 예산제도는 행정부의 재량권을 확대하기 위해 도입되었다.
② 성과주의 예산제도에서는 사업의 단위원가를 기초로 예산을 편성한다.
③ 계획예산제도에서는 장기적인 기획과 단기적인 예산편성을 연계하여 합리적 예산 배분을 시도한다.
④ 영기준 예산제도는 예산을 편성할 때 전년도 예산에 구애받지 않는다.

05
특별회계 예산과 기금에 대한 설명으로 옳지 않은 것은?
① 기금은 특정 수입과 지출의 연계가 강하다.
② 특별회계 예산은 세입과 세출이라는 운영 체계를 지닌다.
③ 특별회계 예산은 합목적성 차원에서 기금보다 자율성과 탄력성이 강하다.
④ 특별회계 예산과 기금은 모두 결산서를 국회에 제출하여야 한다.

06
지방재정에 대한 설명으로 옳지 않은 것은?
① 재정자립도는 일반회계 세입 중 지방세와 세외수입이 차지하는 비중을 말한다.
② 국고보조금은 지방재정운영의 자율성을 제고한다.
③ 지방교부세는 지역 간의 재정 불균형을 시정하기 위한 제도이다.
④ 지방자치단체는 재해예방 및 복구사업에 경비를 조달하기 위해서 지방채를 발행할 수 있다.

07
변혁적(transformational) 리더십에 대한 설명으로 옳은 것은?
① 적응보다 조직의 안정을 강조한다.
② 기계적 조직체계에 적합하며, 개인적 배려는 하지 않는다.
③ 부하에게 새로운 비전을 제시하며, 지적 자극을 통한 동기부여를 강조한다.
④ 리더와 부하의 관계를 경제적 교환관계로 인식하고, 보상에 관심을 둔다.

08
조직이론에 대한 설명으로 옳은 것은?
① 인간관계론은 동기 유발 기제로 사회심리적 측면을 강조한다.
② 귤릭(Gulick)은 시간-동작 연구를 통해 과학적 관리론을 주장하였다.
③ 고전적 조직이론은 조직 내 사회적 능률을 강조하고, 조직 속의 인간을 자아실현인으로 간주한다.
④ 상황이론(contingency theory)은 모든 상황에서 적용되는 유일·최선의 조직구조를 찾는다.

09
균형성과표(BSC)에 대한 설명으로 옳지 않은 것은?
① 조직의 장기적 전략 목표와 단기적 활동을 연결할 수 있게 한다.
② 재무적 성과지표와 비재무적 성과지표를 통한 균형적인 성과관리 도구라고 할 수 있다.
③ 재무적 정보 외에 고객, 내부 절차, 학습과 성장 등 조직 운영에 필요한 관점을 추가한 것이다.
④ 고객 관점에서의 성과지표는 시민참여, 적법절차, 내부 직원의 만족도, 정책 순응도, 공개 등이 있다.

10
정책옹호연합모형(advocacy coalition framework)에 대한 설명으로 옳지 않은 것은?
① 외적인 환경변수를 정책 과정과 연계함으로써 정책변동을 설명한다.
② 정책학습을 통해 행위자들의 기저 핵심 신념(deep core beliefs)을 쉽게 변화시킬 수 있다.
③ 옹호연합 사이에서 정치적 갈등 발생 시 정책중개자가 이를 조정할 수 있다.
④ 옹호연합은 그들의 신념 체계가 정부 정책에 관철되도록 여론, 정보, 인적자원 등을 동원한다.

11
엽관주의와 실적주의에 대한 설명으로 옳은 것은?
① 엽관주의는 개인의 능력, 적성, 기술을 공직 임용 기준으로 한다.
② 엽관주의는 정치지도자의 국정 지도력을 약화한다.
③ 실적주의는 국민에 대한 관료의 대응성을 높인다.
④ 실적주의는 공직 임용에 대한 기회의 균등을 보장한다.

12
고위공무원단제도에 대한 설명으로 옳지 않은 것은?
① 역량 중심의 인사관리
② 계급 중심의 인사관리
③ 성과와 책임 중심의 인사관리
④ 개방과 경쟁 중심의 인사관리

13
4차 산업혁명에 관한 설명으로 옳지 않은 것은?
① 초연결성, 초지능성 등의 특징이 있다.
② 대량 생산 및 규모의 경제 확산이 핵심이다.
③ 사물인터넷은 스마트 도시 구현에 도움이 된다.
④ 빅데이터를 활용한 맞춤형 공공 서비스 제공이 가능하다.

14
행정통제와 행정책임에 대한 설명으로 옳은 것만을 모두 고르면?

> ㄱ. 파이너(Finer)는 법적·제도적 외부통제를 강조한다.
> ㄴ. 감사원의 직무감찰과 회계감사는 외부통제에 해당한다.
> ㄷ. 프리드리히(Friedrich)는 내재적 통제보다 객관적·외재적 책임을 강조한다.

① ㄱ
② ㄴ
③ ㄱ, ㄷ
④ ㄴ, ㄷ

15
자치경찰제도에 대한 설명으로 옳지 않은 것은?

① 지역 실정에 맞는 치안 행정을 펼칠 수 있다.
② 경찰 업무의 통일성과 효율성을 높일 수 있다.
③ 제주자치경찰단은 주민의 생활안전 활동에 관한 사무를 수행한다.
④ 자치경찰 사무를 관장하기 위하여 광역자치단체에 시·도 자치경찰위원회를 둔다.

16
지방자치단체의 예비비에 대한 설명으로 옳지 않은 것은?

① 예측할 수 없는 예산 외의 지출에 충당하기 위하여 예산에 계상한다.
② 일반회계의 경우 예산총액의 100분의 1 이내의 금액을 예비비로 계상하여야 한다.
③ 지방의회의 예산안 심의 결과 감액된 지출항목에 대해 예비비를 사용할 수 있다.
④ 재해·재난 관련 목적 예비비는 별도로 예산에 계상할 수 있다.

17
앨리슨(Allison)모형 중 다음 내용에 초점을 두고 정책결정을 설명하는 것은?

> 1960년대 쿠바 미사일 사태에서 미국은 해안봉쇄로 위기를 극복하였다. 정부의 각 부처를 대표하는 사람들은 위기 상황에서 각자가 선호하는 대안을 제시하였다. 대표자들은 여러 대안에 대하여 갈등과 타협의 과정을 거쳤고, 결국 해안봉쇄 결정이 내려졌다. 이는 대통령이 사태 초기에 선호했던 국지적 공습과는 다른 결정이었다. 물론 해안봉쇄가 위기를 해소하는 최선의 대안이라는 보장은 없었고, 부처에 따라서는 불만을 가진 대표자도 있었다.

① 합리적 행위자 모형
② 쓰레기통 모형
③ 조직과정 모형
④ 관료정치 모형

18
신제도주의에 대한 설명으로 옳지 않은 것은?

① 제도는 법률, 규범, 관습 등을 포함한다.
② 역사적 제도주의는 제도가 경로의존성을 따른다고 본다.
③ 사회학적 제도주의는 적절성의 논리보다 결과성의 논리를 중시한다.
④ 합리적 선택 제도주의는 제도가 합리적 행위자의 이기적 행태를 제약한다고 본다.

19
정책실험에서 내적 타당성을 위협하는 요인 중 다음 설명에 해당하는 것은?

> 사전측정을 경험한 실험 대상자들이 측정 내용에 대해 친숙해지거나 학습 효과를 얻음으로써 사후측정 때 실험집단의 측정값에 영향을 주는 효과이며, '눈에 띄지 않는 관찰' 방법 등으로 통제할 수 있다.

① 검사요인
② 선발요인
③ 상실요인
④ 역사요인

20
지방정부의 기관구성 형태에 대한 설명으로 옳지 않은 것은?

① 강시장 - 의회(strong mayor-council) 형태에서는 시장이 강력한 정치적 리더십을 행사한다.
② 위원회(commission) 형태에서는 주민 직선으로 선출된 의원들이 집행부서의 장을 맡는다.
③ 약시장 - 의회(weak mayor-council) 형태에서는 일반적으로 의회가 예산을 편성한다.
④ 의회 - 시지배인(council-manager) 형태에서는 시지배인이 의례적이고 명목적인 기능을 수행한다.

2021 지방직 미러링 1회

01
정치·행정 새이원론을 발생시킨 행태주의에 대한 설명으로 옳은 것은?
① 1940년대 H.Simon 이 주장한 것으로 '사실'과 '가치'에 대한 이분법을 시도하였다.
② 행태주의의 연구초점은 '사실'과 '가치' 중 가치에 있다고 하였다.
③ 행태주의의 해석학을 강조한 반(反) 실증주의에서 출발하였다.
④ 행태주의는 Sayre의 법칙에 영향을 주었고, 행정학의 기술성을 강조한 것이다.

02
신공공관리론에서 지향하는 '기업가적 정부'의 특성에 해당하지 않는 것은?
① 촉매작용적 정부
② 경쟁적 정부
③ 임무지향적 정부
④ 과정지향적 정부

03
공직 분류에 대한 연결이 옳지 않은 것은?
① 전문경력관 – 일반직 공무원
② 대통령 – 정무직 공무원
③ 경찰 – 특정직 공무원
④ 국가정보원 기획조정실장 – 별정직 공무원

04
예산제도에 대한 설명으로 옳지 않은 것은?
① 품목별 예산제도(LIBS)는 지출항목을 엄격히 분류하므로 사업 성과와 정부생산성을 정확하게 평가할 수 있다.
② 계획예산제도(PPBS)은 모든 사업이 목표달성을 위해 유기적으로 연계되어 있어 부처 간의 경계를 뛰어넘는 자원배분의 합리화를 가져올 수 있다.
③ 영기준 예산제도(ZBB)의 도입 취지는 불필요한 지출을 억제하고 감축관리를 지향하는 데 있다.
④ 성과주의 예산제도(PBS)에서는 국민과 의회가 정부의 사업 내용과 목적을 이해하는 데 편리하다.

05
일반회계 예산, 특별회계 예산과 기금에 대한 설명으로 옳지 않은 것은?
① 일반회계 예산, 특별회계 예산, 기금 모두 국회의 결산심의 승인대상이다.
② 기금은 일반회계 및 특별회계와 달리 세입세출에 의하지 않고 운영될 수 있다.
③ 특별회계의 수가 많으면 국가재정운영의 경직성을 초래하게 된다.
④ 일반회계는 특정수입과 특정세출을 배제하지만, 특별회계는 특정수입과 특정세출을 연계하면서도 추가경정예산의 편성은 제외된다.

06
지방재정에 대한 설명으로 옳지 않은 것은?

① 지방세는 재산과세 위주의 세원구성으로 신장성이 미약하다.
② 재정지출과 비용부담의 연계성이 국가재정보다 강하다.
③ 재정자립도는 지방자치단체의 재정규모와 세출구조를 반영하지 못하고 있다.
④ 특별교부세는 지방자치단체의 소방 및 안전시설 확충, 안전관리를 위하여 지방자치단체에 교부하는 특정재원이다.

07
변혁적(transformational) 리더십에 대한 설명으로 옳지 않은 것은?

① 리더가 부하에게 특별한 관심을 보이거나 자긍심과 신념을 심어준다.
② 조직참여의 기대가 적은 경우에 적합하며 예외관리에 초점을 둔다.
③ 리더가 부하들의 창의성을 계발하는 지적 자극(intellectual stimulation)을 중시한다.
④ 변혁적 리더는 부하에게 확립된 의견뿐만 아니라 리더가 확립한 의견에도 문제를 제기할 수 있는 능력을 요구한다.

08
조직이론에 대한 설명으로 옳지 않은 것은?

① 과학적 관리론은 경영합리화 운동으로 출발하였다.
② 1970년대 후반부터 이론가들의 관심을 끌기 시작한 인적자원관리는 인간관계론의 전통을 계승한 것이다.
③ 베버(Weber)는 조직운영에 필요한 명령을 구성원들이 수행하도록 하기 위한 권위의 계층제를 주장했다.
④ 아지리스(Argyris)는 조직이 개인의 심리적 성공 경험을 중시하여 인간의 자아가 미성숙상태에서 성숙 상태로 변화하는 데 도움을 준다고 주장하였다.

09
균형성과표(BSC)에 대한 설명으로 옳은 것은?

① 균형성과표에서 시장점유율, 정책 순응도, 직무만족도는 고객 관점의 성과지표에 해당한다.
② 무형자산에 대한 강조는 성과평가의 시간에 대한 관점을 단기에서 장기로 전환시킨다.
③ 균형성과표는 조직구성원들에게 조직의 전략과 목적 달성에 필요한 성과가 무엇인지 알려주는 데 한계가 있기 때문에 조직전략의 해석지침으로는 적합하지 않다.
④ 내부프로세스 관점에서는 통합적인 일처리방식보다 개별 부서별로 따로따로 이루어지는 일처리 방식에 초점을 맞춘다.

10
정책옹호연합모형(advocacy coalition framework)에 대한 설명으로 옳지 않은 것은?

① 정책 하위시스템 내에는 신념을 공유하는 행위자들끼리의 지지연합으로 뭉쳐있다.
② 경쟁하는 정책옹호연합들이 선택하는 전략은 정책중개자(policy broker)들에 의하여 중재된다.
③ 정책하위시스템 참여자의 활동에 영향을 미치는 요소는 통합적 접근방법으로 도출하였다.
④ 기본적 분석단위는 하향적 접근방식을 토대로 하고, 영향요인으로 상향적 접근방식의 여러 변수와 사회경제 상황 및 법적 수단을 결합하였다.

11
인사행정에 대한 설명으로 옳지 않은 것은?

① 대표관료제는 소외집단의 요구에 대한 정부정책의 대응성을 높임으로써 정부정책에 대한 국민의 신뢰감 향상에 기여한다.
② 대표관료제는 행정의 전문성과 생산성을 저해할 우려가 있다.
③ 사회적 약자의 공직진출을 제약할 수 있다는 점은 실적제의 한계이고, 이를 보완하기 위하여 대표관료제가 주창되었다.
④ 실적주의는 유능한 인재를 적극적으로 유치할 수 있는 제도이다.

12
고위공무원단제도에 대한 설명으로 옳지 않은 것은?

① 개방성과 성과관리를 특징으로 하는 통합적 인사시스템이다.
② 근무평정에서 최하위 등급 평정을 총 2년 이상 받으면 적격심사 대상이 된다.
③ 고위공무원의 보수는 직무성과급적 연봉제의 적용을 받는다.
④ 개방형 직위는 직위 총수의 30% 범위 안에서, 공모직위는 직위 총수의 20% 범위 안에서 지정할 수 있다.

13
미래사회의 특성적 경향으로 가장 거리가 먼 것은?

① 시간적, 공간적 확장보다는 축소 사회로 발전할 것이다.
② 스마트 기술의 등장과 스마트 사회 확산이 예상된다.
③ 가상현실과 프로슈머 및 바이오 경제가 될 것이다.
④ 스마트 전자정부의 비전은 공개, 통합, 협업, 녹색정보화를 추진전략으로 삼는다.

14
행정통제와 행정책임에 대한 설명으로 옳은 것은?

① 행정책임은 일정한 권리를 전제로 하여 발생한다.
② 행정책임을 묻기 위해서는 행동의 동기를 파악하는 것이 가장 중요하다.
③ 행정통제가 강화될수록 공무원의 창의력을 억제하는 부정적인 성향을 낳을 수도 있다.
④ 최근에는 행정의 전문화로 인해 내부통제보다 외부통제가 더 중시되는 추세이다.

15
자치경찰제도에 대한 설명으로 옳지 않은 것은?

① 경찰의 사무를 국가경찰사무와 자치경찰사무로 각각 구분하여 정한다.
② 시·도에 2개의 시·도경찰청을 두는 경우 시·도지사 소속으로 2개의 시·도자치경찰위원회를 둘 수 있다.
③ 시·도자치경찰위원회 위원은 국가경찰위원회가 추천하는 1명을 시·도지사가 임명한다.
④ 시·도자치경찰위원회 위원은 시·도의회가 추천하는 1명을 시·도지사가 임명한다.

16
지방재정법상 예비비에 대한 설명으로 옳지 않은 것은?

① 지방자치단체는 일반회계의 경우 일반회계 예산 총액의 100분의 1 범위 내의 금액을 예비비로 예산에 계상하여야 한다.
② 지방자치단체는 일반회계의 경우 특별회계 예산 총액의 100분의 1 범위 내의 금액을 예비비로 예산에 계상하여야 한다.
③ 재해·재난 관련 목적 예비비는 별도로 예산에 계상할 수 있다.
④ 지방자치단체의 장은 지방의회의 예산안 심의 결과 폐지되거나 감액된 지출항목에 대해서는 예비비를 사용할 수 없다.

17
정책결정모형에 대한 설명으로 옳은 것은?

① 쓰레기통모형은 정책목표는 불확실하지만 수단은 확실한 편이다.
② 만족모형은 정책결정자나 정책분석가가 절대적 합리성을 가지고 있고 주어진 상황 하에서 목표의 달성을 극대화할 수 있는 최선의 정책대안을 찾아낼 수 있다고 본다.
③ 점증주의 모형에서는 정책대안의 분석과 비교가 총체적·종합적으로 이루어진다.
④ 최적모형에 따르면 정책결정과 관련해 혁신전략 대신 위험최소화전략을 취하는 것은 메타정책결정에 해당한다.

18
신제도주의에 대한 설명으로 옳지 않은 것은?

① 제도는 공식적·비공식적 제도를 모두 포함한다.
② 합리적 선택의 신제도주의에서는 사회적 딜레마를 해결하기 위해 사람들이 스스로 만드는 게임의 규칙을 제도로 본다.
③ 역사적 제도주의는 경로의존성에 의한 정책선택의 제약을 인정한다.
④ 사회학적 제도주의에서 동형화를 개인들 간의 선택적 균형에 기초한다고 본다.

19
정책의 내적 타당도 약화를 피할 수 있는 통제방안과 상호 연결이 옳지 않은 것은?

① 성숙요인 – 빠른 성숙을 보이는 표본회피
② 역사요인 – 실험기간의 제한
③ 선발요인 – 눈에 뜨지 않는 관찰방법
④ 회귀요인 – 극단적인 측정값을 갖는 집단 회피

20
지방정부의 기관 구성 형태에 대한 설명으로 옳지 않은 것은?

① 기관통합형은 의결 기능과 집행 기능을 분리하지 않고 의회에 귀속시키는 형태를 띤다.
② 영국의 의회형과 미국의 위원회형은 기관통합형의 대표적 사례이다.
③ 기관분리형은 기관 간의 견제와 균형이 이루어지도록 한 형태이다.
④ 지방자치단체의 의회와 집행기관에 관한 형태는 조례로 정하는 바에 따라 지방자치단체의 장의 선임방법을 포함한 지방자치단체의 기관구성 형태를 달리 할 수 있다.

01
정치·행정 이원론에 대한 설명으로 옳지 않은 것은?
① 정치행정이원론의 대표학자인 윌슨(W. Wilson)은 19세기 후반 당시 미국의 진보주의로부터 영향을 받았다.
② 행정의 전문성과 중립성 확보의 필요성을 강조한다.
③ 독자적인 학문으로서의 행정학의 발전에 기여하였다.
④ 행정에 내포되어 있는 정치적인 기능을 강조한다.

02
신공공관리론 분야의 대표적 저작인 Osborne & Gaebler의 「정부재창조론」에서 제시된 '기업가적 정부 운영의 10대 원리'에 속하지 않는 것은?
① 지역사회가 주도하는 정부
② 미래에 대비하는 정부
③ 상식이 있는 정부
④ 성과지향적 정부

03
공직 분류 체계에 대한 설명으로 옳지 않은 것은?
① 경력직 공무원은 실적주의와 직업공무원제의 획일적 적용을 받는다.
② 감사원의 사무차장은 경력직 일반직 공무원에 해당한다.
③ 선출된 지방자치단체장과 지방의회의원은 정무직 공무원이다.
④ 국가공무원과 지방공무원의 구분은 근무지에 따른 분류에 해당한다.

04
예산제도에 대한 설명으로 옳은 것은?
① 지출통제예산은 예산의 구체적인 항목별 지출에 대해 통제하는 예산이다.
② 통합예산(통합재정)제도는 국가예산의 세입 세출을 총계 개념으로 파악하여 재정 건전성을 판단한다.
③ 온실가스감축인지 예산서는 기획재정부장관이 환경부장관과 협의하여 제시한 작성기준 및 방식에 따라 각 중앙관서의 장은 온실가스감축인지 예산서를 작성해야 한다.
④ 조세지출예산제도는 세금을 징수하기 위해 지출한 예산을 통합적으로 관리하기 위한 예산제도이다.

05
특별회계 예산과 기금에 대한 설명으로 옳지 않은 것은?
① 특별회계는 집행부의 예산 운영의 재량을 넓혀주거나 국가의 필요에 따라 한시적으로 집중적인 재정 지원이 요구되는 사업을 뒷받침하기 위해서 인정되고 있다.
② 특별회계는 특정한 세입과 세출의 연결을 인정한다.
③ 기금은 반드시 법률로 설치하며 모든 기금은 국회의 심의 의결을 거쳐야 한다.
④ 기금은 기획재정부가 관리·운용한다.

06
지방재정에 대한 설명으로 옳은 것은?
① 교부공채는 지방정부가 채권을 발행하여 차량이나 주택구입 및 인·허가자에게 강제로 구입하도록 하는 채권이다.
② 지방교부세의 재원은 내국세 총액의 19.24%이다.
③ 지방세 중 지방교육세와 지역자원시설세는 목적세이다.
④ 지방교부세는 모두 일반재원의 성격을 가지고 있다.

07
변혁적(transformational) 리더십에 대한 설명으로 옳지 않은 것은?

① 카리스마적 리더십은 공공부문의 리더가 난관을 극복하고 현상에 대한 각성을 확고하게 표명함으로써 부하에게 자긍심과 신념을 심어 주는 것을 의미한다.
② 영감적 리더십은 공공부문의 리더가 부하로 하여금 형식적 관례와 사고를 다시 생각하게 함으로써 새로운 관념을 촉발시키는 것을 의미한다.
③ 개별적 배려는 리더가 부하에게 특별한 관심을 보이고 각 부하의 특정한 요구를 이해해 줌으로써 부하에 대해 개인적으로 존중한다는 것을 전달하는 것을 의미한다.
④ 변혁적 리더십은 인간의 행태나 상황뿐 아니라 리더의 개인적 속성도 다시 재생시키고 있으므로 신속성론에 해당한다.

08
현대 조직이론의 각 특성에서 설명이 올바르지 못한 것은?

① 상황론적 조직이론은 효과적인 조직구조나 관리방법은 상황요인에 따라 달라진다고 본다.
② 대리인 이론에서 대리인의 도덕적 해이와 주인의 역선택으로 인해서 대리손실이 발생한다고 본다.
③ 거래비용이론은 거래비용이 조정비용보다 크면, 거래비용을 줄이기 위해 거래를 외부화하는 것이 효율적이라고 보았다.
④ 자원의존이론은 조직을 환경에 대하여 능동적으로 잘 적응 대처하며, 환경을 조직에 유리하도록 관리하는 존재로 보는 접근이다.

09
균형성과표(BSC)에 대한 설명으로 옳지 않은 것은?

① 균형성과표는 재무적 관점과 비재무적 관점의 균형을 강조한다.
② 균형성과표를 정부부문에 적용시키는 경우 학습과 성장의 관점이 가장 중요하다.
③ 균형성과표는 단기적 목표와 장기적 목표 간의 균형을 강조한다.
④ 균형성과표는 과정과 결과 중 어느 하나를 강조하는 것이 아니라 이들 간의 인과성을 바탕으로 통합적 균형을 추구한다.

10
정책집행의 접근방법에 대한 설명으로 옳지 않은 것은?

① 하향식 접근방법은 정책집행을 정책결정단계에서 채택된 정책목표를 달성하는 과정으로 본다.
② 버만(Berman)은 적응적 집행에서 집행 현장에서 집행조직과 정책사업 사이의 상호적응이 중요함을 강조했다.
③ 엘모어(Elmore)는 정책집행 연구의 접근방법을 전방향적 접근법과 후방향적 접근법으로 구분했다.
④ 사바티어(Sabatier)의 정책지지연합모형은 하향적 접근방식을 기본적 관점으로 채택하고, 이에 상향적 접근방식을 결합했다.

11
엽관주의와 실적주의에 대한 설명으로 옳지 않은 것은?

① 엽관주의는 특권적인 정부관료제를 일반 대중에게 공개함으로써 민주정치의 발달과 행정의 민주화에 공헌한다.
② 미국의 실적주의는 1883년 펜들턴법(Pendleton Act)이 통과됨으로써 연방정부에 적용되기 시작하여 확산되었다.
③ 엽관주의는 각 개인이 가지고 있는 능력에는 차이가 있음을 인정하고 개인의 능력, 적성, 기술을 공직 임용 기준으로 한다.
④ 엽관주의는 행정의 능률성과 전문성을 저해할 수 있다는 측면이, 실적주의는 인사행정의 경직화와 형식화를 초래할 수 있다는 점이 각각의 한계로 지적된다.

12
고위공무원단 운영에 따르는 기대효과로서 가장 옳지 않은 것은?
① 정치적 중립의 강화
② 실적과 능력 중심의 새로운 공직문화 창출
③ 부처 간 상호 협력하는 분위기 조성
④ 통치권자의 국정운영 철학에 대한 이해 촉진

13
다음 설명 중 옳지 않은 것은?
① 4차 산업혁명은 초연결성, 초지능성을 특징으로 한다.
② 스마트정부는 맞춤형서비스에서 쌍방향서비스로 정부혁신의 방향 변화를 추구한다.
③ 스마트 워크는 정보통신기술을 이용해 시간, 장소의 제약 없이 업무를 수행하는 유연한 근무형태이다.
④ 빅데이터의 주요특징은 크기, 다양성, 속도에서 찾을 수 있다.

14
행정통제에 대한 설명으로 가장 옳지 않은 것은?
① 행정책임은 행정상의 일정한 의무를 전제로 하여 발생하며, 결과에 대한 책임과 과정에 대한 책임이 포함된다.
② 행정 권한의 강화 및 행정재량권의 확대가 두드러지면서 행정책임 확보의 수단으로 행정통제의 중요성이 커지고 있다.
③ 옴부즈만제도는 일반적으로 기존의 행정결정을 무효, 취소시킬 수 없다.
④ 전통적인 행정통제방법으로 입법부에 의한 내부통제이다.

15
시·도자치경찰위원회에 대한 설명으로 옳지 않은 것은?
① 시·도자치경찰위원회는 위원장 1명을 포함한 7명의 위원으로 구성한다.
② 위원은 특정 성(性)이 10분의 6을 초과하지 아니하여야 한다.
③ 위원 중 1명은 인권문제에 관하여 전문적인 지식과 경험이 있는 사람이 임명될 수 있도록 노력하여야 한다.
④ 시·도자치경찰위원회 위원은 다음 각 호의 사람을 시·도지사가 임명한다.

16
국가재정법상 예비비에 대한 설명으로 옳지 않은 것은?
① 예비비는 각 중앙관서의 장이 관리한다.
② 각 중앙관서의 장은 예비비의 사용이 필요한 때에는 그 이유 및 금액과 추산의 기초를 명백히 한 명세서를 작성하여 기획재정부장관에게 제출하여야 한다.
③ 각 중앙관서의 장은 예비비로 사용한 금액의 명세서를 작성하여 다음 연도 2월 말까지 기획재정부장관에게 제출하여야 한다.
④ 정부는 예비비로 사용한 금액의 총괄명세서를 다음 연도 5월 31일까지 국회에 제출하여 그 승인을 얻어야 한다.

17
앨리슨(Allison)모형 중 다음 내용에 초점을 두고 정책결정을 설명하는 것은?

> ㄱ. 표준운영절차를 중시한다.
> ㄴ. 조직의 하위계층에의 적용가능성이 높다.
> ㄷ. 느슨하게 연결된 반독립적 조직들의 연합체를 가정한다.

① 합리적 행위자 모형 ② 쓰레기통 모형
③ 조직과정 모형   ④ 관료정치 모형

18

신제도주의에 대한 설명으로 옳지 않은 것은?

① 제도주의는 합리적 선택제도주의, 역사적 제도주의, 사회학적 제도주의로 나누어진다.
② 역사적 제도주의는 제도의 발전과정에서 선택된 경로의 중요성을 강조한다.
③ 사회학적 제도주의는 동형화를 강조하고 있어 인류의 보편적 제도를 강조한다.
④ 합리적 선택 제도주의는 인간을 자신의 이익을 극대화시키는 합리적인 행위자라고 가정하고 있다.

19

정책실험에서 내적 타당성을 위협하는 요인 중 다음 설명에 해당하는 것은?

> 버스전용차선제의 효과를 평가하기 위하여 버스전용차선제의 시행 전과 시행 후의 도로교통 소통 정도를 측정·비교하려고 한다. 그런데 두 측정시점 사이에 측정구간을 통과하는 지하철이 개통되었다고 한다.

① 검사요인
② 선발요인
③ 상실요인
④ 역사요인

20

우리나라의 지방자치제도에 관한 설명으로 가장 옳은 것은?

① 우리나라의 지방자치계층은 모두 중층제이다.
② 지방의회의 지방자치단체장에 대한 불신임권이 인정되고 있다.
③ 서울특별시는 특별지방자치단체에 해당한다.
④ 지방의회와 집행기관의 구성을 달리하려는 경우에는 「주민투표법」에 따른 주민투표를 거쳐야 한다.

2022 지방직 기출

01

공익에 대한 설명으로 옳은 것만을 모두 고르면?

> ㄱ. 실체설에 의하면 공익은 사익을 초월한 것이다.
> ㄴ. 과정설에 의하면 공익은 사익 간 갈등을 조정·타협하는 과정에서 산출되는 것이다.
> ㄷ. 실체설은 다원적 민주주의에 도움을 준다.
> ㄹ. 플라톤(Plato)과 루소(Rousseau) 모두 공익 실체설을 주장하였다.

① ㄱ, ㄴ
② ㄴ, ㄷ
③ ㄱ, ㄴ, ㄹ
④ ㄱ, ㄷ, ㄹ

02

허즈버그(Herzberg)의 욕구충족요인 이원론에서 위생요인에 해당하지 않는 것은?

① 감독
② 대인관계
③ 보수
④ 성취감

03

서번트(servant) 리더십에 대한 설명으로 옳은 것만을 모두 고르면?

> ㄱ. 구성원들이 공동의 목표를 이뤄 나갈 수 있도록 환경을 조성하고 도와준다.
> ㄴ. 보상과 처벌을 핵심 관리수단으로 한다.
> ㄷ. 그린리프(Greenleaf)는 존중, 봉사, 정의, 정직, 공동체 윤리를 강조했다.
> ㄹ. 리더의 최우선적인 역할은 업무를 명확하게 지시하는 것이다.

① ㄱ, ㄷ
② ㄱ, ㄹ
③ ㄴ, ㄷ
④ ㄴ, ㄹ

04

행정학의 주요 접근법, 학자, 특성을 바르게 연결한 것은?

① 행정생태론 – 오스본(Osborne)과 게블러(Gaebler) – 환경요인 중시
② 후기행태주의 – 이스턴(Easton) – 가치중립적·과학적 연구 강조
③ 신공공관리론 – 리그스(Riggs) – 시장원리인 경쟁을 도입
④ 뉴거버넌스론 – 로즈(Rhodes) – 정부·시장·시민사회 간 네트워크

05

티부(Tiebout) 모형의 전제조건으로 옳지 않은 것은?

① 시민의 이동성
② 외부효과의 배제
③ 고정적 생산요소의 부존재
④ 지방정부 재정패키지에 대한 완전한 정보

06
관료제 병리현상과 그 특징을 짝지은 것으로 옳지 않은 것은?

① 할거주의 - 조정과 협조 곤란
② 형식주의 - 번거로운 문서 처리
③ 피터(Peter)의 원리 - 관료들의 세력 팽창 욕구로 인한 기구와 인력의 증대
④ 전문화로 인한 무능 - 한정된 분야의 전문성 강조로 타 분야에 대한 이해력 부족

07
정책집행 연구 중 상향적 접근방법(bottom-up approach)으로 옳은 것만을 모두 고르면?

ㄱ. 엘모어(Elmore)의 후방향적 집행연구
ㄴ. 사바티어(Sabatier)와 매즈매니언(Mazmanian)의 집행과정 모형
ㄷ. 립스키(Lipsky)의 일선관료제
ㄹ. 반 미터(Van Meter)와 반 호른(Van Horn)의 집행연구

① ㄱ, ㄷ
② ㄱ, ㄹ
③ ㄴ, ㄷ
④ ㄴ, ㄹ

08
호그우드(Hogwood)와 피터스(Peters)가 제시한 정책변동의 유형에 대한 설명으로 옳지 않은 것은?

① 정책혁신은 기존의 조직이나 예산을 기반으로 새로운 형태의 개입을 결정하는 것이다.
② 정책승계는 정책의 기본 목표는 유지하되, 정책을 대체 혹은 수정하거나 일부 종결하는 것이다.
③ 정책유지는 기존 정책의 기본 골격을 유지하면서 정책수단의 부분적인 변화만 이루어지는 것이다.
④ 정책종결은 다른 정책으로의 대체 없이 기존 정책을 완전히 중단하는 것이다.

09
조직문화의 경쟁가치모형에 대한 설명으로 옳지 않은 것은?

① 위계 문화는 응집성을 강조한다.
② 혁신지향 문화는 창의성을 강조한다.
③ 과업지향 문화는 생산성을 강조한다.
④ 관계지향 문화는 사기 유지를 강조한다.

10
2015년 공무원연금 개혁에 대한 설명으로 옳지 않은 것은?

① 퇴직연금 지급률을 1.7 %로 단계적 인하
② 퇴직연금 수급 재직요건을 20년에서 10년으로 완화
③ 퇴직연금 기여율을 기준소득월액의 9 %로 단계적 인상
④ 퇴직급여 산정 기준은 퇴직 전 3년 평균보수월액으로 변경

11
특별시·광역시의 보통세와 도의 보통세에 공통적으로 속하는 세목만을 모두 고르면?

ㄱ. 지방소득세   ㄴ. 지방소비세
ㄷ. 주민세   ㄹ. 레저세
ㅁ. 재산세   ㅂ. 취득세

① ㄱ, ㄴ, ㄹ
② ㄱ, ㄷ, ㅁ
③ ㄴ, ㄹ, ㅂ
④ ㄷ, ㅁ, ㅂ

12
정부회계에 대한 설명으로 옳지 않은 것은?

① 국가회계는 디브레인(dBrain) 시스템을 통해, 지방자치단체회계는 e-호조 시스템을 통해 처리된다.
② 재무회계는 현금주의 단식부기 회계방식이, 예산회계는 발생주의 복식부기 방식이 적용된다.
③ 발생주의에서는 미수수익이나 미지급금을 자산과 부채로 표시할 수 있다.
④ 재무제표는 거래가 발생하면 차변과 대변 양쪽에 동일한 금액으로 이중기입하는 복식부기 방식을 채택하고 있다.

13
정부위원회에 대한 설명으로 옳은 것만을 모두 고르면?

> ㄱ. 책임성이 결여될 수 있다.
> ㄴ. 자문위원회는 업무가 계속성·상시성이 있어야 한다.
> ㄷ. 민주성을 제고하는 장점이 있다.
> ㄹ. 방송통신위원회, 공정거래위원회, 국민권익위원회, 금융위원회, 개인정보 보호위원회, 원자력안전위원회는 중앙행정기관이다.

① ㄱ, ㄷ
② ㄴ, ㄷ
③ ㄴ, ㄹ
④ ㄱ, ㄷ, ㄹ

14
공무원 보수의 유형에 대한 설명으로 옳지 않은 것은?

① 직능급은 자격증을 갖춘 유능한 인재의 확보에 유리하다.
② 연공급은 근속연수를 기준으로 하기 때문에 전문기술인력 확보에 유리하다.
③ 직무급은 동일노동에 대한 동일 임금이라는 합리적인 보수 책정이 가능하다.
④ 성과급은 결과를 중시하며 변동급의 성격을 가진다.

15
다음은 국가재정법 상 예비타당성조사에 대한 내용이다. (가)와 (나)에 들어갈 숫자로 옳은 것은?

> 기획재정부장관은 총사업비가 (가) 억원 이상이고 국가의 재정지원 규모가 (나) 억원 이상인 신규 사업으로서 건설공사가 포함된 사업 등에 대한 예산을 편성하기 위하여 미리 예비타당성조사를 실시하고, 그 결과를 요약하여 국회 소관 상임위원회와 예산결산특별위원회에 제출하여야 한다.

	(가)	(나)
①	300	100
②	300	200
③	500	250
④	500	300

16
「공직자윤리법」상 재산등록의무자로 옳지 않은 것은?

① 법관 및 검사
② 소령 이상의 장교 및 이에 상당하는 군무원
③ 총경 이상의 경찰공무원과 소방정 이상의 소방공무원
④ 4급 이상의 일반직 공무원에 상당하는 보수를 받는 별정직 공무원

17
살라몬(Salamon)의 정책도구 분류에서 강제성이 가장 높은 것은?

① 경제적 규제
② 바우처
③ 조세지출
④ 직접대출

18
일반회계, 특별회계, 기금에 대한 설명으로 옳지 않은 것은?

① 일반회계는 조세수입 등을 주요 세입으로 하여 국가의 일반적인 세출에 충당하기 위하여 설치한다.
② 특별회계와 기금은 예산총계주의 원칙의 예외이다.
③ 일반회계, 특별회계, 기금 모두 국회로부터 결산의 심의 및 의결을 받아야 한다.
④ 일반회계와 특별회계는 전쟁이나 대규모 재해가 발생한 경우 추가경정예산을 편성할 수 있다.

19

다음 설명에 해당하는 유연근무제의 유형은?

- 탄력근무제의 한 유형
- 1일 8시간에 구애받지 않음
- 주 3.5~4일 근무

① 재택근무형
② 집약근무형
③ 시차출퇴근형
④ 근무시간선택형

20

흘릿(Howlett)과 라메쉬(Ramesh)의 모형에 따라 정책의제설정 유형을 분류할 때, (가)~(라)에 대한 설명으로 옳지 않은 것은?

의제설정주도자 \ 공중의 지지	높음	낮음
사회 행위자(societal actors)	(가)	(나)
국가(state)	(다)	(라)

① (가) - 시민사회단체 등이 이슈를 제기하여 정책의제에 이른다.
② (나) - 특별히 의사결정자들에게 접근할 수 있는 영향력 있는 집단이 정책을 주도한다.
③ (다) - 이미 공중의 지지가 높기 때문에 정책이 결정된 후 집행이 용이하다.
④ (라) - 정책결정자가 이슈를 제기하면 자동적으로 정책의제화 되기 때문에 성공적인 집행을 위한 공중의 지지는 필요없다.

2022 지방직 미러링 1회

01
공익에 대한 설명으로 옳은 것만을 모두 고르면?

> ㄱ. 공익 실체설은 엘리트주의의 관점을 취하는 반면, 공익 과정설은 다원주의의 관점을 취한다.
> ㄴ. 공익 과정설은 정부와 공무원의 중립적 조정자 역할을 중시한다.
> ㄷ. 공익 과정설은 대립적인 이익들을 평가할 수 있는 기준을 제시하고 있다.
> ㄹ. 플라톤(Platon)과 루소(Rousseau)는 공익을 선험적으로 주어진 것으로 본다.

① ㄱ, ㄴ
② ㄴ, ㄷ
③ ㄱ, ㄴ, ㄹ
④ ㄱ, ㄷ, ㄹ

02
허즈버그(Herzberg)의 욕구충족요인 이원론에서 동기요인에 해당하지 않는 것은?

① 성취감
② 책임의 증대
③ 대인관계
④ 인정

03
문화적 리더십에 대한 설명으로 옳은 것만을 모두 고르면?

> ㄱ. 크레머와 맥나일이 문화적 리더십을 주장하고 있다.
> ㄴ. 문화적 리더십에 있어 리더의 주체적 역할이 과소평가 되고 있다.
> ㄷ. 리더는 조직내의 문화에 걸맞게 리더십을 행사하여야 한다.
> ㄹ. 조직문화는 조직이나 소문화의 정점에 있는 사람의 가치관에 영향을 받지 않는다.

① ㄱ, ㄷ
② ㄱ, ㄹ
③ ㄴ, ㄷ
④ ㄴ, ㄹ

04
행정학과 관련된 학자의 주장으로 가장 옳지 않은 것은?

① 가우스(Gaus) - 행정에 영향을 미치는 생태적·환경적 요인에는 국민(주민), 장소, 재산, 대화가 포함된다.
② 리그스(Riggs) - 프리즘적 모형에서 설명하는 프리즘적 사회의 특성에는 고도의 이질성, 형식주의, 다규범성이 포함된다.
③ 사이먼(Simon) - 인간이 실질적 합리성을 사실상 포기하고, 만족할 만한 대안을 선택하려는 절차적 합리성을 추구한다고 주장하였다.
④ 귤릭(Gulick)-POSDCoRB는 기획, 조직, 인사, 지휘, 조정, 보고, 예산을 의미한다.

05
티부(Tiebout) 모형의 전제조건으로 옳지 않은 것은?

① 주민이 언제든지 별다른 이사비용 없이 다른 지역으로 이사할 수 있다.
② 주민이 다른 모든 다른 지역적 특성을 완전히 파악하고 있다.
③ 지역 간 외부효과가 존재하지 않는다.
④ 주민들이 선택할 수 있는 지역에 따라서 그들의 소득에는 차이가 있다.

06
다음 중 관료제 병리현상에 대한 설명으로 옳지 않은 것은 모두 몇 개인가?

> ㉠ 규칙이나 절차에 지나치게 집착하게 되면 목표와 수단의 대치현상이 발생한다.
> ㉡ 자신의 소속기관만을 중요시함에 따라, 타 기관과의 업무협조나 조정이 어려워지는 문제는 나타나지 않는다.
> ㉢ 피터의 원리에 따르면 무능력자가 승진하는 경우는 생길 수 없다.
> ㉣ 상관의 권위에 의존하면서 소극적으로 일을 처리하려는 할거주의가 나타난다.

① 1개 ② 2개
③ 3개 ④ 4개

07
정책집행의 접근법에 대한 설명으로 옳지 않은 것은 모두 몇 개인가?

> ㉠ 하향식 접근법은 실제 행위자 중심의 연구로서 미시적 접근이며, 집행현장에서 발생하는 구체적인 현상들의 고찰로부터 시작하므로 귀납적 접근이다
> ㉡ 상향식 접근법은 규범적 처방을 정책집행자에게 제시하는 데 그 목적이 있다.
> ㉢ 상향식 접근법은 정치행정이원론과 합리모형을 배경으로 하고 있으며 엘모어(Elmore)의 전방향적 접근과 맥을 같이 한다.
> ㉣ 상향식 접근법은 정책집행을 반대하는 입장이나 전략 파악이 용이하다.

① 1개 ② 2개
③ 3개 ④ 4개

08
호그우드(Hogwood)와 피터스(Peters)가 제시한 정책변동의 유형 중 정책목표는 유지하면서 정책수단을 새로운 수단으로 대체하는 것은?

① 정책유지 ② 정책혁신
③ 정책종결 ④ 정책승계

09
퀸(Quinn)의 경쟁적 가치의 조직문화 유형 중에서 (가)에 해당하는 것은?

	인간(내부)	조직(외부)
통제(안정)	(가)	(나)
유연성(융통성)	(다)	(라)

① 생산 중심 문화 ② 인적 자원 문화
③ 개방 체제 문화 ④ 위계 질서 문화

10
우리나라 공무원연금 제도에 대한 설명에서 옳지 않은 것은?

① 퇴직연금 지급은 65세가 되었을 때 혹은 정년 퇴임일로부터 5년이 경과한 때에 지급하게 된다.
② 기금제는 연금 개시비용이 많이 들긴 하지만, 인플레이션을 감안하여 실질가치 유지가 장점이다.
③ 우리나라는 기금조성의 비용을 정부와 공무원이 공동으로 부담하는 기여제를 채택하고 있다.
④ 퇴직연금제도는 공무원이 노령, 질병, 부상, 기타의 이유로 퇴직하거나 사망한 경우 본인 또는 유족의 생계를 돌보기 위해 연금을 지급하는 제도로, 직업공무원제를 확립하는 데 불가결한 제도이다.

11
통일성 원칙이란 특정 수입과 특정 지출이 연계되어서는 안 된다는 예산의 원칙이다. 〈보기〉에서 통일성 원칙의 예외와 관련된 세목을 모두 바르게 묶은 것은?

보기
ㄱ. 법인세　　ㄴ. 교통·에너지·환경세
ㄷ. 교육세　　ㄹ. 지방교육세
ㅁ. 농어촌특별세　ㅂ. 소득세

① ㄱ, ㄴ, ㄷ
② ㄱ, ㄴ, ㄹ, ㅁ
③ ㄴ, ㄷ, ㄹ
④ ㄴ, ㄷ, ㄹ, ㅁ

12
정부회계에 관한 설명 중 가장 옳지 않은 것은?
① 현금주의는 기록의 보존과 관리가 간편하며 현금흐름 파악이 용이하다.
② 현금주의는 실질주의라고도 하며 현금을 발생시키는 경제적 사건이 실제로 발생한 시점에 거래를 인식하는 방식이다.
③ 발생주의는 미래의 현금지출에 대한 정보나 자산·부채를 정확하게 파악할 수 있어 실질적인 재정건전성 평가에 유용하다.
④ 현행 법령상 지방자치단체의 장은 발생주의와 복식부기를 기초로 하여 재무보고서를 작성하여야 한다.

13
정부의 각종 위원회에 대한 설명으로 가장 옳은 것은?
① 의결위원회는 의사결정의 구속력은 있지만 집행권이 없다.
② 행정위원회의 대표적인 예로 공정거래위원회, 공직자윤리위원회 등을 들 수 있다.
③ 관련분야 전문지식이 있는 외부전문가만으로 구성하여야 한다.
④ 자문위원회는 계선기관으로서 사안에 따라 조사·분석 등의 기능을 수행한다.

14
공무원 보수의 유형과 보수결정기준의 연결이 잘못된 것은?
① 생활급 – 생계비 수준에 맞춤
② 연공급 – 근무자의 능력에 맞춤
③ 직무급 – 직무의 난이도와 책임도에 맞춤
④ 직능급 – 노동력의 가치에 맞춤

15
우리나라 국가재정법에서 정하고 있는 재정운영의 특성으로 올바르지 않은 것은?
① 정부는 예산이 온실가스 감축에 미칠 영향을 미리 분석한 보고서(이하 "온실가스감축인지 예산서"라 한다)를 작성하여야 한다.
② 예비타당성조사는 총사업비가 500억원 이상이고 국가의 재정지원 규모가 300억원 이상인 신규 사업이 해당된다.
③ 국가채무에는 국채, 차입금, 국고채무부담행위와 정부의 대지급 이행이 확정된 국가보증채무와 국가의 다른 회계 또는 기금으로부터의 차입금을 포함한다.
④ 각 중앙관서의 장은 완성에 2년 이상이 소요되는 사업으로서 대통령령이 정하는 대규모사업에 대하여는 그 사업규모·총사업비 및 사업기간을 정하여 미리 기획재정부장관과 협의하여야 한다.

16
행정윤리에 대한 설명으로 옳은 것을 모두 고르면?

보기
ㄱ. 행정윤리는 공무원이 수행하는 행정업무와 관련된 윤리를 의미한다.
ㄴ. 국가공무원법, 공직자윤리법은 부정부패 방지 등을 위한 구체적이고 적극적인 행정윤리를 강조한다.
ㄷ. 정무직 공무원, 4급 이상 일반직 고위공무원은 재산등록 대상이지만 정부출연기관의 임원은 제외된다.
ㄹ. 공무원의 개인적 윤리기준은 공공의 신탁(public trust)과 관련된다.

① ㄱ, ㄴ
② ㄱ, ㄹ
③ ㄴ, ㄹ
④ ㄷ, ㄹ

17
살라몬(Salamon)의 직접성의 정도에 따른 행정(정책)수단분류에 의할 때 다음 중 직접성이 가장 높은 행정(정책)수단은?

① 바우처
② 정부출자기업
③ 사회적 규제
④ 정부 제공

18
일반회계, 특별회계, 기금에 대한 설명으로 옳지 않은 것은?

① 기금은 일반회계 및 특별회계와 달리 세입세출에 의하지 않고 운영될 수 있다.
② 특별회계는 특정한 세입과 세출의 연계를 인정한다.
③ 기금은 반드시 법률로 설치하며 모든 기금은 국회의 심의 의결을 거쳐야 한다.
④ 기금은 특정수입과 지출을 연계한 특정자금으로서, 기금관리의 주체는 기획재정부장관이다.

19
다음 설명에 해당하는 유연근무제의 유형은?

- 탄력근무제의 한 유형
- 1일 4~12시간 근무
- 주 5일 근무

① 재택근무형
② 집약근무형
③ 시차출퇴근형
④ 근무시간선택형

20
정책문제에 대한 설명으로 옳지 않은 것은?

① 허쉬만(Hirshman)이 제시하는 강요된 정책문제는 정책담당자들의 신념이나 이념이 크게 작용하는 문제이다.
② 허쉬만(Hirshman)이 제시하는 선택된 정책문제는 정책집행 유형은 상향식보다 하향식 집행이 일반적이다.
③ 메이(May)가 제시하는 굳히기형은 논쟁의 주도자가 국가이고, 대중적 지지가 높을 때 자주 발생하는 모형이다.
④ 메이(May)가 제시하는 내부주도모형은 논쟁의 주도자가 사회적 행위자들이고, 대중적 지지가 낮을 때 발생하는 모형이다.

01
공익에 대한 설명으로 가장 적절하지 않은 것은?

① 지나친 집단 이기주의를 극복하기 위해서는 공익 실체설의 입장을 반영할 필요가 있다.
② 공익 과정설은 절차적 합리성을 강조하여 적법절차의 준수에 의해서 공익이 보장된다고 본다.
③ 공익 실체설은 개인의 사적 이익은 성격상 아무리 합쳐도 공익이 될 수 없다고 본다.
④ 공익과정설은 공익을 단순히 개인들의 집합이 아니라고 보아 집단주의적 성격을 띤다.

02
동기이론에 대한 설명으로 가장 옳지 않은 것은?

① 브룸(Victor H. Vroom)은 노력과 성과 간의 관계를 1차적 동기부여로, 성과와 보상과의 관계를 2차적 동기 부여로 설명하였다.
② 맥클랜드(McClelland)는 욕구를 권력욕구, 친교욕구, 성취욕구로 분류하고, 성취욕구의 중요성을 강조한다.
③ 허즈버그(Herzberg)의 욕구충족요인이원론은 위생요인과 동기요인이 구성원에 따라 다를 수 있다는 인식하에 개인차를 강조한다.
④ 맥그리거(D. McGregor)의 X·Y이론에서 X이론은 주로 하위욕구를, Y이론은 주로 상위욕구를 중요시하는 것이다.

03
다양한 리더십의 유형에 대한 설명에서 올바르지 않은 내용은?

① 지식정보사회에서는 네트워크화된 상호연계적 리더십을 중시한다.
② 다중연결모형은 장기적으로는 매개변수보다 상황변수를 더 중시한다.
③ 카리스마 리더십은 현상유지에 반대하고 자신의 소신과 이상을 확신하며, 다른 사람에게 영향을 행사하려는 욕구가 강하므로 리더 자신이 기꺼이 희생하려는 경향이 약하다.
④ 문화적 리더십은 조직 전체의 문화를 변화·유지시키는 데 맞추고 있기 때문에 중하위 계층의 리더보다는 상위 계층의 리더가 발휘하는 리더십이다.

04
행정학의 접근방법에 대한 설명으로 옳지 않은 것은?

① 딜레마이론은 참여자, 선택 기회, 문제 등의 모호성으로 인해 선택이 어려운 상황을 분석하는 연구방법이다.
② 행태론적 접근방법은 집단의 고유한 특성을 인정하지 않는 방법론적 개체주의의 입장이다.
③ 행정학 분야에서 각종 제도나 직제에 대한 자세한 기술에 관심을 갖는 것은 제도론적 접근방법에 따른 것이다.
④ 시차적 접근방법은 시간적 차이에서 오는 정책의 실패를 줄이기 위해 시간적 리더십을 강조한다.

05

여러 지역사회가 존재하는 상황에서 사람들이 발에 의해 투표를 하게 된다면 지방공공재의 분권화된 배분이 오히려 효율적으로 이루어지게 될 것이라는 이론에 해당하는 것은?

① 티부(Tiebout) 가설
② 피터슨(Peterson)의 도시한계론
③ 피터슨과 롬(Peterson & Rom)의 복지자석론
④ 로즈(Rhodes)의 동반자형

06

관료제 병리 및 행정문화에 대한 설명의 바람직한 연결이 아닌 것은?

① 일반주의 - 전문능력을 가진 사람을 존중하기보다는 넓은 능력의 소유자를 존중하는 문화이다.
② 과잉동조(over-conformity) - 규칙·절차의 엄격한 준수로 인해 발생하는 관료제 병리현상이다.
③ 무사안일주의 - 지나친 계서주의 강조로 발생하는 관료제 병리현상이다.
④ 형식주의(red tape) - 소속 부서의 업무에 대해서는 충성하면서, 부서 간 협조를 하지 않는 문화이다.

07

정책집행 연구 중 상향적 접근방법(bottom-up approach)에 대한 설명으로 가장 옳은 것은?

① 정책목표의 설정과 정책목표 간 우선순위는 명확하다.
② 엘모어(Elmore)는 전방향적 집행이라고 하였다.
③ 버먼(Berman)은 정형적 집행이라고 하였다.
④ 지역 간의 집행상의 차이를 파악하는 데에 유리하다.

08

호그우드(Hogwood)와 피터스(Peters)가 제시한 정책변동의 유형에 대한 설명으로 옳지 않은 것은?

① 호그우드(Hogwood)와 피터스(Peters)는 정책변동의 유형으로 정책유지, 정책종결, 정책승계, 정책혁신을 들고 있다.
② 정책혁신은 기존 정책수단이 없는 무(無)에서 새로운 정책을 만드는 것이다.
③ 정책의 기본적 성격은 유지한 채 정책수단인 사업이나 담당조직을 바꾸는 경우는 '정책승계'이다.
④ 저소득층 자녀에 대한 교육비 보조를 그 바로 위 계층의 자녀에게 확대하는 사례는 정책유지에 해당한다.

09

퀸과 로보그(Quninne & Rohrbaugh)의 경쟁가치모형에 대한 설명으로 옳지 않은 것은?

① 융통성과 외부에 초점을 맞추어 개방체제 모형은 자원확보와 성장을 목표로 한다.
② 통제와 내부에 초점을 맞춘 내부과정 모형은 안정성과 균형을 목표로 한다.
③ 통제와 외부에 초점을 맞춘 합리목표 모형은 민주성과 형평성을 목표로 한다.
④ 융통성과 내부에 초점을 맞춘 인간관계 모형은 인적자원개발을 목표로 한다.

10
다음 중 우리나라 공무원연금제도에 대한 설명으로 옳은 것을 모두 고른 것은?

> ㉠ 공무원연금제도는 행정안전부가 관장하고, 그 집행은 공무원연금공단에서 실시하고 있다.
> ㉡ 최초의 공적 연금제도로서 직업공무원을 대상으로 하는 특수직역 연금제도이다.
> ㉢ 「공무원연금법」상 공무원연금 대상에는 군인, 공무원 임용 전의 견습직원 등이 포함된다.
> ㉣ 사회보험원리와 부양원리가 혼합된 제도이다.

① ㉠, ㉡
② ㉡, ㉣
③ ㉡, ㉢, ㉣
④ ㉠, ㉡, ㉣

11
다음 지방세 중 보통세가 아닌 것은?

① 자동차세
② 주민세
③ 재산세
④ 지방교육세

12
정부회계방식으로서 복식부기와 발생주의 회계제도를 도입할 때의 장점으로 볼 수 없는 것은?

① 정부의 자산에 대한 평가와 재평가를 통해 자원을 효율적으로 사용할 수 있다.
② 미래의 현금지출에 대한 정보나 자산, 부채의 정확한 파악으로 실질적인 재정건전성 평가에 유용하다.
③ 회수가 불가능한 채권이나 지불이 불필요한 채무를 쉽게 구별하게 하여 재무정보의 왜곡현상을 제거한다.
④ 회계의 자기검증기능으로 부정과 비리에 대한 통제 가능성을 높여준다.

13
국민권익위원회에 관한 설명으로 옳지 않은 것은?

① 국무총리 소속 기관이다.
② 국민권익위원회 위원의 임기는 3년이며, 연임할 수 없다.
③ 정당의 당원은 국민권익위원회 위원이 될 수 없다.
④ 고충민원의 조사와 처리 및 이와 관련된 시정권고 업무를 수행한다.

14
공무원 보수표에 대한 설명으로 틀린 것은?

① 계급제보다 직위분류제에서 보수등급의 수가 많다.
② 호봉을 두는 이유는 동일등급이라도 당사자 능력에 차이를 반영하기 위해서이다.
③ 계급제보다 직위분류제에서 보수 간의 중복이 심하다.
④ 고위등급으로 갈수록 J커브의 곡선(上厚下薄)이 되도록 하는 것이 바람직하다.

15
다음 중 현행 국가재정법에서 규정하고 있는 내용으로 옳지 않은 것은?

① 예산은 예산총칙·세입세출예산·계속비·명시이월비 및 국고채무부담행위를 총칭한다.
② 기획재정부장관은 국무회의의 심의를 거쳐 대통령의 승인을 얻은 다음 연도의 예산안편성지침을 매년 3월 31일까지 각 중앙관서의 장에게 통보하여야 한다.
③ 정부는 제60조에 따라 감사원의 검사를 거친 국가결산보고서를 다음 연도 5월 31일까지 국회에 제출하여야 한다.
④ 정부는 대통령의 승인을 얻은 예산안을 회계연도 개시 90일 전까지 국회에 제출하여야 한다.

16
다음 중 공직윤리 확보를 위해 우리나라에서 시행하고 있는 제도에 관한 설명으로 가장 옳지 않은 것은?

① 공직자 재산등록 및 공개 제도는 공직자, 공직후보자의 재산 정보를 등록 및 공개하는 제도로 우리나라 「공직자윤리법」에 시행근거를 두고 있다.
② 고위공직자의 직무 관련 주식 보유에 따른 공·사적 이해충돌 방지를 위해 주식백지신탁제도를 도입, 운용하고 있다.
③ 퇴직공직자 취업제한제도는 적용대상 공직자의 퇴직 후 3년 간 그가 퇴직이 전에 5년 간 속해있던 소속 부서나 기관과 밀접한 업무관련성이 있는 기관으로의 취업을 제한한다.
④ 현행 「부정청탁 및 금품 등 수수의 금지에 관한 법률」에 의하면 공직자는 직무관련 여부와 관계없이 동일인으로부터 1회에 100만원 또는 매 회계연도에 500만원을 초과하는 금품 등을 받을 수 없다.

17
살라몬(Salamon)의 정책도구 분류에서 강제성이 가장 높은 것은?

① 정보제공   ② 벌금
③ 조세지출   ④ 사회적 규제

18
일반회계, 특별회계, 기금에 대한 설명으로 옳지 않은 것은?

① 일반회계는 통제지향의 관점에서 일반적인 정부의 예산활동을 관리 감독하는 회계이다.
② 기금은 예산 외로 운영되는 기금의 규모가 커지면서 '제3의 예산'이라고 불려진다.
③ 특별회계는 집행부의 예산 운영의 재량을 넓혀주거나 국가의 필요에 따라 한시적으로 집중적인 재정 지원이 요구되는 사업을 뒷받침하기 위해서 인정되고 있다.
④ 특별회계는 특정수입과 특정세출을 연계하면서도 추가경정예산의 편성은 제외된다.

19
동기유발 프로그램의 종류에 대한 설명에서 정확한 설명으로서 거리가 먼 것은?

① 유연근무제는 공직의 생산성을 향상시키고 삶의 질을 높이기 위해 공무원의 근무방식과 형태를 개인·업무·기관 특성에 따라 선택할 수 있는 제도이다.
② 직무 개선방법으로서 근무일에 더 오래 일하고 그 대신 쉬는 날을 늘릴 수 있는 방법은 재량근무형이다.
③ 시간선택제 공무원은 기관 사정이나 정부의 일자리 나누기 정책 구현 등을 위해서 활용되었다.
④ 근무생활의 질 개선은 개인의 필요와 조직의 목표를 결합시켜 통합하려는 원리를 추구하며, 참여관리, 작업환경개선 등의 복합적으로 동원한다.

20
정책의제설정에 관한 설명으로 옳지 않은 것은?

① 콥(R. W. Cobb)은 정책의제설정 유형을 주도 집단에 따라 외부주도형, 동원형, 내부접근형으로 분류하였다.
② 포자모형은 정책문제가 제기되어 정의되는 환경이 갖는 중요성에 주목한다.
③ 관련 집단들에 의해 예민하게 쟁점화된 사회문제일수록 정책의제화 가능성이 크다.
④ 동원형은 반대집단에게는 정책결정과정을 은폐시키고 정책내용을 공개하려 하지 않아 일종의 음모형이라고 불리운다.

01
계급제에 대한 설명으로 옳지 않은 것은?

① 직무의 속성을 중심으로 공직을 분류하는 제도이다.
② 폐쇄형 충원방식을 원칙으로 한다.
③ 일반행정가 양성을 지향한다.
④ 탄력적 인사관리에 용이하다.

02
민츠버그(Mintzberg)가 제시한 조직유형이 아닌 것은?

① 기계적 관료제
② 애드호크라시(adhocracy)
③ 사업부제 구조
④ 홀라크라시(holacracy)

03
정책결정모형에 대한 설명으로 옳은 것은?

① 혼합주사모형(mixed scanning approach)은 1960년대 미국의 쿠바 미사일 위기사건을 설명하기 위해 연구된 모형이다.
② 사이버네틱스모형을 설명하는 예시로 자동온도조절장치를 들 수 있다.
③ 쓰레기통모형은 갈등의 준해결, 문제 중심의 탐색, 불확실성 회피, 표준운영절차의 활용을 설명하는 모형이다.
④ 합리모형은 만족할 만한 수준에서 의사결정이 이루어진다고 설명하는 모형이다.

04
행정이론의 발달을 오래된 순서대로 바르게 나열한 것은?

(가) 과학적 관리론 - 테일러(Taylor)
(나) 신공공관리론 - 오스본과 게블러(Osborne & Gaebler)
(다) 신행정론 - 왈도(Waldo)
(라) 행정행태론 - 사이먼(Simon)

① (가) - (다) - (라) - (나)
② (가) - (라) - (다) - (나)
③ (라) - (가) - (나) - (다)
④ (라) - (다) - (나) - (가)

05
엘리트이론과 다원주의이론에 대한 설명으로 옳지 않은 것은?

① 고전적 엘리트이론에서 엘리트들은 다른 계층에 대해 책임을 지지 않는다.
② 밀즈(Mills)는 명성접근법을 사용하여 엘리트들을 분석한다.
③ 달(Dahl)은 권력이 분산되어 있음을 전제로 다원주의론을 전개한다.
④ 바흐라흐와 바라츠(Bachrach & Baratz)는 무의사결정이 의제설정과정뿐만 아니라 정책결정과정에서도 발생할 수 있다고 주장한다.

06
예산 불성립에 따른 예산 종류에 대한 설명으로 옳지 않은 것은?

① 준예산은 전년도 예산을 기준으로 예산을 편성해 운영하는 제도이다.
② 현재 우리나라는 준예산제도를 채택하고 있다.
③ 가예산은 1개월분의 예산을 국회의 의결을 거쳐 집행하는 것으로 우리나라가 운영한 경험이 있다.
④ 잠정예산은 수개월 단위로 임시예산을 편성해 운영하는 것으로 가예산과 달리 국회의 의결이 불필요하다.

07
동기부여 이론에 대한 설명으로 옳은 것은?

① 로크(Locke)의 목표설정이론에서는 목표의 도전성(난이도)과 명확성(구체성)을 강조했다.
② 매슬로우(Maslow)의 욕구 5단계설에서는 욕구의 좌절과 퇴행을 강조했다.
③ 해크만과 올드햄(Hackman & Oldham)의 직무특성이론에서는 유의성, 수단성, 기대감을 동기부여의 핵심으로 보았다.
④ 앨더퍼(Alderfer)의 ERG이론에서는 위생요인이 충족되었다고 하더라도 동기부여가 되는 것은 아니라고 주장했다.

08
품목별예산제도(line-item budget system)에 대한 설명으로 옳지 않은 것은?

① 미국에서 공무원의 부정부패를 막고 행정의 능률을 향상시키기 위해 도입되었다.
② 정부 활동에 대한 총체적인 사업계획과 우선순위 결정에 유리하다.
③ 예산 집행의 책임성을 확보할 수 있는 통제지향 예산제도이다.
④ 특정 사업의 지출 성과에 대해서는 파악하기 어렵다.

09
블랙스버그 선언(Blacksburg Manifesto)과 행정재정립운동(refounding movement)에 대한 설명으로 옳지 않은 것은?

① 블랙스버그 선언은 행정의 정당성을 침해하는 정치·사회적 상황을 비판했다.
② 행정재정립운동은 직업공무원제를 옹호했다.
③ 행정재정립운동은 정부를 재창조하기보다는 재발견해야 한다고 주장했다.
④ 블랙스버그 선언은 신행정학의 태동을 가져왔다.

10
정부예산의 종류에 대한 설명으로 옳지 않은 것은?

① 기금은 예산원칙의 일반적 제약으로부터 벗어나 탄력적으로 운용된다.
② 특별회계예산은 국가의 회계 중 특정한 세입으로 특정한 세출을 충당하기 위한 예산이다.
③ 특별회계예산은 일반회계예산과 달리 예산편성에 있어 국회의 심의 및 의결을 받지 않는다.
④ 기금은 예산 통일성 원칙의 예외가 된다.

11
지방정부의 사무에 대한 설명으로 옳지 않은 것은?

① 기관위임사무의 처리에 드는 경비는 중앙정부와 지방정부가 공동 부담하는 것이 원칙이다.
② 단체위임사무는 집행기관장이 아닌 지방정부 그 자체에 위임된 사무이다.
③ 지방의회는 단체위임사무의 처리 과정에 관한 조례를 제정할 수 있다.
④ 중앙정부는 자치사무에 대해 합법성 위주의 통제를 주로 한다.

12

대표관료제에 대한 설명으로 옳지 않은 것은?

① 우리나라는 양성채용목표제, 장애인 의무고용제 등 다양한 균형인사제도를 통해 대표관료제의 논리를 반영하고 있다.
② 다양한 집단의 이익을 반영하는 실적주의 이념에 부합하는 인사제도이다.
③ 할당제를 강요하는 결과를 초래하고, 특정 집단에 대한 역차별 문제를 야기할 수 있다.
④ 임용 전 사회화가 임용 후 행태를 자동적으로 보장한다는 가정하에 전개되어 왔다.

13

킹던(Kingdon)이 제시한 정책흐름모형에 대한 설명으로 옳은 것만을 모두 고르면?

> ㄱ. 경쟁하는 연합의 자원과 신념 체계(belief system)를 강조한다.
> ㄴ. 쓰레기통모형을 발전시킨 것이다.
> ㄷ. 정책 과정의 세 흐름은 문제흐름, 정책흐름, 정치흐름이 있다.

① ㄱ
② ㄷ
③ ㄱ, ㄴ
④ ㄴ, ㄷ

14

행정가치에 대한 설명으로 옳지 않은 것은?

① 합리성은 어떤 행위가 궁극적 목표 달성의 최적 수단이 되느냐의 여부를 가리는 개념이다.
② 효율성은 목표의 달성도를 나타내고, 효과성은 투입 대비 산출의 비율을 의미한다.
③ 자율적 책임성은 공무원이 직업윤리와 책임감에 기초해 전문가로서 자발적인 재량을 발휘할 때 확보된다.
④ 행정의 민주성은 국민과의 관계뿐만 아니라 관료조직의 내부 의사결정 과정의 측면에서도 고려된다.

15

근무성적평정상의 오류에 대한 설명으로 옳지 않은 것은?

① 평정자가 피평정자를 잘 모르는 경우 집중화 경향이 발생할 수 있다.
② 평정자의 평정기준이 일정하지 않은 경우 총계적 오류(total error)가 발생할 수 있다.
③ 연쇄효과(halo effect)는 초기 실적이나 최근의 실적을 중심으로 평가함으로써 발생하는 시간적 오류를 의미한다.
④ 관대화 경향의 폐단을 막기 위해 강제배분법을 활용할 수 있다.

16

라이트(Wright)의 정부간관계(Inter-Governmental Relations: IGR) 모형에 대한 설명으로 옳지 않은 것은?

① 정부 간 상호권력관계와 기능적 상호의존관계를 기준으로 정부간관계(IGR)를 3가지 모델로 구분한다.
② 대등권위모형(조정권위모형, coordinate-authority model)은 연방정부, 주정부, 지방정부가 모두 동등한 권한을 가지고 있다고 설명한다.
③ 내포권위모형(inclusive-authority model)은 연방정부, 주정부, 지방정부를 수직적 포함관계로 본다.
④ 중첩권위모형(overlapping-authority model)은 연방정부, 주정부, 지방정부가 상호 독립적인 실체로 존재하며 협력적 관계라고 본다.

17

변혁적 리더십에 대한 설명으로 옳지 않은 것은?

① 도전적 목표와 임무, 미래에 대한 비전을 추구하도록 격려한다.
② 구성원 개개인에게 관심을 가지고 배려한다.
③ 상황적 보상과 예외관리를 특징으로 한다.
④ 새로운 관점에서 문제를 재구성하고 해결책을 찾도록 자극한다.

18

무어(Moore)의 공공가치창출론(creating public value)적 시각에 대한 설명으로 옳지 않은 것은?

① 행정의 정당성 위기를 극복하기 위한 대안적 접근이다.
② 전략적 삼각형 개념을 제시한다.
③ 신공공관리론을 계승하여 행정의 수단성을 강조한다.
④ 정부의 관리자들은 공공가치 실현에 힘써야 한다고 주장한다.

19

로위(Lowi)의 정책 유형과 리플리와 프랭클린(Ripley & Franklin)의 정책 유형에는 없지만, 앨먼드와 파월(Almond & Powell)의 정책 유형에는 있는 것은?

① 상징정책
② 재분배정책
③ 규제정책
④ 분배정책

20

정부 예산팽창이론에 대한 설명으로 옳지 않은 것은?

① 바그너(Wagner)는 경제 발전에 따라 국민의 욕구 부응을 위한 공공재 증가로 인해 정부 예산이 증가한다고 주장한다.
② 피코크(Peacock)와 와이즈맨(Wiseman)은 전쟁과 같은 사회적 변동이 끝난 후에도 공공지출이 그 이전 수준으로 되돌아가지 않는 데에서 예산팽창의 원인을 찾고 있다.
③ 보몰(Baumol)은 정부 부문과 민간 부문 간의 생산성 격차를 통해 정부 예산의 팽창 원인을 설명하고 있다.
④ 파킨슨(Parkinson)은 관료들이 자신들의 권력 극대화를 위해 필요 이상으로 자기 부서의 예산을 추구함에 따라 정부 예산이 지속적으로 증가한다고 주장한다.

01
계급제에 대한 설명으로 옳지 않은 것은?

① 장래 발전 가능성과 잠재력을 지닌 사람을 채용함으로써 장기적 관점에서 유능한 인재를 공직에 흡수할 수 있다.
② 공무원의 경력발전의 기회를 증진시켜 주며, 신분보장과 직업공무원제 확립에 유리하다.
③ 인력 활용의 융통성과 효율성을 높여 탄력적 인사관리를 가능하게 하며 일반행정가 양성에 유리하다.
④ 횡적 직책의 한계와 종적 지휘 감독 관계가 분명해 권한과 책임의 한계를 명백하게 함으로써 조직관리의 합리성을 높여준다.

02
민츠버그(Mintzberg)가 제시한 조직유형의 설명으로 옳지 않은 것은?

① 애드호크라시는 높은 수준의 전문성을 지닌 전문가들에 의해 조직이 운영되기 때문에 수평적 분화가 커지고, 공식화의 정도는 매우 낮아진다.
② 사업부제 구조는 각 사업은 사업활동에 필요한 자율권을 부여받아 독자적으로 운영되기 때문에 한 사업부의 잘못된 운영이 다른 사업부에 미치는 영향을 최소화시킬 수 있다.
③ 전문적 관료구조는 표준화를 통한 효율성을 유지하면서 핵심 운영 부문에 고도로 훈련받은 전문가를 고용하여 운영되는 조직을 의미한다.
④ 기계적 관료구조는 분업화의 정도가 낮고, 공식화도 거의 이루어지지 않았으며, 권한이 최고경영자에 집중되어 있는 조직구조 형태이다.

03
정책결정모형에 대한 설명으로 옳은 것은?

① 쓰레기통모형은 의사결정을 위해서는 문제, 해결책, 참여자의 세 가지 요소가 필요하다고 본다.
② 만족모형은 의사결정자들이 만족할 만하고 괜찮은 해결책을 얻기 위해 몇 개의 대안만을 병렬적으로 탐색한다고 본다.
③ 앨리슨(Allison) 모형II는 긴밀하게 연결된 하위 조직체들이 표준운영절차를 통한 의사결정을 한다고 본다.
④ 최적모형은 '현실'과 '이상'을 통합한 것으로, 메타정책결정(meta-policy making)을 중요시한다.

04
행정이론의 발달을 오래된 순서대로 바르게 나열한 것은?

(가) 과학적 관리론 - 테일러(Taylor)
(나) 신공공서비스론 - 덴하트(J. V. Denhardt)
(다) 체제론 - 이스턴(Easton)
(라) 행정행태론 - 사이먼(Simon)

① (가) - (다) - (라) - (나)
② (가) - (라) - (다) - (나)
③ (라) - (가) - (나) - (다)
④ (라) - (다) - (나) - (가)

05
이익집단자유주의(interest group liberalism)에 대한 설명으로 옳지 않은 것은?

① 정부의 특정 기관(agency)과 이익집단이 결합하여 정책이 결정된다는 이론이다.
② 이익집단과 정부기관의 결집은 기득권을 유지하는 과정에서 보수주의를 초래하게 된다.
③ 원자화된 개인이 정치적 힘을 발휘하기 힘들어서 대중에 의한 통제의 어려움이 있다.
④ 개별 부처나 산하기관의 권한이 약화되는 반면, 의회의 기능은 상대적으로 강화된다.

06
우리나라 예산 불성립시의 대응 제도에 대한 설명 중 옳지 않은 것은?

① 현재 우리나라의 준예산제도는 지출항목이 제한되어 있다.
② 영국과 미국은 예산심의제도상 잠정예산을 사용하고 있다.
③ 회계연도 개시 30일전까지 의결이 되지 않으면 준예산을 사용한다.
④ 준예산은 국회의 사전의결 없이 집행할 수 있는 제도이다.

07
동기부여 이론에 대한 설명으로 옳지 않은 것은?

① Maslow의 욕구충족 5단계이론은 인간의 욕구충족의 일방향성과 다원성을 도외시하였다는 비판이 수반하고 있다.
② McClellend는 권력욕이 인간이 성장하고, 강해지려는 동기요인이라고 설파하고, 개인적 권력과 사회적 권력으로 나누었다.
③ 허즈버그(Frederick Herzberg)는 직무만족과 불만족의 독립적 연속 개념을 부정하고, 만족-불만족의 단일선적인 연속 개념으로 파악하였다.
④ Adams의 공정성 이론은 절대적 공정성과 상대적 공정성으로 나누고, 자신의 노력과 보상을 타인의 노력과 보상에 비교하여 추론하는 상대적 공정성인지가 동기부여 요인으로 작용한다고 보았다.

08
품목별예산제도(line-item budget system)에 대한 설명으로 옳지 않은 것은?

① 예산제도의 개혁과정에서 관료와 입법가들을 신뢰할 수 없다고 판단되던 시기의 예산제도이다.
② 자원배분 상 갈등이 축소된다.
③ 의회권한이 강화된다.
④ 정부기능의 핵심역량 강화에 기여한다.

09
관료제 옹호에 대한 설명으로 옳지 않은 것은?

① 블랙스버그 선언(Blacksburg Manifesto)으로 나타나게 되었다.
② 정치가들의 관료후려치기 현상에 대한 문제점을 지적하며 나타난 운동이다.
③ 관료제가 비효율적이라는 명확한 근거는 없다고 보았다.
④ 정부재발견보다는 정부재창조를 중시한다.

10
일반회계와 특별회계에 대한 설명으로 옳지 않은 것은?

① 일반회계는 통제지향의 관점에서 일반적인 정부의 예산활동을 관리 감독하는 회계이다.
② 모든 정부 자금들이 일반회계로 통합되면 재원배분의 칸막이 병리가 줄어들어 자원배분의 효율성을 높이는 데 기여하게 된다.
③ 특별회계는 집행부의 예산 운영의 재량을 넓혀주거나 국가의 필요에 따라 한시적으로 집중적인 재정 지원이 요구되는 사업을 뒷받침하기 위해서 인정되고 있다.
④ 일반회계는 특정수입과 특정세출을 배제하지만, 특별회계는 특정수입과 특정세출을 연계하면서도 추가경정예산의 편성은 제외된다.

11
지방정부의 사무에 대한 설명으로 옳지 않은 것은?

① 기관위임사무는 지방자치단체의 장이 중앙정부의 대리인 자격으로 처리한다.
② 기관위임사무는 원칙적으로 국가가 경비를 부담한다.
③ 고유사무는 지방자치단체의 존립목적을 위한 본래적 사무를 의미한다.
④ 기관위임사무는 국가 또는 상급자치단체의 사무가 법령에 의해 자치단체에 위임된 것이다.

12
대표관료제에 대한 설명으로 옳은 것은 몇 개인가?

> ㄱ. 기회균등의 측면에서 특권적인 정부 관료제를 대중에게 개방함으로써 민주주의 평등이념에 부합하기 때문에 행정의 민주화에 기여한다.
> ㄴ. 정당에 대한 공헌도나 충성도를 임용 기준으로 삼기 때문에 정당의 대중화와 정당정치 발전에 기여한다.
> ㄷ. 선거에 이긴 정당에게 정부 관료제를 예속화함으로써, 국민의 요구에 대한 관료적 대응성을 향상시킨다.
> ㄹ. 기회균등의 원칙을 보장함으로써 사회적 형평성의 제고라는 민주적 이념을 실현하는 데 기여한다.
> ㅁ. 집단중심의 사고로 개인중심의 자유민주주의 원리에 어긋난다.

① 2개   ② 3개
③ 4개   ④ 5개

13
킹던(Kingdon)이 제시한 정책흐름모형에 대한 설명으로 옳지 않은 것은?

① 정책의 흐름은 문제를 검토하여 해결방안들을 제안하는 전문가들과 분석가들로 구성되며, 여기서 여러 가능성들이 탐색되고 그 범위가 좁혀진다.
② 문제의 흐름, 정책의 흐름, 정치의 흐름의 세 가지 흐름은 상호의존적 경로를 따라 진행된다.
③ '정책의 창'은 국회의 예산주기, 정기회기 개회 등의 규칙적인 경우뿐 아니라, 때로는 우연한 사건에 의해 열리기도 한다.
④ 문제에 대한 대안이 존재하지 않을 경우 '정책의 창'이 닫힐 수 있다.

14
행정가치에 대한 설명으로 옳지 않은 것은?

① 디목(Dimock)은 기계적 효율관을 비판하면서 인간관계론 입각하여 사회적 효율성을 강조했다.
② 프레데릭슨(Frederickson)과 왈도(Waldo) 등 신행정학의 학자들은 사회적 형평성이 행정가치로 주목받는 데 크게 기여하였다.
③ 기계적 효율성은 정치·행정일원론 시대에 경영학의 과학적 관리론이 행정학에 도입되면서 중시되었다.
④ 슈버트(Schubert)는 공익 과정설의 입장에서 다수의 국민들이 추구하는 가치관에 합치되도록 행동하는 정부에 의하여 공익이 결정된다고 보았다.

15
근무성적평정상의 오류에 대한 설명으로 옳지 않은 것은?

① 한 평정요소에 대한 평정자의 판단이 피평정자의 다른 요소의 평정에도 영향을 주는 현상은 고정관념에 의한 오류(stereotyping)이다.
② 평정자가 모든 피평정자에게 대부분 중간 수준의 평정점을 주는 경향은 집중화 경향(central tendency)이다.
③ 우리나라에서 많은 평정자들은 승진에 임박한 선임순위자들을 우대하는 소위 역산제라는 오류를 범하고 있다.
④ 평정결과의 공개는 평정자의 관대화 경향을 초래한다.

16
라이트(Wright)의 정부간관계(Inter-Governmental Relations: IGR) 모형에서 지방정부가 주(州)정부와의 관계에서 딜런의 원칙(Dillon's rule)에 부합하는 모형은?

① 대등권위모형   ② 내포권위모형
③ 중첩권위모형   ④ 종속형

17

변혁적 리더십에 대한 설명으로 옳지 않은 것은?

① 조직참여의 기대가 적은 경우에 적합하며 예외관리에 초점을 둔다.
② 리더가 부하에게 특별한 관심을 보이거나 자긍심과 신념을 심어준다.
③ 리더가 부하들의 창의성을 계발하는 지적 자극(intellectual stimulation)을 중시한다.
④ 리더가 인본주의, 평화 등 도덕적 가치와 이상을 호소하는 방식으로 부하들의 의식수준을 높인다.

18

보우즈만의 공공가치실패론적 시각에 대한 설명으로 옳지 않은 것은?

① 시장메커니즘이 효율적으로 작동하지 못하여 본질적 가치를 제공하지 못하는 실패현상을 공공가치실패라는 개념으로 정의하였다.
② 공공가치에 부합하는 재화나 서비스가 제공하지 못하는 경우를 공공실패로 간주하고 정부개입의 근거가 되어야 한다고 주장한다.
③ 공공가치의 핵심 가치들로 인간의 존엄성, 지속가능성, 시민참여, 개방성과 기밀성, 타협, 온전성, 강건성 등을 제시하였다.
④ 공공가치실패 기준으로 가치의 표출과 결집 메커니즘의 왜곡, 불완전 독점, 혜택 숨기기, 제공자의 부족, 단기적 시계, 최저 생활과 인간 존엄에 대한 위협 등을 제시하였다.

19

로위(Lowi)의 정책 유형별 특성 연결이 옳지 않은 것은?

① 분배정책 – 개인 대상의 간접적 강제력 행사 정책
② 규제정책 – 개인 대상의 직접적 강제력 행사 정책
③ 구성정책 – 환경 대상의 간접적 강제력 행사 정책
④ 재분배정책 – 환경 대상의 간접적 강제력 행사 정책

20

정부의 팽창요인과 관계가 없는 것은?

① 바그너(Wagner)의 경비팽창법칙
② 듀젠베리(Duesenberry)의 전시효과 (demonstration effect)
③ 니스카넨(Niskanen)의 예산극대화 가설
④ 양출제입 예산

01
계급제에 대한 설명으로 옳지 않은 것은?
① 폐쇄형을 채택함으로써, 일반 행정가 중심의 신분보장이 강하다.
② 계급 간의 차별성과 폐쇄성은 매우 강한 편이다.
③ 직장과 자신을 동일시하는 경향과 계급을 신분화하는 경향이 있다.
④ 개인의 성과와 직무능력에 따른 보상과 동기부여 강화에 기여한다.

02
민츠버그(Mintzberg)가 제시한 조직유형 중 수평·수직적으로 분권화된 조직 형태로서 복잡하고 안정적인 환경에서 적절한 조직구조에 해당하는 것은?
① 전문적 관료제 구조
② 기계적 관료제 구조
③ 사업부제 구조
④ 애드호크라시

03
정책결정모형에 대한 설명으로 옳지 않은 것은?
① 현실적으로 정책을 결정하는 사람들은 합리성에 의존하기 보다는 시간, 공간, 예산의 제약 때문에 제한된 합리성을 추구할 수밖에 없다는 주장을 최적모형이라 한다.
② 정책결정을 위한 대안탐색에 있어서 합리모형과 점증모형의 결합을 주장한 모형을 혼합모형이라 한다.
③ 대학조직에서의 정책결정과정을 설명하는 대표적 모형에는 쓰레기통 모형이 있다.
④ 우리나라 예산당국이 예산편성 및 심의 시에 주로 사용하는 정책결정 모형은 점증주의 모형이다.

04
행정이론에 대한 설명으로 옳지 않은 것은?
① 신행정론은 고객의 참여와 형평성을 중시한다.
② 행정체제론은 환경과 체제 간의 관계를 중시하였으나 환경에 대한 체제의 피동적 대응을 중시한다.
③ 행태론은 행정연구의 구조기능주의에 반발하여 논리실증주의 방법을 적용하였다.
④ 신공공관리론은 정부실패를 해결하기 위하여 공공부문에 시장원리를 도입하자는 것이다.

05
다원주의이론에 대한 설명으로 옳지 않은 것은?
① 정책결정에 있어서 정부의 이해관계와 영향력을 중시하고 있다고 비판을 받는다.
② 모든 사회문제는 거의 무작위적으로 정치체제로 투입된다는 이론이다.
③ 특정세력이 정책을 주도하지 못한다.
④ 정책의제 설정의 외부주도형과 연관된다.

06
각국의 예산 심의에 관한 내용으로 옳지 않은 것은?
① 미국과 같은 대통령 중심제 하에서는 예산 심의가 비교적 엄격하다.
② 우리나라, 독일 등에서는 예산 불성립 시 준예산 제도를 채택하고 있다.
③ 미국 영국 등은 예산을 법률과 구별한다.
④ 우리나라는 정부 예산안은 큰 수정 없이 채택된다.

07
동기부여 이론에 대한 설명으로 옳지 않은 것은?
① 포터와 롤러(Porter & Lawler)는 직무 만족이 노력과 성과를 초래한다는 전통적 욕구이론과 달리, 업무 성과가 직무 만족으로 이어진다는 점을 강조하였다.
② 맥그리거(McGregor)의 XY이론은 인간관에 따라 다른 관리전략이 필요함을 주장하였다.
③ 매슬로우(Maslow)는 인간욕구 추구의 단계를 5단계로 나누고, 개인별로 욕구단계가 달라질 수 있다고 주장하였다.
④ 맥클리랜드(McClelland)는 조직 내 성공요인은 물질적 욕구보다 성취욕구가 중요하다고 주장하였다.

08
예산제도에 대한 설명으로 옳지 않은 것은?
① 품목별 예산제도 – 관료와 입법가 불신에서 시행
② 결과지향적 예산제도 – 집행의 재량과 결과에 대한 책임
③ 계획예산제도 – 계획과 예산의 독자적 자율성 부여
④ 영기준 예산제도 – 긴축 국면에서 공공서비스 성과 초점

09
정부재창조의 방안으로 강조되고 있는 기업가적 정부의 원리로 가장 거리가 먼 것은?
① 촉매작용적 정부
② 경쟁적 정부
③ 임무지향적 정부
④ 과정지향적 정부

10
우리나라 정부기금에 대한 설명으로 옳지 않은 것은?
① 기금은 특정수입과 지출을 연계한 특정자금으로서, 기금관리의 주체는 중앙관서장이다.
② 기금은 법률로써 설치하며 출연금, 부담금 등은 기금의 재원으로 활용할 수 있다.
③ 세입세출예산 내에서 운영되는 '제3의 예산'이다.
④ 기금운용계획안은 국무회의의 심의와 대통령의 승인이 필요하다.

11
지방정부의 사무에 대한 설명으로 옳지 않은 것은?
① 고유사무에 대한 국가감독은 소극적 감독만이 허용되고 적극적 감독은 배제된다.
② 기관위임사무에 필요한 소요경비는 국가와 지방자치단체가 분담하는 것이 원칙이다.
③ 법령에 의하여 위임된 단체위임사무의 소요경비는 당해 지방자치단체와 국가가 분담한다.
④ 지방자치단체의 자치사무는 주민의 복리에 관한 고유사무가 주된 내용이다.

12
대표관료제에 대한 설명으로 옳지 않은 것은?
① 국민의 다양한 요구에 대한 대응성 향상에 기여한다.
② 실질적 기회균등 원칙을 보장함으로써 관료제의 국민 대표성 제고에 기여한다.
③ 관료제에 다양한 집단을 참여시킴으로써 정부 관료제의 민주화에 기여한다.
④ 할당제 방식의 공직배분에 따른 역차별 문제 해소에 기여한다.

13
정책결정모형에 관한 설명으로 옳은 것은?

① '점증주의 모형'에서는 정책대안의 분석과 비교가 총체적·종합적으로 이루어진다.
② '만족모형'은 정책결정자나 정책분석가가 절대적 합리성을 가지고 있고 주어진 상황 하에서 목표의 달성을 극대화할 수 있는 최선의 정책대안을 찾아낼 수 있다고 본다.
③ '앨리슨(Allison) 모형'은 쿠바 미사일 사태에 대한 사례연구를 바탕으로 발전하였는데 합리모형, 조직과정모형, 관료정치모형의 세 가지 정책결정모형을 제시한다.
④ 킹던(Kingdon)의 '정책창문(Policy Window) 이론'은 정책창문이 한 번 열리면 문제에 대한 대안이 도출될 때까지 상당기간 열려 있는 상태로 유지된다고 본다.

14
행정가치에 대한 설명으로 옳지 않은 것은?

① '사회적 형평성' 이념은 1960년대 후반에 미국사회의 혼란과 더불어 제기된 신행정학의 주요 이념의 하나이다.
② 예산의 분배과정에 있어 선택과 집중을 하는 것은 행정의 형평성을 강조하는 것이다.
③ 사회적 효율성은 행정의 사회목적 실현과 다원적 이익들 간의 통합조정 및 구성원의 인간가치의 실현 등을 강조한다.
④ 발전행정론은 효과성을 강조한 행정이론이다.

15
근무성적평정상의 오류에 대한 설명으로 옳지 않은 것은?

① 연쇄효과 오류는 평정자가 가장 중시하는 평정요소가 다른 평정요소에도 연쇄적으로 긍정적인 영향을 주는 효과로 발생하는 오류를 말한다.
② 논리적 오류는 유형화(정형화 집단화)의 착오에 해당하는 것으로 사람에 대한 경직된 편견이나 선입견 또는 고정관념에 의한 오류를 말한다.
③ 총체적 오류는 평가자가 일관성 있는 평가기준을 갖지 못하여 관대화 및 엄격화 경향이 불규칙하게 나타나는 것을 말한다.
④ 관대화 오류는 상관이 부하와의 인간관계를 고려하여 실제보다 후한 평정을 하는 것을 말한다.

16
라이트(Wright)의 정부간관계(Inter-Governmental Relations: IGR) 모형에서 연방정부와 주정부가 각각 독립된 주권을 바탕으로 독자적으로 자치권을 행사하며 지방정부는 주정부에 종속되어 있는 이원적 관계의 모형에 해당되는 것은?

① 내포권위모형
② 조정권위모형
③ 중첩권위모형
④ 대리인 모형

17
변혁적 리더십에 대한 설명으로 옳지 않은 것은?

① 변혁적 리더십은 카리스마적 리더십을 기반으로 하고 있으나, 부하에게 확립된 의견뿐만 아니라 리더가 확립시킨 의견에도 문제를 제기할 수 있는 능력을 요구하는 점에서 차이가 있다.
② 영감적 리더십은 공공부문의 리더가 부하로 하여금 형식적 관례와 사고를 다시 생각하게 함으로써 새로운 관념을 촉발시키는 것을 의미한다.
③ 개별적 배려는 리더가 부하에게 특별한 관심을 보이고 각 부하의 특정 요구를 이해해 줌으로써 부하에 대해 개인적으로 존중한다는 것을 전달하는 것을 의미한다.
④ 변혁적 리더십은 인간의 행태나 상황뿐 아니라 리더의 개인적 속성도 다시 재생시키고 있으므로 신속성론에 해당한다.

18
덴하트(J. Denhardt)와 덴하트(R. Denhardt)가 제시한 신공공서비스론에 관한 설명으로 옳지 않은 것은?
① 시민이 아니라 고객에게 봉사하는 행정이 되라.
② 전략적으로 생각하고 민주적으로 행동하라.
③ 방향잡기보다 봉사하는 정부가 되라.
④ 단순히 생산성보다 사람의 가치를 받아들여라.

19
정책유형에 대한 설명으로 옳은 것은?
① 알몬드(Almond)와 파웰(Powell)은 정책을 구성정책, 추출정책, 재분배정책, 규제정책으로 유형화했다.
② 로위(Lowi)는 정책유형에 따라 정책을 둘러싼 이해당사자들 사이의 상호작용 양식이 달라진다고 주장한다.
③ 로위(Lowi)의 정책유형론은 정책유형들 간의 높은 상호배타성을 특징으로 한다.
④ 로위(Lowi)에 따르면 규제정책에서는 포크배럴(pork-barrel)이나 로그롤링(log-rolling) 현상이 빈번하게 발생한다.

20
정부팽창에 대한 이론과 설명 내용의 연결이 잘못된 것은?
① 파킨슨 법칙 - 공무원은 서로를 위해 일을 만들어 낸다.
② 예산극대화 가설 - 공무원은 공공이익보다 자기 부서 예산 극대화를 추구한다.
③ 전위효과 - 항상 위기 상황을 강조하여 가외성 효과를 창출한다.
④ 의존효과 - 광고효과로 인해 공공재의 과잉소비 성향으로 정부예산이 팽창된다.

2024 지방직 기출

01
애덤스(Adams)의 공정성이론에 대한 설명으로 옳지 않은 것은?
① 투입과 산출의 비율을 준거인과 비교하여 공정성을 지각한다.
② 불공정성을 느낄 때 자신의 지각을 의도적으로 왜곡하기도 한다.
③ 노력과 기술은 투입에 해당하며, 보수와 인정은 산출에 해당한다.
④ 준거인과 비교하여 과소보상자는 불공정하다고 생각하고, 과대보상자는 공정하다고 생각한다.

02
공공선택이론에 대한 설명으로 옳지 않은 것은?
① 인간을 이기적이고 합리적인 경제인으로 본다.
② 비시장적 의사결정을 경제학적 관점에서 연구한다.
③ 뷰캐넌(Buchanan), 털럭(Tullock), 오스트롬(Ostrom) 등이 대표적인 학자이다.
④ 경제주체의 집단적 선택행위를 중시하는 방법론적 집단주의 입장이다.

03
피터스(Peters)가 『미래의 국정관리(The Future of Governing)』에서 제시한 정부개혁 모형에 해당하지 않는 것은?
① 시장 모형
② 자유민주주의 모형
③ 참여 모형
④ 탈규제 모형

04
「지방공무원법」상 공무원 인사이동에 대한 설명으로 옳지 않은 것은?
① 전직은 직렬을 달리하는 임명을 말한다.
② 전보는 같은 직급 내에서 보직변경을 말한다.
③ 강임의 경우, 같은 직렬의 하위 직급이 없는 경우 다른 직렬의 하위 직급으로는 이동할 수 없다.
④ 지방자치단체의 장 또는 지방의회의 의장은 공무원을 전입시키려고 할 때에는 해당 공무원이 소속된 지방자치단체의 장 또는 지방의회의 의장의 동의를 받아야 한다.

05
프로그램 예산제도에 대한 설명으로 옳지 않은 것은?
① 우리나라 중앙정부는 2007년부터 프로그램 예산제도를 도입하였다.
② 예산 전과정을 프로그램 중심으로 구조화하고 성과평가체계와 연계시킨다.
③ 세부 업무와 단가를 통해 예산 금액을 산정하는 상향식(bottom up) 방식을 사용한다.
④ 일반회계, 특별회계, 기금이 포괄적으로 표시되어 총체적 재정배분 파악이 가능하다.

06
사회적 형평성(social equity)에 대한 설명으로 옳지 않은 것은?
① 1968년 개최된 미노부룩 회의(Minnowbrook Conference)에서 태동한 신행정론에서 강조하였다.
② 롤스(Rawls)의 『정의론』은 사회적 형평성 논의에 영향을 주었다.
③ 수직적 형평성(vertical equity)은 '동등한 여건에 있지 않은 사람을 동등하게 취급'함을 의미하며, 누진세가 그 예이다.
④ 수평적 형평성(horizontal equity)은 '동등한 여건에 있는 사람을 동등하게 취급'함을 의미하며, 동일노동 동일임금이 그 예이다.

07
다음 설명에 해당하는 정책분석기법은?

> 관련 사건이 일어났느냐 일어나지 않았느냐에 기초하여 미래에 어떤 사건이 일어날 확률에 대해서 식견 있는 판단(informed judgments)을 끌어내는 방법이다.

① 브레인스토밍 ② 교차영향분석
③ 델파이 기법   ④ 선형경향추정

08
예산 과정에 대한 설명으로 옳지 않은 것은?

① 「국가재정법」에서는 대통령의 승인을 얻은 정부 예산안이 회계연도 개시 90일 전까지 국회에 제출되어야 한다고 규정하고 있다.
② 기획재정부장관은 국무회의의 심의를 거쳐 대통령의 승인을 얻은 다음 연도의 예산안편성지침을 매년 3월 31일까지 중앙관서의 장에게 통보해야 한다.
③ 국회 예산결산특별위원회는 소관 상임위원회에서 삭감한 세출예산 각 항의 금액을 증가하게 하거나 새 비목을 설치할 경우 소관 상임위원회의 동의를 받아야 한다.
④ 정부는 국회에 예산안을 제출한 후 부득이한 사유로 인하여 그 내용의 일부를 수정하고자 하는 때에는 국무회의의 심의를 거쳐 대통령의 승인을 얻은 수정예산안을 국회에 제출할 수 있다.

09
신공공서비스론에 대한 설명으로 옳지 않은 것은?

① 신공공관리론을 극복하기 위해 등장하였으며, 비판이론과 포스트모더니즘을 활용한다.
② 공익은 시민의 공유된 가치에 대한 담론의 결과이다.
③ 정부는 '노젓기'보다 '방향잡기'에 집중하면서 시민에게 더 많은 권력을 부여해야 한다.
④ 정부관료는 헌법과 법률, 정치 규범, 시민에 대한 대응성을 중요시해야 한다.

10
팀제 조직에 대한 설명으로 옳은 것만을 모두 고르면?

> ㄱ. 결정과 기획의 핵심 기능만 남기고 사업집행 기능은 전문업체에 위탁한다.
> ㄴ. 역동적 환경변화에 유연하게 적응하고 신속한 문제해결이 가능하다.
> ㄷ. 기술구조 부문이 중심이 되고 작업 과정의 표준화가 주요 조정수단이다.
> ㄹ. 관료제의 병리를 타파하고 업무수행에 새로운 의식과 행태의 변화 필요성으로 등장하였다.

① ㄱ, ㄴ   ② ㄱ, ㄷ
③ ㄴ, ㄹ   ④ ㄷ, ㄹ

11
옹호연합모형(Advocacy Coalition Framework)에 대한 설명으로 옳은 것만을 모두 고르면?

> ㄱ. 정책하위체제에 초점을 두어 정책변화를 이해한다.
> ㄴ. 정책지향학습은 옹호연합 내부만 아니라 옹호연합 사이에서도 발생한다.
> ㄷ. 행정규칙, 예산배분, 규정의 해석에 대한 결정은 정책 핵심 신념과 관련된다.
> ㄹ. 신념 체계 구조에서 규범적 핵심 신념은 관심 있는 특정 정책 규범에 적용되며, 이차적 측면(secondary aspects)보다 변화 가능성이 작다.

① ㄱ, ㄴ   ② ㄱ, ㄹ
③ ㄴ, ㄷ   ④ ㄷ, ㄹ

12

「공직자윤리법」에서 규정하고 있는 것만을 모두 고르면?

| ㄱ. 이해충돌 방지 의무 | ㄴ. 등록재산의 공개 |
| ㄷ. 종교 중립의 의무 | ㄹ. 품위 유지의 의무 |

① ㄱ, ㄴ ② ㄱ, ㄹ
③ ㄴ, ㄷ ④ ㄷ, ㄹ

13

밑줄 친 연구에 해당하는 것은?

> 이 연구에서는 정책과 성과를 연결하는 모형에 정책 기준과 목표, 집행에 필요한 자원, 조직 간 의사소통과 집행 활동(enforcement activities), 집행기관의 특성, 경제·사회·정치적 조건, 정책집행자의 성향(disposition)이라는 변수를 제시하였다.

① 립스키(Lipsky)의 일선관료제 연구
② 오스트롬(Ostrom)의 제도분석 연구
③ 사바티어와 마즈마니언(Sabatier & Mazmanian)의 집행과정 연구
④ 반 미터와 반 혼(Van Meter & Van Horn)의 정책 집행과정 연구

14

예산집행의 신축성 유지 방안에 대한 설명으로 옳지 않은 것은?

① 추가경정예산의 경우, 정부는 국회에서 추가경정예산안이 확정되기 전에 이를 미리 배정하거나 집행할 수 없다.
② 예비비의 경우, 정부는 예측할 수 없는 예산 외의 지출 또는 예산초과지출에 충당하기 위하여 일반회계 예산총액의 100분의 5 이내의 금액으로 세입세출예산에 계상할 수 있다.
③ 계속비의 경우, 국가가 지출할 수 있는 연한은 그 회계연도로부터 5년 이내이나, 사업규모 및 국가재원 여건을 고려하여 필요한 경우에는 예외적으로 10년 이내로 할 수 있다.
④ 각 중앙관서의 장은 예산의 목적범위 안에서 재원의 효율적 활용을 위하여 대통령령으로 정하는 바에 따라 기획재정부장관의 승인을 얻어 각 세항 또는 목의 금액을 전용(轉用)할 수 있다.

15

「지방공기업법」상 지방공기업에 대한 설명으로 옳지 않은 것은?

① 지방직영기업의 관리자는 해당 지방자치단체의 공무원으로서 지방직영기업의 경영에 관하여 지식과 경험이 풍부한 사람 중에서 지방자치단체의 장이 임명한다.
② 지방공사를 설립하고자 하는 시장·군수·구청장은 설립 전에 행정안전부장관과 협의하여야 한다.
③ 지방자치단체는 상호 규약을 정하여 다른 지방자치단체와 공동으로 지방공사를 설립할 수 있다.
④ 지방자치단체는 지방직영기업을 설치·경영하려는 경우에는 그 설치·운영의 기본사항을 조례로 정하여야 한다.

16

정책문제의 구조화기법에 대한 설명으로 옳은 것만을 모두 고르면?

> ㄱ. 가정분석: 문제상황의 가능성 있는 원인, 개연성(plausible) 있는 원인, 행동 가능한 원인을 식별하기 위한 기법
> ㄴ. 계층분석: 정책문제에 관해 서로 대립되는 가정의 창조적 종합을 목표로 하는 기법
> ㄷ. 시네틱스(유추분석): 문제들 사이에 유사한 관계를 인지하는 것이 분석가의 문제해결 능력을 크게 증가시킬 것이라는 가정에 기초한 기법
> ㄹ. 분류분석: 문제상황을 정의하고 분류하기 위해 사용되는 개념을 명확하게 하기 위한 기법

① ㄱ, ㄴ ② ㄱ, ㄹ
③ ㄴ, ㄷ ④ ㄷ, ㄹ

17
직무평가 방법에 대한 설명으로 옳지 않은 것은?

① 분류법은 미리 정해진 등급기준표를 이용하는 비계량적 방법이다.
② 서열법은 비계량적 방법으로, 직무의 수가 적은 소규모 조직에 적절하다.
③ 점수법은 직무와 관련된 평가요소를 선정하고 각 요소별로 중요도를 부여하는 과정에서 계량화를 통해 명확하고 객관적인 이론적 증명이 가능하다.
④ 요소비교법은 조직 내 기준직무(key job)를 선정하여 평가하려는 직무와 기준직무의 평가요소를 상호비교하여 상대적 가치를 판단하는 방법이다.

18
리더-구성원교환이론에 대한 설명으로 옳은 것만을 모두 고르면?

> ㄱ. 내집단(in-group)에 속한 구성원이 많을수록 집단의 성과가 높아진다고 본다.
> ㄴ. 리더와 구성원이 파트너십 관계로 발전하는 과정을 '리더십 만들기'라 한다.
> ㄷ. 리더가 모든 구성원을 차별 없이 대우하는 공정성을 중시한다.
> ㄹ. 리더와 구성원이 점점 높은 도덕성과 동기 수준으로 서로를 이끌어 가는 상호 관계를 중시한다.

① ㄱ, ㄴ
② ㄱ, ㄹ
③ ㄴ, ㄷ
④ ㄷ, ㄹ

19
정책학의 발달에 대한 설명으로 옳지 않은 것은?

① 1951년 「정책지향(Policy Orientation)」이라는 논문은 정책학의 정체성 확립에 기여하였다.
② 라스웰(Lasswell)은 1971년 『정책학 소개(A Pre-View of Policy Sciences)』에서 맥락지향성, 이론지향성, 연합학문지향성을 제시하였다.
③ 1980년대 정책학의 연구는 정책형성, 집행, 평가, 변동 등 다양한 분야로 확대되었다.
④ 드로(Dror)는 정책결정 단계를 상위정책결정(meta-policy-making), 정책결정(policymaking), 정책결정 이후(post-policymaking)로 나누는 최적모형을 제시하였다.

20
공공가치론에 대한 설명으로 옳은 것만을 모두 고르면?

> ㄱ. 무어(Moore)는 공공가치 실패를 진단하는 도구로 '공공가치 지도그리기(mapping)'을 제안한다.
> ㄴ. 보즈만(Bozeman)은 공공기관에 의해 생산된 순(純) 공공가치를 추정하는 '공공가치 회계'를 제시했다.
> ㄷ. '전략적 삼각형' 모델은 정당성과 지지, 운영 역량, 공공가치로 구성된다.
> ㄹ. 시장과 공공부문이 공공가치 실현에 필수적으로 요구되는 재화와 서비스를 제공하지 못할 때 '공공가치 실패'가 일어난다.

① ㄱ, ㄴ
② ㄱ, ㄹ
③ ㄴ, ㄷ
④ ㄷ, ㄹ

2024 지방직 미러링 1회

01

애덤스(Adams)의 공정성이론에 대한 설명으로 옳지 않은 것은?

① 개인은 자신의 투입 대비 산출 비율을 다른 사람과 비교하여 공정성을 판단한다.
② 불공정성을 인지한 개인은 투입이나 산출을 조정하여 공정성을 회복하려 한다.
③ 공정성에 대한 인식은 개인마다 차이가 있으며 객관적으로 측정할 수 있다.
④ 과소보상을 인지한 사람은 투입을 줄이거나 산출을 증가시키려 할 수 있다.

02

공공선택이론에 대한 설명으로 옳지 않은 것은?

① 공공재 공급의 집합적 의사결정 과정을 분석하는 이론이다.
② 관료는 공익보다 자신의 효용극대화를 추구한다고 가정한다.
③ 정부실패의 원인으로 정치인, 관료, 이익집단의 지대추구 행위를 지적한다.
④ 공공문제 해결을 위해 시장 메커니즘보다 정부 규제의 확대를 강조한다.

03

피터스(Peters)가 미래의 국정관리(The Future of Governing)에서 제시한 정부개혁 모형에 해당하지 않는 것은?

① 네트워크 모형
② 시장 모형
③ 신축성 모형
④ 참여 모형

04

「지방공무원법」상 공무원 인사이동에 대한 설명으로 옳지 않은 것은?

① 전보는 동일 직급 내에서의 보직변경을 의미한다.
② 강임은 하위직급으로 임용하는 것을 의미하며, 본인의 동의가 필요하다.
③ 직위해제된 공무원은 3개월 이내에 직위를 부여받지 못하면 당연퇴직된다.
④ 다른 지방자치단체로 전출하기 위해서는 해당 공무원이 소속된 지방자치단체장의 동의가 필요하다.

05

프로그램 예산제도에 대한 설명으로 옳지 않은 것은?

① 전략적 자원배분과 성과관리를 강화하는 예산제도이다.
② 기능-분야-부문-프로그램-단위사업 등 체계적인 구조를 갖는다.
③ 재정사업 자율평가제도와 연계하여 성과중심 예산운용을 강화한다.
④ 투입요소별 통제에 초점을 맞추어 예산 편성·집행의 자율성이 낮다.

06

사회적 형평성(social equity)에 대한 설명으로 옳지 않은 것은?

① 사회적 형평성은 능률성, 경제성과 함께 행정의 중요한 가치로 여겨진다.
② 롤스(Rawls)의 정의론에서는 최소수혜자에게 최대의 혜택을 주어야 한다고 주장한다.
③ 수직적 형평성은 동등한 여건에 있는 사람들을 동등하게 대우하는 것이다.
④ 신행정론은 행정의 주요 가치로서 효율성보다 형평성을 더 중시한다.

07
다음 설명에 해당하는 정책분석기법은?

> 전문가들의 직관적 판단을 체계화하여 미래 예측에 활용하는 기법으로, 익명성, 반복적인 설문, 통제된 피드백, 통계적 집단반응의 특징을 가진다.

① 브레인스토밍
② 교차영향분석
③ 델파이 기법
④ 시나리오 기법

08
예산 과정에 대한 설명으로 옳지 않은 것은?

① 예산안 편성지침은 기획재정부장관이 매년 3월 31일까지 각 중앙관서의 장에게 통보해야 한다.
② 각 중앙관서의 장은 예산이 확정되기 전에 사업운영계획 및 이에 따른 세입세출예산·계속비와 국고채무부담행위를 포함한 예산배정요구서를 기획재정부장관에게 제출하여야 한다.
③ 국회에서 예산안을 심의할 때, 세출예산 각 항의 금액을 증액하려면 정부의 동의가 필요하다.
④ 예산안 심의 과정에서 예산결산특별위원회는 상임위원회의 예비심사 결과를 존중해야 한다.

09
신공공서비스론에 대한 설명으로 옳지 않은 것은?

① 시민에 대한 봉사보다 고객에 대한 서비스를 강조한다.
② 행정의 역할은 방향잡기(steering)보다 시민과의 대화와 협력에 있다고 본다.
③ 덴하트(Denhardt)가 주창하였으며, 신공공관리론에 대한 비판에서 출발하였다.
④ 공익은 공유된 가치에 관한 담론의 결과로 형성된다고 본다.

10
팀제 조직에 대한 설명으로 옳은 것만을 모두 고르면?

> ㄱ. 의사결정의 분권화와 구성원의 자율성을 강조한다.
> ㄴ. 과업 중심의 일시적 조직으로 환경변화에 신속하게 대응할 수 있다.
> ㄷ. 전문성보다 구성원 간의 협력과 조정능력이 중요하다.
> ㄹ. 성과에 따른 보상체계가 강조되며 팀보다 개인 단위의 평가가 중시된다.

① ㄱ, ㄴ
② ㄱ, ㄷ
③ ㄴ, ㄹ
④ ㄷ, ㄹ

11
옹호연합모형(Advocacy Coalition Framework)에 대한 설명으로 옳은 것만을 모두 고르면?

> ㄱ. 정책변동을 설명하기 위해 사바티어(Sabatier)와 젠킨스-스미스(Jenkins-Smith)가 개발하였다.
> ㄴ. 신념체계는 일차적 핵심, 정책 핵심, 이차적 측면으로 구성된다.
> ㄷ. 정책학습은 옹호연합 내부에서만 발생하고 옹호연합 간에는 발생하지 않는다.
> ㄹ. 정책하위체제 내 행위자들은 공통의 신념체계를 바탕으로 옹호연합을 형성한다.

① ㄱ, ㄴ
② ㄱ, ㄹ
③ ㄴ, ㄷ
④ ㄷ, ㄹ

12.
「공직자윤리법」에서 규정하고 있는 것만을 모두 고르면?

> ㄱ. 재산 등록 및 공개 의무
> ㄴ. 내부고발자 보호제도
> ㄷ. 퇴직 후 취업제한
> ㄹ. 무기명 주식 매각 의무

① ㄱ, ㄴ
② ㄱ, ㄷ
③ ㄴ, ㄹ
④ ㄷ, ㄹ

13
밑줄 친 연구에 해당하는 것은?

> 이 연구는 정책집행 과정에서 일선 관료들이 가진 재량권에 주목하며, 이들이 업무 과부하, 자원 부족, 모호한 정책목표 등의 환경에서 대응기제(coping mechanism)를 발전시켜 정책을 재해석하고 변형시킨다고 주장하였다.

① 엘모어(Elmore)의 전방향적 접근 연구
② 립스키(Lipsky)의 일선관료제 연구
③ 프레스만과 윌다브스키(Pressman & Wildavsky)의 집행과정 연구
④ 반 미터와 반 혼(Van Meter & Van Horn)의 정책 집행과정 연구

14
예산집행의 신축성 유지 방안에 대한 설명으로 옳지 않은 것은?

① 예산의 이용은 국회의 승인을 얻어야 하며, 예산의 전용은 국회의 승인이 필요없다.
② 계속비는 완성에 수년이 소요되는 공사나 제조를 위해 여러 해에 걸쳐 지출할 수 있는 경비이다.
③ 국가재정법에서 예비비는 예측할 수 없는 예산 외의 지출이나 예산초과지출에 충당하기 위한 것으로, 일반회계 예산총액의 100분의 3 이내로 계상할 수 있다.
④ 명시이월비는 세출예산 중 경비의 성질상 연도 내에 지출을 끝내지 못할 것이 예측되는 때에는 그 취지를 세입세출예산에 명시하여 미리 국회의 승인을 얻은 후 다음 연도에 이월하여 사용할 수 있다.

15
「지방공기업법」상 지방공기업에 대한 설명으로 옳지 않은 것은?

① 지방직영기업은 별도의 법인격이 없는 지방자치단체의 내부조직이다.
② 지방공사의 사장은 지방자치단체의 장이 임명하고, 임기는 3년으로 한다.
③ 지방공단의 이사장은 이사회의 의결을 거쳐 지방자치단체의 장이 임명한다.
④ 지방자치단체가 지방공기업을 설립하려면 주민복리 증진을 위해 필요한 사업이어야 한다.

16
정책문제의 구조화기법에 대한 설명으로 옳은 것만을 모두 고르면?

> ㄱ. 경계분석: 정책문제에 내재된 가정들을 검토하고 대안적 가정을 탐색하는 기법
> ㄴ. 분류분석: 정책문제를 유형화하고 범주화하여 체계적으로 이해하기 위한 기법
> ㄷ. 가정분석: 정책문제의 범위와 한계를 명확히 설정하기 위한 기법
> ㄹ. 계층분석: 정책문제를 수준별로 분해하여 상위문제와 하위문제의 관계를 파악하는 기법

① ㄱ, ㄴ
② ㄱ, ㄷ
③ ㄴ, ㄹ
④ ㄷ, ㄹ

17
직무평가 방법에 대한 설명으로 옳지 않은 것은?
① 서열법은 직무 전체를 비교하여 상대적 가치에 따라 서열을 매기는 방법이다.
② 분류법은 미리 설정된 직무등급기준에 따라 직무를 분류하는 방법이다.
③ 요소비교법은 보상 가능한 요소별로 직무 간 비교를 통해 금전적 가치를 산정하는 방법이다.
④ 점수법은 직무 난이도에 따라 가중치를 부여하지 않고 모든 평가요소에 동일한 점수를 부여하는 방법이다.

18
리더-구성원 교환이론(LMX)에 대한 설명으로 옳은 것만을 모두 고르면?

> ㄱ. 리더와 구성원들 간의 전체적 관계에 초점을 둔다.
> ㄴ. 내집단(in-group)과 외집단(out-group)의 구분이 핵심 개념이다.
> ㄷ. 리더와 구성원 간 관계는 시간이 지나면서 발전하고 변화한다.
> ㄹ. 리더는 모든 구성원에게 동일한 리더십 스타일을 적용해야 한다.

① ㄱ, ㄴ ② ㄱ, ㄹ
③ ㄴ, ㄷ ④ ㄷ, ㄹ

19
정책학의 발달에 대한 설명으로 옳지 않은 것은?
① 라스웰(Lasswell)은 정책학을 '민주주의 발전을 위한 지식'으로 정의하였다.
② 윌다브스키(Wildavsky)는 정책분석을 '직관적 판단을 통한 정책문제 해결'로 규정하였다.
③ 드로(Dror)는 '정책결정에서의 합리성 증진'을 위한 최적모형을 제시하였다.
④ 나카무라와 스몰우드(Nakamura & Smallwood)는 정책과정을 정책형성, 정책집행, 정책평가의 순환과정으로 설명하였다.

20
공공가치론에 대한 설명으로 옳은 것만을 모두 고르면?

> ㄱ. 무어(Moore)는 신공공관리론(NPM)을 긍정하며 공공부문의 존재 이유와 성공 기준을 재정립하는 데 중요한 이론적 기여를 하였다.
> ㄴ. 공공가치는 시민의 선호와 정치적 과정을 통해 집합적으로 결정된다.
> ㄷ. 보즈만(Bozeman)은 공공가치 실패를 시장실패에 대응하는 개념으로 제시하였다.
> ㄹ. 공공가치 창출에 있어 정부보다 시장 메커니즘의 역할이 더 중요하다고 강조한다.

① ㄱ, ㄴ ② ㄱ, ㄹ
③ ㄴ, ㄷ ④ ㄷ, ㄹ

01

애덤스(Adams)의 공정성이론에 대한 설명으로 옳은 것은?

① 개인의 노력과 보상 간의 절대적 균형이 중요하다고 주장한다.
② 과대보상을 받은 사람은 항상 만족감을 느끼므로 공정성 회복 노력을 하지 않는다.
③ 개인은 자신의 투입 대비 산출 비율이 타인보다 낮다고 인식하면 불공정을 느낀다.
④ 공정성 인식은 투입과 산출의 객관적 비교에 기초하므로 개인차가 거의 없다.

02

공공선택이론에 대한 설명으로 옳은 것은?

① 방법론적 전체주의에 기초하여 집단적 의사결정을 분석한다.
② 정부규제는 공익을 위해 도입되므로 효율성을 증진시킨다고 본다.
③ 정치인은 득표를 극대화하고 관료는 예산을 극대화하려는 경향이 있다고 본다.
④ 시장실패를 해결하기 위한 정부개입의 효과성을 강조한다.

03

피터스(Peters)가 미래의 국정관리(The Future of Governing)에서 제시한 정부개혁 모형 중 다음 설명에 해당하는 것은?

> 시장원리에 기초하여 정부기능을 민영화하고, 경쟁을 통한 효율성 증진을 강조하며, 고객지향적 서비스 제공을 중시한다.

① 참여 모형
② 시장 모형
③ 유연 모형
④ 탈규제 모형

04

「지방공무원법」상 공무원 인사이동에 대한 설명으로 옳은 것은?

① 겸임은 한 사람에게 둘 이상의 직위를 부여하는 것으로, 보수 중복 지급이 원칙이다.
② 전직은 같은 계급 내에서 직무분야를 달리하는 임용으로, 본인의 동의가 필요 없다.
③ 파견은 다른 기관의 업무를 일시적으로 수행하기 위한 것으로, 원칙적으로 2년을 초과할 수 없다.
④ 강임은 본인의 의사에 관계없이 하위직급에 임용할 수 있는 인사조치이다.

05
프로그램 예산제도에 대한 설명으로 옳은 것은?

① 투입중심의 통제를 강화하여 예산 낭비를 방지하는 데 주된 목적이 있다.
② 단년도 예산의 한계를 극복하기 위해 중기재정계획과 연계되어 운영된다.
③ 개별 사업별로 독립된 회계처리를 함으로써 재정투명성을 높인다.
④ 성과와 결과보다 절차적 합법성과 예산 집행의 적정성에 초점을 둔다.

06
사회적 형평성(social equity)에 대한 설명으로 옳은 것은?

① 신공공관리론(NPM)의 핵심 가치로 등장하였다.
② 공익은 개인의 이익 총합이라는 공리주의적 관점에 기초한다.
③ 수평적 형평성은 능력이나 소득이 다른 사람들을 다르게 대우하는 것을 의미한다.
④ 행정의 전문성과 능률성보다 정의와 공정성을 강조하는 가치이다.

07
다음 중 델파이 기법에 대한 설명으로 옳지 않은 것은?

① 익명성을 보장하여 권위나 체면에 의한 왜곡을 방지한다.
② 반복적인 피드백을 통해 전문가들의 의견 수렴을 유도한다.
③ 공개적 토론과 대면 회의를 통해 다양한 관점을 도출한다.
④ 정성적 판단과 직관을 체계적으로 수집하는 데 유용하다.

08
예산 과정에 대한 설명으로 옳은 것은?

① 국회에서 세출예산 각 항의 금액을 증액할 때에는 정부의 동의가 필요하지 않다.
② 예산결산특별위원회는 상임위원회의 예비심사 결과를 참고할 필요가 없다.
③ 기획재정부장관은 다음 연도의 예산안편성지침을 매년 4월 30일까지 각 중앙관서의 장에게 통보해야 한다.
④ 「국가재정법」에 따르면 정부는 예산안을 회계연도 개시 120일 전까지 국회에 제출해야 한다.

09
신공공서비스론에 대한 설명으로 옳은 것은?

① 정부의 역할은 '조정(steering)'보다 '노젓기(rowing)'에 초점을 두어야 한다.
② 공무원은 기업가적 마인드를 가지고 성과를 극대화해야 한다.
③ 시민은 행정서비스의 단순한 소비자가 아닌 공공문제 해결의 주체이다.
④ 민영화와 시장경쟁을 통한 정부효율성 제고를 강조한다.

10
팀제 조직의 특성으로 옳은 것은?

① 명확한 계층구조와 권한체계를 통해 지휘·명령의 일원화를 추구한다.
② 직무 전문화와 부서별 독립성을 통해 업무효율성을 높인다.
③ 공식적 규칙과 표준화된 업무처리로 일관성을 유지한다.
④ 과업 중심의 유연한 조직구조로 환경변화에 대한 적응력이 높다.

11

옹호연합모형(Advocacy Coalition Framework)에 대한 설명으로 옳지 않은 것은?

① 정책변동을 위해서는 정책하위체제 외부의 충격이나 교란이 필요하다.
② 옹호연합 간의 정책갈등은 정책중개자(policy broker)에 의해 조정될 수 있다.
③ 옹호연합 내 행위자들은 핵심신념을 공유하며 장기간 안정적으로 유지된다.
④ 정책학습은 주로 옹호연합 간에 발생하며 신념체계의 핵심적 요소를 쉽게 변화시킨다.

14

예산집행의 신축성 유지 방안에 대한 설명으로 옳은 것은?

① 이용은 예산의 목적 범위 내에서 재원의 효율적 활용을 위해 부처 장관의 승인으로 가능하다.
② 국가는 법률에 따른 것과 세출예산금액 또는 계속비의 총액의 범위 안의 것 외에 채무를 부담하는 행위를 하는 때에는 미리 예산으로써 국회의 의결을 얻어야 한다.
③ 계속비는 사업기간이 2년을 초과할 수 없으며 국회의 의결이 필요하다.
④ 전용은 각 세항 또는 목의 금액을 상호융통하는 것으로 국회의 사후승인이 필요하다.

12

「공직자윤리법」에 규정된 내용으로 옳은 것은?

① 공직자의 정치적 중립의무와 직무상 비밀엄수 의무
② 공직자의 재산등록 의무와 주식백지신탁 제도
③ 공직자의 청렴의무와 품위유지 의무
④ 공직자의 직장이탈 금지와 영리업무 금지

13

다음 설명에 해당하는 정책집행 연구는?

> 1980년대에 함께 "정책집행과 공공정책(Implementation and Public Policy)"이라는 저서를 통해 정책집행에 관한 중요한 모형을 제시했다. 이 모형은 '하향식 접근법(top-down approach)'의 대표적 사례로 알려져 있다.

① 프레스만과 윌다브스키(Pressman & Wildavsky)의 연구
② 립스키(Lipsky)의 일선관료제 연구
③ 사바티어와 마즈마니안(Sabatier & Mazmanian)의 연구
④ 엘모어(Elmore)의 후방향적 집행분석(backward mapping) 연구

15

「지방공기업법」상 지방공기업에 대한 설명으로 옳은 것은?

① 지방직영기업은 독립된 법인격을 가지며 특별회계방식으로 운영된다.
② 기획재정부장관은 제3조에 따른 지방공기업의 경영 기본원칙을 고려하여 대통령령으로 정하는 바에 따라 지방공기업에 대한 경영평가를 하고, 그 결과에 따라 필요한 조치를 하여야 한다.
③ 지방공사의 사장은 지방자치단체장이 임명하고, 임기는 3년이다.
④ 지방자치단체는 공공성이 크지 않아도 수익성이 높은 사업은 지방공기업으로 운영할 수 있다.

16

다음 중 정책문제의 구조화기법에 대한 설명으로 옳은 것은?

① 경계분석(boundary analysis)은 문제의 원인과 결과를 인과관계로 파악하는 기법이다.
② 계층분석(hierarchical analysis)은 정책문제를 상위문제와 하위문제로 분해하는 기법이다.
③ 분류분석(classification analysis)은 다양한 가치 간의 상충관계를 파악하는 기법이다.
④ 가정분석(assumption analysis)은 정책대안의 비용과 편익을 분석하는 기법이다.

17

직무평가 방법 중 다음 설명에 해당하는 것은?

> 직무를 구성하는 요소(기술, 노력, 책임, 작업조건 등)를 선정하고, 각 요소에 가중치를 부여한 후, 직무별로 요소별 점수를 합산하여 직무 가치를 평가하는 방법

① 서열법　　② 분류법
③ 요소비교법　④ 점수법

18

리더-구성원 교환이론(LMX)에 대한 설명으로 옳은 것은?

① 리더는 모든 구성원에게 동일한 리더십 스타일을 적용해야 효과적이다.
② 리더와 구성원 간의 관계는 시간이 지나도 변화하지 않는 안정적 특성이 있다.
③ 외집단(out-group) 구성원은 리더와 높은 신뢰와 상호작용을 가진다.
④ 리더와 구성원 간의 교환관계 질이 조직성과와 구성원 만족에 영향을 미친다.

19

다음 중 정책학의 발달에 대한 설명으로 옳은 것은?

① 라스웰(Lasswell)은 정책학을 규범적 지향성보다 실증적 분석에 중점을 두어야 한다고 주장했다.
② 1960년대 정책학은 정책집행과 평가에 초점을 맞추며 발전했다.
③ 정책네트워크 모형은 1970년대 초반 정책학의 주류적 접근법이었다.
④ 윌다브스키(Wildavsky)는 정책분석을 '예술과 기예(art and craft)'로 규정했다.

20

다음 중 공공가치론에 대한 설명으로 옳은 것은?

① 공공가치는 시장에서의 개인 선택의 총합으로 정의된다.
② 무어(Moore)의 '전략적 삼각형'은 정당성, 효율성, 자율성으로 구성된다.
③ 공공가치 창출에 있어 시민의 참여와 숙의과정이 중요하다.
④ 공공가치는 객관적으로 측정 가능하며 보편적인 기준이 존재한다.

메모

2025 김규대 비주얼 행정학

지방직 기출 미러링 모의고사

[해설편]

- 2019년
- 2020년
- 2021년
- 2022년
- 2023년
- 2024년

1 2019 지방직 기출

지방직 기출 미러링 모의고사

문제 p.10
제한시간 /13분
나의점수 /100점

01 □□□

행정이 추구하는 가치에 대한 설명으로 옳지 않은 것은?
① 합리성은 어떤 행위가 궁극적인 목표달성을 위한 최적의 수단이 되느냐를 가리키는 개념이다.
② 효과성은 투입 대비 산출의 비율을, 능률성은 목표의 달성도를 나타내는 개념이다.
③ 행정의 민주성은 대외적으로 국민 의사의 존중·수렴과 대내적으로 행정조직의 민주적 운영이라는 두 가지 측면이 있다.
④ 수평적 형평성이란 동등한 것을 동등하게 취급하는 것, 수직적 형평성이란 동등하지 않은 것을 서로 다르게 취급하는 것을 의미한다.

02 □□□

대표관료제에 대한 설명으로 옳지 않은 것은?
① 소극적 대표가 적극적 대표를 촉진한다는 가정하에 제도를 운영해 왔다.
② 엽관주의 폐단을 시정하기 위해 등장하였으며 역차별의 문제를 완화할 수 있다.
③ 소극적 대표성은 전체 사회의 인구 구성적 특성과 가치를 반영하는 관료제의 인적 구성을 강조한다.
④ 우리나라는 균형인사제도를 통해 장애인·지방인재·저소득층 등에 대한 공직진출 지원을 하고 있다.

정답률 81%

② 능률성은 투입 대비 산출의 비율을, 효과성은 목표달성도를 의미하는 나타내는 개념이다.

오답피하기

①, ③, ④는 올바른 선지이다.

행복노트

능률성, 효과성과 효율성(생산성)

	개 념	산출이 목표를 달성한 정도인 목표달성도
효과성	대두배경	1960년대 발전행정론에서 중시
효율성	개 념	비용 대비 목표달성도(능률성+효과성)
	대두배경	1980년대 신공공관리론에서 강조

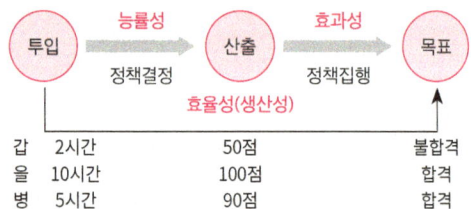

효과성을 추구하는 과정에서 능률성의 희생이 될 수 있음

정답 | ②

정답률 84%

② 대표관료제는 실적주의의 폐단을 시정하기 위해 등장하였으며 한 국가 내에서 다양한 사회집단들의 구성비율에 따라 관료를 충원하는 원리가 적용되는 관료제로 오히려 역차별이 발생할 수 있다는 한계가 있다.

행복노트

소극적 대표성과 적극적 대표성

소극적 대표	인구구성 비율대로 공직 구성. 구성론적 대표성
적극적 대표	출신집단의 이익을 적극반영. 역할론적 대표성

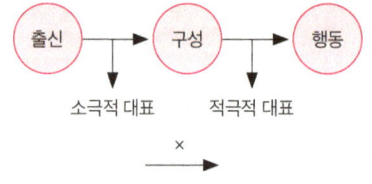

소극적 대표가 적극적 대표를 촉진한다는 가정하에 제도 운영. BUT 임용이후 사회화를 통한 동질화 가능성 간과한다는 비판

정답 | ②

03 ☐☐☐

조직의 의사결정에 대한 설명으로 옳지 않은 것은?

① 고도로 집권화된 구조나 기능을 중심으로 편제된 조직의 의사결정은 최고관리자 개인이 주도하는 경우가 많다.
② 브레인스토밍 과정에서는 타인의 아이디어를 비판하거나 평가하지 말아야 한다.
③ 현실의 세계에서는 완벽한 합리성이 아닌 제한된 합리성의 상황에서 의사결정이 이루어진다.
④ 전통적 델파이 기법은 전문가들의 다양성을 고려해 의견일치를 유도하지 않는다.

04 ☐☐☐

정책 환경의 불확실성을 극복하는 대처방안 중 소극적인 방법에 해당하는 것은?

① 상황에 대한 정보의 획득
② 정책실험의 수행
③ 협상이나 타협
④ 지연이나 회피

정답률 81%

④ 전문가들의 다양성을 고려해 의견일치를 유도하지 않는 것은 정책델파이 기법에 대한 설명이다. 전통적 델파이는 동질적인 전문가들의 의견을 수렴하여 의견일치를 유도하려는 예측기법이다.

행복노트

결과예측방법: 직관적 예측(추측)

브레인스토밍	자유집단토론(누구나), 비판금지(의견제시 후평가), 질보다 양, 대면토론, 편승기법 인정, 한정된 주제
델파이	완전한 익명성, 격리, 전문가, 반복적 설문, 통제된 환류, 대면토론 ×, 합의강조(중간값), 미국 랜드연구소에서 개발
정책델파이	선택적 익명성, 이해관계자 등 다양한 참여자, 양극화된 통계처리, 갈등의 조성

정답 | ④

정답률 81%

④ 지연이나 회피는 불확실성을 주어진 것으로 전제하는 소극적 대처방안이다.

오답피하기

① 상황에 대한 정보의 획득, ② 정책실험의 수행, ③ 협상이나 타협은 불확실한 것을 확실하게 하려는 적극적 해소방안에 해당한다.

행복노트

불확실성에의 대처방안

적극적 방안 (불확실한 것을 확실하게)	소극적 방안(불확실한 것을 주어진 것으로 봄)
추가정보의 획득, 불확실성 유발 환경 통제, 미래예측 이론이나 모형개발, 질적예측기법	중복 및 가외성, 보수적 결정(최악가정), 악조건 가중분석, 분기점 분석, 복수의 대안 제시, 상황의존도, 민감도 분석, 한정적 합리성 확보, 휴리스틱스

정답 | ④

05

광역행정에 대한 설명으로 옳지 않은 것은?

① 기존의 행정구역을 초월해 더 넓은 지역을 대상으로 행정을 수행한다.
② 행정권과 주민의 생활권을 일치시켜 행정 효율성을 증진시킬 수 있다.
③ 규모의 경제를 확보하기 어렵다.
④ 지방자치단체 간에 균질한 행정서비스를 제공하는 계기로 작용해 왔다.

정답률 70%

③ 광역행정은 기존의 자치구역보다 더 넓은 구역을 대상으로 하므로 통일적 행정 처리를 통해 규모의 경제를 실현할 수 있다.

행복노트

의의	둘 이상의 자치단체 구역에 걸쳐서 행정사무를 통일적·종합적·현지성에 맞게 공동처리하여 효율성과 합목적성 높이고자 하는 지방행정의 방식
촉진요인	– 생활권역과 행정권역의 일치도모 – 산업·경제의 고도성장과 지역개발의 필요성 – 행정능력 향상의 필요성 – 규모경제의 요청 – 행정수준 평준화의 요청
대상사무	– 도시간 이해관계 직결된 도시기반 및 공급시설 사무 – 여러 자치단체에 걸친 환경에 관한 사무(대기오염 …) – 고도의 전문화된 서비스 및 시설(특수병원 …) – 상호협력을 요하는 사무(쓰레기 수거 처리 …)
순기능	• 행정권과 생활권을 일치시켜 행정 효율성 증진 • 지역이기주의 극복 • 행정서비스의 균질화 및 평준화 • 규모의 경제 실현 → 효율성↑, 경비절감 • 정치적 책임성의 명확화
역기능	• 지방자치의 위협 • 일상적인 행정수요의 경시 • 지방행정의 관료적 지배 현상 초래 • 행정서비스의 비용과 편익 분리

정답 | ③

06

옴부즈만(Ombudsman) 제도에 대한 설명으로 옳지 않은 것은?

① 우리나라의 국민권익위원회는 헌법상 독립성을 보장하기 위해 대통령 소속으로 설치되었다.
② 옴부즈만을 임명하는 주체는 입법기관, 행정수반 등 국가별로 상이하다.
③ 스웨덴에서는 19세기에 채택되었다.
④ 행정에 대한 통제 기능을 수행한다.

정답률 85%

① 우리나라의 국민권익위원회는 국무총리 소속의 법률상 기구이다.

오답피하기

② 옴부즈만을 임명하는 주체는 입법기관, 행정수반 등 국가별로 상이하고 각 나라마다 옴부즈만의 소속과 권한 등이 다르지만 대개 입법부 소속의 공무원으로 구성된다.
③ 스웨덴에서는 1809년 19세기에 채택되었다.
④ 옴부즈만이란 공무원의 위법·부당한 행위로 말미암아 잘못된 행정에 대해 관련 공무원의 설명을 요구하고, 조사하여 민원인에게 결과를 알려주고 언론을 통해 공표함으로써 국민의 권리를 구제하는 행정감찰제도이므로 행정에 대한 통제 기능을 수행한다.

행복노트

옴부즈만 제도

의의	– 1809년 스웨덴 최초 도입 – 국민의 권리를 구제해 주는 행정감찰제도
특징	– 소속기관 다양하지만 일반적으로 입법부 소속 – 직무상 엄격히 독립 – 간접통제(직접 취소·변경 불가) – 합법성뿐만 아니라 합목적성(위법·부당) 여부 다룸 – 조사권, 시찰권 인정, 소추권은 대부분 불인정 – 신청 + 직권에 의한 조사 가능
공헌 한계	– 신속한 처리와 적은 비용, 쉬운 접근성 – 문제의 근본적 원인에 대한 대책 마련 ×, 강제권 ×

행복한 암기 TIP
옴부즈만 제도: 옴스옴스~~

정답 | ①

07

통합재정에 대한 설명으로 옳은 것은?
① 일반회계, 특별회계, 기금을 포함한다.
② 통합재정의 기관 범위에 공공기관은 포함되지만, 지방자치단체는 포함되지 않는다.
③ 국민의 입장에서 느끼는 정부의 지출 규모이며 내부거래를 포함한다.
④ 2005년부터 정부의 재정규모 통계로 사용하고 있으며 세입과 세출을 총계 개념으로 파악한다.

정답률 69%

① 통합재정은 일반회계, 특별회계, 기금을 모두 포괄한 국가재정 전체를 의미하며 회계간의 중복분인 내부거래를 공제한 예산순계 개념으로 작성된다.

오답피하기

② 통합재정의 기관 범위에는 비금융공공부문과 중앙정부와 지방자치단체가 포함되지만 정부 산하의 공공기관은 포함되지 않는다.
③ 통합재정은 재정건전성을 파악하기 위해 회계 간 전출입거래 등 이중거래나 내부거래를 제거한 순수한 재정규모를 파악한다.
④ 우리나라는 1979년부터 IMF 권고에 의해 정부의 재정규모 통계로 사용하고 있으나 세입과 세출을 순계 개념으로 파악한다.

행복노트

통합예산

의의	정부 전체의 재정 규모를 파악하고 재정이 국민경제에 미치는 영향을 효과적으로 파악하고자 하는 제도
특징	─ 중앙정부 + 지방정부, 일반회계 + 특별회계 + 기금, 일반정부 + 비금융공기업을 모두 포함하고 관리 ─ 내부거래와 보전거래 차감으로 순계 개념으로 작성 ─ 재정이 국민경제에 미치는 영향을 효과적으로 파악 ─ IMF에 제출 후 국제적 비교 가능, 현금주의로 작성 ─ 재정적자, 재정흑자 어떻게 보전되고 처리되는지 명시
한계	융자지출을 재정수지상 흑자요인임에도 불구하고, 당해 연도 적자요인으로 파악

정답 | ①

08

로위(Lowi)가 제시한 구성정책의 사례로 옳지 않은 것은?
① 공직자 보수에 관한 정책
② 선거구 조정 정책
③ 정부기관이나 기구 신설에 관한 정책
④ 국유지 불하 정책

정답률 76%

④ 국유지 불하 정책은 분배정책에 해당한다.

오답피하기

구성 정책은 정부조직의 신설이나 선거구역의 획정 등 행정체제의 유지를 위한 정책을 의미하므로 ① 공직자 보수에 관한 정책, ② 공직자 보수에 관한 정책, ③ 정부기관이나 기구 신설에 관한 정책은 구성정책에 해당한다.

행복노트

Lowi의 분류: 구성정책

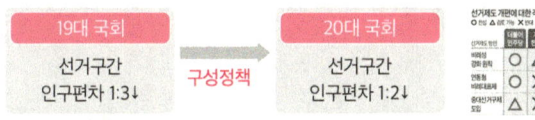

─ 헌정수행에 필요한 운영규칙과 관련된 정책
─ 선거구 조정, 정부 조직·기구 설립, 공직자의 보수에 관한 정책
─ 상위정책(정책 위의 정책)
─ 대외적: 큰 영향 ×, 대내적: '게임의 법칙' 발생

예시 정부기관 신설, 선거구 조정, 공직자(군인연금) 보수 결정

정답 | ④

09

예산과정에 대한 설명으로 옳은 것은?

① 각 중앙부처가 총액 한도를 지정한 후에 사업별 예산을 편성하고 있어 기획재정부의 사업별 예산 통제 기능은 미약하다.
② 예산제도 개선 등으로 절약된 예산 일부를 예산성과금으로 지급할 수 있지만 다른 사업에 사용할 수는 없다.
③ 예산 집행의 신축성을 확보하기 위해 예비비, 총액계상 제도 등을 활용하고 있다.
④ 예산과정은 예산편성 – 예산집행 – 예산심의 – 예산결산의 순으로 이루어진다.

정답률 71%

③ 예비비는 예측하지 못한 지출이나 예산부족 시에 대비한 경비를 의미하고 총액계상 제도는 예산을 총액으로 편성·심의하는 예산으로 예산집행의 신축성을 확보하기 위한 제도이다.

오답피하기

① 우리나라는 총액배분 자율편성예산제도를 실시하고 있다. 기획재정부가 총액 한도를 지정한 후에 각 중앙부처가 사업 별 예산을 편성하고 있어 기획재정부의 사업별 예산통제 기능은 유지되고 있다.
② 예산의 집행방법 또는 제도의 개선 등으로 인하여 수입이 증대되거나 지출이 절약된 때에는 이에 기여한 자에게 예산성과금을 지급할 수도 있고 절약된 예산을 다른 사업에 사용할 수 있다.
④ 예산과정은 예산편성 – 예산심의 – 예산집행 – 예산결산의 순이다.

행복노트

예산주기

FY: 회계연도, 보통 1년 원칙

정부(예산안 편성제안) → 국회(예산안 심의의결) → 정부(예산 집행) → 감사원(결산 검사) → 국회(결산 심의)

120일 전 / 30일 전 / FY / FY+1
FY-1 / / 예산연도 / 결산연도
편성연도

정답 | ③

10

우리나라 정부조직의 변화에 대한 설명으로 옳지 않은 것은?

① 중소기업, 벤처기업 등에 관한 사무를 관장하는 중소벤처기업부를 신설하였다.
② 행정안전부의 외청으로 소방청을 신설하였다.
③ 국가보훈처가 국가보훈부로 격상되었다.
④ 한국수자원공사에 대한 관할권을 환경부에서 국토교통부로 이관하였다.

정답률 66%

④ 한국수자원공사에 대한 관할권을 국토교통부에서 환경부 소속기관으로 이관하였다.

오답피하기

① 문재인 정부에서 중소기업, 벤처기업 등에 관한 사무를 관장하는 중소벤처기업부를 신설하였다.
② 문재인 정부에서 행정안전부의 외청으로 소방청을 신설하였다.
③ 윤석열 정부에서 국가보훈처가 국가보훈부로 격상되었다.

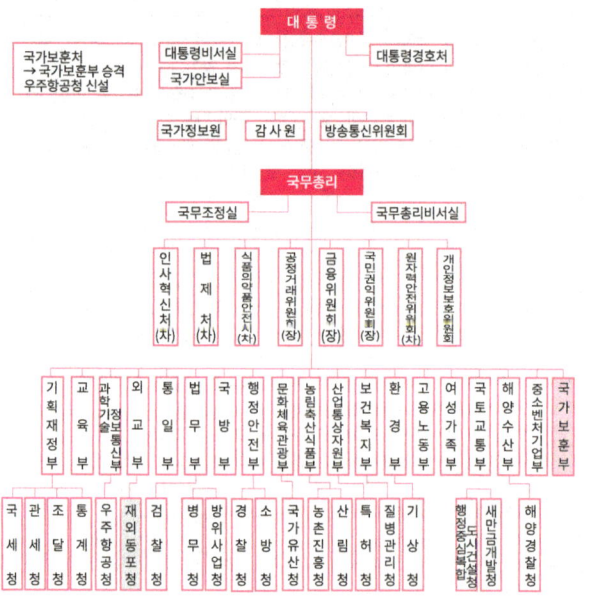

정답 | ④

11

직업공무원제에 대한 설명으로 옳지 않은 것은?

① 젊고 우수한 인재가 공직을 직업으로 선택해 일생을 바쳐 성실히 근무하도록 운영하는 인사제도이다.
② 폐쇄적 임용을 통해 공무원집단의 보수화를 예방하고 전문행정가 양성을 촉진한다.
③ 행정의 안정성을 확보할 수 있고, 높은 수준의 행동규범을 유지하는 데 도움이 된다.
④ 조직 내에 승진적체가 심화되면서 직원들의 불만이 증가할 수 있다.

정답률 85%

② 직업공무원제는 폐쇄적 임용을 하기 때문에 공무원 집단이 보수화되고 <u>전문행정가의 양성을 저해하고 일반행정가 양성을 촉진</u>한다.

오답피하기

① 직업공무원제의 개념이다.
③ 직업공무원제도는 폐쇄형에 입각하여 <u>행정의 안정성을 확보하고 높은 수준의 행동 규범을 유지</u>할 수 있다.
④ 직업공무원제도는 인재의 외부진출이 이루어지지 않아 <u>승진적체를 초래</u>한다.

행복노트

직업 공무원제

의의	젊고 유능한 인재가 공직을 직업으로 선택해 일생동안 성실히 근무하도록 운영하는 인사제도(폐쇄형·계급제로 운영될 때 정착성↑)
방안	• 실적주의 정신의 확립 • 능력발전의 기회부여 • 공직에 대한 사회적 평가의 제고 • 적극적 모집 • 보수 및 연금의 적정화 • 장기적 인력수급계획의 수립

장점	단점
• 행정 통일성·안정성 확보	• 행정의 전문성 저해(폐쇄적 임용)
• 인사행정의 객관성 증진	• 공직취임의 기회제한(연령, 학력)
• 사명감과 단체정신 제고	• 공무원집단 보수화, 대응성 부족
• 잠재능력 중시	• 승진적체 시 직원의 불만 증가
• 고위 공직자 양성에 유리	• 민주통제 곤란(지나친 신분보장)

정답 | ②

12

미국에서 등장한 행정이론인 신행정학(New Public Administration)에 대한 설명으로 옳지 않은 것은?

① 신행정학은 미국의 사회문제 해결을 촉구한 반면 발전행정은 제3세계의 근대화 지원에 주력하였다.
② 신행정학은 정치행정이원론에 입각하여 독자적인 행정이론의 발전을 이루고자 하였다.
③ 신행정학은 가치에 대한 새로운 인식을 기초로 규범적이며 처방적인 연구를 강조하였다.
④ 신행정학은 왈도(Waldo)가 주도한 1968년 미노브룩(Minowbrok) 회의를 계기로 태동하였다.

정답률 80%

② 신행정학은 <u>정치행정일원론</u>에 입각하여 독자적인 행정이론의 발전을 이루고자 하였다.

행복노트

신행정론

의의	— 1960년대 말 미국의 국내문제 해결을 위해 등장 — 행태주의 한계를 지적하며 가치문제와 처방적 연구 강조 — 정치행정새일원론(Minnowbrook 회의: Waldo)
특징	— 사회적 적실성, 실천성, 규범적 성격 — 사회적 형평성 강조, 고객지향성, 분권화와 참여 강조 — 규범적 성격, 변동의 필요성 강조, 후기(탈)관료제 모형 — 사회현실연구에 대한 해석학적인 방법 선호
공헌 한계	— 고객지향적 행정, 민주 행정 강조, 소외계층의 배려 — 전문행정가능성에 대한 의문, 이상적인 개혁방안 제시

정답 | ②

13

'변혁적 리더십(transformational leadership)'에 대한 설명으로 옳지 않은 것은?

① 리더가 인본주의, 평화 등 도덕적 가치와 이상을 호소하는 방식으로 부하들의 의식수준을 높인다.
② 리더가 부하들의 창의성을 계발하는 지적 자극(intellectual stimulation)을 중시한다.
③ 리더가 부하에게 특별한 관심을 보이거나 자긍심과 신념을 심어준다.
④ 조직참여의 기대가 적은 경우에 적합하며 예외관리에 초점을 둔다.

정답률 83%

④ 조직참여의 기대가 적은 경우에 적합하며 예외관리에 초점을 두는 것은 <u>거래적 리더십</u>에 대한 설명이다.

오답피하기

① 변혁적 리더십은 도덕적 가치와 이상에 의한 영향화를 중시한다.
② 변혁적 리더십은 과거의 관행을 타파하고 새로운 관념의 촉발을 중시하는 지적 자극을 중시한다.
③ 변혁적 리더십은 부하에 대한 개별적 배려를 중시한다.

행복노트

리더십이론 - 신속성론: **변혁적 리더십의 특징**

| 의의 | 1980년대 경제 불황기에 혁신과 변동을 위해 리더의 개인적 영향력의 비중을 높이 평가함(Burns, Bass) |

구성요소

카리스마 리더십	난관극복 리더십, 부하에게 자긍심 고취
영감적 리더십	도전적 목표와 임무, 미래에 대한 비전
개별적 배려	부하에 대한, 개인적 배려, 존중
지적 자극	새로운 관념 촉발

행복한 암기 TIP

리더십이론 - 신속성론 / 변혁적 리더십의 특징:
카~영지 개 변혁

정답 | ④

14

정책결정모형에 대한 설명으로 옳지 않은 것은?

① 린드블롬(Lindblom)같은 점증주의자들은 합리모형이 불가능한 일을 정책결정자에게 강요함으로써 바람직한 정책결정에 도움을 주지 못한다고 주장한다.
② 사이먼(Simon)의 만족모형은 합리모형에 대한 심각한 도전이자, 인간의 인지능력이라는 기본적인 요소에서 출발했기에 이론적 영향이 컸다.
③ 에치오니(Etzioni)는 합리모형과 점증모형의 단점을 극복하기 위하여 최적모형을 주장하였다.
④ 스타인부르너(Steinbruner)는 시스템 공학의 사이버네틱스 개념을 응용하여 관료제에서 이루어지는 정책결정을 단순하게 묘사하고자 노력하였다.

정답률 49%

③ 에치오니(Etzioni)가 합리모형과 점증모형의 단점을 극복하기 위하여 주장한 것은 <u>혼합주사모형</u>이다. 최적모형은 드로어(Y. Dror)가 제시한 것이다.

오답피하기

① 린드블롬은 합리모형의 비현실성을 지적하고 점증모형을 주장하였다.
② 사이먼(Simon)은 만족모형에서 합리모형이 강조한 경제인을 부정하고 의사결정자의 인지능력상 한계를 강조하였다.
④ 사이버네틱스 모형은 와이너(Wiener)에 의하여 창시되고 애쉬비(Ashby)에 의하여 계승되었으며 스타인부르너(Steinbruner)에 의하여 응용되었다.

행복노트

정책 결정의 이론 모형(개인적 차원)

합리모형	완전한 합리성, 경제인, 연역적·규범적, 매몰비용 ×, 정치성 ×, 현실성 ×
만족모형	제한된 합리성, <u>만족대안</u>>최적대안, 행정인, 귀납적·경험적, 보수적
점증모형	정치적 합리성, 다원주의, 귀납적·현실적, 부분적 최적화, 목표 - 수단분석 ×, 이전투구
혼합모형	합리모형(근본) + 점증모형(세부) 변증법적 통합, 제 3의 모형
최적모형	합리성(양) + 초합리성(질), 규범적·처방적, 환류 중시, 정치적 합리성 간과, 유토피아

정답 | ③

15

주민참여제도에 대한 설명으로 옳지 않은 것은?

① 주민참여제도에는 주민투표, 주민소환, 주민소송 등이 있다.
②「지방자치법」에서는 주민소송에 관한 사항을 명시하고 있다.
③ 지역구지방의회의원에 대한 주민소환투표는 당해 지방의회의원의 지역선거구를 대상으로 한다.
④ 지방자치단체가 조례를 제정하면 해당 지역에 거주하는 18세 이상의 외국인에게 주민투표권을 부여할 수 없다.

정답률 56%

④ 지방자치단체가 조례를 제정하면 해당 지역에 거주하는 <u>18세 이상의 외국인에게도 주민투표권이 부여된다</u>

오답피하기

① 주민참여제도에 해당된다.
② 지방자치법 제17조에 명시되어 있다.
③ 지역구지방의회의원에 대한 주민소환투표는 당해 지방의회의원의 지역선거구를 대상으로 한다.

행복노트

주민투표제도(주민투표법)

의의 지방자치단체의 중요한 사안을 투표로 결정

특징
- 청구권자: 주민, 지방의회, 중앙행정기관의 장, 지자체장 (의회 사전동의 필요)
- 투표권자: 19세 이상 주민 → 18세 이상 주민
- 투표수가 1/3 미달 시 → 삭제
- 불복 시 상급 선관위에 14일 내 소청 청구

지방자치법 제18조【주민투표】
① 지방자치단체의 장은 주민에게 과도한 부담을 주거나 중대한 영향을 미치는 지방자치단체의 주요 결정사항 등에 대하여 주민투표에 부칠 수 있다.
② 주민투표의 대상·발의자·발의요건, 그 밖에 투표절차 등에 관한 사항은 따로 법률로 정한다.

정답 | ④

16

다음 특징을 가진 정책변동 모형은?

- 분석단위로서 정책하위체제(policy sub-system)에 초점을 두고 정책변화를 이해한다.
- 신념체계, 정책학습 등의 요인은 정책변동에 영향을 준다.
- 정책변동 과정에서 정책중재자(policy mediator)가 중요한 역할을 한다.

① 정책패러다임 변동(Paradigm Shift) 모형
② 정책지지연합(Advocacy Coalition Framework) 모형
③ 단절적 균형(Punctuated Equilibrium) 모형
④ 정책흐름(Policy Stream) 모형

정답률 71%

② 사바티어와 마즈매니언(Sabatier & Mazmanian)의 정책지지연합모형의 특징에 해당한다.

행복노트

Sabatier 통합모형(정책지지연합모형)

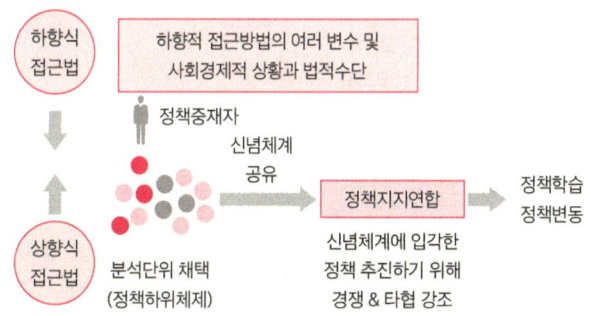

- 정책지지연합모형: 정책은 장기간에 걸쳐 점진적으로 변동
- 정책패러다임모형(Hall): 정책의 근본적 패러다임 급격히 변동 가능

정답 | ②

17

정책평가에서 내적 타당성에 대한 설명으로 옳지 않은 것은?

① 준실험설계보다 진실험설계를 사용할 때 내적 타당성의 저해 요인이 다양하게 나타난다.
② 정책의 집행과 효과 사이에 존재하는 인과관계의 추론이 가능한 평가가 내적 타당성이 있는 평가이다.
③ 허위변수나 혼란변수를 배제할 수 있다면 내적 타당성을 높일 수 있다.
④ 선발요인이나 상실요인을 통제하기 위해서는 무작위배정이나 사전측정이 필요하다.

18

공무원의 근무성적평정에 대한 설명으로 옳은 것은?

① 평정대상자의 근무실적과 직무수행능력을 평가하지만 적성, 근무태도 등은 평가하지 않는다.
② 중요사건기록법은 평정대상자로 하여금 자신의 근무실적을 스스로 보고하도록 하는 방법이다.
③ 평정자가 평정대상자를 다른 평정대상자와 비교함으로써 발생하는 오류는 대비오차이다.
④ 우리나라의 6급 이하 공무원에게는 직무성과계약제가 적용되고 있다.

정답률 70%

① 준실험설계보다 진실험설계를 사용할 때 내적 타당성이 높아질 수 있다.

오답피하기

② 정책의 집행과 효과 사이에 존재하는 인과관계의 추론이 가능한 평가가 내적 타당성(정책과 정책효과 간의 인과적 결론의 적합성의 정도)이 있는 평가이다.
③ 허위변수나 혼란변수와 같은 외생변수의 통제를 철저히 할 수 있다면 내적 타당성을 높일 수 있다.
④ 선발요인이나 상실요인을 통제하기 위해서는 무작위배정이나 사전측정이 필요하다.

행복노트

정책평가를 위한 사회 실험

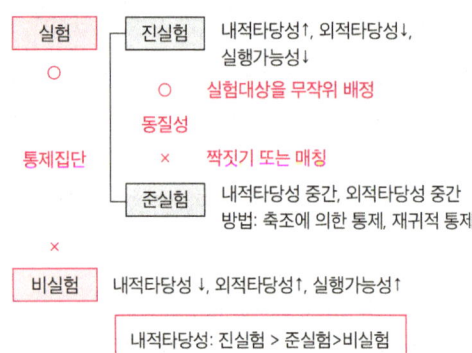

내적타당성: 진실험 > 준실험 > 비실험
외적타당성: 비실험 > 준실험 > 진실험
실현가능성: 비실험 > 준실험 > 진실험

정답 | ①

정답률 72%

③ 평정자가 평정대상자를 다른 평정대상자와 비교함으로써 발생하는 오류는 대비오차이다.

오답피하기

① 공무원의 근무성적 평정은 평정대상자의 근무실적과 직무수행능력을 주로 평가하며 적성, 근무태도 등도 일반적으로 평가대상에 포함된다.
② 평정대상자로 하여금 자신의 근무실적을 스스로 보고하도록 하는 방법은 자기평정법에 대한 설명이다.
④ 직무성과계약제는 우리나라의 4급 이상 공무원에게 적용되고 있다.

행복노트

근무성적평정

- **개념**
  - 공무원 개인의 직무수행실적·태도·능력 평가
  - 인사관리와 성과상여금제의 기초자료로 이용
  - 공무원의 능력발전과 조직전체의 능률증진을 목적
- **요소**
  - 4급 이상: 성과목표 달성 등을 평가
  - 5급 이하: 평정요소별 탁월, 우수, 보통, 미흡, 불량 5단계
- **용도**
  - 상벌의 목적: 승급·승진·징계에 활용
  - 인사행정의 기준: 승진·승급·전직·전보·면직·징계 및 연봉제·성과상여금제의 기초자료
  - 시험의 타당도 측정: 성적과 근평의 결과 간 상관관계 인정
  - 공무원의 능력발전: 인간관계 개선 및 능력 발전

정답 | ③

19

예비타당성조사에 대한 설명으로 옳은 것은?
① 조사대상 사업의 경제성, 정책적 필요성 등을 종합적으로 검토하여 그 타당성 여부를 판단한다.
② 중앙행정기관의 장은 예비타당성조사를 실시하고 기획재정부장관과 그 결과를 협의해야 한다.
③ 신규 사업 중 총사업비가 300억 원 이상이 사업은 예비타당성 조사대상에 포함된다.
④ 기존에 유지된 타당성조사의 문제점을 보완하기 위해 2013년부터 도입하였다.

20

국가채무에 대한 설명으로 옳지 않은 것은?
① 기획재정부장관은 국가채무관리계획을 수립하여야 한다.
② 국채를 발행하고자 할 때에는 국회의 의결을 얻어야 한다.
③ 우리나라가 발행하는 국채의 종류에 국고채와 재정증권은 포함되지 않는다.
④ 우리나라의 GDP 대비 국가채무비율은 일본과 미국보다 낮은 상태이다.

정답률 65%

① 예비타당성조사에 대한 개념으로 총사업비 500억(국고지원 300억) 이상의 신규사업을 대상으로 한다.

오답피하기

② 예비타당성조사는 기획재정부장관이 실시한다.
③ 신규 사업 중 총사업비가 500억 원 이상이면서 국가재정 지원규모가 300억원 이상이고 건설공사가 포함된 사업이나 정보화·연구개발사업 등인 경우 예비타당성 조사대상에 포함된다.
④ 기존에 유지된 타당성조사의 문제점을 보완하기 위해 1999년부터 도입되었고 2000년부터 적용하고 있는 제도이다.

행복노트

예비타당성조사 도입(1999년 도입)

「국가재정법」 제38조【예비타당성 조사】
① 기획재정부장관은 총사업비가 500억원 이상이고 국가의 재정지원 규모가 300억원 이상인 신규 사업으로서 대규모사업에 대한 예산을 편성하기 위하여 미리 예비타당성조사를 실시하고, 그 결과를 요약하여 국회 소관 상임위원회와 예산결산특별위원회에 제출하여야 한다.

- 경제적 타당성뿐만 아니라 정책적 타당성도 분석 대상
- 경제적 타당성: 수요, 편익, 비용 추정, 재무성 평가, 민감도
- 정책적 타당성: 지역경제 파급효과, 정책의 일관성, 상위계획과 연계성, 사업에서의 위험 요인, 환경영향, 균형발전을 위한 낙후도 평가

정답 | ①

정답률 66%

③ 우리나라가 발행하는 국채의 종류에 국고채와 재정증권은 포함된다.

오답피하기

① 기획재정부장관은 국가채무관리계획을 수립한 후 매년 국회 예산결산특별위원회에 보고하여야 한다.
② 국채를 발행하기 위해서는 국회의 의결을 거쳐야 하고 기획재정부장관이 발행한다.
④ 일본과 미국의 GDP 대비 국가채무비율이 우리나라의 GDP 대비 국가채무비율 보다 높다.

행복노트

국채 및 국고채무부담행위의 사전의결

헌법 제58조
국채를 모집하거나 예산외에 국가의 부담이 될 계약을 체결하려 할 때에는 정부는 미리 국회의 의결을 얻어야 한다.

국채의 종류

국고채 (재정증권)	세금이 부족할때 발행하는 가장 일반적인 국채
외국환평형 기금채권	외환 시장의 안정을 위해 발행하는 국채
국민주택채권	국민주택건설에 필요한 자금을 마련하기 위한 국채

정답 | ③

2 2019 지방직 미러링 1회

01

형평성(equity)에 대한 다양한 시각의 설명에서 옳지 않은 것은?
① 사회적 형평성은 능률 중심의 전통적 행정에 대한 비판과 함께 강조되었다.
② 지역인재할당제나 누진세 제도의 적용은 수직적 형평에 맞는 제도이다.
③ 소수민우대와 장애인을 우대하는 대표관료제 등은 적극적 형평에 속한다.
④ 현재 차별을 하지 않는 것으로서 과거의 차별로 인한 결과의 시정까지 요구하는 것은 아니다.

02

대표관료제에 대한 설명으로 옳은 것은?
① 대표관료제는 개인의 권리와 자유를 강조한다.
② 실적제의 폐단을 시정하기 위해 등장하였으며 역차별의 문제를 유발할 수 있다.
③ 적극적 대표성은 전체 사회의 인구 구성적 특성과 가치를 반영하는 관료제의 인적 구성을 강조한다.
④ 우리나라는 균형인사제도를 통해 국가유공자·장애인·지방인재·저소득층 등에 대한 공직진출 지원을 하고 있다.

정답률 68%

④ 현재 차별을 하지 않을 뿐만 아니라 <u>과거의 차별로 인한 결과의 시정까지 요구한다.</u>

행복노트
행정의 본질적 가치: 사회적 형평성

개념	정치적·경제적·사회적으로 불리한 입장에 있는 소외계층을 위해서 보다 나은 행정서비스를 보다 우선적으로 제공하고자 하는 것, 1970년대 신행정론자들이 주장
출현 배경	1960년대 말 월남전의 패배, 흑인폭동, 신·구세대간의 갈등, 풍요속의 빈곤 등 격동기의 미국사회를 배경으로 신행정론자는 가치중립적인 행태론은 사회문제를 해결할 능력이나 적실성이 없다고 비판하면서 등장
시각	신행정학에서 주장하는 배분의 정의는 수평적·기계적 형평이 아니라 <u>수직적 형평</u>을 의미

정답률 75%

② 대표관료제는 실적주의의 폐단을 시정하기 위해 등장하였으며 한 국가 내에서 다양한 사회집단들의 구성비율에 따라 관료를 충원하는 원리가 적용되는 관료제로 오히려 역차별이 발생할 수 있다는 한계가 있다.

오답피하기
① 대표관료제는 사회적 형평성, 행정의 민주가치, 공익을 추구하다가 <u>개인의 권리와 자유와 상충할 수 있다는</u> 단점을 지니고 있다.
③ 적극적 대표성이 아니라 <u>소극적 대표성</u>이 전체 사회의 인구 구성적 특성과 가치를 반영하는 관료제의 인적 구성을 강조한다.
④ 국가유공자우대제는 국가에 대한 봉사의 대가로 나온 제도이므로 <u>균형인사제도의 취지가 아니다.</u> 우리나라 균형인사제도는 장애인·지방인재·저소득층 등에 대한 공직진출 지원을 하는 것이 해당한다.

행복노트
대표관료제

의의	─ 인구비례에 따른 관료 충원 ─ 실적주의 폐단 극복, 민주적 가치 높이기 위해 주장 ─ 실적주의: 개인의 자격, 대표관료제: 집단주의 접근 ─ 양성평등, 지방인재 채용목표제, 장애인 고용촉진제
이론	─ Kingsley: 공직을 사회의 축소판으로 만든다. ─ Krantz: 수적비율에 맞게 관료조직의 직위 차지(비례대표제)
효용 비판	─ 실질적 기회균등의 보장, 소외집단의 욕구반영 ─ 역차별과 수평적 형평성 침해, 사회분열 조장 가능성, 재사회화 영향

정답 | ④

정답 | ②

03

집단적 의사결정 기법의 설명에서 사실의 내용과 다른 것은?

① 휴리스틱(heuristic) – 최선의 답보다는 어림짐작으로 가장 그럴 듯한 답을 선택하는 주먹구구식 탐색적 방법
② 변증법적 토론기법(dialectical discussion method) – 찬성과 반대 양 팀으로 나누어 토론진행 과정에서 합의를 도출하는 방식
③ 델파이(Delphi) – 익명으로 제시한 아이디어에 대하여 참여자들의 투표를 통하여 서열을 정하는 선택법
④ 반전기법(reversal technique) – 기존의 시각과 반대되는 시각에서 문제를 검토하게 하는 기법

정답률 81%

③ 익명으로 제시한 아이디어에 대하여 참여자들의 투표를 통하여 서열을 정하는 선택법은 NGT(명목집단법)이다. 델파이 기법은 특정 주제에 대하여 동일 분야에 종사하는 전문가들의 격리와 익명에 의한 의견수렴 방식이다.

오답피하기

① 알고리즘이 완전한 합리성에 의거하여 최선의 답(best answer)을 모색하는 합리적·연역적 접근을 취한다면, 휴리스틱은 최선의 답보다는 어림짐작으로 가장 그럴 듯한 답(nice and good answer)을 선택하는 주먹구구식 탐색 규칙(rule of thumb)으로서, 일종의 '교시적 방법' 혹은 '탐색적 방법' 이라고도 한다.
② 변증법적 토론기법(dialectical discussion method)은 대립적인 두 개의 팀으로 나누어 토론을 진행하는 과정에서 합의를 형성해내도록 하는 기법이다. 한 팀은 특정대안에 대해 장점을 부각시키는 찬성 역할을 맡고, 다른 한 팀은 단점을 부각시키는 반대 역할을 맡는 방식이다.
④ 반전기법(reversal technique)은 문제를 뒤집어 생각해 보게 하는 기법이다. 기존의 시각과 반대되는 시각에서 문제를 검토하게 하는 기법이다.

행복노트

결과예측방법: 직관적 예측(추측)

브레인스토밍	자유집단토론(누구나), 비판금지(의견제시 후평가), 질보다 양, 대면토론, 편승기법 인정, 한정된 주제
델파이	완전한 익명성, 격리, 전문가, 반복적 설문, 통제된 환류, 대면토론 ×, 합의강조(중간값), 미국 랜드연구소에서 개발
정책델파이	선택적 익명성, 이해관계자 등 다양한 참여자, 양극화된 통계처리, 갈등의 조성

정답 | ③

04

다음의 불확실성 대처방안에 내용 중 적극적 방안으로 보기 어려운 것은?

① 흥정이나 협상　② 정보의 충분한 획득
③ 정책델파이기법　④ 보수적 방법

정답률 93%

④ 보수적 방법은 불확실성 대처방안 중 소극적 방안에 해당한다. 보수적 방법은 불확실한 상황에서 발생할 최악의 경우를 전제로 하고 이러한 전제하에서 정책대안의 결과를 예측하여 최선의 대안을 선택하는 방법이다.

오답피하기

①, ②, ③ 적극적 방안으로는 흥정이나 협상, 모형이나 이론 개발·적용, 정보의 충분한 획득, 정책실험, 브레인스토밍, 정책델파이기법 등이 있다.

행복노트

불확실성에의 대처방안

적극적 방안 (불확실한 것을 확실하게)	소극적 방안(불확실한 것을 주어진 것으로 봄)
추가정보의 획득, 불확실성 유발 환경 통제, 미래예측 이론이나 모형개발, 질적예측기법	중복 및 가외성, 보수적 결정(최악가정), 악조건 가중분석, 분기점 분석, 복수의 대안 제시, 상황의존도, 민감도 분석, 한정적 합리성 확보, 휴리스틱스

정답 | ④

05

광역행정의 방식에 대한 설명으로 옳지 않은 것은?

① 흡수통합은 자치단체를 몇 개 폐합하여 하나의 법인격을 가진 새로운 자치단체를 신설하는 방식이다.
② 공동처리방식은 둘 이상의 자치단체가 상호 협력관계를 형성하여 광역적 행정사무를 공동으로 처리하는 방식이다.
③ 연합은 기존의 자치단체가 각각 독립적인 법인격을 유지하면서 그 위에 광역행정을 전담하는 새로운 자치단체를 신설하는 방식이다.
④ 자치단체 간 계약은 한 자치단체가 다른 자치단체에게 일정한 대가를 받고 서비스를 제공하는 것을 말한다.

06

옴부즈만(Ombudsman) 제도에 의한 행정통제 방식의 특성으로 보기 어려운 것은?

① 직권에 의한 조사와 직접적 통제권을 행사한다.
② 국민과 행정기관 간의 완충장치 역할을 통한 갈등 해결 기능을 한다.
③ 직무수행상의 독립성을 강하게 보장받는다.
④ 신속한 처리와 저렴한 비용이 특징이다.

정답률 62%

① 자치단체를 몇 개 폐합하여 하나의 법인격을 가진 새로운 자치단체를 신설하는 방식은 흡수통합이 아니라 합병(amalgamation)이다. 흡수통합(consolidation)은 하급자치단체가 가지고 있던 권한이나 지위를 상급자치단체가 흡수 통합하는 것이다.

행복노트

광역행정 방식(연합 / 통합)

연합	지방자치단체 연합체	특별지방자치단체 성격의 연합체 구성
	도시공동체	대도시권 내 기초자치단체들이 광역행정을 위해 광역자치단체 구성
	복합 사무조합	종합성을 위해 몇 가지 사무를 동시에 처리
통합	합병	몇 개의 자치단체를 통폐합하여 하나의 법인격을 가진 새로운 자치단체 건설
	흡수통합	하급단체의 기능 또는 지위를 상급단체가 흡수, 처리(기초 → 광역 → 국가)
	전부 사무조합	몇 개의 자치단체가 계약으로 조합설치 사실상 합병(기존의 자치단체 소멸)

정답 | ①

정답률 81%

① 직권에 의한 조사권한 행사는 허용되지만, 간접적 통제권 행사의 특성을 띠기 때문에 틀렸다.

오답피하기

②, ③, ④ 옴부즈만의 특징은 주로 입법부 소속기관, 초당파성, 정치적 중립성(독립성), 간접적 통제, 통제대상은 불법행위로부터 부당행위, 비능률, 과실, 신청에의 불응답 등이 되고 신청적 조사 및 자발적 직권조사, 신속·저렴·공정하고 합법성뿐만 아니라 합목적성도 조사 처리하며 전문적 처리의 특징을 지닌다.

행복노트

옴부즈만 제도

의의
- 1809년 스웨덴 최초 도입
- 국민의 권리를 구제해 주는 행정감찰관제도

행복한 암기 TIP

옴부즈만 제도: 옴스옴스~~

특징
- 소속기관 다양하지만 일반적으로 입법부 소속
- 직무상 엄격히 독립
- 간접통제(직접 취소·변경 불가)
- 합법성뿐만 아니라 합목적성(위법·부당) 여부 다룸
- 조사권, 시찰권 인정, 소추권은 대부분 불인정
- 신청 + 직권에 의한 조사 가능

공헌 한계
- 신속한 처리와 적은 비용, 쉬운 접근성
- 문제의 근본적 원인에 대한 대책 마련 ×, 강제권 ×

정답 | ①

07

예산집행의 신축성 유지를 위한 취지의 제도로 거리가 먼 것은?

① 통합예산
② 추가경정예산
③ 예비비와 국고채무부담행위
④ 총액승인 예산

08

로위(Lowi)의 정책 유형 구분에서 상호 연결이 잘못된 것은?

① 분배정책 – 특혜관세, 저소득층을 위한 근로장려금
② 구성정책 – 기관신설, 선거구조정
③ 규제정책 – 불공정 거래제한, 과장 광고 처벌
④ 재분배정책 – 누진소득세, 사회보장

정답률 43%

① 통합예산은 일반회계, 특별회계, 기금 등을 모두 망라하여 국가재정을 전반적으로 파악하려는 것이므로 신축성 유지수단이라고 보기는 어렵다.

행복노트

예산의 집행의 재정통제 제도와 신축성 유지방안

| 재정통제 | 입법부의 통제의도와 재정 한계 엄수 |

| 신축성 유지 | 예산 성립 후의 여건 변화에 적응 |

재정 통제	신축성 유지
• 예산의 배정과 재배정 • 예비타당성 조사 • 재무관의 지출원인행위 통제 • 회계기록 및 재정보고 • 정원·보수의 통제 • 계약의 통제 • 국고채무부담행위에 대한 통제 • 총사업비의 관리	• 이용, 전용, 이체, 이월 • 예비비와 예비금 • 계속비 • 국고채무부담행위 • 수입대체경비 • 총액승인 예산 • 긴급배정 • 추가경정예산

정답 | ①

정답률 87%

① 특혜관세는 분배정책이 맞지만, 저소득층을 위한 근로장려금은 재분배정책에 속한다.

행복노트

Lowi의 분류

구 분		강제력 적용 대상	
		개별적 행위	행위의 환경
강제력 행사방법	간접적	분배정책 사회간접자본, 국가보조금	구성정책 선거구조정, 기관신설
	직접적	규제정책 불공정경쟁, 과대광고규제	재분배정책 누진소득세, 사회보장제도

| 한계 | – 분류된 정책들이 상호 배타적이지 못함
– 정책분류에 사용한 개념의 모호함으로 인해 조작화 곤란 |

정답 | ①

09

예산과정에 대한 설명으로 옳은 것은?

① 각 중앙관서의 장은 매년 3월 31일까지 중기사업계획서를 기획재정부장관에게 제출하여야 한다.
② 예산안에 대해서는 예산결산특별위원회에서 정부의 시정연설을 듣는다.
③ 예산의 심의는 대통령 중심제에서 비교적 상세하고 엄격하게 이루어지는 경향이 있다.
④ 기획재정부장관은 각 중앙관서의 장에게 예산을 배정한 때에는 감사원에 통지하지 아니하여도 된다.

10

우리나라 정부조직에 대한 설명으로 옳지 않은 것은?

① 중앙행정기관의 설치와 직무 범위는 법률로 정한다.
② 식품 및 의약품의 안전에 관한 사무를 관장하기 위하여 국무총리 소속으로 식품의약품안전처를 둔다.
③ 국무총리가 특별히 위임하는 사무를 수행하기 위하여 부총리 3명을 둔다.
④ 특허청은 중앙책임운영기관의 유형에 해당한다.

정답찾기

정답률 56%

③ 예산의 심의는 내각책임제보다 엄격한 삼권 분립체제의 대통령 중심제에서 비교적 상세하고 엄격하게 이루어지는 경향이 있다.

오답피하기

① 국가재정법 제28조【중기사업계획서의 제출】각 중앙관서의 장은 매년 1월 31일까지 당해 회계연도부터 5회계연도 이상의 기간 동안의 신규사업 및 기획재정부장관이 정하는 주요 계속사업에 대한 중기사업계획서를 기획재정부장관에게 제출하여야 한다.
② 국회법 제84조【예산안·결산의 회부 및 심사】예산안과 결산은 소관 상임위원회에 회부하고, 소관 상임위원회는 예비심사를 하여 그 결과를 의장에게 보고한다. 이 경우 예산안에 대해서는 본회의에서 정부의 시정연설을 듣는다.
④ 기획재정부장관은 각 중앙관서의 장에게 예산을 배정한 때에는 감사원에 통지하여야 한다.

행복노트

예산의 집행의 재정통제 제도와 신축성 유지방안

| 재정통제 | 입법부의 통제의도와 재정 한계 엄수 |
| 신축성 유지 | 예산 성립 후의 여건 변화에 적응 |

재정 통제	신축성 유지
• 예산의 배정과 재배정	• 이용, 전용, 이체, 이월
• 예비타당성 조사	• 예비비와 예비금
• 재무관의 지출원인 행위 통제	• 계속비
• 회계기록 및 재정보고	• 국고채무부담행위
• 정원·보수의 통제	• 수입대체경비
• 계약의 통제	• 총액승인 예산
• 국고채무부담행위에 대한 통제	• 긴급배정
• 총사업비의 관리	• 추가경정예산

정답 | ③

정답찾기

③ 국무총리가 특별히 위임하는 사무를 수행하기 위하여 부총리 2명을 둔다. 기획재정부장관과 교육부장관이 부총리를 겸하며, 국무총리가 특별히 위임하는 사무를 수행한다.

오답피하기

① 중앙행정기관의 설치와 직무범위는 정부조직법에 따라 법률로 정한다.
② 식품의약품안전처는 현재 국무총리 소속의 중앙행정기관이다.
④ 특허청은 특허, 실용신안, 디자인, 상표 등에 관한 사무를 관장하는 산업통상자원부 소속의 중앙행정운영기관으로서 책임운영기관에 해당한다.

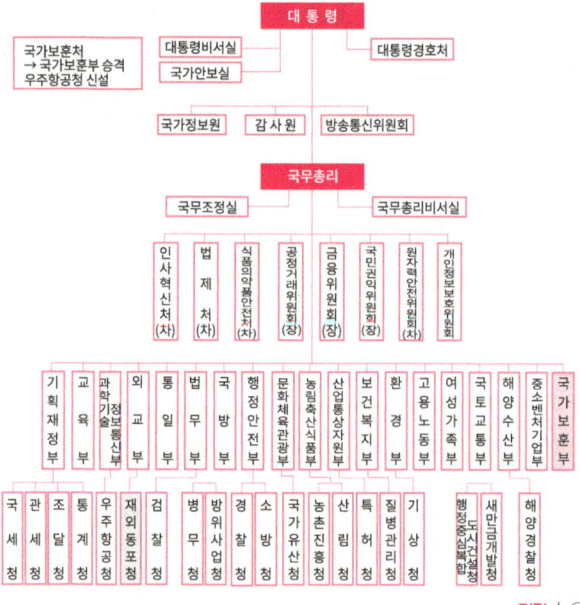

정답 | ③

11

직업공무원제도에 대한 설명으로 가장 옳은 것은?

① 직위분류제에 입각한 공직분류 구조가 필수적이다.
② 폐쇄형 임용제도와 밀접한 관련성을 가진다.
③ 전문가적 행정가 양성에 유리하다.
④ 완전한 기회균등을 보장한다.

정답률 87%

② 직업공무원제도는 계급제와 폐쇄형 아래에서 잘 정착된다.

오답피하기

① 계급제에 입각한 공직분류 구조가 필수적이다.
③ 일반 행정가 양성에 유리하다.
④ 학력와 연령에 관한 요건을 규정하여 모집대상의 범위를 제한하는 것이 가능하므로 완전한 기회균등을 보장하지는 않는다.

행복노트

직업 공무원제

의의	젊고 유능한 인재가 공직을 직업으로 선택해 일생동안 성실히 근무하도록 운영하는 인사제도(폐쇄형·계급제로 운영될 때 정착성↑)
방안	• 실적주의 정신의 확립 • 능력발전의 기회부여 • 공직에 대한 사회적 평가의 제고 • 적극적 모집 • 보수 및 연금의 적정화 • 장기적 인력수급계획의 수립

장점	단점
• 행정 통일성·안정성 확보 • 인사행정의 객관성 증진 • 사명감과 단체정신 제고 • 잠재능력 중시 • 고위 공직자 양성에 유리	• 행정의 전문성 저해(폐쇄적 임용) • 공직취임의 기회제한(연령, 학력) • 공무원집단 보수화, 대응성 부족 • 승진적체 시 직원의 불만 증가 • 민주통제 곤란(지나친 신분보장)

정답 | ②

12

신행정학이 지향하였던 내용으로서 타당성이 없는 것은?

① 능률에 앞서서 또는 그에 추가하여 사회적 형평성 증진에 앞장서야 한다고 주장하였다.
② 혜택 받지 못한 계층에 대한 사회정의 실현에 보수적인 기성체제를 비판하였다.
③ 적극적이고 능동적인 정부역할보다 소극적인 정부역할을 지향한다.
④ 실증주의의 문제점을 비판하고 현상학 등 비실증주의적 철학의 사고방식을 도입하려 하였다.

정답률 100%

③ 신행정학자들은 행정의 능동적이고 책임 있는 역할 담당을 촉구하였다. 행정인은 행정의 본래적인 목적수행에 헌신하는 '책임 있는 능동성(proactive orientation)'을 발휘하여야 하며 행정조직은 이를 뒷받침하여야 한다고 주장하였다. 능동적인 행정가의 자기책임주의를 특별히 강조하였다.

행복노트

신행정론

의의	— 1960년대 말 미국의 국내문제 해결을 위해 등장 — 행태주의 한계를 지적하며 가치문제와 처방적 연구 강조 — 정치행정새일원론(Minnowbrook 회의: Waldo)
특징	— 사회적 적실성, 실천성, 규범적 성격 — 사회적 형평성 강조, 고객지향성, 분권화와 참여 강조 — 규범적 성격, 변동의 필요성 강조, 후기(탈)관료제 모형 — 사회현실연구에 대한 해석학적인 방법 선호
공헌 한계	— 고객지향적 행정, 민주 행정 강조, 소외계층의 배려 — 전문행정가능성에 대한 의문, 이상적인 개혁방안 제시

정답 | ③

13

'변혁적 리더십(transformational leadership)'에 대한 설명으로 옳지 않은 것은?

① 무엇인가 가치 있는 것을 교환함으로써 추종자에게 영향력을 행사하는 리더십이다.
② 리더가 부하에게 특별한 관심을 보이거나 자긍심과 신념을 심어준다.
③ 리더가 부하들의 창의성을 계발하는 지적 자극(intellectual stimulation)을 중시한다.
④ 리더가 인본주의, 평화 등 도덕적 가치와 이상을 호소하는 방식으로 부하들의 의식수준을 높인다.

14

정책결정모형에 관한 다음 설명 중 옳지 않은 것은?

① 현실적으로 정책을 결정하는 사람들은 합리성에 의존하기보다는 시간, 공간, 예산의 제약 때문에 제한된 합리성을 추구할 수밖에 없다는 주장을 최적모형이라 한다.
② 정책결정을 위한 대안탐색에 있어서 합리모형과 점증모형의 결합을 주장한 모형을 혼합모형이라 한다.
③ 대학조직에서의 정책결정과정을 설명하는 대표적 모형에는 쓰레기통 모형이 있다.
④ 우리나라 예산당국이 예산편성 및 심의 시에 주로 사용하는 정책결정 모형은 점증주의 모형이다.

정답률 100%

① 무엇인가 가치 있는 것을 교환함으로써 추종자에게 영향력을 행사하는 리더십은 거래적 리더십에 해당한다.

행복노트

교환적 리더십 vs 변혁적 리더십(Burns)

구 분	교환적(거래적) 리더십	변혁적 리더십
대 상	일반관리층	최고관리층
리더역할	역할, 과제 명확한 제시 보상으로 동기화	핵심가치 명확한 제시 새로운 비전 창출
관리전략	합리적 교환관계와 통제	비전공유, 내적 동기유발
욕구충족	하위욕구 충족	상위욕구 만족
관 점	폐쇄적, 단기적, 현실지향	개방적, 장기적, 미래지향
의사소통	하향적, 수직적	다방향적, 전범위적
조직구조	관료제, 기계적 구조	탈관료제, 단순구조, 임시구조

정답 | ①

정답률 93%

① 제한된 합리성을 추구하는 모형은 최적 모형이 아니라 만족모형이다

행복노트

정책 결정의 이론 모형(개인적 차원)

합리모형	완전한 합리성, 경제인, 연역적·규범적, 매몰비용 ×, 정치성 ×, 현실성 ×
만족모형	제한된 합리성, 만족대안>최적대안, 행정인, 귀납적·경험적, 보수적
점증모형	정치적 합리성, 다원주의, 귀납적·현실적, 부분적 최적화, 목표 – 수단분석 ×, 이전투구
혼합모형	합리모형(근본) + 점증모형(세부) 변증법적 통합, 제 3의 모형
최적모형	합리성(양) + 초합리성(질), 규범적·처방적, 환류 중시, 정치적 합리성 간과, 유토피아

정답 | ①

15

우리나라의 주민참여제도에 대한 설명으로 옳은 것은?

① 지방자치제가 1995년 부활한 이후 주민투표제, 주민소환제, 주민소송제의 순서로 도입되었다.
② 주민소환 청구요건이 엄격해 실제로 주민소환제를 통해 주민소환이 확정된 지방자치단체장이나 지방의회의원은 없다.
③ 기획재정부장관은 지방자치단체별 주민참여예산제도의 운영에 대한 평가를 실시할 수 있다.
④ 주민투표는 특정한 사항에 대하여 찬성 또는 반대의 의사표시를 하거나 두 가지 사항 중 하나를 선택하는 형식으로 실시하여야 한다.

16

다음 중 정책집행의 통합모형에서 사바띠에(Sabatier)가 제시한 정책지지연합모형(advocacy coalition framework)에 대한 설명으로 틀린 것은?

① 옹호연합은 그들의 신념 체계가 정부 정책에 관철되도록 여론, 정보, 인적자원 등을 동원한다.
② 행위자들은 신념체계에 따라 단순화하여 지지연합이라는 행위자 집단에 초점을 두어 이들의 정책학습을 살펴보고자 한다.
③ 정책하위체제라는 분석 단위에 초점을 두고 정책변화를 이해한다.
④ 정책학습을 통해 행위자들의 기저 핵심 신념(deep core beliefs)을 쉽게 변화시킬 수 있다.

정답률 62%

④ 주민투표법 제15조(주민투표의 형식) 주민투표는 특정한 사항에 대하여 <u>찬성 또는 반대의 의사표시를 하거나 두 가지 사항중 하나를 선택하는 형식으로 실시하여야</u> 한다고 명시되어 있다.

오답피하기

① 1995년 민선지방자치 이후 우리나라 주민참여제도의 법제화 순서는 <u>조례 제정·개폐청구제도 및 주민감사청구제(1999) → 주민투표제도(2004) → 주민소송제도(2005) → 주민소환제도(2007)</u> 도입으로 이루어졌기 때문에 틀렸다.
② 「주민소환에 관한 법률」에 주민 소환의 청구요건(사유)을 명시하지 않고 있으며, <u>소환된 지방의회 의원은 존재한다.</u>
③ 주민참여예산제도 운영에 대한 평가는 지방재정법 제39조에 의하여 기획재정부장관이 아니라 <u>행정안전부 장관이 대통령령으로 정하는 바에 따라 지방자치단체별 평가를 실시할 수 있다</u>고 규정하기 때문에 틀렸다.

행복노트

주민참여의 유형

간접참여	직접참여
• 의회나 시민단체를 통한 참여 • 의회, 선거, 투표 • 연합회 • 위원회 • 주민협의회 등	• 주민발안 • 주민투표 • 규칙 제정·개정·폐지 의견제출 • 주민 감사청구 • 주민소송 • 주민소환 • 주민에 대한 정보공개

정답 | ④

정답률 87%

④ 정책학습을 통해 행위자들의 기저 핵심 신념(deep core beliefs)을 쉽게 변화시킬 수 없다.

행복노트

Sabatier 통합모형(정책지지연합모형)

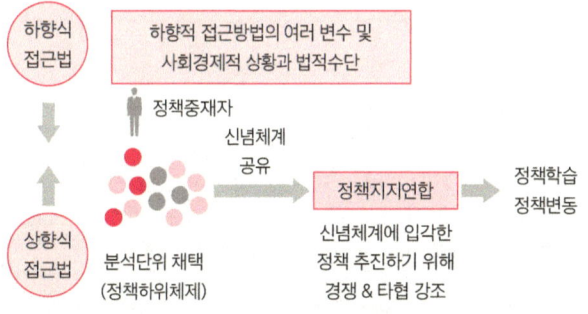

• 정책지지연합모형: 정책은 장기간에 걸쳐 점진적으로 변동
• 정책패러다임모형(Hall): 정책의 근본적 패러다임 급격히 변동 가능

정답 | ④

17

정책평가의 타당도에 대한 설명으로 틀린 것은?

① 정책효과가 다른 경쟁적 원인들보다는 당해 정책에만 기인한 것이라고 판단할 수 있는 정도는 내적 타당성이다.
② 정책효과를 찾아낼 만큼 충분히 정밀하게 연구 설계가 이루어졌다면 구성적 타당도가 높은 것이다.
③ 특정의 평가를 넘어 그 평가결과를 일반화할 수 있는 정도가 높을수록 외적 타당도가 높은 것이다.
④ 실험집단과 통제집단을 구성할 때, 선발요소는 내적 타당도를 위협하는 외재적 요소이다.

18

근무성적평정 방법에 대한 내용으로 상호 연결이 잘못된 것은?

① 서열법과 강제배분법은 상대평가에 속한다
② 도표식평정척도법은 연쇄영향(halo effect)을 띠기 쉽다.
③ 다면평정은 대중적 인기영합(Populism)식 평가를 피할 수 있다.
④ 행태관찰척도법(Behavioral Observation Scales)은 연쇄영향(halo effect)을 띠기 쉽다.

정답률 62%

② 정책의 효과를 찾아낼 만큼 충분히 정밀하고 강력하게 연구설계가 이루어진 정도는 구성적 타당도가 아니라 통계적 결론의 타당도이다. 구성적 타당도란 처리, 결과, 모집단 및 상황들에 대한 이론적 구성 요소들이 성공적으로 조작화된 정도의 타당도이다.

오답피하기

④ 내적 타당도를 위협하는 요소에는 외적 요소와 내적 요소가 있는데, 외적 요소란 실험집단과 통제집단을 구성할 때 두 집단에 서로 다른 개인들을 할당함으로써 발생하게 되는 편견으로 선발(selection) 요소라고 부르기도 한다.

행복노트

타당도

| 내적 타당도 | 인과적 결론의 적합성 정도 |
| 외적 타당도 | 결과의 일반화 = 다른 집단에의 적용가능성 |

- 내적 타당성이 우선적용
- 둘 관계는 상충관계

| 통계론 결론의 타당도 | ─ 정책결과의 측정위해 충분히 정밀한 연구설계 정도
─ 제1종 오류, 제2종 오류 방지 |
| 구성적 타당도 | 이론적 구성요소들의 성공적 조작화 정도 |

정답 | ②

정답률 68%

③ 능력과 실적보다는 인간관계가 좋은 사람이 좋은 평가를 받는 대중적 인기영합(Populism)에 빠지기 쉽다. 다면평정(multiple appraisals)은 상급자평가(downward appraisals) 외에 수평적인 동료(lateral appraisal), 상향적인 부하평가(upward appraisals)와 고객에 의한 평가(customer appraisal) 및 자기평가(self appraisals)를 포함하여 평정하는 방법이다. 상하좌우의 모든 관련자들이 평가에 참여하는 360° 평정법, 집단평정법 또는 복수평정법이라고도 한다.

오답피하기

① 서열법과 강제배분법은 상대평가에 속한다
② 도표식 평정척도법(graphic rating scale)는 평정요소가 한쪽에 나열되어 있고 다른 쪽에 각 요소별 평정등급(탁월 – 우수 – 보통 – 미흡 – 불량의 5단계)을 표시하여 평정자와 확인자가 각 평정요소별로 해당등급에 표시를 하는 방식이다. 그러나 평정등급 간 비교 기준이 명백하지 못하고, 연쇄효과(halo effect)가 나타나기 쉽다는 단점이 있다.
④ 행태관찰 척도법(BOS : Behavioral Observation Scales)는 평정자의 주관을 줄이는 데 기여할 수 있으나, 단점으로는 등급과 등급 간의 구분이 모호하고 연쇄효과의 오류가 일어나기 쉽다.

행복노트

다면평정의 장·단점

장점	단점
㉠ 객관성·신뢰성·수용성↑	㉠ 평가의 책임소재 불명확
㉡ 팀워크가 강조되는 현대 새로운 조직 유형에 부합	㉡ 상사와 부하간의 갈등소지
㉢ 인간관계 개선에 기여	㉢ 부하통솔 어려움
㉣ 피평가자의 자기반성 기회 제공 + 자기개발 촉진 + 능력발전 기여	㉣ 부처 통합시 출신부처에 따른 평가로 부처이기주의
㉤ 업무 효율성과 이해의 폭넓힘	㉤ 능력보단 인기투표 경향
	㉥ 평가결과의 형평성 저하

정답 | ③

19

중앙 예산부서의 사업예산 관리 혁신에 대한 설명으로 틀린 내용은?

① 예비타당성조사 - 사업관련 이해관계가 있는 기관에서 실시하며, 경제성 분석과 정책성 분석은 동시에 한다.
② 총사업비관리 - 단년도에 완공되지 않는 대규모사업에 대하여 사업의 규모 및 사업기간을 정하여 기획재정부장관과 협의하도록 국가재정법 제50조에서 규정하고 있다.
③ SOC민간투자 - 사회기반시설에 대한 민간투자법 제5조에 의하여 사회기반시설에 대한 민간투자와 관련된 주요 정책의 수립에 관한 사항사항을 심의하기 위하여 기획재정부장관 소속으로 민간투자사업심의위원회를 둔다.
④ 예산성과금제도 - 예산의 지출이 절약되거나 새로운 세입원 발굴과 제도 개선으로 수입을 증대시키는 데 기여한 사람에게 성과금을 지급하는 제도로서, 일반 국민은 성과금 지급 대상이 된다.

20

우리나라 국가채무와 국가부채에 대한 설명에서 옳지 않은 내용은?

① 국가채무에는 국채, 차입금, 국고채무부담행위와 정부의 대지급이행이 확정된 국가보증채무가 포함된다.
② 국가채무는 채무의 존재, 지급 시기, 금액이 확정되어 지급 의무가 확실하게 결정된 채무만을 대상으로 한다.
③ 한국은행으로부터의 일시차입금이나 다른 회계 또는 기금으로부터의 차입금은 국가채무에서 제외된다.
④ 국가의 회계 또는 기금의 국고채무부담행위는 국가채무에 해당하지 않는다.

정답률 50%

① 사업관련 이해관계가 없는 제3의 기관(기획재정부장관)에서 실시하도록 하고, 경제성 분석과 정책성 분석을 동시에 제시하기 때문에 틀렸다.

행복노트

예비타당성조사 도입(1999년 도입)

「국가재정법」 제38조【예비타당성 조사】
① 기획재정부장관은 총사업비가 500억원 이상이고 국가의 재정지원 규모가 300억원 이상인 신규 사업으로서 대규모사업에 대한 예산을 편성하기 위하여 미리 예비타당성조사를 실시하고, 그 결과를 요약하여 국회 소관 상임위원회와 예산결산특별위원회에 제출하여야 한다.

- 경제적 타당성뿐만 아니라 정책적 타당성도 분석 대상
- 경제적 타당성: 수요, 편익, 비용 추정, 재무성 평가, 민감도
- 정책적 타당성: 지역경제 파급효과, 정책의 일관성, 상위계획과 연계성, 사업에서의 위험 요인, 환경영향, 균형발전을 위한 낙후도 평가

정답 | ①

정답률 75%

④ 국가의 회계 또는 기금의 국고채무부담행위는 국가채무에 해당한다.

행복노트

국가채무

국가재정법 제91조【국가채무의 관리】
② 금전채무는 다음 각호의 어느 하나에 해당하는 채무를 말한다.
 1. 국가의 회계 또는 기금이 발행한 채권
 2. 국가의 회계 또는 기금의 차입금
 3. 국가의 회계 또는 기금의 국고채무부담행위
 4. 제1호 및 제2호에 준하는 채무로서 대통령령이 정하는 채무
③ 다음 각 호의 해당하는 채무는 국가채무에 포함하지 아니한다.
 1. 「국고금관리법」 제32조제1항의 규정에 따른 재정증권 또는 한국은행으로부터의 일시차입금
 2. 제2항 제1호에 해당하는 채권 중 국가의 회계 또는 기금이 인수 또는 매입하여 보유하고 있는 채권
 3. 제2항 제2호에 해당하는 차입금 중 국가의 다른 회계 또는 기금으로부터의 차입금

정답 | ④

3. 2019 지방직 미러링 2회

01

행정의 본질적 가치에 관한 설명으로 가장 적절한 것은?

① 롤스(J. Rawls)는 원초적 상태하에서 합리적 인간은 최대극소화 원리에 따라 의사결정을 한다고 전제한다.
② 지나친 집단 이기주의를 극복하기 위해서는 공익에 대한 과정설적인 입장을 반영할 필요가 있다.
③ 실체설은 공익을 사익의 총합으로 보며, 사익을 초월한 별도의 공익은 존재하지 않는다고 본다.
④ 사회적 형평은 성별, 계층별, 세대별로 사회적 약자들을 적극 배려해야 한다는 적극적인 신념에 바탕을 두고 있다.

정답률 93%

④ 사회적 형평은 성별, 계층별, 세대별로 사회적 약자들을 적극 배려해야 한다는 적극적인 신념에 바탕을 두고 있다.

오답피하기

① 롤스(J. Rawls)는 원초적 상태하에서 합리적 인간은 최대극소화 원리가 아닌 최소극대화(maxmin)원리에 따라 의사결정을 한다고 전제한다.
② 집단이기주의 극복을 위해서는 사익을 초월한 공익의 실체설이 요구된다.
③ 공익을 사익의 총합으로 보며, 사익을 초월한 별도의 공익은 존재하지 않는다고 보는 것은 과정설에 대한 내용이다.

행복노트

행정가치의 구분

본질적 가치	공익 · 자유 · 형평성 · 정의 · 복지 · 평등
수단적 가치	합법성 · 능률성 · 민주성 · 효과성 · 효율성 · 신뢰성 · 투명성 · 가외성 · 합리성 등

공익의 본질에 관한 학설

실체설(적극설)
국가주의, 선량주의(엘리트)
개발도상국의 입장
공익과 사익 구별
공익 우선주의
전체주의, 권위주의로 변질
Rawls, Platon, Aristotele

사익 합 ≠ 공익(Σ사익<공익)

과정설(소극설)
개인주의, 다원주의
선진국의 입장, 민주적 공익관
조정과 타협의 산물
집단이기주의 폐단우려
정부의 활동: 중립적 조정자
Herring, Hobbes, Hume, schbert 등

사익 합 = 공익(Σ사익=공익)

정답 | ④

02

다음 중 대표관료제에 관한 설명으로 가장 옳지 않은 것은?

① 관료제에 대한 외부적 통제는 근본적 한계를 지닐 수 밖에 없다는 인식이 확산되면서 제기되었다.
② 정부관료제 인적 구성의 대표성 확보를 통해 전체 국민에 대한 정부의 대응성을 저하시킨다.
③ 정부의 양성채용목표제, 장애인 의무고용제, 지역인재추천채용제 등이 대표관료제를 배경으로 한 인사정책이라 할 수 있다.
④ 능력과 자격을 부차적인 임용기준으로 삼기 때문에 행정의 전문성과 생산성을 저하시킬 우려가 있다.

정답률 37%

② 정부관료제 인적 구성의 대표성 확보를 통해 전체 국민에 대한 정부의 대응성을 향상시킬 수 있다.

오답피하기

① 행정의 재량이 넓어지고 복잡해짐에 따라 관료제에 대한 외부적 통제는 근본적 한계를 지닐 수밖에 없다는 인식이 확산되면서 관료에 의한 내부통제의 한 방안으로 대표관료제가 제기되었다.

행복노트

대표관료제

의의
- Kingsley: 인구비례에 따른 관료 충원
- 실적주의 폐단 극복, 민주적 가치 높이기 위해 수상
- 실적주의: 개인의 자격, 대표관료제: 집단주의 접근
- 양성평등, 지방인재 채용목표제, 장애인 고용촉진제

이론
- Kingsley: 공직을 사회의 축소판으로 만든다.
- Krantz: 수적비율에 맞게 관료조직의 직위 차지(비례대표제)

효용 비판
- 내부통제기능 강화, 실질적 기회균등의 보장, 소외집단의 욕구반영, 행정의 정치적 능력 향상
- 전문성과 생산성 저하, 역차별과 수평적 형평성 침해, 사회분열 조장 가능성, 재사회화 영향

정답 | ②

03

집단적 문제해결의 다양한 기법에 대한 설명으로 올바르지 못한 것은?

① 명목집단법은 제한된 집단적 토론만 한 다음 해결방안에 대해 표결을 하는 문제해결기법이다.
② 델파이기업은 문제해결의 아이디어를 제공하는 사람들이 서로 대면적인 접촉을 하는 기법이다.
③ 브레인스토밍은 다른 사람의 아이디어에 자기 의견을 첨가해 새로운 아이디어를 종합하는 편승을 허용한다.
④ 변증법적 토론기법은 토론집단을 대립적인 두 개의 팀으로 나누어 토론을 진행하는 과정에서 합의를 도출한다.

04

환경의 불확실성에 대처하는 소극적 방안에 대한 설명으로 잘못된 설명은?

① 보수적(conservative) 방법 – 최악의 경우를 전제로 정책대안의 결과를 예측하여 최선의 대안을 선택하는 방법이다.
② 민감도분석(sensitivity analysis) – 미리 산정한 생산계수나 기술계수와 같은 모수(매개변수값, parameter)가 변경되었을 때, 결과가 어떻게 달라지는가에 대해 추가적으로 분석한다.
③ 분기점 분석(break-even analysis) – 우수한 대안에서는 최악의 상태로 발전할 것으로 가정하고, 나머지 대안에 대해서는 최선의 상태가 발생하리라 가정한다.
④ 한정적 합리성(local rationality) 확보 – 복잡한 문제를 여러 개의 단순한 문제로 분할하여 제한 범위 내의 합리성을 추구한다.

정답률 93%

② 델파이기법은 서로 대면 접촉을 하지 않는 기법이다.

행복노트

결과예측방법: 직관적 예측(추측)

브레인스토밍	자유집단토론(누구나), 비판금지(의견제시 후평가), 질보다 양, 대면토론, 편승기법 인정, 한정된 주제
델파이	완전한 익명성, 격리, 전문가, 반복적 설문, 통제된 환류, 대면토론 ×, 합의강조(중간값), 미국 랜드연구소에서 개발
정책델파이	선택적 익명성, 이해관계자 등 다양한 참여자, 양극화된 통계처리, 갈등의 조성

정답 | ②

정답률 56%

③ 분기점 분석이 아니라 악조건 가중분석(a fortiori analysis)에 대한 설명이다. 분기점 분석(break-even analysis)은 최선 및 차선으로 예상되는 대안들을 몇 가지 두고 이 대안들이 동등한 결과를 산출하기 위해서는 불확실한 요소들에 대해서 어떠한 가정들을 해야 하는지를 파악하는 방법이기 때문이다.

행복노트

불확실성에의 대처방안

적극적 방안 (불확실한 것을 확실하게)	소극적 방안(불확실한 것을 주어진 것으로 봄)
추가정보의 획득, 불확실성 유발 환경 통제, 미래예측 이론이나 모형개발, 질적예측기법	중복 및 가외성, 보수적 결정(최악가정), 악조건 가중분석, 분기점 분석, 복수의 대안 제시, 상황의존도, 민감도 분석, 한정적 합리성 확보, 휴리스틱스

정답 | ③

05

광역행정에 대한 설명으로 옳지 않은 것은?

① 지역보존을 적극적으로 촉진시킬 수 있다.
② 광역행정은 광역행정수요에 초점을 맞추는 경향이 있기 때문에 기초자치단체의 행정수요를 경시할 가능성이 있다.
③ 광역행정을 처리하기 위한 기구인 협의회는 집행에서 실질적인 강제력이 결여되어있기 때문에 당사자간에 심각한 의견불일치를 보이는 광역사무를 해결하기 어렵다.
④ 행정서비스의 균질화와 평준화를 모색하기 위하여 광역행정이 필요하다.

06

우리나라 옴부즈만 제도인 국민권익위원회에 대한 설명으로 가장 옳지 않은 것은?

① 국민권익위원회에 중앙행정심판위원회를 두도록 하고, 국민권익위원회의 부위원장 중 1명이 중앙행정심판 위원회의 위원장이 된다.
② 접수된 고충민원은 접수일로부터 60일 이내에 처리하여야 한다.
③ 신청에 의한 조사만 가능하고, 직권에 의한 조사는 불가능하다.
④ 국민권익위원회는 국무총리 소속이며, 부위원장은 위원장의 제청으로 대통령이 임명한다.

정답률 87%

① 광역행정은 지역보존이 아닌 <u>지역개발을 적극적으로 촉진</u>시킬 수 있다.

행복노트

광역행정

| 의의 | 둘 이상의 자치단체 구역에 걸쳐서 행정사무를 통일적·종합적·현지성에 맞게 공동처리하여 효율성과 합목적성 높이고자 하는 지방행정의 방식 |

촉진 요인
- 생활권역과 행정권역의 일치도모
- 산업·경제의 고도성장과 지역개발의 필요성
- 행정능력 향상의 필요성
- 규모경제의 요청
- 행정수준 평준화의 요청

대상 사무
- 도시간 이해관계 직결된 도시기반 및 공급시설 사무
- 여러 자치단체에 걸친 환경에 관한 사무(대기오염 …)
- 고도의 전문화된 서비스 및 시설(특수병원 …)
- 상호협력을 요하는 사무(쓰레기 수거 처리 …)

순기능
- 행정권과 생활권을 일치시켜 행정 효율성 증진
- 지역이기주의 극복
- 행정서비스의 균질화 및 평준화
- 규모의 경제 실현 → 효율성↑, 경비절감
- 정치적 책임성의 명확화

역기능
- 지방자치의 위협
- 일상적인 행정수요의 경시
- 지방행정의 관료적 지배 현상 초래
- 행정서비스의 비용과 편익 분리

정답 | ①

정답률 37%

④ 국민권익위원회는 국무총리 소속이며, <u>위원장 및 부위원장은 국무총리의 제청으로 대통령이 임명</u>하고, 상임위원은 위원장의 제청으로 대통령이 임명하며, 상임이 아닌 위원은 대통령이 임명 또는 위촉한다. 이 경우 상임이 아닌 위원 중 3명은 국회가, 3명은 대법원장이 각각 추천하는 자를 임명 또는 위촉한다.

행복노트

우리나라 옴부즈만 제도(국민권익위원회)

의의
- 고충민원처리, 부패방지, 행정심판의 기능
- '부패방지 및 국민권익위설치에 관한 법률' 근거
- 우리나라 옴부즈만 시초: 1994년 국민고충처리위원회

특징
- 국무총리 소속, 법률상 기관
- 신청에 의한 조사만 가능(직권조사권 ×), 직권조정은 가능
- 사후심사와 내부통제(입법부, 사법부 ×)
- 합법성 + 합목적성 대상
- 각 지자체는 시민고충처리위원회를 설치

	인원	임명	신분
위원장	1명	국무총리 제청, 대통령 임명	정무직 공무원
부위원장	3명	국무총리 제청, 대통령 임명	정무직 공무원
상임위원	3명	위원장 제청, 대통령 임명	일반직 임기제

정답 | ④

07

한국 정부의 재정 규모에 대한 설명으로 틀린 내용은?

① 통합재정 규모는 일반회계, 특별회계, 기금의 지출 규모에서 내부거래와 채무 상환 등을 차감한 순수한 재정활동의 규모이다.
② 총지출 규모는 국민 입장에서 느끼는 정부의 지출 규모이다.
③ 일반정부 재정 규모는 경제협력개발기구의 국민계정 작성 기준에 따라 한국은행이 작성한다.
④ 총지출 규모 = 경상지출 + 자본지출로 산출한다.

정답률 56%

④ 총지출 규모는 국민입장에서 정부의 지출 규모로 통합재정 규모와 같은 방식으로 산출하지만 융자 회수를 차감하지 않고 총융자 개념에 의해 융자지출을 산출한다. 통상 총지출 규모는 국가재정 운용 계획 수립 시 재정 규모 통계로 공식 사용하고 있다. 이에 따라 총지출 규모 = 경상지출 + 자본지출 + 융자지출로 산출한다.

행복노트

통합예산

의의	정부 전체의 재정 규모를 파악하고 재정이 국민경제에 미치는 영향을 효과적으로 파악하고자 하는 제도
특징	- 중앙정부 + 지방정부, 일반회계 + 특별회계 + 기금, 일반정부 + 비금융공기업을 모두 포함하고 관리 - 내부거래와 보전거래 차감으로 순계 개념으로 작성 - 재정이 국민경제에 미치는 영향을 효과적으로 파악 - IMF에 제출 후 국제적 비교 가능, 현금주의로 작성 - 재정적자, 재정흑자 어떻게 보전되고 처리되는지 명시
한계	융자지출을 재정수지상 흑자요인임에도 불구하고, 당해 연도 적자요인으로 파악

구분	통합재정 규모	총지출 규모
수입면	(일반회계 + 특별회계 + 기금) - 내부거래 - 보전지출 - <u>융자회수</u>	일반회계 + 특별회계 + 기금 - 내부거래 - 보전거래
지출면	규모 = 지출(경상지출 + 자본지출) + 순융자(융자지출 - 융자회수)	<국가재정 운용시 공식 사용> 정부 총지출 규모 = 경상지출 + 자본지출 + 융자지출

정답 | ④

08

로위(Lowi)는 강제력의 행사방법과 강제력의 적용영역 차이에 따라 정책을 네 가지(A~D)로 유형화하고, 정책유형별 특징과 사례를 제시하였다. 이에 대한 설명으로 옳지 않은 것은?

강제력의 적용영역 강제력의 행사방법	개별적 행위	행위의 환경
간접적	A	B
직접적	C	D

① A에서는 정책내용이 세부단위로 쉽게 구분되고 각 단위는 다른 단위와 별개로 처리될 수 있다.
② B에는 선거구 조정, 정부조직이나 기구 신설, 공직자 보수 등에 관한 정책이 포함된다.
③ C에서는 피해자와 수혜자가 명백하게 구분되며 정책결정자와 집행자가 서로 결탁하여 갈라먹기식(log - rolling)으로 정책을 결정하는 것이 어렵다.
④ D에서는 지방적 수준에서 분산적인 정책결정이 이루어진다.

정답률 75%

④ A는 분배정책, B는 구성정책, C는 규제정책, D는 재분배정책이다. D는 재분배정책으로서 지방적 수준에서 분산적인 정책결정으로는 효과를 거두기 어렵기 때문에 <u>국가수준의 집중적 정책결정</u>이 이루어진다.

행복노트

Lowi의 분류

구분		강제력 적용 대상	
		개별적 행위	행위의 환경
강제력 행사방법	간접적	분배정책 사회간접자본, 국가보조금	구성정책 선거구조정, 기관신설
	직접적	규제정책 불공정경쟁, 과대광고규제	재분배정책 누진소득세, 사회보장제도

한계	- 분류된 정책들이 상호 배타적이지 못함 - 정책분류에 사용한 개념의 모호함으로 인해 조작화 곤란

정답 | ④

09

우리나라 예산과정에 대한 설명으로 옳지 않은 것은?
① 우리나라 국회에서는 본회의보다 상임위원회와 예산결산특별위원회를 중심으로 예산이 심의된다.
② 예산총액배분 자율편성제도는 중앙예산기관과 정부부처 사이의 정보 비대칭성을 완화하려는 목적을 갖고 있다.
③ 예산집행의 신축성을 확보하기 위한 제도로써 이용, 총괄예산, 계속비, 배정과 재배정 제도가 있다.
④ 예산제도 개선 등으로 절약된 예산 일부를 예산성과금으로 지급할 수도 있고, 다른 사업에 사용할 수도 있다.

10

우리나라 정부조직에 대한 설명으로 옳지 않은 것은?
① 국무총리는 국무회의의 부의장이다.
② 특허청은 행정 및 재정상의 자율성이 부여되고 성과에 대해 책임을 지도록 하는 책임운영기관에 해당한다.
③ 법제처에 처장 1명과 차장 1명을 두되, 차장은 고위공무원단에 속하는 일반직 공무원으로 보한다.
④ 영유아 보육 및 교육에 관한 사무를 교육부에서 보건복지부로 일원화하였다.

정답률 100%

③ 이용, 총괄예산, 계속비는 신축성 확보를 위한 제도이지만, 배정과 재배정은 신축성보다 통제장치에 해당하기 때문에 옳지 않다.

행복노트

예산의 집행의 재정통제 제도와 신축성 유지방안

| 재정통제 | 입법부의 통제의도와 재정 한계 엄수 |
| 신축성 유지 | 예산 성립 후의 여건 변화에 적응 |

재정 통제	신축성 유지
• 예산의 배정과 재배정	• 이용, 전용, 이체, 이월
• 예비타당성 조사	• 예비비와 예비금
• 재무관의 지출원인 행위 통제	• 계속비
• 회계기록 및 재정보고	• 국고채무부담행위
• 정원·보수의 통제	• 수입대체경비
• 계약의 통제	• 총액승인 예산
• 국고채무부담행위에 대한 통제	• 긴급배정
• 총사업비의 관리	• 추가경정예산

정답 | ③

정답률 68%

④ 영유아 보육 및 교육에 관한 사무를 <u>보건복지부</u>에서 <u>교육부</u>로 일원화하였다.

오답피하기

① 국무총리는 <u>국무회의의 부의장</u>이고 대통령은 국무회의 의장이다.
② 특허청은 <u>중앙행정기관이자 책임운영기관</u>이다.
③ 법제처장은 정무직으로 보하고, 차장은 고위공무원단에 속하는 일반직 공무원으로 보한다.

행복노트

정부조직체계 **중앙행정기관: 18부 5처 18청 6위원회**

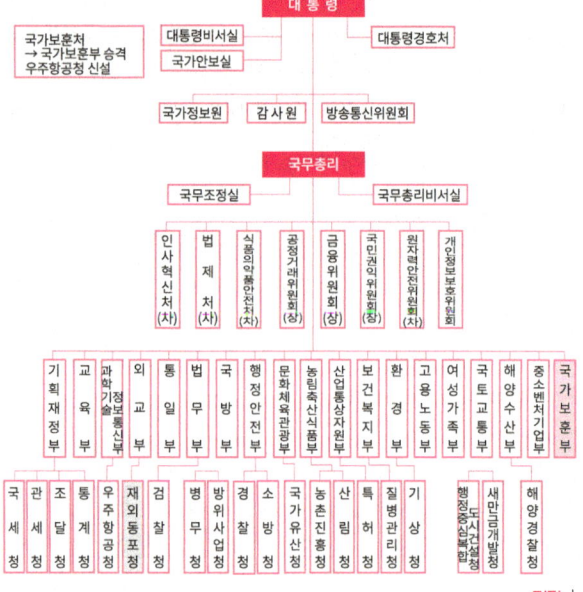

정답 | ④

11

직업공무원제(career civil service system)에 대한 설명으로서 타당한 내용으로 보기 어려운 것은?

① 직위분류제에 의존해 온 미국은 계급제나 폐쇄형 공무원제 및 일반행정가주의에 입각한 직업공무원제의 장점을 도입하고 있다.
② 직업공무원제는 절대군주 시대에 군주를 정점으로 하는 중앙집권적 통일국가체제를 유지하기 위해 강력하고 대규모적인 상비군 양성의 관점에서 확립되었다.
③ 직업공무원제는 정책결정 및 행정관리 기능을 담당하는 고급공무원의 양성에는 불리한 제도이다.
④ 외부환경의 급격한 변화에 적응하지 못하고 무사안일에 빠지거나 변화에 저항적인 관료적 병리현상을 초래할 수 있다.

12

다음 밑줄 그은 내용 중에서 틀린 부분 몇 개인가?

> 신행정학은 전통행정학의 능률지상주의를 탈피하여 ㉠ 사회적 형평, 민주적 가치, 인본주의에 입각한 ㉡ 소극적 행정의 자세와 ㉢ 가치중립 행정을 주창하면서, ㉣ 소용돌이 극복대책으로서 엄격한 관료제 대응방식을 제시하였으며, ㉤ 현상학적 접근방법을 제시하였다.

① 2개　　② 3개
③ 4개　　④ 5개

정답률 75%

③ 직업공무원제는 정책결정 및 행정관리 기능을 담당하는 <u>고급공무원의 양성에 유리</u>한 제도이다.

행복노트

직업 공무원제

의의	젊고 유능한 인재가 공직을 직업으로 선택해 일생동안 성실히 근무하도록 운영하는 인사제도(폐쇄형·계급제로 운영될 때 정착성↑)
방안	• 실적주의 정신의 확립 • 능력발전의 기회부여 • 공직에 대한 사회적 평가의 제고 • 적극적 모집 • 보수 및 연금의 적정화 • 장기적 인력수급계획의 수립

장점	단점
• 행정 통일성·안정성 확보	• 행정의 전문성 저해(폐쇄적 임용)
• 인사행정의 객관성 증진	• 공직취임의 기회제한(연령, 학력)
• 사명감과 단체정신 제고	• 공무원집단 보수화, 대응성 부족
• 잠재능력 중시	• 승진적체 시 직원의 불만 증가
• 고위 공직자 양성에 유리	• 민주통제 곤란(지나친 신분보장)

정답 | ③

정답률 75%

② ㉡ 소극적 행정보다는 <u>능동적 행정</u>을 주장하였다.
㉢ 가치중립보다는 <u>가치지향적 행정</u>을 추구하였다.
㉣ 엄격한 관료제 설계보다는 <u>탈관료제 조직설계 대안</u>을 제시하였다.
신행정학은 전통행정학의 능률지상주의를 탈피하여 사회적 형평, 민주적 가치, 인본주의에 입각한 능동적 행정(사회적 형평 실현을 위한 공무원의 적극적 역할 강조)의 자세와 가치지향적 행정을 주창하면서 탈관료제 조직설계 대안을 제시하였고, <u>논리실증주의와 행태주의를 비판</u>하고 현상학적 접근방법을 제시하였다.

행복노트

신행정론

의의	— 1960년대 말 미국의 국내문제 해결을 위해 등장 — 행태주의 한계를 지적하며 가치문제와 처방적 연구 강조 — 정치행정새일원론(Minnowbrook 회의: Waldo)
특징	— 사회적 적실성, 실천성, 규범적 성격 — 사회적 형평성 강조, 고객지향성, 분권화와 참여 강조 — 규범적 성격, 변동의 필요성 강조, 후기(탈)관료제 모형 — 사회현실연구에 대한 해석학적인 방법 선호
공헌 한계	— 고객지향적 행정, 민주 행정 강조, 소외계층의 배려 — 전문행정가능성에 대한 의문, 이상적인 개혁방안 제시

정답 | ②

13

변혁적 리더십(transformational leadership)에 대한 설명 중 가장 옳지 않은 것은?

① 카리스마적 리더십은 공공부문의 리더가 난관을 극복하고 현상에 대한 각성을 확고하게 표명함으로써 부하에게 자긍심과 신념을 심어 주는 것을 의미한다.
② 영감적 리더십은 공공부문의 리더가 부하로 하여금 형식적 관례와 사고를 다시 생각하게 함으로써 새로운 관념을 촉발시키는 것을 의미한다.
③ 개별적 배려는 리더가 부하에게 특별한 관심을 보이고 각 부하의 특정한 요구를 이해해 줌으로써 부하에 대해 개인적으로 존중한다는 것을 전달하는 것을 의미한다.
④ 변혁적 리더십은 인간의 행태나 상황뿐 아니라 리더의 개인적 속성도 다시 재생시키고 있으므로 신속성론에 해당한다.

14

정책결정모형에 관한 설명 중 가장 적절한 것은?

① '점증주의 모형'에서는 정책대안의 분석과 비교가 총체적·종합적으로 이루어진다.
② '만족모형'은 정책결정자나 정책분석가가 절대적 합리성을 가지고 있고 주어진 상황하에서 목표의 달성을 극대화할 수 있는 최선의 정책대안을 찾아낼 수 있다고 본다.
③ 앨리슨(Allison) 모형은 쿠바 미사일 사태에 대한 사례연구를 바탕으로 발전하였는데 합리모형, 조직과정모형, 정치모형의 세 가지 정책결정모형을 제시한다.
④ 킹던(Kingdon)의 '정책창문(Policy Window) 이론'은 정책 창문이 한 번 열리면 문제에 대한 대안이 도출될 때까지 상당기간 열려있는 상태로 유지된다고 본다.

정답률 25%

② 형식적 관례와 사고를 다시 생각하게 함으로써 새로운 관념을 촉발하는 촉매적 리더십(지적인 자극)이다. 영감적 리더십은 리더가 부하로 하여금 도전적 목표와 임무, 미래에 대한 비전을 열정적으로 받아들이고 계속적으로 추구하도록 격려하는 것이다.

행복노트

리더십이론 - 신속성론: **변혁적 리더십의 특징**

| 의의 | 1980년대 경제 불황기에 혁신과 변동을 위해 리더의 개인적 영향력의 비중을 높이 평가함(Burns, Bass) |

구성요소

카리스마 리더십	난관극복 리더십, 부하에게 자긍심 고취
영감적 리더십	도전적 목표와 임무, 미래에 대한 비전
개별적 배려	부하에 대한, 개인적 배려, 존중
지적 자극	새로운 관념 촉발

행복한 암기 TIP

리더십이론 - 신속성론 / 변혁적 리더십의 특징:
캬~영지 개 변혁

정답 | ②

정답률 100%

③ 앨리슨(Allison) 모형은 쿠바 미사일 사태에 대한 사례연구를 바탕으로 발전하였는데 합리모형, 조직과정모형, 정치모형의 세 가지 정책결정모형을 제시한다.

오답피하기

① 합리모형에 대한 설명이다. 점증주의 모형은 부분적·분산적결정이 이루어진다.
② 합리모형에 대한 설명이다. 만족모형은 정책결정자나 정책분석가가 제한된 합리성을 지니고, 최선의 대안보다는 개인의 심리적인 제약요인을 고려하여 만족할 만한 대안을 선택하게 된다는 이론이다.
④ 킹던(Kingdon)의 정책창문이론의 창의 열림은 일시적인 창의 열림이고 정책화되지 못하면 다시 창이 닫힌다.

행복노트

정책 결정의 이론 모형(집단 차원)

회사모형	갈등의 불완전한 준해결, SOP강조, 불확실성 회피, 문제중심탐색
쓰레기통모형	조직화된 무정부상태, 혼란의 긍정적 측면 인정
Allison 모형	쿠바 미사일 위기, 3가지 모형, 모두 사용 가능
사이버네틱스 모형	시행착오, 적응적 의사결정 모형, 도구적 학습, 불확실성 통제
정책딜레마 모형	상충되는 정책대안들 가운데서 이러지도 저러지도 못하는 좌절상황에서의 대응

정답 | ③

15

현행 우리나라 지방자치 하의 주민참여제도에 대한 설명으로 옳지 않은 것은?

① 일정 요건을 갖춘 주민들에게도 조례 제정·개정·폐지 청구권한을 인정하고 있다.
② 광역지방의회의 비례대표 의원은 주민소환투표의 대상에서 제외된다.
③ 재외국민은 모두 주민투표권을 갖지만 국내 거주 외국인은 주민투표권이 없다.
④ 수사 또는 재판에 관여하게 되는 사항은 주민감사청구대상이 아니다.

정답률 100%

③ 주민투표법 제5조(주민투표권) ①항에는 "18세 이상의 주민 중 그 지방자치단체의 관할 구역에 주민등록이 되어 있는 사람이나 출입국관리 관계 법령에 따라 대한민국에 계속 거주할 수 있는 자격을 갖춘 외국인으로서 지방자치단체의 조례로 정한 사람은 주민투표권"을 가질 수 있기 때문에, 재외국민 모두가 주민투표권이 있는 것은 아니고 국내 거주 외국인도 주민투표권을 가질 수 있다.

오답피하기

주민발안	• 직접발안: 주민의 조례청구를 주민투표로 결정 • 간접발안: 주민의 조례청구를 지방의회 의결로 결정 주민이 지자체 의회에 조례에 개폐를 청구할 수 있음.
주민투표	주민에게 과도한 부담을 주거나 중대한 영향을 미치는 지방자치 단체의 주요 결정사항 등에 대하여 주민투표
주민소환	• 선출직 공무원을 임기 중 소환 및 파면 • 지자체장 및 지방의회의원(비례대표 의원 제외) 소환
주민참여 예산제도	지방자치단체의 장은 지방예산 편성 과정에 주민이 참여할 수 있는 절차를 마련하여 시행
주민감사	지방자치단체와 그 장의 권한에 속하는 사무처리가 법령 위반, 공익을 현저히 해한다고 인정, 새로운 사항의 발견, 중요한 사항이 감사에서 누락된 경우 감사 청구

정답 | ③

16

사바티어(Sabatier)가 주장하는 통합모형에 대한 설명으로 가장 옳지 않은 것은?

① 경쟁하는 정책옹호연합들이 선택하는 전략은 정책중개자(policy broker)들에 의하여 중재된다.
② 정책 하위시스템 내에는 신념을 공유하는 행위자들끼리의 지지연합으로 뭉쳐있다.
③ 정책하위시스템 참여자의 활동에 영향을 미치는 요소를 통합적 접근방법으로 도출하였다.
④ 기본적 분석단위는 하향적 접근을 토대로 하고, 영향요인은 상향적 접근상의 여러 변수와 사회경제 상황 및 법적 수단을 결합한다.

정답률 87%

④ 기본적으로 정책하위체제를 분석단위로 설정하므로서 상향적 접근방법을 채택하고, 여기에 집행에 영향을 미치는 요인으로 하향적 접근법의 여러 가지 변수와 사회경제적 상황과 법적 수단을 결합하고 있다.

행복노트

Sabatier 통합모형(정책지지연합모형)

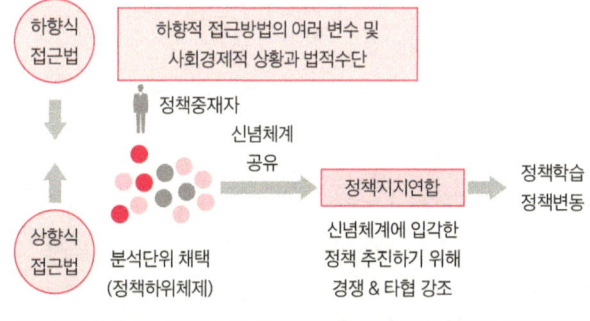

• 정책지지연합모형: 정책은 장기간에 걸쳐 점진적으로 변동
• 정책패러다임모형(Hall): 정책의 근본적 패러다임 급격히 변동 가능

정답 | ④

17

정책평가의 타당성에 대한 적절한 설명이 아닌 것은?

① 내적 타당성은 정책효과가 다른 경쟁적 원인들보다는 당해 정책에만 기인되는 것이라고 판단할 수 있는 정도를 의미한다.
② 특정한 상황에서 얻은 정책평가가 다른 상황에도 그대로 적용될 수 있는 정도를 외적 타당성이라고 한다.
③ 정책의 효과를 찾아낼 만큼 충분히 정밀하고 강력하게 연구설계가 이루어진 정도는 통계적 결론의 타당성이라고 한다.
④ 내적 타당성을 위협요인 중에 실험집단과 통제집단이 서로 다른 개인들을 할당함으로써 발생하게 되는 선발요인은 내재적 요인이다.

정답률 81%

④ 내적 타당성을 위태롭게 하는 요소들 중에 실험집단과 통제집단이 서로 다른 개인들을 할당함으로써 발생하게 되는 편견으로서 선발요인은 내재적 요인이 아니라 <u>외재적 요인이다.</u>

행복노트

타당도 저해요인

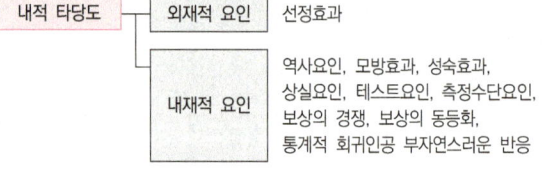

내적 타당도	외재적 요인	선정효과
	내재적 요인	역사요인, 모방효과, 성숙효과, 상실요인, 테스트요인, 측정수단요인, 보상의 경쟁, 보상의 동등화, 통계적 회귀인공 부자연스러운 반응
외적 타당도		호손 효과, 다수처리에 의한 간섭, 측정 상호작용, 크리밍 효과, 표본의 대표성 부족

크리밍효과는 내적, 외적 타당도 모두 저해 가능

내적 타당도	외적 타당도	통계적 결론의 타당도	구성적 타당도
정책(인)과 정책효과(과) 간의 인과적 추론의 정확성 정도	정책 효과의 일반화(재연가능성) 정도	표본자료의 통계적 검증에서 도출한 결론의 정확성(평가설계의 정밀성)	측정도구와 이론적 구성개념의 일치 정도

정답 | ④

18

근무성적평정에 관한 다음의 설명 중 가장 옳지 않은 것은?

① 평정의 착오에 있어 상동적 오차는 평정자가 자기 자신과 성향이 유사한 부하에게 후한 점수를 주는 오차이다.
② 집중화경향을 방지하기 위한 강력한 방법은 상대평가를 반영하는 강제배분법이다.
③ 체크리스트 평정법은 공무원을 평가하는데 적절하다고 판단되는 표준행동 목록을 미리 작성해 두고, 이 목록에 가부를 표시하게 하는 방법이다.
④ 평정자마다 척도에 사용되는 용어에 대한 지각과 이해가 상이할 경우 평정상의 오류가 범해질 수 있으며, 이러한 문제는 특히 도표식 평정척도법에서 많이 나타난다.

정답률 75%

① 평정자가 자기 자신과 성향이 유사한 부하에게 후한 점수를 주는 오차는 유사적 오차(투사)에 대한 설명이다. 상동적 오차(stereotyping)은 성별, 학연, 지연 등에 대한 편견이나 고정관념, 선입견에 의한 오차이다.

오답피하기

② 집중화, 관대화 경향을 막기 위해서 <u>강제배분법(분포제한법)</u>을 사용한다.
③ Probst법(체크리스트법)은 평정자가 직접 평정점수를 산출하는 작업을 하지 않고 피평정자의 일상적인 직무상태 및 직무수행능력을 보고 체크하는 방법이다. 이러한 Probst법은 연쇄효과를 최소한으로 줄일 수 있다.

행복노트

근무성적평정상의 오류

논리적 오류	두 평정요소 간의 논리적 상관관계에 의해 유발 (기억력이 높으면 지식이 높다고 평가)
유사성 오류	자기자신과 성향이 유사한 부하에게 후한 점수 부여
상동적 오차	유형화의 착오 (편견, 선입견 / 고정관념에 의한 오차)
근본적 귀속의 착오	타인의 성공 평가 시 상황적 요인↑, 개인적 요인↓ (= 이기적 착오)
피그말리온 효과	자기충족적 예언효과, 예언대로 행동하고 판단
대비오차	다른 평정대상자와 비교함으로써 발생하는 오류

정답 | ①

19

재정·예산제도에 대한 설명으로 옳은 것은?

① 예산지출이 간접적 예산 집행이라면 조세지출은 세제상의 혜택을 통한 직접 지출의 성격을 띤다.
② 통합재정은 일반회계, 특별회계, 기금을 모두 포괄하며, 재정활동의 전모를 파악할 수 있도록 융자지출을 통합재정수지의 계산에 포함하고 있다.
③ 성인지 예산제도는 각 지출부처가 기획재정부와 여성가족부의 지휘 아래 대부분의 재정사업에 대해 성인지 예산서·결산서를 작성하도록 하고 있다.
④ 예비타당성조사는 대규모 건설사업, 정보화사업, 연구개발사업 등을 대상으로 하며, 교육·보건·환경 분야 등에는 아직 적용되지 않고 있다.

20

국가재정법 제91조에 의거한 국가채무에 포함되지 않는 내용은?

① 국가회계 또는 기금이 발행한 채권
② 국가의 회계 또는 기금의 차입금
③ 정부의 대지급 이행이 확정된 채무
④ 보증채무

정답률 37%

② 일반회계 위주의 재정운영방식을 탈피하고 일반회계, 특별회계 및 정부관리기금까지 포함한 광의의 통합재정수지에 입각하여 국가의 재정활동을 관리하려는 제도로서 재정활동의 전모 파악을 위해 융자지출을 통합재정수지의 계산에 포함하고 있다.

오답피하기

① 예산지출이 직접적 예산 집행이라면 조세지출은 세제상의 혜택을 통한 간접 지출의 성격을 띤다.
③ 성인지 예산서는 기획재정부장관이 여성가족부장관과 지휘가 아니라 협의하여 제시한 작성기준에 따라 지출부처가 아니라 각 중앙관서의 장이 작성하기 때문에 틀렸다.
④ 예비타당성조사는 대규모 건설사업, 정보화사업, 연구개발사업 등을 대상으로 하며, 교육·보건·환경 분야 등에도 적용되고 있기 때문에 틀렸다.

행복노트

성인지 예산(남녀평등예산)
(2010: 중앙, 2013: 지방)

- 의의
  - 세입세출예산이 남녀에게 미치는 효과 분석
  - 실질적 양성평등 유도, 성주류화 관점
- 특징
  - 예산 전체에 대해 성별 균형 도모, 예산 전과정에서 고려
  - 성인지 예산서: 성인지예산 개요, 규모, 성평등 기대효과, 성과목표 및 성별 수혜 분석 등 포함
  - 성인지 결산서: 집행실적, 성평등 효과분석 및 평가 포함
  - 최초로 국가재정기본법에 명문화

국가재정법 시행령 제9조【성인지 예산서의 내용 및 작성기준】
② 성인지 예산서는 기획재정부장관이 여성가족부장관과 협의하여 제시한 작성기준 및 방식 등에 따라 각 중앙관서의 장이 작성한다.

정답 | ②

정답률 31%

④ 보증채무는 우발채무로서 확정채무가 아니므로 국가채무의 재정통계에 포함되지 않는다.

행복노트

국가채무

국가재정법 제91조【국가채무의 관리】
② 금전채무는 다음 각호의 어느 하나에 해당하는 채무를 말한다.
  1. 국가의 회계 또는 기금이 발행한 채권
  2. 국가의 회계 또는 기금의 차입금
  3. 국가의 회계 또는 기금의 국고채무부담행위
  4. 제1호 및 제2호에 준하는 채무로서 대통령령이 정하는 채무
③ 다음 각 호의 해당하는 채무는 국가채무에 포함하지 아니한다.
  1. 「국고금관리법」 제32조제1항의 규정에 따른 재정증권 또는 한국은행으로부터의 일시차입금
  2. 제2항 제1호에 해당하는 채권 중 국가의 회계 또는 기금이 인수 또는 매입하여 보유하고 있는 채권
  3. 제2항 제2호에 해당하는 차입금 중 국가의 다른 회계 또는 기금으로부터의 차입금

정답 | ④

4 2020 지방직 기출

01

작은정부를 적극적으로 옹호하는 것은?
① 행정권 우월화를 인정하는 정치·행정 일원론
② 경제공황 극복을 위한 뉴딜정책
③ 사회복지 프로그램의 확대
④ 신공공관리론

정답률 87%

④ 신공공관리론(NPM)은 자유주의의 이념에 부합하며 1980년대 정부실패에 대한 대응으로 작은정부를 적극 옹호하는 이론이다.

오답피하기

①, ②, ③은 큰정부를 지향하는 이론이다.

행복노트

신공공관리론(NPM)
- 정부실패를 극복하기 위한 정부개혁론(1980's)
- 신보수주의, 신자유주의 바탕
- 시장주의 → 작은정부
- 신관리주의 → 기업가적 정부(성과중시)
- 행정 → 경영·관리
- 생산성(효율성) 강조

한계
- 민간부문 관리기법 적용의 한계: 공공부문≠민간부문
- 정부관료제 효율성 저하: 민주적 책임성 vs 기업가적 재량권
- 국민을 고객으로 전락: 주체가 아닌 객체로서의 고객
- 정책 조정 능력 약화: 방향잡기에만 주력
- 사회적 형평성 약화: 수익자 부담의 원칙, 절약과 능률 강조
- 직업 공무원제 약화: 공무원의 사기 저하

정답 | ④

02

기능(functional) 구조와 사업(project) 구조의 통합을 시도하는 조직 형태는?
① 팀제 조직   ② 위원회 조직
③ 매트릭스 조직   ④ 네트워크 조직

정답률 85%

③ 기능(functional) 구조와 사업(project) 구조의 통합을 시도하는 조직은 매트릭스 조직이다.

오답피하기

① 팀제 조직은 상호보완적인 기능을 가진 소수의 사람들이 공동의 목표를 달성하기 위해 책임을 공유하고 문제해결을 위한 공동의 접근방법을 사용하는 조직이다.
② 위원회 조직은 위원회 조직은 복수의 의사결정자로 구성되는 합의제 조직이다.
④ 네트워크 조직은 현재의 조직기능을 경쟁력 있는 핵심역량 중심으로 합리화하고, 나머지 기능은 외부기관과 상호 전략적 제휴나 협력적 아웃소싱 등의 계약방식 등을 통해 효율적인 목표달성을 추구하는 수직적·수평적 통합과 지리적 분산의 장애를 극복하려는 유기적인 모듈형 조직이다.

행복노트

매트릭스 구조 수직적(기능) + 수평적(사업)
이원적, 복합적 권한체계 화학적·입체적 구조, 탄력적 대응

장점
- 신속한 대응성(사업)과 전문성(기능) 통합
- 기존의 인적 자원 유연한 관리
- 불안정하고 급변하는 조직환경 적합
- 구성원은 다양한 경험으로 인한 전문기술 개발 넓은 시야와 목표관 형성

적용 영역
- 조직규모 중간 정도
- 불확실한 환경
- 높은 전문성
- 빠른 혁신성
- 비일상적 기술 사용

단점
- 책임한계 불분명, 책임의식 약함
- 소속의 이중성, 명령통일의 원리 적용 ×
- 기능부서와 사업부서 간 권력균형 ×
- 갈등과 혼란으로 조정 불리
- 잦은 대면과 회의로 신속한 결정 곤란

정답 | ③

03

지방재정의 세입항목 중 자주재원에 해당하는 것은?
① 지방교부세
② 재산임대수입
③ 조정교부금
④ 국고보조금

04

국내 최고 대학을 졸업했기 때문에 일을 잘했을 것이라고 생각하여 피평정자에게 높은 근무성적평정 등급을 부여할 경우 평정자가 범하는 오류는?
① 선입견에 의한 오류
② 집중화 경향으로 인한 오류
③ 엄격화 경향으로 인한 오류
④ 첫머리 효과에 의한 오류

정답률 68%

② 재산임대수입은 자주재원으로서 경상적 세외수입에 해당한다.

오답피하기

① 지방교부세는 국가에 의존하는 의존재원이다.
③ 조정교부금은 광역자치단체에 의존하는 의존재원이다.
④ 국고보조금은 국가에 의존하는 의존재원이다.

행복노트

지방재정의 구성체계

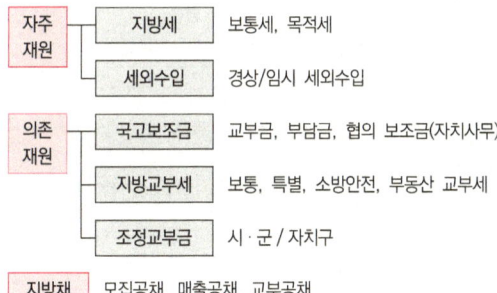

정답 | ②

정답률 92%

① 평정대상자의 사실에 입각한 성과평가를 하기보다는 특정 학교 출신이라는 선입견으로 평정을 하였다면 그것은 선입견에 의한 오류에 해당하고 고정관념, 편견에 의한 오류를 말하는 것으로 상동적 오류라고도 한다.

오답피하기

② 집중화 경향으로 인한 오류는 절대 다수를 중간등급에 집중(中集化)시켜 평가하는 오류이다.
③ 엄격화 경향으로 인한 오류 실제보다 지나치게 박(薄)하게 평정하는 오류이다.
④ 첫머리 효과에 의한 오류는 전체 기간을 평가하기보다는 첫인상이나 초기 업적에 영향을 크게 받아 발생하는 오류이다.

행복노트

근무성적평정상의 오류

관대화	실제보다 후하게 평정
엄격화	실제보다 지나치게 박하게 평정
집중화	절대 다수를 중간등급에 집중화시켜 평가
논리적 오류	두 평정요소 간의 논리적 상관관계에 의해 유발 (기억력이 높으면 지식이 높다고 평가)
유사성 오류	자기자신과 성향이 유사한 부하에게 후한 점수 부여
상동적 오차	유형화의 착오 (편견, 선입견 / 고정관념에 의한 오차)
근본적 귀속의 착오	타인의 성공 평가 시 상황적 요인↑, 개인적 요인↓ (= 이기적 착오)
피그말리온 효과	자기충족적 예언효과, 예언대로 행동하고 판단
대비오차	다른 평정대상자와 비교함으로써 발생하는 오류

정답 | ①

05

행정 가치에 대한 설명으로 옳지 않은 것은?

① 공익 과정설에 따르면 사익을 초월한 별도의 공익이란 존재할 수 없다.
② 롤스(Rawls)는 사회정의의 제1원리와 제2원리가 충돌할 경우 제1원리가 우선이라고 주장한다.
③ 파레토 최적 상태는 형평성 가치를 뒷받침하는 기준이다.
④ 근대 이후 합리성은 목표를 달성하는 수단과 관련된 개념이다.

정답률 75%

③ 파레토 최적 상태는 형평성 가치를 뒷받침하는 기준이 아니라 능률성을 뒷받침하는 개념이다.

오답피하기

①, ②, ④는 올바른 선지이다.

행복노트

행정가치의 구분

본질적 가치	• 행정이 이루고자 하는 궁극적 가치 • 공익 · 자유 · 형평성 · 정의 · 복지 · 평등
수단적 가치	• 본질적 가치를 달성하기 위한 수단이 되는 가치 • 합법성 · 능률성 · 민주성 · 효과성 · 효율성 · 신뢰성 · 투명성 · 가외성 · 합리성 등

행복한 암기 TIP

본질적 가치: 형(평성)! 공(익)자(유)를 정(의)복(지)해!

정답 | ③

06

기술과 조직구조의 관계에 대한 페로(Perrow)의 설명으로 옳지 않은 것은?

① 정형화된(routine) 기술은 공식성 및 집권성이 높은 조직구조와 부합한다.
② 비정형화된(non-routine) 기술은 부하들에 대한 상사의 통솔범위를 넓힐 수밖에 없을 것이다.
③ 공학적(engineering) 기술은 문제의 분석가능성이 높다.
④ 기예적(craft) 기술은 대체로 유기적 조직구조와 부합한다.

정답률 57%

② 정형화된 기술의 경우 넓은 통솔범위를 행사할 수 있으나 비정형화된(non-routine) 기술은 부하들에 대한 상사의 통솔범위를 좁힐 수밖에 없다.

오답피하기

① 정형화된(routine) 기술은 자동차 생산라인이나 은행 창구 업무처럼 과업의 다양성이 적고, 문제에 대한 분석 가능성이 높아 공식성 및 집권성이 높은 조직구조와 부합한다.
③ 공학적(engineering) 기술은 회계 및 변론처럼 과업의 다양성과 복잡성은 높지만, 수립된 공식이나 절차 및 기법에 의해 쉽게 해결할 수 있는 기술로서 문제의 분석가능성이 높다.
④ 기예적(craft) 기술은 음악연주, 공예, 조각업무와 같이 예외적인 상황이 발생하는 빈도는 낮으나, 개별상황에 대처해야 하는 업무로서 대체로 유기적 조직구조와 부합한다.

행복노트

Perrow 기술유형론: 지식기술 중심의 분류

		과업의 다양성	
		낮음(단순)	높음(복잡)
문제의 분석 가능성	낮음 (어려움)	장인기술 (공예, 연주, 도예)	비일상기술 (항공, 우주산업)
	높음 (쉬움)	일상기술 (은행창구업무)	공학기술 (회계, 변론)

행복한 암기 TIP

Perrow 기술유형론_지식기술 중심의 분류: 패는 기술은 일공장비!

정답 | ②

07

지방분권 추진 원칙 중 다음 설명에 해당하는 것은?

- 기능 배분에 있어 가까운 정부에게 우선적 관할권을 부여한다.
- 민간이 처리할 수 있다면 정부가 관여해서는 안 된다.
- 가까운 지방정부가 처리할 수 있는 업무에 상급 지방정부나 중앙정부가 관여해서는 안 된다.

① 보충성의 원칙 ② 포괄성의 원칙
③ 형평성의 원칙 ④ 경제성의 원칙

08

정책집행의 하향식 접근(top-down approach)에 대한 설명으로 옳은 것만을 모두 고르면?

ㄱ. 집행이 일어나는 현장에 초점을 맞춘다.
ㄴ. 일선공무원의 전문지식과 문제해결능력을 중시한다.
ㄷ. 하위직보다는 고위직이 주도한다.
ㄹ. 정책결정자는 정책집행에 영향을 미치는 정치적·조직적·기술적 과정을 충분히 통제할 수 있다.

① ㄱ, ㄴ ② ㄱ, ㄷ
③ ㄴ, ㄹ ④ ㄷ, ㄹ

정답률 78%

① 보충성의 원칙은 '하급단위에서 잘 처리할 수 있는 업무를 상급단위에서 직접 처리해서는 안된다'는 원칙이다. 가능한 사무수행의 우선권을 작은 행정단위에 우선적으로 위임하고, 중앙정부는 보충적 역할을 하는 것이 바람직하다는 의미에서 기초자치단체 우선의 원칙이라고도 한다.

오답피하기

② 포괄성의 원칙은 상호 밀접하게 연관된 사무는 뭉쳐서 이양하라는 원칙이다. 각 지방정부가 배분받은 사무에 대해서는 완전(full)하고 배타적(exclusive)인 권한을 행사할 수 있도록 해야 한다는 내용도 담고 있다.
③ 형평성의 원칙은 자치단체 간에 차등을 두지 말고 가급적 균등하게 배분해야 한다는 원칙이다.
④ 경제성의 원칙 사무를 각 단체의 규모, 행정 재정능력, 인구수 등을 고려하여 최소경비로 최대의 효과를 도모할 수 있는 단계의 단체에 배분하는 원칙이다.

정답 | ①

정답률 82%

ㄷ. 하향식 접근은 의사결정권자의 상층부로부터 일선 집행 담당기관과 정책 대상집단을 대상으로 집행과정을 하위직보다는 고위직이 주도한다.
ㄹ. 정책결정자는 정책집행에 영향을 미치는 정치적·조직적·기술적 과정을 충분히 통제할 수 있다고 가정한다.

오답피하기

ㄱ. 집행이 일어나는 현장에 초점을 맞추는 것은 상향식 접근이다.
ㄴ. 일선공무원의 전문지식과 문제해결능력을 중시하는 것은 상향식 접근이다.

행복노트

하향적 접근 vs 상향적 접근

	하향적 접근	상향적 접근
주요 행위자	상층부	일선 기관
연구전략	결정 → 집행	관료 → 네트워크
민주주의 모형	엘리트 민주주의	참여 민주주의
연구방법	거시·연역	미시·귀납
정책 상황	안정적, 구조화	유동적, 동태적
정책 목표의 수정	낮음	높음
평가기준	공식목표	현장적응성

정답 | ④

09

조직구성 원리에 대한 설명으로 옳지 않은 것은?

① 분업의 원리 – 일은 가능한 한 세분해야 한다.
② 통솔범위의 원리 – 한 명의 상관이 감독하는 부하의 수는 상관의 통제능력 범위 내로 한정해야 한다.
③ 명령통일의 원리 – 여러 상관이 지시한 명령이 서로 다를 경우 내용이 통일될 때까지 명령을 따르지 않아야 한다.
④ 조정의 원리 – 권한 배분의 구조를 통해 분화된 활동들을 통합해야 한다.

정답률 85%

③ 명령통일의 원리는 명령과 보고체계는 오직 하나의 채널을 통하여, 한 사람의 부하는 오직 한 사람의 상관으로부터만 명령을 받고 보고하도록 해야 한다는 원리이다.

오답피하기

① 분업의 원리는 업무의 종류와 성질별로 나누어 조직구성원에게 가급적 한 가지 주된 업무를 분담시키는 것으로서 일은 가능한 한 세분해야 한다.
② 통솔범위의 원리한 사람의 상관 또는 감독자가 효과적으로 통솔할 수 있는 부하 또는 조직단위의 수를 말하며, 감독자의 능력, 업무의 난이도, 돌발상황의 발생 가능성 등 다양한 요소를 고려하여 정해진다.
④ 조정의 원리공동목적을 효율적으로 달성하기 위하여 구성원의 행동통일을 기하도록 집단적 노력을 질서 있게 배열하는 것을 말하는 것으로권한 배분의 구조를 통해 분화된 활동들을 통합해야 한다.

행복노트

조직의 원리

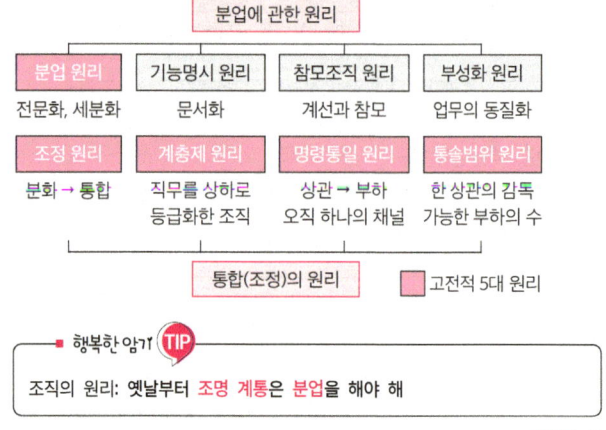

행복한 암기 TIP

조직의 원리: 옛날부터 조명 계통은 분업을 해야 해

정답 | ③

10

직업공무원제의 단점을 보완하는 것으로 옳지 않은 것은?

① 개방형 인사제도   ② 계약제 임용제도
③ 계급정년제의 도입 ④ 정치적 중립의 강화

정답률 74%

④ 정치적 중립의 강화는 직업공무원제의 장점에 해당한다.

오답피하기

직업공무원제도는 폐쇄형에 계급제 바탕에서 발전하는 제도이다.
① 개방형 인사는 폐쇄형의 단점을 보완에 기여하게 된다.
② 계약제 임용제도는 지나친 신분보장에 의한 보수화를 보완해준다.
③ 계급정년제의 도입은 경직된 인사운영에 융통성을 보완시켜 줄 수 있는 제도이다.

행복노트

직업 공무원제

의의	젊고 유능한 인재가 공직을 직업으로 선택해 일생동안 성실히 근무하도록 운영하는 인사제도(폐쇄형·계급제로 운영될 때 정착성↑)
방안	• 실적주의 정신의 확립 • 능력발전의 기회부여 • 공직에 대한 사회적 평가의 제고 • 적극적 모집 • 보수 및 연금의 적정화 • 장기적 인력수급계획의 수립

장점	단점
• 행정 통일성·안정성 확보	• 행정의 전문성 저해(폐쇄적 임용)
• 인사행정의 객관성 증진	• 공직취임의 기회제한(연령, 학력)
• 사명감과 단체정신 제고	• 공무원집단 보수화, 대응성 부족
• 잠재능력 중시	• 승진적체 시 직원의 불만 증가
• 고위 공직자 양성에 유리	• 민주통제 곤란(지나친 신분보장)

정답 | ④

11

A 예산제도에서 강조하는 기능은?

> A 예산제도는 당시 미국의 국방장관이었던 맥나마라(McNamara)에 의해 국방부에 처음 도입되었고, 국방부의 성공적인 예산개혁에 공감한 존슨(Johnson) 대통령이 1965년에 전 연방정부에 도입하였다.

① 통제
② 관리
③ 기획
④ 감축

12

직위분류제의 단점은?

① 행정의 전문성 결여
② 조직 내 인력 배치의 신축성 부족
③ 계급 간 차별 심화
④ 직무경계의 불명확성

정답률 58%

③ 계획예산(PPBS)의 역사적 맥락에 대한 설명이다. 계획예산(PPBS)는 기획지향의 예산제도이다.

행복노트

존슨 행정부의 원자력 발전사업 예산(PPBS 사례)

planning	programing			budgeting		
	Category	subcategory	element	1966	1967	1968	
전력량 해소	발전 사업	원자력 발전	부지선정	○			부지선정 예산 용지매수 예산
			용지매수	○			
			철거 및 보상		○		
			본관신축			○	

PPBS 장점과 단점

장점	단점
• 계획과 예산의 연결 • 조직의 통합적 운영 • 의사 결정의 일원화, 집권화 • 자원배분의 합리화 • 정세변화에 대한 적응성 • 사업부서 간 갈등 조정	• 과도한 경직성 초래 • 정치적·심리적 요인 경시 • 목표 설정 및 목표 전환 곤란 • 시간과 인력의 낭비 • 환산 작업의 어려움

정답 | ③

정답률 76%

② 직위분류제는 계급제에 비하여 조직 내 인력배치의 신축성이 부족하다.

오답피하기

①, ③, ④는 계급제의 단점에 해당한다.

행복노트

직위분류제

• 직무중심의 객관적 분류
• 직무의 종류, 책임, 난이도에 따른 분류

장 점	단 점
• 합리적 인사기준 제시 • 정원관리 및 훈련수요 파악에 도움 • 직무급 보수결정의 합리성 • 역할 갈등 감소 • 행정의 전문화 • 예산의 효율화 • 정실인사 배제 • 행정에 대한 민주통제에 기여 • 노동시장의 안정에 기여	• 인사배치의 탄력성 약화 • 횡적 조정의 곤란 • 직업공무원제 확립 저해 • 행정의 안정성 저해 • 일반행정가 양성 곤란 • 제도유지비용 • 장기적 행정계획 곤란 • 공무원의 다방면적 발전 곤란 • 새로운 직무변화에 대한 신속한 적응 곤란

• 실제제 요소와 개방형 인사의 엽관제 요소를 모두 가지고 있음

정답 | ②

13

행정통제의 유형 중 외부통제가 아닌 것은?

① 감사원의 직무감찰
② 의회의 국정감사
③ 법원의 행정명령 위법 여부 심사
④ 헌법재판소의 권한쟁의심판

정답률 84%

① 감사원의 직무감찰은 내부통제이며 공식적 통제이다.

오답피하기

② 의회의 국정감사는 외부통제이고 공식적 통제이다.
③ 법원의 행정명령 위법 여부 심사는 외부통제이고 공식적 통제이다.
④ 헌법재판소의 권한쟁의심판은 외부통제이고 공식적 통제이다.

행복노트

행정통제의 의의 및 유형(Gilvert)
- 행정책임 보장을 위한 사전적·사후적 제재 수반
  성과측정 + 시정조치, 통제(대응성)와 자율(능률성)의 조화 필요

		통제자의 위치	
		외부통제	내부통제
공식성 여부	공식	• 입법부 • 사법부 • 헌법재판소 • 옴부즈만 제도	• 계층제 및 인사관리 제도 • 청와대와 국무조정실 • 독립통제기관 • 교차기능조직 • 중앙행정부처(교차기능)
	비공식	• 이익집단 • 시민 • 여론·매스컴·인터넷 • 전문가집단 및 정당	• 공무원 자율적 직업윤리 • 동료집단의 평가와 비판

정답 | ①

14

민간투자사업자가 사회기반시설 준공과 동시에 해당 시설 소유권을 정부로 이전하는 대신 시설관리운영권을 획득하고, 정부는 해당 시설을 임차 사용하여 약정기간 임대료를 민간에게 지급하는 방식은?

① BTO(Build-Transfer-Operate)
② BTL(Build-Transfer-Lease)
③ BOT(Build-Own-Transfer)
④ BOO(Build-Own-Operate)

정답률 77%

② 민자로 건설하고, 완공시점에 소유권을 정부 소유로 넘기고, 정부가 임차 사용 기간을 정하여 임차료를 민간 사업자에게 지급하는 방식은 BTL(Build-Transfer-Lease)방식이다.

오답피하기

① BTO(Build-Transfer-Operate)는 민간이 건설하고 즉시 소유권을 이전하고 일정기간 동안 운영권을 민간이 가진다.
③ BOT(Build-Own-Transfer)는 민간이 건설하고 일정기간 동안 민간이 소유권을 가지고 그 후 소유권을 정부에 넘기는 방식이다.
④ BOO는 민간자본의 사업시행자가 사회간접자본시설을 건설하여 그 시설의 소유권과 운영권을 가지고 시설을 운영하는 방식이다.

행복노트

사회간접자본의 민간투자 계약방식

	BTL	BLT	BTO	BOT	BOO
건설	민간	민간	민간	민간	민간
시설운영 주체	정부	정부	민간	민간	민간
운영기간 동안 소유권	정부	민간	정부	민간	민간
소유권 이전시기	준공 시점	운영 종료 시점	준공 시점	운영 종료 시점	이전 X
운영 형태	정부에 임대	정부에 임대	직업 운영	계약만료후 기부채납	운영권
사업 성격	비수익사업에 적합		투자회수 가능의 수익사업에 적합		–

정답 | ②

15

정책평가의 논리에서 수단과 목표 간의 인과관계에 대한 설명으로 옳은 것만을 모두 고르면?

> ㄱ. 정책목표의 달성이 정책수단의 실현에 선행해서 존재해야 한다.
> ㄴ. 특정 정책수단 실현과 정책목표 달성 간 관계를 설명하는 다른 요인이 배제되어야 한다.
> ㄷ. 정책수단의 변화 정도에 따라 정책목표의 달성 정도도 변해야 한다.

① ㄱ
② ㄷ
③ ㄱ, ㄴ
④ ㄴ, ㄷ

16

비용·편익분석에 대한 설명으로 옳지 않은 것은?

① 분야가 다른 정책이나 프로그램은 비교할 수 없다.
② 정책대안의 비용과 편익을 모두 가시적인 화폐 가치로 바꾸어 측정한다.
③ 미래의 비용과 편익의 가치를 현재가치로 환산하는데 할인율(discount rate)을 적용한다.
④ 편익의 현재가치가 비용의 현재가치를 초과하면 순현재가치(NPV)는 0보다 크다.

정답률 59%

정책평가의 논리모형에서 수단과 목표 간의 인과관계의 요건은 시간적 선행성, 공동변화, 허위변수의 배제이다.
ㄴ. 특정 정책수단 실현과 정책목표 달성 간 관계를 설명하는 다른 요인이 배제되어야 한다는 것은 허위변수의 배제를 의미한다.
ㄷ. 정책수단의 변화 정도에 따라 정책목표의 달성 정도도 변해야 한다는 것은 공동변화에 대한 설명이다.

오답피하기

> ㄱ. 시간적 선행성은 정책수단을 통해 정책목표의 달성이 이루어져야하는 것이므로 정책목표의 달성이 정책수단의 실현에 선행해서 존재해야 한다는 것은 틀린 지문이다.

행복노트

정책 평가의 요소

① 시간적 선행성
② 공동변화
③ 경쟁가설 배제

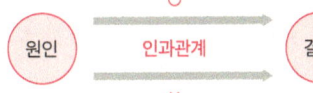

허위변수, 혼란변수, 억제변수
왜곡변수 작용

정답 | ④

정답률 69%

① 비용·편익분석은 공공투자사업 간의 경제타당성을 투입 비용과 산출 편익간의 관계로 분석한다. 비용과 편익을 모두 금전적 가치로 환산하여 비교·평가하므로 분야가 다른 이질적인 정책이나 프로그램도 비교할 수 있다.

오답피하기

> ②, ③, ④ 맞는 선지이다.

행복노트

비용편익 분석 장·단점

- 목표: 사회후생극대화, 자원배분의 효율성
- 비용: 기회비용, 잠재가격 (완전경쟁적인 가격으로 조정)
- 편익: 소비자 잉여, 비용·편익 모두 화폐가치로 표현 ○

장 점	단 점
• 비용, 편익 모두 화폐가치	• 사회적 형평성 기준제시의 곤란
• 다양한 분야 상호비교 가능	• 공공투자에 낮은 사회적 할인율 적용 시 민간투자 불리
• 단일정책의 비용, 편익 비교	• 잠재가격으로 측정 시 실제가치 왜곡 가능

정답 | ①

17

정책결정 모형에 대한 설명으로 옳은 것만을 모두 고르면?

> ㄱ. 만족 모형에서는 정책결정을 근본적 결정과 세부적 결정으로 구분한다.
> ㄴ. 점증주의 모형은 현상유지를 옹호하므로 보수적이라는 비판을 받고 있다.
> ㄷ. 쓰레기통 모형에서 의사결정의 4가지 요소는 문제, 해결책, 선택기회, 참여자이다.
> ㄹ. 갈등의 준해결과 표준운영절차(SOP)의 활용은 최적모형의 특징이다.

① ㄱ, ㄴ ② ㄱ, ㄹ
③ ㄴ, ㄷ ④ ㄷ, ㄹ

18

조세지출 예산제도에 대한 설명으로 옳지 않은 것은?

① 세제 지원을 통해 제공한 혜택을 예산지출로 인정하는 것이다.
② 예산지출이 직접적 예산 집행이라면 조세지출은 세제상의 혜택을 통한 간접지출의 성격을 띤다.
③ 직접 보조금과 대비해 눈에 보이지 않는 숨겨진 보조금이라고 이해할 수 있다.
④ 세금 자체를 부과하지 않는 비과세는 조세지출의 방법으로 볼 수 없다.

정답률 79%

ㄴ. 점증주의 모형은 현상유지를 옹호하므로 보수적이라는 비판을 받고 있다.
ㄷ. 쓰레기통 모형에서 의사결정의 4가지 요소는 문제, 해결책, 선택기회, 참여자이다.

오답피하기

> ㄱ. 근본적 결정과 세부적 결정으로 구분하는 모형은 만족모형이 아니라 Etzioni의 혼합모형이다.
> ㄹ. 갈등의 준해결과 SOP에 입각한 모형은 최적모형이 아니라 회사모형이다.

행복노트

정책 결정의 이론 모형(집단 차원)

회사모형	갈등의 불완전한 준해결, SOP강조, 불확실성 회피, 문제중심탐색
쓰레기통모형	조직화된 무정부상태, 혼란의 긍정적 측면 인정
Allison 모형	쿠바 미사일 위기, 3가지 모형, 모두 사용 가능
사이버네틱스 모형	시행착오, 적응적 의사결정 모형, 도구적 학습, 불확실성 통제
정책딜레마 모형	상충되는 정책대안들 가운데서 이러지도 저러지도 못하는 좌절상황에서의 대응

정답 | ③

정답률 78%

④ 조세지출 예산제도는 부과해야 할 조세를 부과하지 아니하고, 비과세나 감면 등으로 지원하는 간접 지원의 성격을 지니고 있으므로, 비과세는 조세지출의 방법으로 볼 수 있다.

행복노트

조세지출과 조세지출예산제도

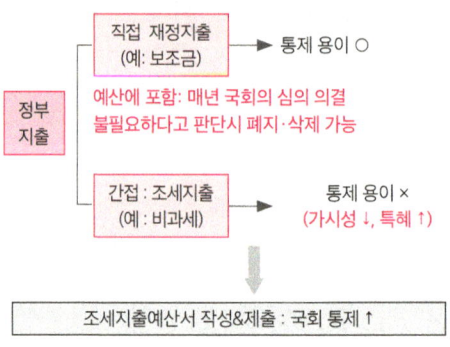

정답 | ④

19

유비쿼터스 전자정부에 대한 설명으로 옳은 것만을 모두 고르면?

> ㄱ. 기술적으로 브로드밴드와 무선, 모바일 네트워크, 센싱, 칩 등을 기반으로 한다.
> ㄴ. 서비스 전달 측면에서 지능적인 업무수행과 개개인의 수요에 맞는 맞춤형 서비스를 제공한다.
> ㄷ. Any-time, Any-where, Any-device, Any-network, Any-service 환경에서 실현되는 정부를 지향한다.

① ㄱ, ㄴ
② ㄱ, ㄷ
③ ㄴ, ㄷ
④ ㄱ, ㄴ, ㄷ

20

민원행정의 성격에 대한 설명으로 옳은 것만을 모두 고르면?

> ㄱ. 규정에 따라 서비스를 제공하는 전달적 행정이다.
> ㄴ. 행정기관도 민원을 제기하는 주체가 될 수 있다.
> ㄷ. 행정구제수단으로 볼 수 없다.

① ㄱ
② ㄷ
③ ㄱ, ㄴ
④ ㄴ, ㄷ

정답률 79%

ㄱ, ㄴ, ㄷ 모두 유비쿼터스 전자정부에 대한 설명이다.

행복노트

유비쿼터스 정부

의미 특징	• 전자정부의 발전된 형태 • 언제 어디서나 중단없이 정보서비스 제공 • 맞춤 정보 제공 • 고객 지향성, 실시간성, 형평성 등의 가치 추구 • 쌍방향 정보제공
목표	5C(컴퓨팅, 커뮤니케이션, 접속, 콘텐츠, 조용함) 5Any(언제, 어디서나, 어느 기기에 구애받지 않고 경제적이고 편리하게)

정답 | ④

정답률 56%

ㄱ. 민원은 규정에 따라 서비스를 제공하는 전달적 행정이다.
ㄴ. 행정기관도 사경제의 주체로는 제기할 수 있기 때문에 민원을 제기하는 주체가 될 수 있다.

민원처리에 관한 법률 제2조 2항

"민원인"이란 행정기관에 민원을 제기하는 개인·법인 또는 단체를 말한다. 다만, 행정기관(사경제의 주체로서 제기하는 경우는 제외한다), 행정기관과 사법(私法)상 계약관계(민원과 직접 관련된 계약관계만 해당한다)에 있는 자, 성명·주소 등이 불명확한 자 등 대통령령으로 정하는 자는 제외한다.

오답피하기

> ㄷ. 민원은 행정구제수단 중에 사전적 구제수단에 해당된다.

정답 | ③

5 2020 지방직 미러링 1회

지방직 기출 미러링 모의고사

제한시간 /13분
나의점수 /100점

01 □□□

작은 정부에 대한 설명으로 옳지 않은 것은?

① 작은 정부는 절대적이라기보다 상대적인 표현이며 크고 비효율적인 정부에 대조된다.
② 정부 규모의 총량에 관심을 가지며 무절제한 정부팽창에 반대한다.
③ 산업화 국가, 발전행정, 케인스 학파의 복지국가 이념은 작은 정부의 논리와 대조된다.
④ 작은 정부를 실현하기 위해서는 모든 면에서 축소해야 한다.

정답률 90%

④ 작은 정부가 정부의 규모를 축소하고 재정지출을 줄이는 것을 의미하지만 모든 면에서의 축소를 의미하는 것은 아니며, 어떠한 부분적 확대도 용납하지 않는 것은 아니다.

행복노트

국가의 변천과 행정

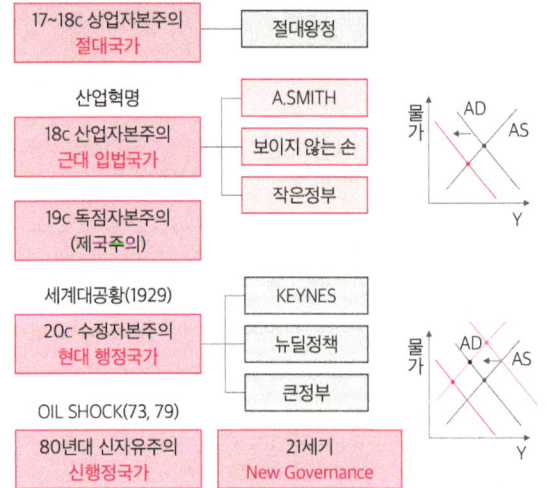

정답 | ④

02 □□□

매트릭스구조에 대한 설명으로 가장 옳은 것은?

① 계층제적 구조가 존재하지 않으며, 계선과 참모의 역할 구분도 명확하지 않다.
② 수평적이고 평면적인 조직으로서 유연성과 탄력성을 지닌다.
③ 대사관조직이나 대학교의 특수대학원은 매트릭스 구조에 해당한다.
④ 조정이 용이하여 결정이 신속하게 이루어질 수 있다.

정답률 95%

③ 대사관조직은 외교부 직원들로 기능구조를 형성하고 사업구조로서 경찰이나 군인들이 파견나와 있으며, 대학교의 특수대학원은 매트릭스 구조에 해당한다. 행정대학원 같은 특수대학원은 행정학과 교수들이 기능구조를 형성하고 경영학과 교수나 법학과 교수들이 수평구조로서 결합되어 있다.

오답피하기

①, ② 매트릭스조직은 수직적 구조인 기능구조와 수평적 구조인 사업부서조직을 화학적으로 결합시킨 구조로서 계층제적 구조가 존재하며, 수평적이고 평면적인 조직이라 할 수는 없다. 이중구조이므로 경우에 따라서 책임과 권한의 한계가 불명확하다.
④ 이중구조이므로 조정이 용이하지 못하며, 명령의 이원화로 결정도 신속하지 않을 수 있다.

행복노트

매트릭스 구조 수직적(기능) + 수평적(사업)
이원적, 복합적 권한체계 화학적·입체적 구조, 탄력적 대응

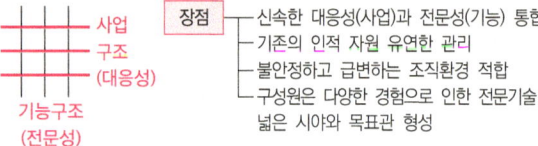

장점
- 신속한 대응성(사업)과 전문성(기능) 통합
- 기존의 인적 자원 유연한 관리
- 불안정하고 급변하는 조직환경 적합
- 구성원은 다양한 경험으로 인한 전문기술 개발 넓은 시야와 목표관 형성

적용 영역
- 조직규모 중간 정도
- 불확실한 환경
- 높은 전문성
- 빠른 혁신성
- 비일상적 기술 사용

단점
- 책임한계 불분명, 책임의식 약함
- 소속의 이중, 명령통일의 원리 적용 ×
- 기능부서와 사업부서 간 권력균형 ×
- 갈등과 혼란으로 조정 불리
- 잦은 대면과 회의로 신속한 결정 곤란

정답 | ③

03

우리나라의 지방재정에 대한 설명으로 가장 옳지 않은 것은?

① 지방자치단체의 세입재원에 자주재원에는 지방세와 세외수입이 있고, 의존재원에는 국고보조금과 지방교부세 등이 있다.
② 지방세 중 목적세로는 오직 광역자치단체에 귀속되는 지역자원시설세와 지방교육세 등이 있다.
③ 지방교부세는 지방자치단체 간 재정력의 불균형을 조정하는 재원으로, 보통교부세, 특별교부세, 부동산교부세 및 소방안전교부세가 있다.
④ 지방재정자립도가 비슷하면 자치단체의 재정력은 유사하다.

정답률 90%

④ 지방재정자립도는 지방재정의 전체적인 규모의 문제는 아니며, 재정자립도가 비슷하여도 재정규모는 다를 수 있다는 점을 고려하지 못한다.

행복노트

지방 재정력의 평가지표

재정규모	자주재원 + 의존재원 + 방채	지방재정자립도 반영 ×
재정자립도	(지방세 + 세외수입 − 지방채) / 일반회계 세입	재정의 건전성 판단 불가
재정자주도	(자주재원 + 지방교부세 + 조정교부금) / 일반회계 세입	재정자립도 미반영 차등보조율 설계 시 사용
재정력 지수	기준재정수입액 / 기준재정수요액	지수↑ → 재정력↑ 보통교부세 교부기준

재정자립도 한계
- 실제 재정력 과소 평가(일반회계만 고려, 특별회계와 기금 고려 ×)
- 지방교부세를 받은 지자체는 재정력 커짐에도 재정자립도 낮음
- 지방자치단체간 상대적 재정규모를 평가하지 못함

정답 | ④

04

평정결과가 공개되는 경우에 평정대상자와 불편한 관계에 놓이는 것을 피하려는 경우에 흔히 발견되는 근무성적 평정 오류에 해당하는 것은?

① 연쇄효과(halo effect)
② 일관적 오류(Central Error)
③ 근접효과 오류(Overemphasis of Recent Behavior Error)
④ 관대화 경향

정답률 80%

④ 평정결과가 공개될 때 평정대상자와 불편한 관계에 놓이는 것을 피하기 위해 실제 점수보다 후한 점수를 주는 경향은 관대화 경향을 말한다. 집중화는 평정점수가 한 곳에 모이거나 무난하게 중간등급을 부여하는 경향을 말한다.

오답피하기

① 연쇄효과는 앞의 평정요소에 대한 평정결과가 뒤의 평정요소에 영향을 미치는 현상 혹은 평정요소에 대한 전체적 인상에 의해 평정결과가 영향을 받는 현상이다.
② 일관적(규칙적, 항상)오류는 평정자의 가치관 및 평정기준의 차이에 의하여 늘 높은 점수를 주거나 낮은 점수를 줌으로써 지속적으로 발생하는 오류이다.
③ 근접효과 오류는 오래된 실적보다 시간적으로 근접한 최근 실적이나 능력을 중심으로 평가하는 근접오류이다.

행복노트

연쇄 효과(현혹효과, 후광효과)

한 평정요소의 판단이 다른 요소에도 영향을 미침

방지대책
- 평정요소별로 모든 피평정자들을 평정
- 체크리스트 또는 강제선택법 사용 → 연관효과 배제
- 유사한 평정요소의 배치를 멀리하여 배열순서에 유의
- 평정요소를 타당도가 높은 순으로 나열

정답 | ④

05

행정운영에서 가외성이 갖는 가치에 대한 설명으로 옳지 않은 것은?

① 행정의 경제적 능률성과 상충관계를 띨 수 있다.
② 행정체제의 신뢰성과 안전성 유지에 기여할 수 있다.
③ 행정의 창의성과 다양성을 높일 수 있다.
④ 운영상의 갈등대립의 가능성을 줄여주는 효과를 기대할 수 있다.

06

조직구조를 결정하는 기술 요인에 관한 설명 중 바르지 못한 것은?

① 조직 기술은 자원을 산출물로 전환하는 사용되는 도구, 기법, 활동을 의미한다.
② 페로(C. Perrow)는 과제의 다양성과 분석 가능성을 기준으로 조직 기술은 장인기술, 비일상 기술, 일상 기술, 공학 기술로 범주화했다.
③ 일상 기술은 높은 공식화, 수직적 계층제 등을 속성으로 갖는 기능구조에 적합하다.
④ 비일상 기술이 요구되는 부서는 예측 가능성이 높은 기계적 조직에서 효과적이다.

정답률 90%

④ 가외성의 허용은 기능간의 충돌과 마찰로 인해 갈등대립의 가능성이 커지게 되는 경향이 있다.

오답피하기

① 가외성은 여분으로 인한 경제적 능률성과 상충관계를 띨 수 있다.
② 오류 발생가능성을 예방하여 조직의 신뢰성과 안전성 증진에 기여한다.
③ 다함께 공통의 일을 상의하고 토론하는 상호작용 속에서 창조성과 개혁성 및 다양성을 높인다.

행복노트

행정의 수단적 가치: 가외성(Landau)

의의	기능 중복이나 남는 부분·여분·초과분을 허용하는 현상
유형	① 중첩성: 동일한 기능을 협력적으로 수행 ② 중복성: 동일한 기능을 여러 기관에서 독자적 수행 ③ 동등잠재력: 보조조직(여유분)
효용	• 신뢰성(오류의 최소화) • 창의성과 개혁성 • 안전성 • 목표의 전환 방지
사례	권력분립, 견제와 균형, 연방제, 삼심제도, 분권화…
한계	• 능률성과의 충돌 • 갈등과 대립 • 비용과 지원의 한계 • 소극적 대처

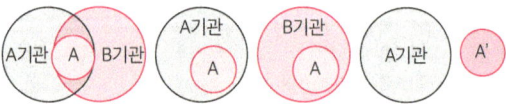

정답 | ④

정답률 100%

④ 비일상 기술이 요구되는 부서는 유기적 조직에서 효과적이다. 일상적(routine) 기술이 자동차 생산라인이나 은행 창구 업무처럼 과업의 다양성이 적고, 문제에 대한 분석 가능성이 높아 공식성 및 집권성이 높은 기계적 구조와 부합한다.

오답피하기

① 기술이란 일반적으로 일하는 방법 또는 조직의 투입물을 산출물로 전환시키는 것이라고 규정할 수 있다.

행복노트

Perrow 기술유형론: 지식기술 중심의 분류

		과업의 다양성	
		낮음(단순)	높음(복잡)
문제의 분석 가능성	낮음 (어려움)	장인기술 (공예, 연주, 도예)	비일상기술 (항공, 우주산업)
	높음 (쉬움)	일상기술 (은행창구업무)	공학기술 (회계, 변론)

일상기술 → 공학기술 → 장인기술 → 비일상기술

단순한 기술 / 기계적 구조 ─────── 복잡한 기술 / 유기적 구조

정답 | ④

07

지방자치단체 사무배분의 원칙에 대한 설명으로 상호 연결이 잘못된 것은?

① 보충성의 원칙 – 중층의 국가공동체 조직에서 하급단위에서 잘 처리할 수 있는 업무를 상급단위에서 직접 처리해서는 안 된다.
② 비경합성의 원칙 – 각급 자치단체가 사무를 처리함에 있어서 서로 경합되지 않도록 하여야 한다.
③ 포괄성의 원칙 – 지방정부가 배분받은 사무에 대해 배타적(exclusive)인 권한을 행사해서는 안 된다.
④ 충분재정의 원칙 – 중앙행정기관의 장은 지방자치단체가 이양받은 사무를 원활히 처리할 수 있도록 충분한 재정지원을 하여야 한다.

정답률 85%

③ 포괄성의 원칙은 상호 밀접하게 연관된 사무는 뭉쳐서 이양하라는 원칙이다. 각 지방정부가 배분받은 사무에 대해서는 완전(full)하고 배타(exclusive)인 권한을 행사할 수 있도록 해야 한다는 내용도 담고 있다.

행복노트

계층 간 기능배분의 원칙

비경합성의 원칙	자치단체간의 사무 처리에서 권한·책임 명확화의 원칙
기초자치단체 우선의 원칙	광역자치단체와 기초자치단체 사무 경합 시 기초자치단체에 우선권 부여
종합성의 원칙	일선기관보다는 종합행정을 수행하는 지방자치단체에 우선적 집중적으로 권한을 배분해야 함
경제성의 원칙	최소비용으로 최대효과 달성가능한 지방자치단체에 배분

정답 | ③

08

정책집행 연구에서 하향적 접근과 상향적 접근에 대한 서술로서 틀린 것은?

① 하향적 접근은 집행과정에서 나타난 문제의 인과론적 설명에 중점을 둔다.
② 하향적 접근은 기본적으로 정책집행을 채택된 정책목표를 달성하는 과정으로 보는 정치행정이원론적인 시각을 갖고 있다.
③ 하향적 접근은 정책결정자의 입장에서 집행을 보는 시각이다.
④ '숲은 보되 나무는 보지 못하는' 한계가 하향적 접근의 단점이라면, '나무는 보되, 숲은 보지 못하는' 점은 상향적 접근의 단점에 해당된다.

정답률 52%

① 하향적 접근방법은 정책집행을 정책목표를 달성하는 과정으로 파악하는 점에서 규범적·처방적 성격이 강한 모형이다. 하향적 접근은 집행과정에 대한 자세한 기술(description)이나 집행과정에서 나타난 문제점의 원인에 대한 인과론적 설명(explanation)보다는 바람직한 집행이 일어날 수 있는 규범적 처방(normative prescription)을 정책결정자에게 제시해 주는 모형이다.

행복노트

하향적 접근 vs 상향적 접근

	하향적 접근	상향적 접근
주요 행위자	상층부	일선 기관
연구전략	결정 → 집행	관료 → 네트워크
민주주의 모형	엘리트 민주주의	참여 민주주의
연구방법	거시·연역	미시·귀납
정책 상황	안정적, 구조화	유동적, 동태적
정책 목표의 수정	낮음	높음
평가기준	공식목표	현장적응성

정답 | ①

09

행정관리에서 조정(coordination)의 원칙에 대한 설명에서 옳지 않은 것은?

① 계층제의 원칙 – 조직은 하나의 피라미드 구조를 형성하여 권위·명령의 권한이 조직하부로 차등적으로 분산되는 구조를 가져야 한다.
② 단일명령의 원칙 – 조직의 어떤 개인도 둘 이상의 상위자로부터 명령을 받지 않는다.
③ 통솔범위의 원칙 – 어떤 상위관리자도 적정 수 이상의 부하직원을 감독하지 않도록 해야 한다.
④ 예외의 원칙 – 상위관리자들은 모든 일상적 활동을 수행하는 하급자와 달리 일상적 방법에 의해 대처할 수 없는 예외적, 비정형적 사안에 전념하여야 한다.

10

직업공무원제를 올바르게 수립하기 위한 요건에 대한 설명으로 잘못된 것은?

① 공직에 대한 높은 사회적 평가가 있어야 한다.
② 공무원 인력충원에 대한 장기적인 계획이 수립되고 운용되어야 한다.
③ 젊은 사람보다는 직무경험이 있는 사람이 채용되도록 하여야 한다.
④ 노력에 대한 보상이 적절해야 하며, 보수가 적절하게 지급되어야 한다.

정답률 25%

① 계층제의 원칙이란 "조직은 하나의 피라미드 구조를 형성하여 권위·명령·통제의 권한이 조직상부로 차등적으로 집중되는 위계구조를 가져야 한다."는 원칙이다.

행복노트

조직의 원리

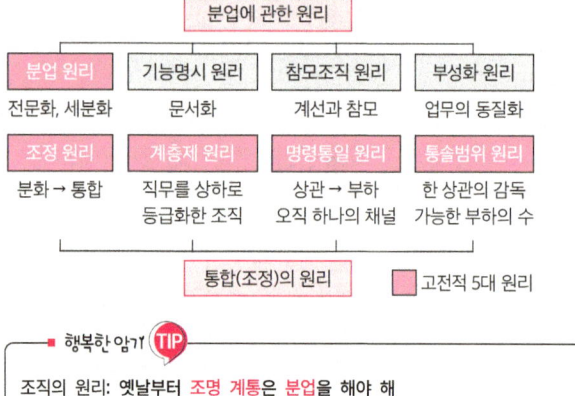

행복한 암기 TIP
조직의 원리: 옛날부터 조명 계통은 분업을 해야 해

정답 | ①

정답률 100%

③ 직업공무원제는 유능하고 젊은 남녀에게 공직의 기회가 부여되어 공직에 근무하는 것을 생애를 바칠 만한 보람 있는 일이라고 생각하게 하는 제도이다.

행복노트

직업 공무원제

의의	젊고 유능한 인재가 공직을 직업으로 선택해 일생동안 성실히 근무하도록 운영하는 인사제도(폐쇄형·계급제로 운영될 때 정착성↑)
방안	• 실적주의 정신의 확립 • 능력발전의 기회부여 • 공직에 대한 사회적 평가의 제고 • 적극적 모집 • 보수 및 연금의 적정화 • 장기적 인력수급계획의 수립

장점	단점
• 행정 통일성·안정성 확보	• 행정의 전문성 저해(폐쇄적 임용)
• 인사행정의 객관성 증진	• 공직취임의 기회제한(연령, 학력)
• 사명감과 단체정신 제고	• 공무원집단 보수화, 대응성 부족
• 잠재능력 중시	• 승진적체 시 직원의 불만 증가
• 고위 공직자 양성에 유리	• 민주통제 곤란(지나친 신분보장)

정답 | ③

11

계획예산(PPBS) 예산의 장점으로 보기 어려운 것은?

① 계획과 예산의 연계적 통합운영이 장점이다.
② 간접비와 공통비 배분의 정확성을 기할 수 있다.
③ 기획과 예산의 복잡한 의사결정을 일원화시킬 수 있다.
④ 부서할거주의 극복에 기여하고 갈등 조정의 효과가 있다.

정답률 50%

② 계획예산(PPBS)은 사업별로 예산이 배분되므로 다른 사업을 지원하는 사업은 독립된 사업요소로 인정되지 않으므로 간접비와 공통비 배분의 정확성을 기할 수 없다.

행복노트

계획 예산(PPBS)

특징
- 장기적 계획과 단기적 예산을 유기적으로 연결
- 체제분석 기법을 활용한 합리적 자원배분 추구
- 전문분석가의 자료를 토대로 결정자가 단독으로 결정

장기계획 (Planning): 장기재정계획 수립, 조직의 목표 설정 (B/C, E/C 분석)

사업계획 (Programing): 사업계획 확정, 장기계획 실행을 위한 구체적 활동, 개방체제적 관점(부서별 ×)

예산배정 (Budgeting): 1회계연도의 실행예산 편성

장점	단점
• 계획과 예산의 연결	• 과도한 경직성 초래
• 조직의 통합적 운영	• 정치적·심리적 요인 경시
• 의사 결정의 일원화, 집권화	• 목표 설정 및 목표 전환 곤란
• 자원배분의 합리화	• 시간과 인력의 낭비
• 정세변화에 대한 적응성	• 환산 작업의 어려움
• 사업부서 간 갈등 조정	

정답 | ②

12

다음 중 직위분류제에 대한 설명으로 틀린 것은?

① 계급제에 비하여 능력발전에 적합하다.
② 신축성이 높아 상호조정과 인적자원의 융통이 가능하다.
③ 신분보장은 계급제보다 미흡하다.
④ 개방형의 인사제도를 확립하는데 적합하다.

정답률 95%

② 신축성이 높아 상호조정과 인적자원의 융통이 가능한 것은 계급제에 대한 설명이다. 직위분류제는 내부적인 인사배치의 신축성이나 융통성이 결여된다.

오답피하기

① 직위분류제는 직무의 종류, 곤란도, 난이도, 책임도 등의 객관적인 직무 중심의 공직 분류방법이다. 이를 기준으로 직류별, 직렬별, 등급별로 공직을 분류하기 때문에 개인의 능력발전에 적합하다.
③ 직위분류제는 개방형을 채택하기 때문에 폐쇄형을 채택하고 있는 계급제에 비해 직업공무원제 확립이나 신분보장이 곤란하다.
④ 개방형은 실적주의에 바탕을 둔 직위분류제 채택국가에서 주로 채택이 된다.

행복노트

직위분류제
- 직무중심의 객관적 분류(직무의 종류, 책임, 난이도에 따른 분류)
- 행정의 전문화 유도, 직무 중심의 인사행정 수행
- 조직계획의 단기적 합리성 확보 가능

장점	단점
• 합리적 인사기준 제시	• 인사배치의 탄력성 약화
• 정원관리 및 훈련수요 파악에 도움	• 횡적 조정의 곤란
• 직무급 보수결정의 합리성	• 직업공무원제 확립 저해
• 역할 갈등 감소	• 행정의 안정성 저해
• 행정의 전문화	• 일반행정가 양성 곤란
• 예산의 효율화	• 제도유지비용
• 정실인사 배제	• 장기적 행정계획 곤란
• 행정에 대한 민주통제에 기여	• 공무원의 다방면적 발전 곤란
• 노동시장의 안정에 기여	• 새로운 직무변화에 대한 신속한 적응 곤란

정답 | ②

13

행정통제 중 내부통제에 해당하는 것만을 모두 고른 것은?

ㄱ. 입법부에 의한 통제 ㄴ. 사법부에 의한 통제
ㄷ. 감사원에 의한 통제 ㄹ. 시민에 의한 통제
ㅁ. 공무원으로서 직업윤리

① ㄱ, ㄴ
② ㄴ, ㄷ
③ ㄷ, ㅁ
④ ㄹ, ㅁ

14

1995년에 완공된 ○○터널은 민간 건설주체의 자본으로 건설하고, 20년간 약정을 맺어 건설원금과 상응 이자를 통행료로 직접 징수한 후에 2015년에 정부에 기부 채납하여 지금은 무료통행을 전환하였는데, 국우 터널의 민간자본 유치 방식은?

① BTL
② BOT
③ BTO
④ BOO

정답률 95%

ㄷ. 감사원에 의한 통제는 내부적 통제이면서 공식적 통제에 해당한다.
ㅁ. 공무원으로서 직업윤리는 내부적 통제이면서 비공식적 통제에 해당한다.

오답피하기

ㄱ. 입법부에 의한 통제는 외부적 통제이면서 공식적 통제에 해당한다.
ㄴ. 사법부에 의한 통제는 외부적 통제이면서 공식적 통제에 해당한다.
ㄹ. 시민에 의한 통제는 외부적 통제이면서 비공식적 통제에 해당한다.

행복노트

행정통제의 의의 및 유형(Gilvert)
- 행정책임 보장을 위한 사전적·사후적 제재 수반
  성과측정 + 시정조치, 통제(대응성)와 자율(능률성)의 조화 필요

공식성 여부		통제자의 위치	
		외부통제	내부통제
	공식	• 입법부 • 사법부 • 헌법재판소 • 옴부즈만 제도	• 계층제 및 인사관리 제도 • 청와대와 국무조정실 • 독립통제기관 • 교차기능조직 • 중앙행정부처(교차기능)
	비공식	• 이익집단 • 시민 • 여론·매스컴·인터넷 • 전문가집단 및 정당	• 공무원 자율적 직업윤리 • 동료집단의 평가와 비판

정답 | ③

정답률 100%

② 완공 이후에 약정기간 동안 통행료를 징수하고 약정만료 시점에 기부채납으로 소유권을 넘겨주는 방식은 BOT방식에 속한다.

행복노트

사회간접자본의 민간투자 계약방식

	BTL	BLT	BTO	BOT	BOO
건설	민간	민간	민간	민간	민간
시설운영 주체	정부	정부	민간	민간	민간
운영기간 동안 소유권	정부	민간	정부	민간	민간
소유권 이전시기	준공 시점	운영 종료 시점	준공 시점	운영 종료 시점	이전 X
운영 형태	정부에 임대	정부에 임대	직업 운영	계약만료후 기부채납	운영권
사업 성격	비수익사업에 적합		투자회수 가능의 수익사업에 적합		—

정답 | ②

15

다음에 제시하고 있는 내용의 정책평가 유형은?

> 정책수단과 정책효과 간의 인과관계를 파악하되 도중에 개입되는 매개변수를 확인함으로써 인과관계의 경로를 확인하는 행위이다.

① 과정평가
② 총괄평가
③ 메타(meta)평가
④ 평가성검토

정답률 95%

① 과정평가는 정책수단과 정책효과 간의 인과관계의 경로를 검증하는 행위로서, 인과관계 과정에 개입되는 매개변수를 확인함으로써, 정책수단이 어떠한 경로를 거쳐서 정책효과를 발생시켰는지 파악하려는 평가이다.

오답피하기

② 총괄평가(summative evaluation)는 정책의 집행 후에 과연 의도했던 정책효과가 발생했는지를 확인/검토하는 것이다.

행복노트

정책 평가의 유형

평가성 사정		평가에 대비한 예비평가
평가 시기	형성평가	도중평가, 집행과정 중 문제점 발견 및 개선, 내·외부평가
	총괄평가	사후평가, 집행 후, 인과관계 파악, 목표달성도, 외부평가
평가 목적	과정평가	─협의의 과정평가: 인과관계 경로의 확인·검증 ─집행 과정 분석: 집행계획의 준수여부
	영향평가 (효과)	정책의 실현이 미친 직·간접 사회적 영향 * 환경영향평가는 정책분석 ○, 정책평가 ×
평가 주체	내부평가	집행기관에 소속된 평가자
	외부평가	집행기관 외부
평가 기법	질적평가	참여관찰법, 심층면접법, 델파이기법, 자연적 평가기법
	양적평가	실험적 기법, 통계분석
메타평가		평가에 대한 평가, 상위평가 평가를 평가해 정책평가의 질 향상, 결과활용 증진
CIPP 평가		Context(맥락), Input(투입), Process(과정), Product(산출) 평가를 제시하고 프로그램의 자원투입이 산출에 도달하는 과정을 설명하고자 함 평가의 목적: 개선(사전·사후평가 모두 적용가능)

정답 | ①

16

비용·편익분석의 특성에 대한 설명으로 가장 거리가 먼 것은?

① 미시경제학적 이론의 응용이며, 개별사업에 관한 정책을 주된 대상으로 한다는 점이 특성이다.
② 비용을 부담하거나 편익을 누릴 사람이 누구인지 확인하기가 용이하다.
③ 정책의 능률성 내지 경제성에 초점을 맞춘 정책분석의 접근방법이다.
④ 특정 정책의 모든 비용과 편익을 장기적 시각에서 분석하는 것이 특징이다.

정답률 52%

② 비용·편익 분석은 비용을 부담하거나 편익을 누릴 사람이 누구인가를 확인하기가 어렵다. 분석결과에 따라 만들어지는 순익의 수치가 누적시킨 것이기 때문이다.

행복노트

비용편익 분석 장·단점

- 목표: 사회후생극대화, 자원배분의 효율성
- 비용: 기회비용, 잠재가격 (완전경쟁적인 가격으로 조정)
- 편익: 소비자 잉여, 비용·편익 모두 화폐가치로 표현 ○

장 점	단 점
• 비용, 편익 모두 화폐가치 • 다양한 분야 상호비교 가능 • 단일정책의 비용, 편익 비교	• 사회적 형평성 기준제시의 곤란 • 공공투자에 낮은 사회적 할인율 적용 시 민간투자 불리 • 잠재가격으로 측정 시 실제가치 왜곡 가능

정답 | ②

17

다양한 정책결정 모형에 대한 설명으로 내용상 틀린 것은?

① 만족모형은 모든 대안을 탐색하지 않고 무작위적이고 순차적인 몇 개의 대안만을 탐색한다.
② 합리모형은 주어진 목표달성을 극대화하기 위하여 최대한 합리적으로 노력한다는 합리적 인간을 전제로 한다.
③ 최적모형은 최적의 정책 선택하기 위해서는 합리성뿐만 아니라 직관, 판단, 창의성과 같은 초합리적 요인 고려를 동시에 해야 한다고 주장한다.
④ 점증모형은 과거 정책의 불합리성과 관계집단간 정치권력의 불균형이 일반적인 사회에서 설명력이 높다.

정답률 66%

④ 점증모형은 정치권력이 분산된 다원주의 사회를 배경으로 기존정책±α를 특성으로하는 모형으로서, 점진적 대안 탐색의 기준이 되는 과거 정책의 합리성과 정치권력의 분산 등을 전제로 삼고 있는 모형이기 때문에, 과거 정책의 불합리성과 관계집단 간 정치권력의 불균형이 일반적인 사회에서는 설명력이 떨어지는 모형이다.

행복노트

정책 결정의 이론 모형(개인적 차원)

합리모형	완전한 합리성, 경제인, 연역적·규범적, 매몰비용 ×, 정치성 ×, 현실성 ×
만족모형	제한된 합리성, 만족대안>최적대안, 행정인, 귀납적·경험적, 보수적
점증모형	정치적 합리성, 다원주의, 귀납적·현실적, 부분적 최적화, 목표 – 수단분석 ×, 이전투구
혼합모형	합리모형(근본) + 점증모형(세부) 변증법적 통합, 제 3의 모형
최적모형	합리성(양) + 초합리성(질), 규범적·처방적, 환류 중시, 정치적 합리성 간과, 유토피아

정답 | ④

18

조세지출예산제도의 문제점으로 보기 어려운 것은?

① 조세지출은 매년 의회의 심의에 의하여 집행되기 때문에 만성적 기득권화를 방지하는데 기여한다.
② 조세지출은 조세특혜의 성격 때문에 특정집단의 이해관계와 관련되어 있다.
③ 과세의 수직적, 수평적 형평을 파악할 수 있기 때문에 세수인상을 위한 정책판단의 자료가 된다.
④ 국가에 대해 조세지출예산서, 지방자치단체에 대해 지방세 지출보고서의 작성을 의무화하고 있다.

정답률 52%

① 조세지출은 매년 의회의 심의에 의하여 집행하는 것이 아니라 법률에 따라 집행되기 때문에 기득권화되는 경직성을 띠게 된다.

행복노트

조세지출예산

의의	조세감면내역을 예산에 반영, 국회가 심의 및 통제 / 행정부의 조세지출을 국회에서 통제
특징	재정부담의 형성성 및 세수인상 유도 조세감면의 범위 조정, 재정규모의 전모 파악 서독에서 1967년 최초 도입 우리나라는 1999년 '조세지출보고서' 작성 의무화 2011년 '조세지출예산서' 작성 지방정부는 2010년 '지방세 지출보고서' 작성 의무화

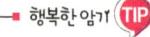 행복한 암기 TIP

조세지출예산제도: 조세호는 어릴 때 서독에서 살았다.

정답 | ①

19

스마트 전자정부(Smart Government) 구현을 위한 전략으로 가장 거리가 먼 것은?

① 정보 공개(open)
② 분업(specialization)
③ 통합(integration)
④ 녹색정보화(green)

20

민원행정에 대한 다음 설명 중 사실과 다른 것은?

① 민원은 신청인이 요구한 것뿐만 아니라 신청하지 않은 다리를 놓거나 쓰레기를 치우는 것, 도로보수 및 공원관리도 포함한다.
② 민원은 주민의 요구는 물론, 사경제주체로서 공공단체나 행정기관이 요구하는 것도 민원에 포함된다.
③ 민원은 국민의 정서에 많은 영향을 끼치기 때문에 정치인들의 관심대상이다.
④ 복합민원은 민원인이 하나의 목적을 실현하고자 할 때, 복수의 기관에 의하여 복수의 인허가 등 처분을 받아야 하는 민원이다.

정답률

② 스마트 전자정부의 비전은 공개(open), 통합(integration), 협업(collaboration), 녹색정보화(green)를 추진전략으로 삼는다. ②는 분업이 아니라 협업(collaboration)이다.

행복노트

유비쿼터스 정부

의미 특징	• 전자정부의 발전된 형태 • 언제 어디서나 중단없이 정보서비스 제공 • 맞춤 정보 제공 • 고객 지향성, 실시간성, 형평성 등의 가치 추구 • 쌍방향 정보제공
목표	5C(컴퓨팅, 커뮤니케이션, 접속, 콘텐츠, 조용함)
	5Any(언제, 어디서나, 어느 기기에 구애받지 않고 경제적이고 편리하게)

스마트 전자정부의 전략

공개 (Open)	민간이 공공정보를 자유롭게 활용·유통할 수 있도록 공공 정보 및 서비스를 공개 및 개방한다.
통합 (Integration)	수요자가 원하는 맞춤형 통합 서비스 제공을 위해 수요자 중심으로 연계하여 통합하고, 스마트폰, 태블릿PC, 스마트 TV 등 다채널 서비스를 제공하고, 다채널 간 상호 호환 및 연계·통합을 추진한다.
협업 (Collaboration)	국민중심의 선제 행정, 맞춤형, 융합행정의 실현을 위해 행정기관 간 협업 및 공유 시스템을 구축한다.
녹색정보화 (Green)	정부가 선도적으로 친환경적 제품을 사용하고, 클라우드 컴퓨팅 등을 통한 IT 시스템의 그린화에 앞장선다.

정답 | ②

정답률 42%

① 「민원처리에 관한 법률」 제2조에는 "민원이라 함은 민원인이 행정기관에 대하여 처분 등 특정한 행위를 요구하는 사항에 관한 것을 말한다."라고 규정함으로써 행정기관에 대하여 처분 등 특정한 행위를 요구하는 사항에 관한 것을 말하는 것이므로 신청하지 않은 서비스는 민원에 포함되지 않기 때문이다.

오답피하기

② 행정기관도 사경제의 주체로는 제기할 수 있기 때문에 민원을 제기하는 주체가 될 수 있다.

민원처리에 관한 법률 제2조 2항
"민원인"이란 행정기관에 민원을 제기하는 개인·법인 또는 단체를 말한다. 다만, 행정기관(사경제의 주체로서 제기하는 경우는 제외한다), 행정기관과 사법(私法)상 계약관계(민원과 직접 관련된 계약관계만 해당한다)에 있는 자, 성명·주소 등이 불명확한 자 등 대통령령으로 정하는 자는 제외한다.

③ 민원행정은 유권자의 지지를 원하는 정치인에 매우 중요한 정치적 관심의 영역이다. 특히 민원인들이 민원처리과정에서 겪은 경험이 행정 전반에 대한 인상이나 정치적 지지를 결정하는 데 중요하게 작용할 수 있기 때문이다.
④ 복합민원은 다수의 관련된 부서로부터 인·허가 처분을 받아야 하는 경우의 민원이다.

정답 | ①

6. 2020 지방직 미러링 2회

01
작은 정부 구현을 위한 감축관리의 방안으로 적합하지 않은 것은?
① 성과주의 예산제도의 도입
② 일몰법의 도입
③ 탈규제화
④ 조직과 정원의 정비

정답률 52%

① 민간의 자율에 맡기는 민영화의 추진이나, 영기준예산제도(ZBB)의 도입 등은 감축관리의 방법으로 고려될 수 있으나, 점증주의 성격의 품목별예산이나 성과주의 예산제도의 도입은 감축관리로 보기 어렵다.

행복노트

예산제도의 흐름과 변천

1920(Taft건의) LIBS(품목별 예산)	통제중심(합법성) 품목: 보도블럭		점증주의
1950(Truman) PBS(성과주의 예산)	관리중심(능률성) 사업: 도로포장사업		점증주의 대안간 우선순위 ×
1965(Johnson) PPBS(계획예산)	기획중심(효과성) 목표: 교통흐름개선		합리주의 환산 곤란, 하향, 참여 ×
1973(Nixon) MBO(목표관리예산)	참여중심 단기적, 상향적		합리주의 ×
1979(Carter) ZBB(영기준예산)	감축중심 계속사업, 신규사업 모두 검토		합리주의
1990년대 NPBS(신성과주의예산)	성과 + 자율 + 책임 국정전반에 연계된 성과관리		신성과주의

정답 | ①

02
매트릭스 조직의 특성과 거리가 먼 것은?
① 빈번한 회의와 갈등 조정 과정으로 인해 많은 시간이 소요된다.
② 이중의 명령체계보다 명령통일의 원리에 따라 조직의 능률성을 높이고자 할 때 필요한 조직이다.
③ 조직이 수행하는 과제가 고도의 불확실성이나 복잡성 및 상호의존성을 띔으로써 고도의 정보처리 능력이 요구될 때 필요한 조직이다.
④ 조직의 통제능력을 넘어설 정도로 인적 자원이나 재정 및 물리적 설비 등의 성장이 커서 규모경제나 자원의 공유 및 융통적 활용이 요구되는 상황에서 적합한 조직이다.

정답률 95%

② 고전적 명령통일의 원리가 배제되고 이중의 명령 및 보고 체계를 가진다.

행복노트

매트릭스 구조 수직적(기능) + 수평적(사업)
이원적, 복합적 권한체계 화학적·입체적 구조, 탄력적 대응

장점
- 신속한 대응성(사업)과 전문성(기능) 통합
- 기존의 인적 자원 유연한 관리
- 불안정하고 급변하는 조직환경 적합
- 구성원은 다양한 경험으로 인한 전문기술 개발 넓은 시야와 목표관 형성

적용 영역
- 조직규모 중간 정도
- 불확실한 환경
- 높은 전문성
- 빠른 혁신성
- 비일상적 기술 사용

단점
- 책임한계 불분명, 책임의식 약함
- 소속의 이중성, 명령통일의 원리 적용 ×
- 기능부서와 사업부서 간 권력균형 ×
- 갈등과 혼란으로 조정 불리
- 잦은 대면과 회의로 신속한 결정 곤란

정답 | ②

03

지방재정 확충을 위하여 자주재원주의를 강조할 경우의 특징이 아닌 것은?

① 세입분권을 확대하는 방향이 되어야 한다는 주장이다.
② 자치단체의 재정 자율성 강화에 초점을 맞추고 있다.
③ 지역간 형평성을 강조하는 입장이다.
④ 국세의 지방이양을 통해 재정이 확충되어야 한다고 주장한다.

정답률 76%

③ 자주재원을 강조할 경우 세원의 지역적(수도권) 편중으로 인해 지역 간 재정격차가 심화되는 문제가 예상된다.

오답피하기

① 자주재원주의는 재정분권 중 지방세나 세외수입 중심의 세입분권이 바람직하다는 접근이다. 국세 대 지방세의 비율은 8:2로서 세입분권 수준은 낮은 편이다.
④ 자주재원주의는 국세의 지방세 이양을 통해 재정을 확충하자는 입장이다.

정답 | ③

04

근무성적평정시에 평정자가 범하기 쉬운 오류를 설명한 것으로 옳지 않은 것은?

① 한 평정요소에 대한 평정자의 판단이 피평정자의 다른 요소의 평정에도 영향을 주는 현상은 고정관념에 의한 오류(stereotyping)이다.
② 평정자가 모든 피평정자에게 대부분 중간 수준의 평정점을 주는 경향은 집중화 경향(central tendency)이다.
③ 우리나라에서 많은 평정자들은 승진에 임박한 선임순위자들을 우대하는 소위 역산제라는 오류를 범하고 있다.
④ 평정결과의 공개는 평정자의 관대화 경향을 초래한다.

정답률 71%

① 평정대상자에 대한 일반적 인상에 의하여 다른 평정요소에 영향을 미치거나, 특정 평정요소에 대한 평정의 결과가 다른 요소에도 영향을 미친다면 그것은 연쇄화 영향(halo effect)이다. 고정관념에 의한 오류(stereotyping)는 일정한 범주를 정해 놓고 해당범주에 속하는 사람은 보나마나 항상 동일한 것으로 잘못 인식(평가)하는 데 따르는 오류이기 때문에 틀렸다.

행복노트

근무성적평정상의 오류

관대화	실제보다 후하게 평정
엄격화	실제보다 지나치게 박하게 평정
집중화	절대 다수를 중간등급에 집중화시켜 평가

연쇄 효과(현혹효과, 후광효과)
한 평정요소의 판단이 다른 요소에도 영향을 미침

논리적 오류	두 평정요소 간의 논리적 상관관계에 의해 유발 (기억력이 높으면 지식이 높다고 평가)
유사성 오류	자기자신과 성향이 유사한 부하에게 후한 점수 부여
상동적 오차	유형화의 착오 (편견, 선입견 / 고정관념에 의한 오차)
근본적 귀속의 착오	타인의 성공 평가 시 상황적 요인↑, 개인적 요인↓ (= 이기적 착오)
피그말리온 효과	자기충족적 예언효과, 예언대로 행동하고 판단
대비오차	다른 평정대상자와 비교함으로써 발생하는 오류

정답 | ①

05

행정이 추구하는 가치에 대한 설명으로 옳은 것을 <보기>에서 모두 고른 것은?

보기
ㄱ. 효과성을 추구하는 과정에서 능률성의 희생이 발생될 수 있다. ㄴ. 민주성은 국민과의 관계뿐만 아니라 정부 관료제 내부의 의사결정 과정의 두 가지 측면에서 논의된다. ㄷ. 절차적 합리성은 목표에 비추어 적합한 행동이 선택되는 정도를 의미한다. ㄹ. 투명성은 정보공개뿐만 아니라 정보에 대한 접근권까지 포함하는 개념이다. ㅁ. 제도적 책임성은 자율적이고 적극적인 행정책임을 의미한다.

① ㄱ, ㄷ, ㅁ
② ㄴ, ㄷ, ㅁ
③ ㄱ, ㄴ, ㄹ
④ ㄴ, ㄷ, ㄹ

06

페로(C.Perrow)의 기술유형 중 과업의 다양성과 문제의 분석 가능성이 모두 낮은 경우에 해당하는 기술은?

① 장인 기술
② 비일상적 기술
③ 공학적 기술
④ 일상적 기술

정답률 85%

ㄱ. 효과성을 추구하는 과정에서 목표달성을 위해서 투입을 많이 증가시키면 능률성의 희생이 발생될 수 있다.
ㄴ. 민주성은 대외적 민주성인 국민과의 관계뿐만 아니라 대내적 민주성인 정부 관료제 내부의 의사결정 과정의 두 가지 측면에서 논의된다.
ㄹ. 투명성은 정보공개뿐만 아니라 정보에 대한 접근권까지 포함하는 개념이다.

오답피하기

ㄷ. 절차적 합리성은 어떤 행위가 의식적인 사유 과정의 산물일 때의 합리성을 말하며, 목표에 비추어 적합한 행동이 선택되는 정도를 의미하는 것은 Simon의 이른바, 내용적(실질적) 합리성이다.
ㅁ. 자율적이고 적극적인 행정책임을 의미하는 것은 자율적 책임성을 말한다. 제도적 책임성은 외부로부터 부과되는 기준에 따라야 할 의무를 말한다.

행복노트

행정의 수단적 가치: 합리성

의의	수단이 목표성취에 부합되는지 여부 (수단의 합목적성)
내용 중심	목표와 대안의 비교 기술적, 도구적, 수단적 합리성
과정(절차) 중심	인간의 인지력과 대안의 비교 (고도의 이성적 사유 과정)

Simon의 합리성
- 기존 가정 — 완전한 합리성: 경제인, 실질적 합리성(결과)
- 실험 결과 — 제한된 합리성: 행정인, 절차적 합리성(과정)

정답 | ③

정답률 71%

① 과업의 다양성과 문제의 분석 가능성이 모두 낮은 경우는 장인기술에 해당한다.

오답피하기

② 비일상적 기술은 과업의 다양성이 높고 문제의 분석가능성이 낮은 경우에 해당한다.
③ 공학적 기술은 과업의 다양성과 문제의 분석가능성이 모두 높은 경우에 해당한다.
④ 일상적 기술은 과업의 다양성이 낮고 문제의 분석가능성이 높은 경우에 해당한다.

행복노트

Perrow 기술유형론: 지식기술 중심의 분류

		과업의 다양성	
		낮음(단순)	높음(복잡)
문제의 분석 가능성	낮음(어려움)	장인기술 (공예, 연주, 도예)	비일상기술 (항공, 우주산업)
	높음(쉬움)	일상기술 (은행창구업무)	공학기술 (회계, 변론)

일상기술 — 공학기술 — 장인기술 — 비일상기술

단순한 기술
기계적 구조 → 복잡한 기술
유기적 구조

행복한 암기 TIP
Perrow 기술유형론_지식기술 중심의 분류: 패는 기술은 일공장비!

정답 | ①

07

자치단체 간 사무배분과 분쟁조정에 대한 잘못된 설명은?

① 같은 광역자치단체안의 기초자치단체간의 분쟁은 시도지사소속의 지방분쟁조정위원회에서 수행한다.
② 기초와 광역자치단체 간 사무 경합이 있을 때에는 광역자치단체 중심으로 조정한다.
③ 중앙정부의 일선행정기관보다는 지방자치단체에 많은 사무배분이 필요하다.
④ 지방자치단체 간 사무배분에는 지역 특수성 고려가 중요하다.

08

정책집행에 대한 상향적·하향적 접근방법에 대한 논의 중 옳지 않은 것은?

① 상향적 접근은 집행자의 재량을 중시한다.
② 지역 간의 집행상의 차이를 파악하는 데에는 상향적 접근이 유리하다.
③ 오늘날 두 가지 접근을 상황적으로 적용하고자 하는 주장도 나타나고 있다.
④ 하향적 접근의 경우 정책집행을 반대하는 입장이나 전략 파악이 용이하다.

정답률 95%

② 보충성의 원칙에 따라 사무배분에는 기초자치단체 중심의 사무배분이 되어야 한다.

오답피하기

① 같은 광역자치단체안의 기초자치단체간의 분쟁은 시도지사소속의 지방분쟁조정위원회에서 다른 광역자치단체간의 분쟁은 행정안전부소속의 중앙분쟁조정위원회에서 수행한다.
③ 종합성의 원칙은 종합적 사무처리가 가능하도록 가급적 국가의 특별지방행정기관보다는 지역종합행정을 수행하는 지방자치단체에 우선적 집중적으로 배분하라는 원칙이다.

행복노트

계층 간 기능배분의 원칙

비경합성 원칙	자치단체간의 사무 처리에서 권한·책임 명확화의 원칙
보충성 원칙	• 소극적 보충성: 기초공동체가 할 수 있는 일을 상급 정부가 관여하지 않기 • 적극적 보충성: 상급정부가 기초공동체가 활동 할 수 있는 조건을 갖출 수 있도록 지원
종합성 원칙	일선기관보다는 종합행정을 수행하는 지방자치단체에 우선적 집중적으로 권한을 배분
경제성 원칙	최소비용으로 최대효과 달성가능한 지방자치단체에 배분
포괄성 원칙	상호 밀접하게 연관된 사무는 뭉쳐서 이양
통일성 원칙	전국적으로 서비스 수준을 일정하게 유지할 필요가 있는 행정사무는 중앙정부가 수행해야 함
차등이양 원칙	각 자치단체의 행·재정능력이나 도농 간 행정수요의 차이, 지역의 특수성, 인구규모 등을 고려하여 이양되는 사무의 종류를 달리해야 함

정답 | ②

정답률 76%

④ 상향식 접근의 경우 정책집행을 반대하는 입장이나 전략 파악이 용이하다.

오답피하기

① 상향적 접근은 집행자의 재량, 하향식은 효과성을 중시한다.
② 상향적 접근은 여러 지역 간의 집행상의 차이를 파악하는 데 용이하다.
③ 두 가지 접근을 통합한 모형으로 Sabatier의 정책지지연합모형, Matland의 정책집행과정모형 등이 있다.

행복노트

하향적 접근 vs 상향적 접근

	하향적 접근	상향적 접근
주요 행위자	상층부	일선 기관
연구전략	결정 → 집행	관료 → 네트워크
민주주의 모형	엘리트 민주주의	참여 민주주의
연구방법	거시·연역	미시·귀납
정책 상황	안정적, 구조화	유동적, 동태적
정책 목표의 수정	낮음	높음
평가기준	공식목표	현장적응성

정답 | ④

09

조직에 관한 원리를 설명한 것 중에서 옳지 않은 것은?

① 계층제의 원리는 직무를 권한과 책임의 정도에 따라 등급화하고 상하계층 간에 지휘와 명령복종 관계를 확립하여 구성원의 귀속감과 참여감을 증진시키는 순기능을 가지고 있다.
② 전문화(분업)의 원리는 업무를 종류와 성질별로 구분하여 구성원에게 가급적 한 가지의 주된 업무를 분담시켜 조직의 능률을 향상시키려는 것이나 업무수행에 대한 흥미 상실과 비인간화라는 역기능을 가지고 있다.
③ 조정의 원리는 공동목적을 달성하기 위하여 구성원의 행동통일을 기하도록 집단적 노력을 질서있게 배열하는 과정이며 전문화에 의한 할거주의, 비협조 등을 해소하는 순기능을 가지고 있다.
④ 통솔범위의 원리는 1인의 상관 또는 감독자가 효과적으로 직접 감독할 수 있는 부하의 수에 관한 원리로서 계층의 수가 많아지면 통솔범위가 축소된다.

정답률 66%

① 계층제의 심화는 일반직원들의 의사결정의 참여를 저해하므로 귀속감이나 참여감을 감소시키는 문제점을 지니게 된다.

행복노트

조직의 원리

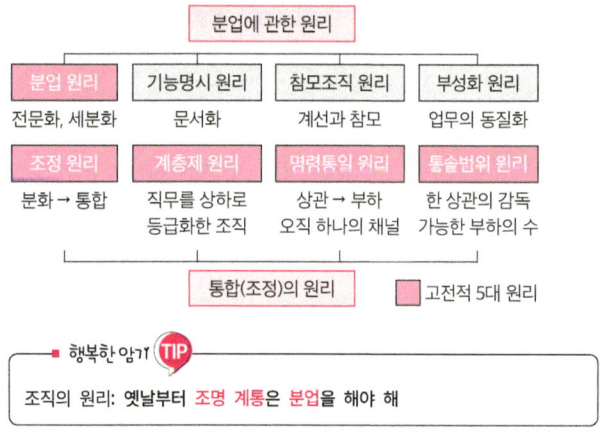

▶ **행복한 암기 TIP**
조직의 원리: 옛날부터 조명 계통은 분업을 해야 해

정답 | ①

10

직업공무원제의 장단점에 대한 설명으로 틀린 것은?

① 공직을 하나의 전문직업 분야로 확립하는데 유리하다.
② 높은 수준의 봉사정신과 행동규범을 유지하는데 도움을 준다.
③ 정책결정 및 행정관리 기능을 담당하는 고위 공무원 양성에는 불리하다.
④ 전문행정가 양성을 저해함으로써 행정의 전문화 요구에 역행한다.

정답률 76%

③ 직업공무원제도는 공무원의 능력발전이 폭넓게 이루어지므로, 정책결정 및 행정관리 기능을 담당하는 고위 공무원의 양성에 유리하다.

오답피하기

① 직업공무원제는 공직에의 장기 근무를 격려하기 때문에 공직을 하나의 전문직업 분야로 확립하는 데 유리하다.

행복노트

직업 공무원제

의의	젊고 유능한 인재가 공직을 직업으로 선택해 일생동안 성실히 근무하도록 운영하는 인사제도(폐쇄형·계급제로 운영될 때 정착성↑)
방안	• 실적주의 정신의 확립 • 능력발전의 기회부여 • 공직에 대한 사회적 평가의 제고 • 적극적 모집 • 보수 및 연금의 적정화 • 장기적 인력수급계획의 수립

장점	단점
• 행정 통일성·안정성 확보	• 행정의 전문성 저해(폐쇄적 임용)
• 인사행정의 객관성 증진	• 공직취임의 기회제한(연령, 학력)
• 사명감과 단체정신 제고	• 공무원집단 보수화, 대응성 부족
• 잠재능력 중시	• 승진적체 시 직원의 불만 증가
• 고위 공직자 양성에 유리	• 민주통제 곤란(지나친 신분보장)

정답 | ③

11

기획예산제도(PPBS)의 특성에 해당하지 않는 것은?

① 장기적인 안목을 중시하며 비용편익분석 등 계량적인 분석기법의 사용을 강조한다.
② 도입 초기부터 행정부에 대한 의회의 통제력을 약화시킨다는 점에서 의회의 반대에 직면했던 제도이다.
③ 장기적 관점에서 다원적 이해관계를 고려하여 기획과 예산을 연결시키는 제도이다.
④ 사업을 계획하고 분석하는 전문가의 힘이 강해지는 반면 경험많은 관료의 영향력은 감소하게 된다.

12

직위분류제의 특성에 가장 부합하는 내용은?

① 넓은 시야의 인재양성이 용이하기 때문에 장기적인 행정계획에 적합하다.
② 직책과 상관없이 신분보장을 하기 때문에 안정감을 갖고 근무할 수 있다.
③ 계급만 같으면 쉽게 인사이동이 가능하기 때문에 인력운영의 탄력성이 높다.
④ 필요한 자격요건과 시험내용이 일치하여 채용시험의 타당성 확보가 쉽다.

정답률 23%

③ 기획예산제도(PPBS)는 중앙집권적 예산제도로서, 다원주의적 정치적 이해관계에 의한 예산제도라기보다는 경제적 합리성을 추구하는 예산제도이다.

행복노트

계획예산(PPBS)

 장기계획(Planning) → 장기재정계획 수립, 조직의 목표 설정 (B/C, E/C 분석)

 사업계획(Programing) → 사업계획 확정, 장기계획 실행을 위한 구체적 활동, 개방체제적 관점(부서별 ×)

예산배정(Budgeting) → 1회계연도의 실행예산 편성

장점	단점
• 계획과 예산의 연결 • 조직의 통합적 운영 • 의사 결정의 일원화, 집권화 • 자원배분의 합리화 • 정세변화에 대한 적응성 • 사업부서 간 갈등 조정	• 과도한 경직성 초래 • 정치적·심리적 요인 경시 • 목표 설정 및 목표 전환 곤란 • 시간과 인력의 낭비 • 환산 작업의 어려움

정답 | ③

정답률 95%

④ 직위분류제는 사람보다 직무중심의 채용이기 때문에 필요한 자격요건과 시험내용이 일치하여 채용시험의 타당성 확보가 용이하다.

오답피하기

①, ②, ③ 계급제의 특성에 부합하는 내용이다.

행복노트

직위분류제
- 직무중심의 객관적 분류(직무의 종류, 책임, 난이도에 따른 분류)
- 행정의 전문화 유도, 직무 중심의 인사행정 수행
- 조직계획의 단기적 합리성 확보 가능

장점	단점
• 합리적 인사기준 제시 • 정원관리 및 훈련수요 파악에 도움 • 직무급 보수결정의 합리성 • 역할 갈등 감소 • 행정의 전문화 • 예산의 효율화 • 정실인사 배제 • 행정에 대한 민주통제에 기여 • 노동시장의 안정에 기여	• 인사배치의 탄력성 약화 • 횡적 조정의 곤란 • 직업공무원제 확립 저해 • 행정의 안정성 저해 • 일반행정가 양성 곤란 • 제도유지비용 • 장기적 행정계획 곤란 • 공무원의 다방면적 발전 곤란 • 새로운 직무변화에 대한 신속한 적응 곤란

실적제 요소와 개방형 인사의 엽관제 요소를 모두 가지고 있음

정답 | ④

13

행정통제 유형 중에서 통제자의 위치가 밖에 있고, 공식적 성격의 통제 유형에 속하는 것은?

① 옴부즈만제도에 의한 통제
② 교차기능조직에 의한 통제
③ 상급기관의 지휘감독에 의한 통제
④ 감사원과 국민권익위원회에 의한 통제

정답률 80%

① 외부통제이고 공식적 통제에 속하는 것은 옴부즈만제도이다. 옴부즈맨은 국회소속의 행정감찰관에 의한 통제이기 때문에 외부, 공식적 통제 유형에 속한다.

오답피하기

② 교차기능조직에 의한 통제는 내부통제이면서 공식적 통제에 해당한다.
③ 상급기관의 지휘감독에 의한 통제는 내부통제이면서 공식적 통제에 해당한다.
④ 감사원과 국민권익위원회에 의한 통제는 내부통제이면서 공식적 통제에 해당한다.

행복노트

행정통제의 의의 및 유형(Gilvert)
- 행정책임 보장을 위한 사전적·사후적 제재 수반
- 성과측정 + 시정조치, 통제(대응성)와 자율(능률성)의 조화 필요

		통제자의 위치	
		외부통제	내부통제
공식성 여부	공식	• 입법부 • 사법부 • 헌법재판소 • 옴부즈만 제도	• 계층제 및 인사관리 제도 • 청와대와 국무조정실 • 독립통제기관 • 교차기능조직 • 중앙행정부처(교차기능)
	비공식	• 이익집단 • 시민 • 여론·매스컴·인터넷 • 전문가집단 및 정당	• 공무원 자율적 직업윤리 • 동료집단의 평가와 비판

정답 | ①

14

사회간접자본에 대한 '민간투자 유치제도'를 설명하는 내용으로 옳은 것은?

① BTO는 최종 수요자에게 사용료를 부가하여 투자비의 회수가 어려운 시설에 적용된다.
② BLT는 민간의 투자 자금으로 건설한 공공시설을 정부가 사업운영하며 민간에 임대료를 지불하는 방식으로, 운영종료 시점에 정부가 소유권을 이전 받게 된다.
③ BTL은 민간의 투자 자금으로 사회간접자본을 건설하여 소유권을 민간에서 보유한 채로 민간이 사업을 운영하는 방식이다.
④ BOT는 민간이 공공시설을 건설하여 소유권을 정부에 이전한 후 민간이 사업을 운영하는 방식이다.

정답률 100%

② BLT는 민간의 투자 자금으로 건설한 공공시설을 정부가 사업운영하며 민간에 임대료를 지불하는 방식으로, 운영종료 시점에 정부가 소유권을 이전 받게 된다.

오답피하기

① 투자비의 회수가 어려운 시설에 적용되는 것은 BLT, BTL이다.
③ 민간의 투자 자금으로 사회간접자본을 건설하여 소유권을 민간에서 보유한 채로 민간이 사업을 운영하는 방식은 BOO이다.
④ BTO가 민간이 공공시설을 건설하여 소유권을 정부에 이전한 후 민간이 사업을 운영하는 방식이다.

행복노트

사회간접자본의 민간투자 계약방식

	BTL	BLT	BTO	BOT	BOO
건설	민간	민간	민간	민간	민간
시설운영 주체	정부	정부	민간	민간	민간
운영기간 동안 소유권	정부	민간	정부	민간	민간
소유권 이전시기	준공 시점	운영 종료 시점	준공 시점	운영 종료 시점	이전 X
운영 형태	정부에 임대	정부에 임대	직업 운영	계약만료후 기부채납	운영권
사업 성격	비수익사업에 적합		투자회수 가능의 수익사업에 적합		-

정답 | ②

15

쌀 가격 안정 사업모형에 대한 정책평가의 유형 중 연결이 옳지 않은 것은?

① 형성평가: 사업목표인 쌀 가격 안정의 달성 평가
② 좁은 의미의 과정평가: 정부미 방출 → 쌀 공급 증가 → 쌀 가격 안정으로 이어지는 인과관계의 검증
③ 집행분석: 여러 정책대안들의 투입 및 활동의 실현 여부와 중간목표 등의 성과의 점검.
④ 평가성 검토: 쌀 가격 안정 사업의 범위 확정

정답률 61%

① 사업목표인 쌀 가격 안정의 달성 평가는 정책이 집행된 후에 그 정책이 과연 당초에 의도하였던 효과(쌀 가격 안정)를 어느 정도 달성하였는지를 인과관계 측면에서 효과성을 평가하는 것이므로 그것은 형성평가가 아니라 총괄평가이기 때문에 옳지 않다.

오답피하기

④ 평가성 검토는 전면적 평가 이전에 사전적 예비평가로서 쌀 가격 안정 사업의 범위 확정과 관련이 깊다.

행복노트

정책 평가의 유형

평가성 사정		평가에 대비한 예비평가
평가 시기	형성평가	도중평가, 집행과정 중 문제점 발견 및 개선, 내·외부평가
	총괄평가	사후평가, 집행 후, 인과관계 파악, 목표달성도, 외부평가
평가 목적	과정평가	협의의 과정평가: 인과관계 경로의 확인·검증 집행 과정 분석: 집행계획의 준수여부
	영향평가 (효과)	정책의 실현이 미친 직·간접 사회적 영향 * 환경영향평가는 정책분석 ○, 정책평가 ×
평가 주체	내부평가	집행기관에 소속된 평가자
	외부평가	집행기관 외부
평가 기법	질적평가	참여관찰법, 심층면접법, 델파이기법, 자연적 평가기법
	양적평가	실험적 기법, 통계분석
메타평가		평가에 대한 평가, 상위평가 평가를 평가해 정책평가의 질 향상, 결과활용 증진
CIPP 평가		Context(맥락), Input(투입), Process(과정), Product(산출) 평가를 제시하고 프로그램의 자원투입이 산출에 도달하는 과정을 설명하고자 함 평가의 목적: 개선(사전·사후평가 모두 적용가능)

정답 | ①

16

비용편익분석방법에 대한 설명으로 옳지 않은 것은?

① 편익과 관계되는 소비자 잉여는 지불할 용의가 있는 가격과 실제 지불한 가격을 뺀 값이다.
② 할인율(r)이 높거나 할인기간(t)이 길어질수록 현재가치가 높아지므로 사업의 타당성은 높아지게 된다.
③ 총비용 40억 원이고, 1년 후의 예상총편익이 60억 원이라면, 내부수익률은 50%이다.
④ 순현재가치가 0보다 크거나 편익비용비가 1이상이면 일단 경제성이 있다고 본다.

정답률 85%

② 할인율(r)이 높거나 할인기간(t)이 길어질수록 현재가치가 낮아지므로 사업의 타당성은 낮아지게 된다.

오답피하기

① 편익과 관계되는 소비자 잉여는 지불할 용의가 있는 가격과 실제 지불한 가격을 뺀 값이다.
③ 내부수익률법(IRR; Internal Rate of Return)은 IRR은 "NPV = 0나 B = C 혹은 B/C = 1"으로 만드는 할인율로 구할 수 있다. "그 Project에 투자한 원금(비용)에 대하여 매년 몇 %의 이자를 되돌려 주는 셈이 되는가?"의 의미이다. 40(1 + r) = 60에서 r = 0.5, 즉 50%의 내부수익률이 된다.

행복노트

비용편익분석의 평가기준

순현재가치 (NPV)	B - C > 0일 때 타당성 높음(칼도 - 힉스기준) 가장 널리 이용, 대규모사업 유리 규모 상이 시 적용 곤란
편익비용비 (B/C비율)	B/C > 1 일 때 타당성 높음 보조적 사용, 사업의 규모 파악 곤란 사업의 부작용 있을시 수익률 달라짐
내부수익률 (IRR)	B - C = 0, B/C = 1이 되도록 하는 할인율 할인율을 몰라도 사업대안간 평가 가능 사업기간 상이시 적용 곤란
자본회수기간 (PBR)	투자비용을 회수하는데 소요되는 시간 기간이 짧을수록 유리한 사업

정답 | ②

17

정책결정모형에 대한 설명으로 옳은 것은?

① 쓰레기통모형은 의사결정을 위해서는 문제, 해결책, 참여자의 세 가지 요소가 필요하다고 본다.
② 만족모형은 의사결정자들이 만족할 만하고 괜찮은 해결책을 얻기 위해 몇 개의 대안만을 병렬적으로 탐색한다고 본다.
③ 앨리슨(Allison) 모형II는 긴밀하게 연결된 하위 조직체들이 표준운영절차를 통해 상호의존적인 의사결정을 한다고 본다.
④ 최적모형에 따르면 정책결정과 관련해 위험최소화전략 대신 혁신전략을 취하는 것은 상위정책결정(meta-policy making)에 해당한다.

18

조세지출예산에 대한 설명으로 틀린 것은?

① 항목 간 전용을 용이하게 해주는 운영예산 제도이다.
② 조세지출 정보가 공개되면 재정부담의 형평성에 기여한다.
③ 조세감면의 통제가 가능하여 국고수입을 증대시킬 수 있다.
④ 미국보다 독일에서 먼저 시작되었다.

정답률 76%

④ 최적모형에 따르면 정책결정과 관련해 위험최소화전략 대신 혁신전략을 취하는 것은 상위정책결정(meta-policy making)에 해당하고 초합리성을 활용할 가능성이 크다.

오답피하기

① 쓰레기통모형은 문제, 해결책, 선택기회, 참여자의 4가지 요소가 우연히 만나서 뜻밖의 결정이 된다는 설명이므로 옳지 않다.
② 만족모형은 대충 만족할만한 해결책을 얻기 위해 노력하는 것은 틀림이 없으나, 대안 탐색은 무작위적(random)이며 순차적(sequential)으로 이루어지기 때문에 옳지 않다.
③ Allison Model II(조직과정모형)은 조직자체를 (긴밀하게 연결된 하위 조직체로 보지 않고) 서로 다른 목표들을 지닌 준독립적 하위조직들이 느슨하게 연결된 연합체라고 가정하며, 조직은 장기계획을 회피하고 복잡한 상황을 단순하게 하는 표준운영절차(SOP)를 통해 의사결정을 한다고 본다.

행복노트

최적 모형(Y. Dror)

합리성 + 초합리성 — 직관적 판단(경험 & 통찰력)으로 보완

초정책 결정단계 → 정책 결정단계 → 후정책 결정단계

정책결정을 위한 정책결정
상위정책 결정
(meta-policy making)

정책집행에 대한 동기부여
정책집행, 정책평가
커뮤니케이션 및 환류

특징
- 정책결정체제의 성과를 최적화하려는 질적모형
- 합리모형의 비현실성과 점증모형의 보수성을 모두 경계
- 계량적 분석만이 아니라 직관적 판단에 의한 결정도 중시
- 합리성과 초합리성 중시하면서 혁신적 정책전환 모색

정답 | ④

정답률 66%

① 조세지출은 정부가 받아야 할 세금을 비과세, 감면, 공제 등의 세제 혜택을 통해 받지 않고 포기한 액수를 말한다. 조세지출의 내용과 규모를 주기적으로 공표하여 조세지출을 관리통제하는 제도이므로, 불공정한 조세지출의 폐지에 기여하고, 세수 인상을 위한 정책자료가 될 수 있기 때문에 국고수입을 증대하는데 기여한다. 항목 간 전용을 용이하게 해주는 운영예산 제도는 지출통제예산에 대한 설명이다.

행복노트

조세지출예산

의의
- 조세감면내역을 예산에 반영, 국회가 심의 및 통제
- 행정부의 조세지출을 국회에서 통제

특징
- 재정부담의 형평성 및 세수인상 유도
- 조세감면의 범위 조정, 재정규모의 전모 파악
- 서독에서 1967년 최초 도입
- 우리나라는 1999년 '조세지출보고서' 작성 의무화
- 2011년 '조세지출예산서' 작성
- 지방정부는 2010년 '지방세 지출보고서' 작성 의무화

행복한 암기 TIP
조세지출예산제도: 조세호는 어릴 때 서독에서 살았다.

정답 | ①

19

스마트 사회의 전자정부의 특성으로 거리가 먼 것은?

① 중개기관을 통한 접속에서 개인별 정부서비스 창구로 전환된다.
② 개인중심에서 시민중심의 서비스 방식으로 전환된다.
③ 프로세스 통합에서 서비스 통합 방식으로 전환된다.
④ 양방향 정보제공에서 개인별 맞춤정보 제공으로 전환된다.

정답률 80%

② 정부중심(government 1.0) → 시민중심(government 2.0) → 개인중심(government 3.0)으로 전환되므로 시민중심의 서비스 방식에서 개인중심의 서비스 방식으로 전환된다.

행복노트

유비쿼터스 정부

의미 특징	• 전자정부의 발전된 형태 • 언제 어디서나 중단없이 정보서비스 제공 • 맞춤 정보 제공 • 고객 지향성, 실시간성, 형평성 등의 가치 추구 • 쌍방향 정보제공
목표	5C(컴퓨팅, 커뮤니케이션, 접속, 콘텐츠, 조용함) 5Any(언제, 어디서나, 어느 기기에 구애받지 않고 경제적이고 편리하게)

정답 | ②

20

민원에 대한 설명으로서 사실의 내용과 다른 것은?

① 민원인이라 함은 행정기관에 대하여 처분 등 특정한 행위를 요구하는 개인·법인 또는 단체를 말한다.
② 민원이란 민원인이 행정기관에 대하여 처분 등 특정한 행위를 요구하는 사항에 관한 것을 말한다.
③ 민원이란 신청, 신고, 확인 및 증명서 신청, 설명이나 해석의 요구, 건의, 해결요구 등으로 행정기관에 대하여 특정한 행위를 요구하는 사항을 말한다.
④ 공공단체나 행정기관과 사법상의 계약관계에 있는 자가 행정기관에 특정한 행위를 요구하는 것은 민원에 해당한다.

정답률 70%

④ 공공단체나 행정기관과 사법상의 계약관계에 있는 자가 행정기관에 특정한 행위를 요구하는 것은 민원이 될 수 없다.

민원처리에 관한 법률 제2조 2항

"민원인"이란 행정기관에 민원을 제기하는 개인·법인 또는 단체를 말한다. 다만, 행정기관(사경제의 주체로서 제기하는 경우는 제외한다), 행정기관과 사법(私法)상 계약관계(민원과 직접 관련된 계약관계만 해당한다)에 있는 자, 성명·주소 등이 불명확한 자 등 대통령령으로 정하는 자는 제외한다.

오답피하기

민원처리에 관한 법률 제2조 1항

1. "민원"이란 민원인이 행정기관에 대하여 처분 등 특정한 행위를 요구하는 것을 말하며, 그 종류는 다음 각 목과 같다.
   가. 일반민원
      1) 법정민원: 법령·훈령·예규·고시·자치법규 등에서 정한 일정 요건에 따라 인가·허가·승인·특허·면허 등을 신청하거나 장부·대장 등에 등록·등재를 신청 또는 신고하거나 특정한 사실 또는 법률관계에 관한 확인 또는 증명을 신청하는 민원
      2) 질의민원: 법령·제도·절차 등 행정업무에 관하여 행정기관의 설명이나 해석을 요구하는 민원
      3) 건의민원: 행정제도 및 운영의 개선을 요구하는 민원
      4) 기타 민원
   나. 고충민원: 「부패방지 및 국민권익위원회의 설치와 운영에 관한 법률」 제2조제5호에 따른 고충민원

정답 | ④

7 2021 지방직 기출

지방직 기출 미러링 모의고사   문제 p.34
제한시간 /13분
나의점수 /100점

01 □□□

정치·행정 일원론에 대한 설명으로 옳은 것은?
① 행정국가의 등장과 연관성이 깊다.
② 윌슨(Wilson)의 「행정연구」가 공헌하였다.
③ 정치는 의사결정의 영역이고, 행정은 결정된 내용을 집행한다고 보았다.
④ 행정은 경영과 비슷해야 하며, 행정이 지향하는 가치로 절약과 능률을 강조하였다.

02 □□□

신공공관리론에서 지향하는 '기업가적 정부'의 특성에 해당하지 않는 것은?
① 경쟁적 정부
② 노젓기 정부
③ 성과 지향적 정부
④ 미래 대비형 정부

정답률 80%
① 정치·행정 일원론은 1929년 경제대공황 이후 수정자본주의 시절의 행정국가가 등장과 함께 강조되었다.

오답피하기
② 윌슨(Wilson)은 「행정연구」에서 행정은 관리라는 정치·행정 이원론을 강조하였다.
③ 정치는 의사결정의 영역이고, 행정은 결정된 내용을 집행한다고 보는 것은 정치·행정 이원론에 해당한다.
④ 행정은 경영과 비슷해야 하며, 행정이 지향하는 가치로 절약과 능률을 강조한 것은 정치·행정 이원론에 해당한다.

행복노트
행정의 이념

```
              정치              경영
           결정              관리(집행)
           공익              능률
           가치              가치중립
          (value)   행정       (fact)

        정치행정 일원론        정치행정 이원론
        공사행정 이원론        공사행정 일원론
      Dimock, Appleby, Sayre…   Wilson, Gulick, Goodnow…
```

정답 | ①

정답률 82%
② 노젓기 정부는 전통적 관료제의 특성에 해당한다.

오답피하기
① 경쟁적 정부는 신공공관리론의 특성에 해당한다.
③ 성과 지향적 정부는 신공공관리론의 특성에 해당한다.
④ 미래 대비형 정부는 신공공관리론의 특성에 해당한다.

행복노트
신공공관리론(NPM)
신공공관리론(NPM)
- 정부실패를 극복하기 위한 정부개혁론(1980's)
- 신보수주의, 신자유주의 바탕
- 시장주의 → 작은정부
- 신관리주의 → 기업가적 정부(성과중시)
- 행정 → 경영 · 관리
- 생산성(효율성) 강조

축소 → 정부

한계
- 민간부문 관리기법 적용의 한계: 공공부문≠민간부문
- 정부관료제 효율성 저하: 민주적 책임성 vs 기업가적 재량권
- 국민을 고객으로 전락: 주체가 아닌 객체로서의 고객
- 정책 조정 능력 약화: 방향잡기에만 주력
- 사회적 형평성 약화: 수익자 부담의 원칙, 절약과 능률 강조
- 직업 공무원제 약화: 공무원의 사기 저하

정답 | ②

03

공직 분류 체계에 대한 설명으로 옳은 것은?

① 소방 공무원은 특수경력직 공무원에 해당한다.
② 국회 수석전문위원은 일반직 공무원에 해당한다.
③ 차관에서 3급 공무원까지는 특정직 공무원에 해당한다.
④ 경력직 공무원은 실적과 자격에 의해 임용되고 신분이 보장된다.

정답률 71%

④ 경력직 공무원은 실적과 자격에 의해 임용되고 신분이 보장되는 실적주의와 직업공무원제가 적용되는 공무원이다.

오답피하기

① 소방 공무원은 특정직 공무원에 해당한다.
② 국회 수석전문위원은 별정직 공무원에 해당한다.
③ 차관급 이상 공무원은 정무직 공무원에 해당한다.

정답 | ④

04

예산제도에 대한 설명으로 옳지 않은 것은?

① 품목별 예산제도는 행정부의 재량권을 확대하기 위해 도입되었다.
② 성과주의 예산제도에서는 사업의 단위원가를 기초로 예산을 편성한다.
③ 계획예산제도에서는 장기적인 기획과 단기적인 예산편성을 연계하여 합리적 예산 배분을 시도한다.
④ 영기준 예산제도는 예산을 편성할 때 전년도 예산에 구애받지 않는다.

정답률 78%

① 품목별 예산제도는 행정부의 재량을 제한하고 의회의 권한을 강화하는 통제지향적 예산제도이다.

오답피하기

② 성과주의 예산제도에서는 예산을 사업별 활동별로 편성하고 사업의 단위원가를 기초로 원가의 양으로 예산을 편성한다.
③ 계획예산제도에서는 장기적인 기획과 단기적인 예산편성을 체계적으로 연계하여 합리적 예산 배분을 시도한다.
④ 영기준 예산제도는 예산을 편성할 때 계속사업과 신규사업 모두 영점에서 분석하여 전년도 예산에 구애받지 않는다.

행복노트

품목별 예산(LIBS)

특징 ─ 재정통제를 통한 재정민주주의 구현, 입법부 중심
    └ 지출 품목에 따라 편성하는 투입 중심의 예산

 상향식 예산과정 인건비 물건비 → 품목, 항목은 투입 중심 산출

장점	단점
• 회계책임과 예산통제 용이	• 예산 운영의 경직성
• 의회의 예산심의 용이	• 자원배분의 비효율성
• 자원 배분상 갈등 축소	• 성과 불분명
• 인사행정의 유용한 정보 제공	• 추진 사업현황과 우선순위 파악 곤란
• 이익집단의 저항 회피	• 장기계획 수립 곤란

정답 | ①

05

특별회계 예산과 기금에 대한 설명으로 옳지 않은 것은?
① 기금은 특정 수입과 지출의 연계가 강하다.
② 특별회계 예산은 세입과 세출이라는 운영 체계를 지닌다.
③ 특별회계 예산은 합목적성 차원에서 기금보다 자율성과 탄력성이 강하다.
④ 특별회계 예산과 기금은 모두 결산서를 국회에 제출하여야 한다.

정답률 70%

③ 특별회계 예산은 합목적성 차원에서 기금보다 <u>자율성과 탄력성이 약하다.</u>

행복노트

세입·세출의 성질에 따른 구분: 일반회계와 특별회계

일반적인 세입(조세)으로 일반적인 지출을 담당하는 회계 — 일반회계 / 예산

특정한 세입으로 특정한 목적의 세출을 충당하는 회계 — 특별회계

- 기업특별회계: 우편사업, 양곡관리, 조달, 우체국예금, 책임운영기관
- 기타특별회계: 광역지역발전, 교도작업, 교통시설, 국방·군사시설이전, 우체국보험, 주한미군기지이전, 행복도시이전……

예산에서 특별회계가 많을수록 경직성 초래하지만 특별회계는 집행의 재량성은 큼

특별회계 종류
- 특정한 사업 운영: 우편, 우체국예금, 조달, 양곡 + 책임운영기관
- 특정한 자금을 보유하고 운용
- 특정세입으로 특정세출 충당

특별회계 특징
- 조세외의 별도의 수입이 재원
- 국회의 심의를 받음
- 정부기업예산법이나 개별법 적용
- 재정운용의 자율성 하지만 재정팽창의 수단이 됨

정답 | ③

06

지방재정에 대한 설명으로 옳지 않은 것은?
① 재정자립도는 일반회계 세입 중 지방세와 세외수입이 차지하는 비중을 말한다.
② 국고보조금은 지방재정운영의 자율성을 제고한다.
③ 지방교부세는 지역 간의 재정 불균형을 시정하기 위한 제도이다.
④ 지방자치단체는 재해예방 및 복구사업에 경비를 조달하기 위해서 지방채를 발행할 수 있다.

정답률 80%

② 국고보조금은 국가가 시책상 또는 자치단체 사정상 교부하는 자금으로서 <u>특정재원</u>이므로 지방재정운영의 자율성을 저해한다.

오답피하기

① 재정자립도는 <u>일반회계 세입 중 자주재원(지방세와 세외수입)</u>이 차지하는 비중을 말한다.
③ 지방교부세는 <u>지역 간의 재정 불균형을 시정하기 위한 제도</u>로서 일반재원, 무상재원, 수직·수평적 조정재원이다.
④ 지방자치단체는 <u>재해예방 및 복구사업에 경비를 조달하기 위해서 지방채를 발행할 수 있다.</u>

행복노트

국고보조금과 지방교부세의 비교

구분	국고보조금	지방교부세
근거	보조금관리에 관한법률	지방교부세법
재원	일반회계, 특별회계	내국세 19.24% + 담배부과 개별소비세 45% + 종합 부동산세 전액 + 정산액
성격	수직적	수평적 + 수직적
배분방식	국가목적의 우선순위	자치단체의 재정부족액 기준
주무부처	기획재정부	행정안전부
기능	자원배분의 효율화	재정의 형평화
지방부담	있음(정률보조)	없음(정액보조)

정답 | ②

07

변혁적(transformational) 리더십에 대한 설명으로 옳은 것은?

① 적응보다 조직의 안정을 강조한다.
② 기계적 조직체계에 적합하며, 개인적 배려는 하지 않는다.
③ 부하에게 새로운 비전을 제시하며, 지적 자극을 통한 동기부여를 강조한다.
④ 리더와 부하의 관계를 경제적 교환관계로 인식하고, 보상에 관심을 둔다.

08

조직이론에 대한 설명으로 옳은 것은?

① 인간관계론은 동기 유발 기제로 사회심리적 측면을 강조한다.
② 귤릭(Gulick)은 시간 – 동작 연구를 통해 과학적 관리론을 주장하였다.
③ 고전적 조직이론은 조직 내 사회적 능률을 강조하고, 조직 속의 인간을 자아실현인으로 간주한다.
④ 상황이론(contingency theory)은 모든 상황에서 적용되는 유일·최선의 조직구조를 찾는다.

정답률 92%

③ 변혁적 리더십은 부하에게 새로운 비전을 제시하며, 지적 자극을 통한 동기부여를 강조한다.

오답피하기

① 변혁적 리더십은 조직의 안정보다는 변화지향적이로 변화에 적응을 강조한다.
② 변혁적 리더십은 유기적 조직체계에 적합하며, 개인적 배려를 특징으로 한다.
④ 리더와 부하의 관계를 경제적 교환관계로 인식하고, 보상에 관심을 두는 것은 교환적 리더십의 특성이다.

행복노트

리더십이론 – 신속성론: **변혁적 리더십의 특징**

| 의의 | 1980년대 경제 불황기에 혁신과 변동을 위해 리더의 개인적 영향력의 비중을 높이 평가함(Burns, Bass) |

구성요소

- 카리스마 리더십 — 난관극복 리더십, 부하에게 자긍심 고취
- 영감적 리더십 — 도전적 목표와 임무, 미래에 대한 비전
- 개별적 배려 — 부하에 대한, 개인적 배려, 존중
- 지적 자극 — 새로운 관념 촉발

행복한 암기 TIP

리더십이론 – 신속성론 / 변혁적 리더십의 특징:
카~영지 개 변혁

정답 | ③

정답률 84%

① 인간관계론은 신고전이론으로서 동기 유발 기제로 사회심리적 측면을 강조한다.

오답피하기

② 테일러가 시간 – 동작 연구를 통해 과학적 관리론을 주장하였다.
③ 고전적 조직이론인 과학적 관리론이 아니라 신고전이론인 인간관계론에서 조직 내 사회적 능률을 강조하고, 조직 속의 인간을 자아실현인으로 간주한다.
④ 상황이론(contingency theory)은 모든 상황에서 적용되는 유일·최선의 조직구조는 존재하지 않는다고 본다.

행복노트

조직론의 발달(D.Waldo 조직이론 유형)

	고전이론	신고전이론	현대이론
이론	과학적 관리론	인간 관계론	상황이론
인간관	X인간(합리적)	Y인간(사회적)	복잡한 인간
환경	폐쇄체제	폐쇄체제	개방체제
가치	기계적 능률성	사회적 능률성	다원적 가치
변수	구조/과업	인간	환경
구조	공식 구조	비공식 구조	유기적 구조

정답 | ①

09

균형성과표(BSC)에 대한 설명으로 옳지 않은 것은?

① 조직의 장기적 전략 목표와 단기적 활동을 연결할 수 있게 한다.
② 재무적 성과지표와 비재무적 성과지표를 통한 균형적인 성과관리 도구라고 할 수 있다.
③ 재무적 정보 외에 고객, 내부 절차, 학습과 성장 등 조직 운영에 필요한 관점을 추가한 것이다.
④ 고객 관점에서의 성과지표는 시민참여, 적법절차, 내부 직원의 만족도, 정책 순응도, 공개 등이 있다.

10

정책옹호연합모형(advocacy coalition framework)에 대한 설명으로 옳지 않은 것은?

① 외적인 환경변수를 정책 과정과 연계함으로써 정책변동을 설명한다.
② 정책학습을 통해 행위자들의 기저 핵심 신념(deep core beliefs)을 쉽게 변화시킬 수 있다.
③ 옹호연합 사이에서 정치적 갈등 발생 시 정책중개자가 이를 조정할 수 있다.
④ 옹호연합은 그들의 신념 체계가 정부 정책에 관철되도록 여론, 정보, 인적자원 등을 동원한다.

정답률 69%

② 정책학습을 통해 행위자들의 기저 핵심 신념(deep core beliefs)을 쉽게 변화시킬 수 없고 장기간이 필요하다.

오답피하기

① 외적인 환경변수를 정책 과정과 연계함으로써 정책변동을 설명한다.
③ 옹호연합 사이에서 정치적 갈등 발생 시 정책중개자가 이를 조정할 수 있고 그 역할이 중시된다.
④ 옹호연합은 그들의 신념 체계가 정부 정책에 관철되도록 여론, 정보, 인적자원 등을 동원한다.

행복노트

Sabatier 통합모형(정책지지연합모형)

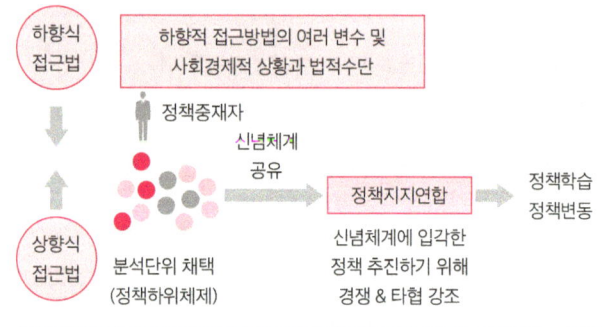

- 정책지지연합모형: 정책은 장기간에 걸쳐 점진적으로 변동
- 정책패러다임모형(Hall): 정책의 근본적 패러다임 급격히 변동 가능

정답 | ②

정답률 83%

④ 시민참여, 적법절차는 내부과정 관점에 해당하고, 내부 직원의 만족도는 학습과 성장관점, 정책 순응도, 공개는 고객관점에 해당한다.

행복노트

BSC(균형성과 관리)

과거 + 현재 + 미래, 결과 + 과정, 대내 + 대외, 선행 + 후행
하향적, 연역적, 계서적, 거시적, 고객중심적 관리

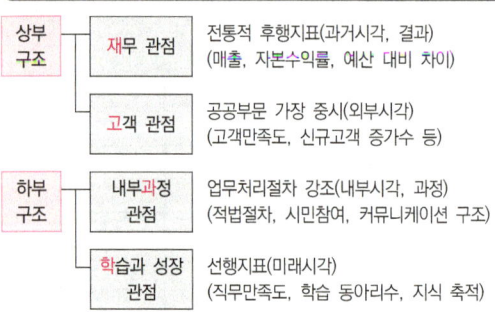

정답 | ④

11

엽관주의와 실적주의에 대한 설명으로 옳은 것은?
① 엽관주의는 개인의 능력, 적성, 기술을 공직 임용 기준으로 한다.
② 엽관주의는 정치지도자의 국정 지도력을 약화한다.
③ 실적주의는 국민에 대한 관료의 대응성을 높인다.
④ 실적주의는 공직 임용에 대한 기회의 균등을 보장한다.

12

고위공무원단제도에 대한 설명으로 옳지 않은 것은?
① 역량 중심의 인사관리
② 계급 중심의 인사관리
③ 성과와 책임 중심의 인사관리
④ 개방과 경쟁 중심의 인사관리

정답률 82%

④ 실적주의는 개인의 능력, 자격 및 성적을 기준으로 운영되므로 공직 임용에 대한 기회의 균등을 보장한다.

오답피하기

① 실적주의는 개인의 능력, 적성, 기술을 공직 임용 기준으로 한다.
② 엽관주의는 정치지도자의 국정 지도력을 강화한다.
③ 엽관주의는 국민에 대한 관료의 대응성을 높인다.

행복노트

엽관주의

- 의의
  - 관직의 전리품화(전리품은 승자에게)
  - 실적능력 < 정치적 충성도와 공헌도
  - 정권교체, 공무원 교체 임용

- 비교
  - 엽관주의(미국): 당파성, 정치적 요인
  - 정실주의(영국): 귀속적 요인(학벌·혈연 등)

실적주의

- 의의
  - 개인의 능력, 자격 및 성적을 기준으로 운영
  - 정당의 예속 탈피, 국민을 위한 봉사자로 전환
  - 공직임용에 대한 기회균등
  - 정치적 중립, 신분보장

- 발생요인
  - 추밀원령(영국): 직업공무원제바탕, 인사위, 사람중심
  - 팬들턴법(미국): 능력중심의 임용, 인사위, 직무중심

- 추밀원령
  - 1차(1855년): 정실제 + 실적제(부분적), 인사위 설치
  - 2차(1870년): 임명: 공채, 시험 : 계급별 실시

- 팬들턴법
  - 초당파성의 독립기관으로 중앙 인사위 설치
  - 공채, 신분보장, 정치적 중립, 제대군인에 대한 특혜

정답 | ④

정답률 86%

② 고위공무원단은 계급 중심이 아닌 성과와 책임을 중시하는 제도이다.

행복노트

고위공무원단제도 장·단점

장점	단점
• 성과관리로 공직 경쟁력 향상 • 인사운영의 융통성 확보 • 임용의 개방화 촉진 • 인사상 재량 범위 넓혀 강력한 정책 추진 가능, 능력발전 기여 • 범정부적 시야 기름 • 우수공무원에 대한 처우개선 (성과와 책임 중심)	• 정치적 정실임용의 확대 • 정치적 중립성 훼손 • 응집성↓, 신분보장 취약 • 계서적 전통과의 마찰가능성 • 인기부서와 비인기부서간의 양극화 • 성과부서에 대한 선호집중의 문제

정답 | ②

13

4차 산업혁명에 관한 설명으로 옳지 않은 것은?

① 초연결성, 초지능성 등의 특징이 있다.
② 대량 생산 및 규모의 경제 확산이 핵심이다.
③ 사물인터넷은 스마트 도시 구현에 도움이 된다.
④ 빅데이터를 활용한 맞춤형 공공 서비스 제공이 가능하다.

정답률 91%

② 대량 생산 및 규모의 경제 확산은 <u>2차 산업혁명</u>에 해당한다.

행복노트

4차 산업혁명

의미	인공 지능(AI), 사물 인터넷(IoT), 빅데이터, 모바일 등 첨단 정보통신 기술이 경제·사회 전반에 융합되어 혁신적인 변화가 나타나는 차세대 산업혁명
특징	• 산업과 산업간의 초연결성을 바탕으로 초지능성 창출 • 사이버 물리 시스템 혁명(1,2,3차 혁명을 하나로) • AI, IoT, 빅데이터 등의 신기술을 기존 제조업과 융합하여 생산능력과 효율을 극대화

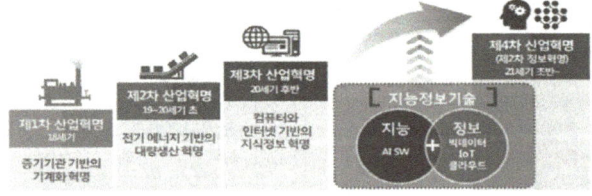

정답 | ②

14

행정통제와 행정책임에 대한 설명으로 옳은 것만을 모두 고르면?

> ㄱ. 파이너(Finer)는 법적·제도적 외부통제를 강조한다.
> ㄴ. 감사원의 직무감찰과 회계감사는 외부통제에 해당한다.
> ㄷ. 프리드리히(Friedrich)는 내재적 통제보다 객관적·외재적 책임을 강조한다.

① ㄱ ② ㄴ
③ ㄱ, ㄷ ④ ㄴ, ㄷ

정답률 68%

① 파이너(Finer)는 외재적 책임인 <u>법적·제도적 외부통제</u>를 강조한다.

오답피하기

> ㄴ. 감사원의 직무감찰과 회계감사는 <u>공식이자 내부통제</u>에 해당한다.
> ㄷ. 프리드리히(Friedrich)는 객관적·외재적 책임보다 <u>내재적 통제</u>를 강조한다.

행복노트

행정책임: 외재적 책임과 내재적 책임

외재적 책임 파이너 (Finer)	• 외재적·객관적 책임 • 외부통제(국민, 의회, 사법부) • 절차의 중시 • 법률, 계층구조, 제재의 존재
내재적 책임 프리드리히 (Friedrich)	• 자율적·주관적 책임 • 내부통제(도덕, 직업윤리, 전문지식) • 절차의 준수와 책임의 완수는 별개 • 제재의 부재 • **기능적 책임**: 객관적으로 확립된 기술적 기준에 따라 판단하고 행동할 책임 • **정치적 책임**: 국민정서에 반응하면서 행동해야 할 책임

정답 | ①

15

자치경찰제도에 대한 설명으로 옳지 않은 것은?

① 지역 실정에 맞는 치안 행정을 펼칠 수 있다.
② 경찰 업무의 통일성과 효율성을 높일 수 있다.
③ 제주자치경찰단은 주민의 생활안전 활동에 관한 사무를 수행한다.
④ 자치경찰 사무를 관장하기 위하여 광역자치단체에 시·도자치경찰위원회를 둔다.

정답률 83%

② 경찰 업무의 통일성과 효율성을 높일 수 있는 것은 국가경찰제도에 해당한다.

오답피하기

① 자치경찰제도는 지방자치단체가 담당하므로 지역 실정에 맞는 치안 행정을 펼칠 수 있다.
③ 제주자치경찰단은 주민의 생활안전 활동에 관한 사무, 지역 교통활동에 관한 사무를 수행한다.
④ 자치경찰 사무를 관장하기 위하여 광역자치단체에 시·도자치경찰위원회를 둔다.
  가. 경찰의 사무를 국가경찰사무와 자치경찰사무로 각각 구분하여 정함(제4조).
  나. 경찰청에 국가수사본부를 두고, 국가수사본부장은 치안정감으로 보하며, 경찰청 외부를 대상으로 모집하여 임용할 필요가 있는 때에는 일정한 자격을 갖춘 사람 중에서 임용할 수 있도록 함(제16조).
  다. 자치경찰사무를 관장하게 하기 위해 시·도지사소속으로 시·도자치경찰위원회를합의제 행정기관으로 두고, 그 권한에 속하는 업무를 독립적으로 수행하도록 함(제18조).
  라. 시·도경찰청장의임용 관련 사항을 정하고, 소관 사무에 따라 경찰청장, 시·도자치경찰위원회및 국가수사본부장의 지휘·감독을 받도록 함(제28조).

정답 | ②

16

지방자치단체의 예비비에 대한 설명으로 옳지 않은 것은?

① 예측할 수 없는 예산 외의 지출에 충당하기 위하여 예산에 계상한다.
② 일반회계의 경우 예산총액의 100분의 1 이내의 금액을 예비비로 계상하여야 한다.
③ 지방의회의 예산안 심의 결과 감액된 지출항목에 대해 예비비를 사용할 수 있다.
④ 재해·재난 관련 목적 예비비는 별도로 예산에 계상할 수 있다.

정답률 68%

③ 지방의회의 예산안 심의 결과 감액된 지출항목에 대해 예비비를 사용할 수 없다.

오답피하기

지방재정법 제43조(예비비)

① 지방자치단체는 예측할 수 없는 예산 외의 지출 또는 예산 초과 지출에 충당하기 위하여 일반회계와 교육비특별회계의 경우에는 각 예산 총액의 100분의 1 이내의 금액을 예비비로 예산에 계상하여야 하고, 그 밖의 특별회계의 경우에는 각 예산 총액의 100분의 1 이내의 금액을 예비비로 예산에 계상할 수 있다.
② 제1항에도 불구하고 재해·재난 관련 목적 예비비는 별도로 예산에 계상할 수 있다.
③ 지방자치단체의 장은 지방의회의 예산안 심의 결과 폐지되거나 감액된 지출항목에 대해서는 예비비를 사용할 수 없다.
④ 지방자치단체의 장은 예비비로 사용한 금액의 명세서를 「지방자치법」 제134조제1항에 따라 지방의회의 승인을 받아야 한다.

정답 | ③

17

앨리슨(Allison)모형 중 다음 내용에 초점을 두고 정책결정을 설명하는 것은?

> 1960년대 쿠바 미사일 사태에서 미국은 해안봉쇄로 위기를 극복하였다. 정부의 각 부처를 대표하는 사람들은 위기 상황에서 각자가 선호하는 대안을 제시하였다. 대표자들은 여러 대안에 대하여 갈등과 타협의 과정을 거쳤고, 결국 해안봉쇄 결정이 내려졌다. 이는 대통령이 사태 초기에 선호했던 국지적 공습과는 다른 결정이었다. 물론 해안봉쇄가 위기를 해소하는 최선의 대안이라는 보장은 없었고, 부처에 따라서는 불만을 가진 대표자도 있었다.

① 합리적 행위자 모형
② 쓰레기통 모형
③ 조직과정 모형
④ 관료정치 모형

18

신제도주의에 대한 설명으로 옳지 않은 것은?

① 제도는 법률, 규범, 관습 등을 포함한다.
② 역사적 제도주의는 제도가 경로의존성을 따른다고 본다.
③ 사회학적 제도주의는 적절성의 논리보다 결과성의 논리를 중시한다.
④ 합리적 선택 제도주의는 제도가 합리적 행위자의 이기적 행태를 제약한다고 본다.

정답률 56%

④ 각 부처를 대표하는 사람들은 위기 상황에서 각자가 선호하는 대안을 제시하고 대표자들은 여러 대안에 대하여 갈등과 타협의 과정을 거쳤으므로 관료정치 모형에 해당한다.

행복노트

Allison 모형
쿠바 미사일 위기 사건 연구 → 일반화

 합리적 행위모형  조직과정모형  관료정치모형

	Model 1	Model 2	Model 3
권력의 소재	최고 지도자 (유기체)	느슨하게 연결된 하부 조직 (연합체)	개인의 집합 (개인의 집합체)
합리성	완전	제한	정치
행위자 목표	조직직전체	전체 + 하부	전체 + 하부 + 개인
응집성	매우 강함	중간	매우 약함
정책 결정양태	명령·지시	SOP	정치적 타협, 흥정
적용	조직 전반	하위 계층	상위 계층
논리	합리모형	회사 모형	쓰레기통 모형

정답 | ④

정답률 68%

③ 사회학적 제도주의는 사회적으로 정당성을 획득한 제도의 동형화를 강조하므로 결과성의 논리보다는 적절성의 논리를 강조한다.

오답피하기

① 신제도주의에서는 제도는 법률, 규범, 관습 등을 포함한다고 본다.
② 역사적 제도주의는 제도가 경로의존성을 따른다고 본다.
④ 합리적 선택 제도주의는 행위자가 제도를 창출하며, 제도는 행위자를 제약하고 행위자들과 그들 간에 설정된 제도적 망이 구조를 형성하게 된다고 보았다.

행복노트

역사적 vs 사회학적 vs 합리적 선택

	역사적 제도주의	사회학적 제도주의	합리적 선택
개념 제도	역사적 맥락 경로의 존성	사회문화 상징체계	개인의 합리적 계산
선호	내생적 선호	내생적 선호	외생적 선호
제도	진화의 산물	주어진 것	만드는 것
제도범위	거시적 (국가, 정치체제)	거시적 (사회문화, 상징)	미시적 (개인선택, 거래)
분석	국가	사회	개인
변동	외부충격 권력의 불균형	동형화의 진행과 정당성 획득	비용편익 비교 개인의 전략 선택
방법	사례연구, 비교연구 귀납적 접근 방법론적 총체주의	경험적, 해석학, 귀납적 접근 방법론적 총체주의	미시적 접근 연역적 접근 방법론적 개체주의

정답 | ③

19

정책실험에서 내적 타당성을 위협하는 요인 중 다음 설명에 해당하는 것은?

> 사전측정을 경험한 실험 대상자들이 측정 내용에 대해 친숙해지거나 학습 효과를 얻음으로써 사후측정 때 실험집단의 측정값에 영향을 주는 효과이며, '눈에 띄지 않는 관찰' 방법 등으로 통제할 수 있다.

① 검사요인
② 선발요인
③ 상실요인
④ 역사요인

정답률 69%

① 사전측정을 경험한 실험 대상자들이 측정 내용에 대해 친숙해지거나 학습 효과를 얻음으로써 사후측정 때 실험집단의 측정값에 영향을 주는 효과는 검사요인에 해당한다.

오답피하기

② 선발요인은 실험·통제집단의 구성원이 다르기(동질성 결여) 때문에 나타나는 요인을 말한다.
③ 상실요인은 조사기간 중에 관찰 대상집단의 일부가 중도 탈락·상실됨으로써 남아있는 대상이 처음의 관찰대상 집단과 다른 특성을 갖게되어 실험결과에 영향을 미치는 현상이다.
④ 역사요인은 조사를 하는 동안에 일어나는 우발적 사건이 미치는 영향요인을 말한다.

정답 | ①

20

지방정부의 기관구성 형태에 대한 설명으로 옳지 않은 것은?

① 강시장 - 의회(strong mayor-council) 형태에서는 시장이 강력한 정치적 리더십을 행사한다.
② 위원회(commission) 형태에서는 주민 직선으로 선출된 의원들이 집행부서의 장을 맡는다.
③ 약시장 - 의회(weak mayor-council) 형태에서는 일반적으로 의회가 예산을 편성한다.
④ 의회 - 시지배인(council-manager) 형태에서는 시지배인이 의례적이고 명목적인 기능을 수행한다.

정답률 29%

④ 의회 - 시지배인(council-manager) 형태에서는 시장은 의원 중에서 선출하고, 지방의회가 행정전문가인 시정관리관을 임명하면, 시정관리관(전문지배인)이 실질적 행정의 총책임자로서 역할을 하는 형태이다.

오답피하기

① 강시장 - 의회형태는 우리나라가 그동안 채택한 방식으로 시장이 강력한 정치적 리더십을 행사한다.
② 기관 통합형의 형태인 위원회형태에서는 주민 직선으로 선출된 의원들이 집행부서의 장을 맡는다.
③ 약시장 - 의회형태에서는 일반적으로 의회가 예산을 편성하고 관리책임을 지기도 한다.

행복노트

기관대립형의 형태

강시장 의회형	• 시장에게 시행정의 모든 책임을 귀속시킨 형태 • 우리나라에서 채택하고 있는 방식
약시장 의회형	• 의회가 정책결정권은 물론 인사 및 시의 일상행정 분야에 관여하는 형태 • 시장은 의회의결에 대한 거부권도 없으며, 예산편성 및 관리책임도 의회가 가짐
의회 지배인형	시장은 의원중에서 선출하고, 지방의회가 행정전문가인 시정관리관 임명, 시정관리관(전문지배인)이 실질적 행정의 총책임자로서 역할을 하는 형태
의회 수석행정관형	• 시장은 대외관계 등 대외업무를 관장하고, 시장을 보좌하는 행정 전문인을 수석행정관으로 임명 • 강시장 - 의회형과 의회 - 지배인형의 장점만을 결합

정답 | ④

8. 2021 지방직 미러링 1회

01

정치·행정 새이원론을 발생시킨 행태주의에 대한 설명으로 옳은 것은?

① 1940년대 H.Simon 이 주장한 것으로 '사실'과 '가치'에 대한 이분법을 시도하였다.
② 행태주의의 연구초점은 '사실'과 '가치' 중 가치에 있다고 하였다.
③ 행태주의의 해석학을 강조한 반(反) 실증주의에서 출발하였다.
④ 행태주의는 Sayre의 법칙에 영향을 주었고, 행정학의 기술성을 강조한 것이다.

정답률 86%

① 1940년대 H. Simon이 주장한 행태주의 행정학 연구는 행정학의 과학적 연구를 위하여 '사실'과 '가치'에 대한 이분법을 시도하여 검증 가능한 사실명제를 중심으로 연구하였다.

오답피하기

② 행태주의의 연구초점은 '사실'과 '가치' 중 가치가 아닌 사실에 있다고 하였고,
③ 해석학을 강조한 반(反) 실증주의는 행태주의를 비판한 후기행태주의 조류의 현상학적 접근에 해당한다.
④ Sayre의 법칙이란 행정과 경영은 중요하지 않은 면에서만 닮았다는 공사행정이원론, 정치행정일원론을 강조한 것이므로 행태주의의 정치행정이원론(= 공사행정일원론)과는 구별된다.

행복노트

```
        정치  행정  경영

              행정관리설       정치행정 이원론
                              (공사행정 일원론)
정치행정일원론   통치기능설
(공사행정 이원론)
              행정행태설       정치행정(새)이원론
                              (공사행정 새일원론)
정치행정(새)일원론  발전기능설, 정책기능설
(공사행정 새이원론)
```

정답 | ①

02

신공공관리론에서 지향하는 '기업가적 정부'의 특성에 해당하지 않는 것은?

① 촉매작용적 정부   ② 경쟁적 정부
③ 임무지향적 정부   ④ 과정지향적 정부

정답률 95%

④ 과정지향적 정부나 투입이 아니라 산출과 성과를 기준으로 하는 유인구조와 투자구조를 가진 결과지향적, 성과지향적 정부가 신공공관리론에서 지향하는 기업가적 정부의 특성에 해당한다.

오답피하기

① 촉매작용적 정부는 신공공관리론에서 지향하는 기업가적 정부의 특성에 해당한다.
② 경쟁적 정부는 신공공관리론에서 지향하는 기업가적 정부의 특성에 해당한다.
③ 임무지향적 정부는 신공공관리론에서 지향하는 기업가적 정부의 특성에 해당한다.

행복노트

신공공관리론(NPM)
- 정부실패를 극복하기 위한 정부개혁론(1980's)
- 신보수주의, 신자유주의 바탕
- 시장주의 → 작은정부
- 신관리주의 → 기업가적 정부(성과중시)
- 행정 → 경영·관리
- 생산성(효율성) 강조

한계
- 민간부문 관리기법 적용의 한계: 공공부문≠민간부문
- 정부관료제 효율성 저하: 민주적 책임성 vs 기업가적 재량권
- 국민을 고객으로 전락: 주체가 아닌 객체로서의 고객
- 정책 조정 능력 약화: 방향잡기에만 주력
- 사회적 형평성 약화: 수익자 부담의 원칙, 절약과 능률 강조
- 직업 공무원제 약화: 공무원의 사기 저하

정답 | ④

03

공직 분류에 대한 연결이 옳지 않은 것은?

① 전문경력관 - 일반직 공무원
② 대통령 - 정무직 공무원
③ 경찰 - 특정직 공무원
④ 국가정보원 기획조정실장 - 별정직 공무원

04

예산제도에 대한 설명으로 옳지 않은 것은?

① 품목별 예산제도(LIBS)는 지출항목을 엄격히 분류하므로 사업 성과와 정부생산성을 정확하게 평가할 수 있다.
② 계획예산제도(PPBS)은 모든 사업이 목표달성을 위해 유기적으로 연계되어 있어 부처 간의 경계를 뛰어넘는 자원배분의 합리화를 가져올 수 있다.
③ 영기준 예산제도(ZBB)의 도입 취지는 불필요한 지출을 억제하고 감축관리를 지향하는 데 있다.
④ 성과주의 예산제도(PBS)에서는 국민과 의회가 정부의 사업 내용과 목적을 이해하는 데 편리하다.

정답률 86%

④ 국가정보원 기획조정실장은 과거에는 별정직 공무원이었으나 현재는 정무직 공무원에 해당한다.

국가정보원법 제9조(원장·차장·기획조정실장)
③ 차장과 기획조정실장은 정무직으로 하고 원장을 보좌하며, 원장이 부득이한 사유로 직무를 수행할 수 없을 때에는 그 직무를 대행한다.

오답피하기

① 전문경력관의 경우 장기근무, 특수한 직무분야, 순환보직이 곤란한 직위에 해당하지만 일반직 공무원에 해당한다.
② 선거에 의하여 취임하는 공무원인 대통령, 국회의원, 지방자치단체장, 지방의회의원은 정무직 공무원에 해당한다.
③ 경찰은 특정직 공무원에 해당한다.

정답 | ④

정답률 90%

① 품목별 예산제도(LIBS)는 지출항목을 엄격히 분리하여 전체적인 상황·성과·목적의 파악이 곤란하다. 따라서 정부생산성을 정확하게 알 수 없다.

오답피하기

② 계획예산(PPBS)은 같은 기능을 담당하는 행정부나 상위층의 역할을 중시하여, 거시적·포괄적 성격과 합리적 관점을 바탕으로 위로부터 아래로의 집권적 예산편성의 형태를 가지며 이에 따라 의사결정의 일원화와 조직의 통합적 운영이 가능해진다. 따라서 부처 간의 경계를 뛰어넘는 자원배분의 합리화를 가져올 수 있다.
③ 영기준 예산제도(ZBB)의 도입 취지는 불필요한 지출을 억제하고 감축관리를 지향하는 데 있다.
④ 성과주의 예산제도(PBS)는 기능별 분류방식을 사용한다. 기능별 분류는 정부의 주요 기능에 따라 세출예산을 분류하는 방법으로 행정수반의 예산정책의 수립을 용이하게 하며, 입법부의 예산심의가 용이하다. 그리고 시민에게 보고하기 위한 간편 예산형을 취하고 있기 때문에 '시민을 위한 분류'라고도 한다. 따라서 국민과 의회가 정부의 사업 내용과 목적을 이해하는 데 편리하다.

정답 | ①

05

일반회계 예산, 특별회계 예산과 기금에 대한 설명으로 옳지 않은 것은?

① 일반회계 예산, 특별회계 예산, 기금 모두 국회의 결산심의 승인대상이다.
② 기금은 일반회계 및 특별회계와 달리 세입세출에 의하지 않고 운영될 수 있다.
③ 특별회계의 수가 많으면 국가재정운영의 경직성을 초래하게 된다.
④ 일반회계는 특정수입과 특정세출을 배제하지만, 특별회계는 특정수입과 특정세출을 연계하면서도 추가경정예산의 편성은 제외된다.

정답률 63%

④ 일반회계와 특별회계 모두 추가경정예산 편성이 적용된다.

오답피하기

① 일반회계 예산, 특별회계 예산, 기금 모두 국회의 결산 심의 승인대상이다. 국가재정법 제56조(결산의 원칙)에 따르면 정부는 결산이 「국가회계법」에 따라 재정에 관한 유용하고 적정한 정보를 제공할 수 있도록 객관적인 자료와 증거에 따라 공정하게 이루어지게 하여야 한다고 명시되어있고 그 적용범위는 다음과 같다.

국가회계법 제3조(적용범위)
이 법은 다음 각 호의 회계 및 기금에 대하여 적용한다.   1. 「국가재정법」 제4조에 따른 일반회계 및 특별회계   2. 「국가재정법」 제5조제1항에 따라 설치된 기금(이하 "기금"이라 한다)

② 기금은 국가가 특정한 목적을 위하여 특정자금을 신축적으로 운영할 필요가 있을 때에 한하여 법률로서 설치하는 것으로 세입·세출에 의하지 아니하고 운영할 수 있다. 〈국가재정법 제5조〉
③ 특정세입을 특정세출로 연계하여 지출하는 특별회계는 국가전체의 재정운영에는 재정운영의 경직성을 초래하지만, 특별회계 운영부서의 입장에서는 재량권을 확대한다.

정답 | ④

06

지방재정에 대한 설명으로 옳지 않은 것은?

① 지방세는 재산과세 위주의 세원구성으로 신장성이 미약하다.
② 재정지출과 비용부담의 연계성이 국가재정보다 강하다.
③ 재정자립도는 지방자치단체의 재정규모와 세출구조를 반영하지 못하고 있다.
④ 특별교부세는 지방자치단체의 소방 및 안전시설 확충, 안전관리를 위하여 지방자치단체에 교부하는 특정재원이다.

정답률 54%

④ 지방자치단체의 소방 및 안전시설 확충, 안전관리를 위하여 지방자치단체에 교부하는 특정재원은 소방안전교부세의 내용에 해당한다.

오답피하기

① 지방세는 재산과세 위주의 세원구성으로 안전성은 높으나 신장성이 미약하다.
② 지방세의 경우 국세에 비하여 응능성보다는 응익성의 원칙이 더 중시되므로 재정지출과 비용부담의 연계성이 국가재정보다 강하다.
③ 재정자립도는 일반회계 총액에 대한 지방세와 세외수입의 비에 해당하므로 지방자치단체의 재정규모와 세출구조를 반영하지 못한다.

행복노트

의존재원(지방교부세)

의의 ─ 지방자치단체 간 재정력의 불균형을 조정하는 재원
    └ 일반재원, 무상재원, 수직적 + 수평적 조정재원, 형평성 추구

보통 교부세	재정력지수(기준재정수입액/기준재정수요액)<1 이하인 자치단체에 교부하는 일반재원 분권교부세 폐지(2015) 보통 교부세 통합
특별 교부세	특정용도로 자치단체에 교부하는 특정재원
부동산 교부세	재정여건, 지방세 운영상황들을 고려해 교부하는 일반재원
소방안전 교부세	소방, 안전시설확충, 안전관리 강화 등을 위하여 교부하는 특정재원

정답 | ④

07

변혁적(transformational) 리더십에 대한 설명으로 옳지 않은 것은?

① 리더가 부하에게 특별한 관심을 보이거나 자긍심과 신념을 심어준다.
② 조직참여의 기대가 적은 경우에 적합하며 예외관리에 초점을 둔다.
③ 리더가 부하들의 창의성을 계발하는 지적 자극(intellectual stimulation)을 중시한다.
④ 변혁적 리더는 부하에게 확립된 의견뿐만 아니라 리더가 확립한 의견에도 문제를 제기할 수 있는 능력을 요구한다.

정답률 86%

② 변혁적 리더십은 조직참여의 기대가 적은 경우가 아니라 큰 경우에 적합한 리더십이다. 예외관리에 초점을 둔 것은 거래적 리더십에 해당한다.

행복노트

리더십이론 – 신속성론: **변혁적 리더십의 특징**

| 의의 | 1980년대 경제 불황기에 혁신과 변동을 위해 리더의 개인적 영향력의 비중을 높이 평가함(Burns, Bass) |

구성요소

카리스마 리더십	난관극복 리더십, 부하에게 자긍심 고취
영감적 리더십	도전적 목표와 임무, 미래에 대한 비전
개별적 배려	부하에 대한, 개인적 배려, 존중
지적 자극	새로운 관념 촉발

행복한 암기 TIP

리더십이론 – 신속성론 / 변혁적 리더십의 특징:
카~영지 개 변혁

정답 | ②

08

조직이론에 대한 설명으로 옳지 않은 것은?

① 과학적 관리론은 경영합리화 운동으로 출발하였다.
② 1970년대 후반부터 이론가들의 관심을 끌기 시작한 인적자원관리는 인간관계론의 전통을 계승한 것이다.
③ 베버(Weber)는 조직운영에 필요한 명령을 구성원들이 수행하도록 하기 위한 권위의 계층제를 주장했다.
④ 아지리스(Argyris)는 조직이 개인의 심리적 성공 경험을 중시하여 인간의 자아가 미성숙상태에서 성숙 상태로 변화하는 데 도움을 준다고 주장하였다.

정답률 31%

④ 아지리스(C. Argyris) 인간은 개인의 심리적 성공 경험을 통해서 궁극적으로 미성숙상태에서 성숙상태로 성취·발전해 나간다는 성격의 변화양상을 설명하였다. 조직이 미성숙상태에서 성숙상태로 변화하는데 도움을 준다고 보지는 않는다.

오답피하기

① 과학적 관리론이란 생산성 향상을 위한 경영의 합리화 운동이다. 능률성의 관점에서 최소의 비용으로 최대의 성과를 확보할 수 있는 최선의 방법을 찾아내기 위해 과학적인 관리·기술을 적용하는 고전적인 관리이론을 말한다.
② 1970년대 후반부터 이론가들의 관심을 끌기 시작한 인적자원관리는 인간관계론의 전통을 계승한 것이다.

행복노트

Argyris 성숙·미성숙 이론
미성숙 상태에서 성숙 상태로 발전하는 성격 변화의 결함이 성취동기의 기본이 된다고 주장

| 미성숙 | 수동적, 의존적 인간
단기적 안목, 자기실현 부족 |

| 성숙 | 능동적, 독립적 인간
장기적 안목, 자기의식 및 자기규제 가능 |

정답 | ④

09

균형성과표(BSC)에 대한 설명으로 옳은 것은?

① 균형성과표에서 시장점유율, 정책 순응도, 직무만족도는 고객 관점의 성과지표에 해당한다.
② 무형자산에 대한 강조는 성과평가의 시간에 대한 관점을 단기에서 장기로 전환시킨다.
③ 균형성과표는 조직구성원들에게 조직의 전략과 목적 달성에 필요한 성과가 무엇인지 알려주는 데 한계가 있기 때문에 조직전략의 해석지침으로는 적합하지 않다.
④ 내부프로세스 관점에서는 통합적인 일처리방식보다 개별 부서별로 따로따로 이루어지는 일처리 방식에 초점을 맞춘다.

10

정책옹호연합모형(advocacy coalition framework)에 대한 설명으로 옳지 않은 것은?

① 정책 하위시스템 내에는 신념을 공유하는 행위자들끼리의 지지연합으로 뭉쳐있다.
② 경쟁하는 정책옹호연합들이 선택하는 전략은 정책중개자(policy broker)들에 의하여 중재된다.
③ 정책하위시스템 참여자의 활동에 영향을 미치는 요소는 통합적 접근방법으로 도출하였다.
④ 기본적 분석단위는 하향적 접근방식을 토대로 하고, 영향 요인으로 상향적 접근방식의 여러 변수와 사회경제 상황 및 법적 수단을 결합하였다.

정답률 95%

② 학습과 성장과 같은 무형자산에 대한 강조는 성과평가의 시간에 대한 관점을 <u>단기에서 장기</u>로 전환시킨다.

오답피하기

① 균형성과표에서 시장점유율, 정책 순응도는 고객 관점의 성과지표에 해당한다. 하지만 직무만족도는 <u>학습과 성장의 관점</u>의 성과지표에 해당한다.
③ BSC는 전통적인 재무지표의 한계를 극복하고, 조직의 사명과 전략을 측정하고 관리할 수 있도록 포괄적인 측정지표로 바꾸기 위해 만들어진 것으로서 <u>조직전략의 해석지침으로 적합</u>하다.
④ 내부프로세스 관점에서는 <u>통합적인 일처리절차방식</u>에 초점을 맞춘다.

행복노트

BSC(균형성과 관리)

과거 + 현재 + 미래, 결과 + 과정, 대내 + 대외, 선행 + 후행
하향적, 연역적, 계서적, 거시적, 고객중심적 관리

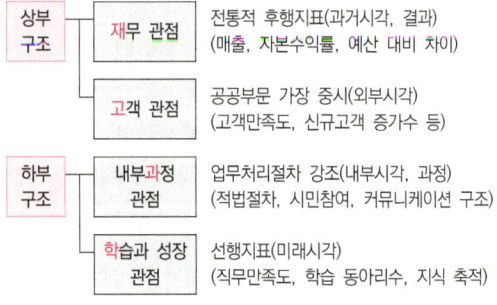

정답률 77%

④ 정책하위체제라는 분석단위는 기본적으로 <u>상향적 접근방법</u>을 채택하고, 여기에 집행에 영향을 미치는 요인으로 <u>하향적 접근법의 여러 가지 변수와 사회경제적 상황과 법적 수단</u>을 결합한 것이다.

행복노트

Sabatier 통합모형(정책지지연합모형)

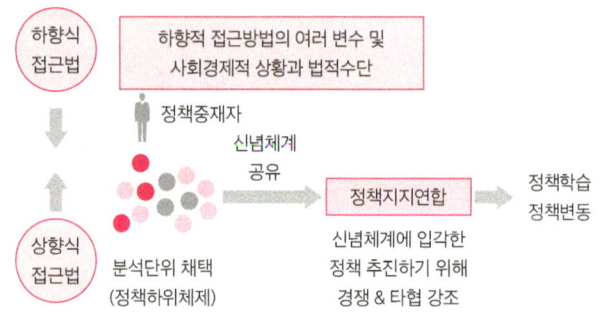

- 정책지지연합모형: 정책은 장기간에 걸쳐 점진적으로 변동
- 정책패러다임모형(Hall): 정책의 근본적 패러다임 급격히 변동 가능

정답 | ②   정답 | ④

11

인사행정에 대한 설명으로 옳지 않은 것은?

① 대표관료제는 소외집단의 요구에 대한 정부정책의 대응성을 높임으로써 정부정책에 대한 국민의 신뢰감 향상에 기여한다.
② 대표관료제는 행정의 전문성과 생산성을 저해할 우려가 있다.
③ 사회적 약자의 공직진출을 제약할 수 있다는 점은 실적제의 한계이고, 이를 보완하기 위하여 대표관료제가 주창되었다.
④ 실적주의는 유능한 인재를 적극적으로 유치할 수 있는 제도이다.

정답률 63%

④ 실적주의를 강조할 경우 인사행정의 소극성·경직성 등을 초래할 가능성이 있으며 아울러 관료의 특권화·보수화를 초래하여 관료주의화를 심화시킬 우려가 있다. 그로 인해 유능한 인재를 적극적으로 유치하기 위해서 적극적 인사개혁이 추구되었다.

오답피하기

① 대표관료제는 공무원의 구성 비율과 사회집단의 인적 구성 비율을 일치시킴으로써 국민 요구에 대한 대응성과 소외계층을 정부 관료제에 참여시켜 소외집단의 요구에 대한 정부정책의 대응성을 높임으로써 정부정책에 대한 국민의 신뢰감 향상에 기여한다.
② 대표관료제의 경우 할당제로 채용되므로 전문성과 생산성을 저해할 우려가 있다.

행복노트

실적주의

- 의의: 개인의 능력, 자격 및 성적을 기준으로 운영
  - 정당의 예속 탈피, 국민을 위한 봉사자로 전환
  - 공직임용에 대한 기회균등
  - 정치적 중립, 신분보장
- 발생요인: 추밀원령(영국): 직업공무원제바탕, 인사위, 사람중심
  - 팬들턴법(미국): 능력중심의 임용, 인사위, 직무중심
- 추밀원령: 1차(1855년): 정실제 + 실적제(부분적), 인사위 설치
  - 2차(1870년): 임명: 공채, 시험: 계급별 실시
- 팬들턴법: 초당파성의 독립기관으로 중앙 인사위 설치
  - 공채, 신분보장, 정치적 중립, 제대군인에 대한 특혜

정답 | ④

12

고위공무원단제도에 대한 설명으로 옳지 않은 것은?

① 개방성과 성과관리를 특징으로 하는 통합적 인사시스템이다.
② 근무평정에서 최하위 등급 평정을 총 2년 이상 받으면 적격심사 대상이 된다.
③ 고위공무원의 보수는 직무성과급적 연봉제의 적용을 받는다.
④ 개방형 직위는 직위 총수의 30% 범위 안에서, 공모직위는 직위 총수의 20% 범위 안에서 지정할 수 있다.

정답률 100%

④ 개방형 직위는 직위 총수의 20%범위 안에서, 공모직위는 직위 총수의 30% 범위 안에서 지정할 수 있다.

오답피하기

① 고위공무원단은 인사혁신처에서 개방성과 성과관리를 특징으로 통합적 관리를 하는 인사시스템이다.
② 근무평정에서 최하위 등급 평정을 총 2년 이상 받으면 적격심사 대상이 된다.

> **국가공무원법 제70조의2(적격심사)**
> ① 고위공무원단에 속하는 일반직공무원은 다음 각 호의 어느 하나에 해당하면 고위공무원으로서 적격한지 여부에 대한 심사(이하 "적격심사"라 한다)를 받아야 한다.
> 2. 근무성적평정에서 최하위 등급의 평정을 총 2년 이상 받은 때. 이 경우 고위공무원단에 속하는 일반직공무원으로 임용되기 전에 고위공무원단에 속하는 별정직공무원으로 재직한 경우에는 그 재직기간 중에 받은 최하위등급의 평정을 포함한다.
> 3. 대통령령으로 정하는 정당한 사유 없이 직위를 부여받지 못한 기간이 총 1년에 이른 때

행복노트

고위공무원단(SES) 운영·관리

- 대상: 일반직·별정직·특정직(외무공무원만) (정무직 제외)
  - 실·국장급(장·차관급 ×) 국가직 공무원 (지방직 ×)
  - 지방에 있는 국가직 고위공무원(부시장, 부지사, 부교육감)
  - 계급 폐지, 2개 직무등급(가, 나), 인사혁신처 소속
- 임용: 대통령 임용
- 개방경쟁: 개방형 임용: 공직 내외 20%
  - 공모 직위: 부처 내외 30%
  - 부처자율 직위: 기관 내부 50%

정답 | ④

13

미래사회의 특성적 경향으로 가장 거리가 먼 것은?

① 시간적, 공간적 확장보다는 축소 사회로 발전할 것이다.
② 스마트 기술의 등장과 스마트 사회 확산이 예상된다.
③ 가상현실과 프로슈머 및 바이오 경제가 될 것이다.
④ 스마트 전자정부의 비전은 공개, 통합, 협업, 녹색정보화를 추진전략으로 삼는다.

정답률 95%

① 미래사회는 시간의 확장, 공간의 확장, 지식의 확장, 관계의 확장으로 정보사회의 고도화가 이루어질 것이다.

오답피하기

- ②, ③ 미래사회는 스마트 사회 특징인 스마트 기술의 등장, 가상현실, 인공지능 프로슈머, 바이오경제가 활성화될 것이다.
- ④ 스마트 전자정부의 비전은 공개, 통합, 협업, 녹색정보화를 추진전략으로 삼는다.

행복노트

스마트 전자정부의 비전과 추진전략

의미	전자정부의 근본원칙은 유지되지만 매체의 진화 및 다양화에 의해 스마트 전자정부의 비전으로 발전
비전	• 탈경계형: 장벽없는 네트워크를 통한 부처 연계 • 모바일: 모바일 기기등 첨단정보기술 도입 • 언제나: 언제나 이용 가능하고 고객 감동의 극대화 • 실시간 대응체제: 국민의 수요에 실시간 반응 • 상생: 참여와 소통을 기반으로 상생하는 정부
추진 전략	• 공개: 공공정보를 자유롭게 활용 • 통합: 스마트폰, 태블릿 등 상호교환 및 연계통합 • 협업: 정부, 지자체, 공공기관, 민간까지 정보 공유 • 녹색정보화: 저탄소 녹색성장 기반

정답 | ①

14

행정통제와 행정책임에 대한 설명으로 옳은 것은?

① 행정책임은 일정한 권리를 전제로 하여 발생한다.
② 행정책임을 묻기 위해서는 행동의 동기를 파악하는 것이 가장 중요하다.
③ 행정통제가 강화될수록 공무원의 창의력을 억제하는 부정적인 성향을 낳을 수도 있다.
④ 최근에는 행정의 전문화로 인해 내부통제보다 외부통제가 더 중시되는 추세이다.

정답률 86%

③ 행정통제는 관료에게서 재량권을 빼앗는 행위로서, 통제가 강화될수록 전체공무원의 창의력을 억제하는 부정적인 성향을 낳을 수 도 있다.

오답피하기

① 행정책임은 일정한 권리가 아니라 의무를 전제로 하여 발생하기 때문에 옳지 않다.
② 행정책임을 묻기 위해서는 행동의 동기가 아니라 결과를 파악하는 것이 가장 중요하다.
④ 최근에는 행정의 전문화로 인해 외부통제보다 내부통제가 더 중시되는 추세이다.

행복노트

- 행정책임 보장을 위한 사전적·사후적 제재 수반
- 성과측정 + 시정조치, 통제(대응성)와 자율(능률성)의 조화 필요

		통제자의 위치	
		외부통제	내부통제
공식성 여부	공식	• 입법부 • 사법부 • 헌법재판소 • 옴부즈만 제도	• 계층제 및 인사관리 제도 • 청와대와 국무조정실 • 독립통제기관 • 교차기능조직 • 중앙행정부처(교차기능)
	비공식	• 이익집단 • 시민 • 여론·매스컴·인터넷 • 전문가집단 및 정당	• 공무원 자율적 직업윤리 • 동료집단의 평가와 비판

정답 | ③

15

자치경찰제도에 대한 설명으로 옳지 않은 것은?

① 경찰의 사무를 국가경찰사무와 자치경찰사무로 각각 구분하여 정한다.
② 시·도에 2개의 시·도경찰청을 두는 경우 시·도지사 소속으로 2개의 시·도자치경찰위원회를 둘 수 있다.
③ 시·도자치경찰위원회 위원은 국가경찰위원회가 추천하는 1명을 시·도지사가 임명한다.
④ 시·도자치경찰위원회 위원은 시·도의회가 추천하는 1명을 시·도지사가 임명한다.

16

지방재정법상 예비비에 대한 설명으로 옳지 않은 것은?

① 지방자치단체는 일반회계의 경우 일반회계 예산 총액의 100분의 1 범위 내의 금액을 예비비로 예산에 계상하여야 한다.
② 지방자치단체는 일반회계의 경우 특별회계 예산 총액의 100분의 1 범위 내의 금액을 예비비로 예산에 계상하여야 한다.
③ 재해·재난 관련 목적 예비비는 별도로 예산에 계상할 수 있다.
④ 지방자치단체의 장은 지방의회의 예산안 심의 결과 폐지되거나 감액된 지출항목에 대해서는 예비비를 사용할 수 없다.

정답률 45%

④ 시·도자치경찰위원회 위원은 시·도의회가 추천하는 2명을 시·도지사가 임명한다.

제20조(시·도자치경찰위원회 위원의 임명 및 결격사유)
① 시·도자치경찰위원회 위원은 다음 각 호의 사람을 시·도지사가 임명한다.
  1. 시·도의회가 추천하는 2명
  2. 국가경찰위원회가 추천하는 1명
  3. 해당 시·도 교육감이 추천하는 1명
  4. 시·도자치경찰위원회 위원추천위원회가 추천하는 2명
  5. 시·도지사가 지명하는 1명

오답피하기

제18조(시·도자치경찰위원회의 설치)
① 자치경찰사무를 관장하게 하기 위하여 특별시장·광역시장·특별자치시장·도지사·특별자치도지사(이하 "시·도지사"라 한다) 소속으로 시·도자치경찰위원회를 둔다. 다만, 제13조 후단에 따라 시·도에 2개의 시·도경찰청을 두는 경우 시·도지사 소속으로 2개의 시·도자치경찰위원회를 둘 수 있다.

정답 | ④

정답률 86%

② 특별회계의 경우에는 각 예산 총액의 100분의 1 이내의 금액을 예비비로 예산에 계상하여야 하는 것이 아니라 할 수 있다.

오답피하기

지방재정법 제43조(예비비)
① 지방자치단체는 예측할 수 없는 예산 외의 지출 또는 예산 초과 지출에 충당하기 위하여 일반회계와 교육비특별회계의 경우에는 각 예산 총액의 100분의 1 이내의 금액을 예비비로 예산에 계상하여야 하고, 그 밖의 특별회계의 경우에는 각 예산 총액의 100분의 1 이내의 금액을 예비비로 예산에 계상할 수 있다.
② 제1항에도 불구하고 재해·재난 관련 목적 예비비는 별도로 예산에 계상할 수 있다.
③ 지방자치단체의 장은 지방의회의 예산안 심의 결과 폐지되거나 감액된 지출항목에 대해서는 예비비를 사용할 수 없다.
④ 지방자치단체의 장은 예비비로 사용한 금액의 명세서를 「지방자치법」 제134조제1항에 따라 지방의회의 승인을 받아야 한다.

정답 | ②

17

정책결정모형에 대한 설명으로 옳은 것은?

① 쓰레기통모형은 정책목표는 불확실하지만 수단은 확실한 편이다.
② 만족모형은 정책결정자나 정책분석가가 절대적 합리성을 가지고 있고 주어진 상황 하에서 목표의 달성을 극대화할 수 있는 최선의 정책대안을 찾아낼 수 있다고 본다.
③ 점증주의 모형에서는 정책대안의 분석과 비교가 총체적·종합적으로 이루어진다.
④ 최적모형에 따르면 정책결정과 관련해 혁신전략 대신 위험최소화전략을 취하는 것은 메타정책결정에 해당한다.

정답률 63%

④ 최적모형에 따르면 정책결정과 관련해 혁신전략 대신 위험최소화전략을 취하는 것은 상위의 정책결정인 메타정책결정에 해당한다.

오답피하기

① 쓰레기통모형은 정책목표와 수단 모두 불확실하다. 개인들의 선호를 잘 모르고 합의가 없는 불확실한 상태이며, 조직목표의 달성을 위해 어떠한 수단을 선택해야 할지가 불명확하다.
② 정책결정자나 정책분석가가 절대적 합리성을 가지고 있고 주어진 상황 하에서 목표의 달성을 극대화할 수 있는 최선의 정책대안을 찾아낼 수 있다고 보는 것은 합리모형에 해당한다.
③ 정책대안의 분석과 비교가 총체적·종합적으로 이루어지는 것은 합리주의 모형에 대한 설명이다.

행복노트

최적 모형(Y. Dror)

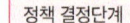 + 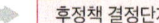 직관적 판단(경험 & 통찰력)으로 보완

초정책 결정단계 ➡ 정책 결정단계 ➡ 후정책 결정단계

정책결정을 위한 정책결정   정책집행에 대한 동기부여
상위정책 결정   정책집행, 정책평가
(meta-policy making)   커뮤니케이션 및 환류

특징 ─ 정책결정체제의 성과를 최적화하려는 질적모형
     ─ 합리모형의 비현실성과 점증모형의 보수성을 모두 경계
     ─ 계량적 분석뿐만 아니라 직관적 판단에 의한 결정도 중시
     ─ 합리성과 초합리성 중시하면서 혁신적 정책전환 모색

정답 | ④

18

신제도주의에 대한 설명으로 옳지 않은 것은?

① 제도는 공식적·비공식적 제도를 모두 포함한다.
② 합리적 선택의 신제도주의에서는 사회적 딜레마를 해결하기 위해 사람들이 스스로 만드는 게임의 규칙을 제도로 본다.
③ 역사적 제도주의는 경로의존성에 의한 정책선택의 제약을 인정한다.
④ 사회학적 제도주의에서 동형화를 개인들 간의 선택적 균형에 기초한다고 본다.

정답률 63%

④ 사회학적 신제도주의에서는 제도를 문화적 확산에 기반한 모방, 규범, 강제로 인한 제도적 동형화(isomorphism) 과정의 결과물로 본다. 제도를 균형점을 이루려는 공유된 전략, 규칙, 규범으로 보는 것은 합리적 선택 신제도주의이다.

오답피하기

① 신제도주의에서는 제도는 법률, 규범, 관습 등을 포함하며 공식적·비공식적 제도를 모두 포함한다.
② 합리적 선택의 신제도주의에서는 개인의 선호를 극대화하기 위해 의도적으로 제도(게임의 규칙)를 만들어 가는 것으로 본다.
③ 역사적 제도주의는 제도의 변화과정을 설명할 때 경로의존성을 강조하며, 제도의 운영 및 발전과 관련하여 권력의 비대칭성에 초점을 맞춘다.

행복노트

역사적 vs 사회학적 vs 합리적 선택

	역사적 제도주의	사회학적 제도주의	합리적 선택
개념 제도	역사적 맥락 경로의 존성	사회문화 상징체계	개인의 합리적 계산
선호	내생적 선호	내생적 선호	외생적 선호
제도	진화의 산물	주어진 것	만드는 것
제도범위	거시적 (국가, 정치체제)	거시적 (사회문화, 상징)	미시적 (개인선택, 거래)
분석	국가	사회	개인
변동	외부충격 권력의 불균형	동형화의 진행과 정당성 획득	비용편익 비교 개인의 전략 선택
방법	사례연구, 비교연구 귀납적 접근 방법론적 총체주의	경험적, 해석학, 귀납적 접근 방법론적 총체주의	미시적 접근 연역적 접근 방법론적 개체주의

정답 | ④

19

정책의 내적 타당도 약화를 피할 수 있는 통제방안과 상호 연결이 옳지 않은 것은?

① 성숙요인 – 빠른 성숙을 보이는 표본회피
② 역사요인 – 실험기간의 제한
③ 선발요인 – 눈에 뜨지 않는 관찰방법
④ 회귀요인 – 극단적인 측정값을 갖는 집단 회피

20

지방정부의 기관 구성 형태에 대한 설명으로 옳지 않은 것은?

① 기관통합형은 의결 기능과 집행 기능을 분리하지 않고 의회에 귀속시키는 형태를 띤다.
② 영국의 의회형과 미국의 위원회형은 기관통합형의 대표적 사례이다.
③ 기관분리형은 기관 간의 견제와 균형이 이루어지도록 한 형태이다.
④ 지방자치단체의 의회와 집행기관에 관한 형태는 조례로 정하는 바에 따라 지방자치단체의 장의 선임방법을 포함한 지방자치단체의 기관구성 형태를 달리 할 수 있다.

정답률 59%

③ 선발요인를 극복하기 위해서는 무작위배정이나 사전측정이 바람직하다. 눈에 띄지 않는 관찰방법은 테스트 요인을 통제하는 방안이 될 수 있다.

오답피하기

① 성숙요인(maturation effect)는 정책평가에 동원된 집단구성원들이 정책의 효과와 관계없이 시간의 흐름에 따라 성장함으로써 나타날 수 있는 효과를 말하므로 빠른 성숙을 보이는 표본회피하는 것이 성숙요인의 통제방안에 해당한다.
② 역사요인은 조사를 하는 동안에 일어나는 우발적 사건이 미치는 영향요인을 말하므로 우발적 사건이 일어나지 않은 실험기간의 제한이 역사요인의 통제방안에 해당한다.
④ 회귀요인은 프로그램 집행 전의 1회의 측정에서 극단적인 사전측정 값을 갖는 사례들을 다시 측정하게 되면 평균값으로 회귀하여 처음에 나타났던 극단적인 측정값을 나타낼 확률은 줄어들고 평균값으로 회귀하는 해석상의 오류요인이므로 극단적인 측정값을 갖는 집단 회피가 통제방안에 해당한다.

행복노트

내적 타당도 저해요인

선발요인 (외재적)	실험집단과 통제집단의 구성원이 다르기 때문에 나타나는 요인 (무작위 배정과 사전측정으로 통제)
역사요인	외부환경에서 발생하여 사전 및 사후 측정값이 달라지게 만드는 어떤 사건
모방요인	통제집단의 구성원이 실험집단 구성원의 행동을 모방 (오염 혹은 확산효과)
성숙요인	순전히 시간의 경과 때문에 발생하는 조사대상 집단의 특성변화가 나타나는 경우
상실요인	정책집행 기간에 대상자 일부가 이탈하여 사전, 사후 측정값이 달라지는 것
측정요인	측정 자체가 평가되고 있는 대상에 영향을 주는 것(동일한 시험 2번 실시하면 사후 점수가 높음)
측정수단	상이한 난이도의 측정수단 사용 시

정답 | ③

정답률 68%

④ 지방자치단체의 의회와 집행기관에 관한 형태는 법률로 정하는 바에 따라 지방자치단체의 장의 선임방법을 포함한 지방자치단체의 기관구성 형태를 달리 할 수 있다.

지방자치법 제4조
(지방자치단체의 기관구성 형태의 특례)

① 지방자치단체의 의회(이하 "지방의회"라 한다)와 집행기관에 관한 이 법의 규정에도 불구하고 따로 법률로 정하는 바에 따라 지방자치단체의 장의 선임방법을 포함한 지방자치단체의 기관구성 형태를 달리 할 수 있다.
② 제1항에 따라 지방의회와 집행기관의 구성을 달리하려는 경우에는 「주민투표법」에 따른 주민투표를 거쳐야 한다.

오답피하기

①, ② 기관통합형은 지방자치단체의 의결기능과 집행기능을 하나의 기관에 귀속시키는 지방정부형태를 의미한다. 영국의 의회형, 미국의 위원회형, 프랑스의 의회의장형 등에서 채택하고 있다.
③ 기관분리형(기관대립형)은 정책결정기능과 집행기능을 다른 기관에 분담시켜 견제와 균형을 도모하는 형태를 의미한다.

정답 | ④

9. 2021 지방직 미러링 2회

01

정치·행정 이원론에 대한 설명으로 옳지 않은 것은?

① 정치행정이원론의 대표학자인 윌슨(W. Wilson)은 19세기 후반 당시 미국의 진보주의로부터 영향을 받았다.
② 행정의 전문성과 중립성 확보의 필요성을 강조한다.
③ 독자적인 학문으로서의 행정학의 발전에 기여하였다.
④ 행정에 내포되어 있는 정치적인 기능을 강조한다.

02

신공공관리론 분야의 대표적 저작인 Osborne & Gaebler의 「정부재창조론」에서 제시된 '기업가적 정부 운영의 10대 원리'에 속하지 않는 것은?

① 지역사회가 주도하는 정부
② 미래에 대비하는 정부
③ 상식이 있는 정부
④ 성과지향적 정부

정답률 100%

④ 정치행정이원론은 <u>행정의 관리기능을 강조</u>한다. 정치적 기능을 강조하는 것은 정치행정일원론이다.

오답피하기

①, ②, ③ 행정의 전문화와 능률화를 위해서는 엽관주의 정치적 폐해로부터 행정을 해방시키고, 행정을 전문 기술인에게 맡기고, 관료제의 자율성과 정치적 중립 및 공무원이 신분보장이 중요함을 역설한 Wilson의 행정관인 탈정치화 모델에서 출발하였다.

행복노트

행정의 이념

정답 | ④

정답률 54%

③ 상식이 있는 정부는 Osborne & Gaebler의 「정부재창조론」에서 제시된 '기업가적 정부 운영의 10대 원리'에 속하지 않는다.

오답피하기

① 지역사회가 주도하는 정부는 중앙과 지방의 분권을 강조하는 <u>분권적 정부</u>에 해당한다.
② 미래를 대비하는 정부는 예측과 예방을 강조하는 예방적 정부에 해당한다.
④ <u>성과지향적</u> 정부는 투입중심이 아니라 성과연계 예산을 강조하는 것으로서 기업가적 정부운영의 10대 원리에 해당한다.

행복노트

Osborne & Gaebler 정부재창조론

기준	전통적 관료제	기업가형 정부	10대 원리
정부역할	노젓기	방향잡기	촉매적 정부
공급 방식	행정메커니즘	시장메커니즘	시장지향 정부
관리방식	계층제 투입 중심 사후치료 지출중시	분권화 성과연계 예산 예측과 예방 수익 중시	분권적 정부 성과지향 정부 예방적 정부 기업가적 정부
관리기제	규칙 중심관리	임무 지향	임무지향 정부
주도주체	관료제 지향	고객 지향	고객지향 정부
정부활동	직접	권한부여	시민소유 정부
서비스	독점공급	경쟁도입	경쟁적 정부

정답 | ③

03

공직 분류 체계에 대한 설명으로 옳지 않은 것은?

① 경력직 공무원은 실적주의와 직업공무원제의 획일적 적용을 받는다.
② 감사원의 사무차장은 경력직 일반직 공무원에 해당한다.
③ 선출된 지방자치단체장과 지방의회의원은 정무직 공무원이다.
④ 국가공무원과 지방공무원의 구분은 근무지에 따른 분류에 해당한다.

04

예산제도에 대한 설명으로 옳은 것은?

① 지출통제예산은 예산의 구체적인 항목별 지출에 대해 통제하는 예산이다.
② 통합예산(통합재정)제도는 국가예산의 세입 세출을 총계 개념으로 파악하여 재정 건전성을 판단한다.
③ 온실가스감축인지 예산서는 기획재정부장관이 환경부장관과 협의하여 제시한 작성기준 및 방식에 따라 각 중앙관서의 장은 온실가스감축인지 예산서를 작성해야 한다.
④ 조세지출예산제도는 세금을 징수하기 위해 지출한 예산을 통합적으로 관리하기 위한 예산제도이다.

정답률 59%

④ 국가직과 지방직의 구분의 기준은 임명권자에 따른 구분이다. 중앙정부가 임용하면 국가공무원이고, 지방정부가 임용하면 지방공무원이다.

오답피하기

① 경력직 공무원과 특수경력직 공무원은 실적주의와 신분보장이 적용되느냐에 따라 분류되는데 경력직 공무원은 실적주의와 직업공무원제의 획일적 적용을 받는다.
② 감사원의 사무총장은 정무직 공무원에 해당하고 사무차장은 경력직 일반직 공무원에 해당한다.

> **감사원법 제19조(사무총장 및 사무차장)**
> ① 사무총장은 정무직으로, 사무차장은 일반직으로 한다.

③ 선거에 의하여 취임하는 공무원인 대통령, 국회의원, 지방자치단체장, 지방의회의원은 정무직 공무원에 해당한다.

정답 | ④

정답률 81%

③ 국가재정법 시행령 제9조의2의 내용에 해당한다.

> **국가재정법 시행령 제9조의2**
> **(온실가스감축인지 예산서의 내용 및 작성기준 등)**
> ② 각 중앙관서의 장은 기획재정부장관이 환경부장관과 협의하여 제시한 작성기준(온실가스감축인지 예산서 작성 대상사업의 선정기준을 포함한다) 및 방식에 따라 온실가스감축인지 예산서를 작성해야 한다.

오답피하기

① 지출통제예산제도는 각 부처의 모든 지출항목을 없애버리고 부서의 책임자가 필요에 따라 재량적으로 전용할 수 있도록 지출총액을 통제하는 제도를 의미한다.
② 통합예산이란 정부의 모든 예산 및 기금을 망라하여 표시함으로써 정부의 재정활동이 국민소득, 통화 등 경제 전반에 미치는 효과를 적절히 파악(통제)하기 위한 예산이다. 구체적으로 통합예산은 정부의 모든 재정활동을 일괄적으로 파악할 수 있는 순계개념상의 정부예산 총괄표로서 일반회계, 기타 특별회계, 기금, 지방재정, 비금융기업의 기업특별회계를 포함한다.
④ 조세지출예산제도는 특정부분에 대한 조세지출의 집중과 지나친 조세지출의 억제 등 재정운영의 효율성을 제공하고자 조세지출보고서 작성을 통해 조세감면의 구체적인 내역을 예산에 명확히 밝히는 것으로 행정부에 위임되어 있는 조세감면집행을 국회차원에서 통제하는 것이다.

정답 | ③

05

특별회계 예산과 기금에 대한 설명으로 옳지 않은 것은?

① 특별회계는 집행부의 예산 운영의 재량을 넓혀주거나 국가의 필요에 따라 한시적으로 집중적인 재정 지원이 요구되는 사업을 뒷받침하기 위해서 인정되고 있다.
② 특별회계는 특정한 세입과 세출의 연결을 인정한다.
③ 기금은 반드시 법률로 설치하며 모든 기금은 국회의 심의의결을 거쳐야 한다.
④ 기금은 기획재정부가 관리·운용한다.

06

지방재정에 대한 설명으로 옳은 것은?

① 교부공채는 지방정부가 채권을 발행하여 차량이나 주택 구입 및 인·허가자에게 강제로 구입하도록 하는 채권이다.
② 지방교부세의 재원은 내국세 총액의 19.24%이다.
③ 지방세 중 지방교육세와 지역자원시설세는 목적세이다.
④ 지방교부세는 모두 일반재원의 성격을 가지고 있다.

정답률 45%

④ 기금의 경우 기금관리주체가 기금을 관리·운용한다.

> **국가재정법 제62조(기금관리·운용의 원칙)**
> ① 기금관리주체는 그 기금의 설치목적과 공익에 맞게 기금을 관리·운용하여야 한다.

오답피하기

① 특별회계는 국가에서 특정한 사업을 운영하거나(기업특별회계·사업특별회계), 특정한 자금을 보유 운영할 때(자금특별회계), 특정한 세입과 세출에 충당함으로서 일반회계의 세입과 세출을 구분하여 경리할 필요가 있을 때(기타특별회계·구분경리 특별회계) 법률로서 설치된다.
② 국가 회계 중 특정한 세입으로 특정한 세출에 충당하기 위한 예산을 특별회계예산이라 한다. 특별회계예산은 예산 통일성의 원칙의 예외이다.
③ 기금은 일반회계나 특별회계 예산과 마찬가지로 국회의 결산심의 승인 대상이 된다.

행복노트

세입·세출의 성질에 따른 구분: 일반회계와 특별회계

일반적인 세입(조세)으로 일반적인 지출을 담당하는 회계 — 예산 — 특정한 세입으로 특정한 목적의 세출을 충당하는 회계

일반회계 / 특별회계

- 기업특별회계
  우편사업, 양곡관리조달, 우체국예금, 책임운영기관
- 기타특별회계
  광역지역발전, 교도작업 교통시설, 국방·군사시설이전 우체국보험, 주한미군기지이전 행복도시이전……

예산에서 특별회계가 많을수록 경직성 초래하지만 특별회계는 집행의 재량성은 큼

정답 | ④

정답률 72%

③ 현행 지방세 중 지방교육세와 지역자원시설세는 목적세이다.

오답피하기

① 차량이나 주택구입자에게 강제적으로 구입하도록 하는 채권은 매출공채에 대한 설명이다. 교부공채는 자치단체가 채무이행에 갈음하여 지방채증권을 교부하는 방법이다.
② 지방교부세의 재원은 내국세 총액의 19.24%, 담배개별소비세 총액의 45%, 종합부동산세 전액이다.
④ 지방교부세에는 보통교부세, 특별교부세, 소방안전교부세, 부동산교부세가 있는데, 보통교부세, 부동산교부세는 일반재원이나, 특별교부세와 소방안전교부세는 특정재원이다.

자주재원(지방세)

구 분	광역자치단체		기초자치단체	
	특별시·광역시세	도세	자치구세	시·군세
보통세	취득세, 주민세, 자동차세, 담배소비세, 레저세, 지방소비세, 지방소득세	취득세, 등록면허세, 레저세, 지방소비세	등록면허세, 재산세	지방소득세, 주민세, 담배소비세, 자동차세, 재산세,
목적세	지방교육세, 지역자원시설세	지방교육세, 지역자원시설세		

> **행복한 암기 TIP**
> 기초자치단체: 스스로 등재, 우리 시군에서는 소주담배 자재

정답 | ③

07

변혁적(transformational) 리더십에 대한 설명으로 옳지 않은 것은?

① 카리스마적 리더십은 공공부문의 리더가 난관을 극복하고 현상에 대한 각성을 확고하게 표명함으로써 부하에게 자긍심과 신념을 심어 주는 것을 의미한다.
② 영감적 리더십은 공공부문의 리더가 부하로 하여금 형식적 관례와 사고를 다시 생각하게 함으로써 새로운 관념을 촉발시키는 것을 의미한다.
③ 개별적 배려는 리더가 부하에게 특별한 관심을 보이고 각 부하의 특정한 요구를 이해해 줌으로써 부하에 대해 개인적으로 존중한다는 것을 전달하는 것을 의미한다.
④ 변혁적 리더십은 인간의 행태나 상황뿐 아니라 리더의 개인적 속성도 다시 재생시키고 있으므로 신속성론에 해당한다.

정답률 54%

② 형식적 관례와 사고를 다시 생각하게 함으로써 새로운 관념을 촉발하는 리더십은 촉매적 리더십(지적인 자극)에 대한 설명이다. 영감적 리더십은 리더가 부하로 하여금 도전적 목표와 임무, 미래에 대한 비전을 열정적으로 받아들이고 계속적으로 추구하도록 격려하는 것이다.

오답피하기

④ 변혁적 리더십, 섬김의 리더십, 문화적 리더십 등을 신속성론이라 한다.

행복노트

리더십이론 – 신속성론: **변혁적 리더십의 특징**

| 의의 | 1980년대 경제 불황기에 혁신과 변동을 위해 리더의 개인적 영향력의 비중을 높이 평가함(Burns, Bass) |

구성요소
- 카리스마 리더십 — 난관극복 리더십, 부하에게 자긍심 고취
- 영감적 리더십 — 도전적 목표와 임무, 미래에 대한 비전
- 개별적 배려 — 부하에 대한, 개인적 배려, 존중
- 지적 자극 — 새로운 관념 촉발

행복한 암기 TIP
리더십이론 – 신속성론 / 변혁적 리더십의 특징:
카~영지 개 변혁

정답 | ②

08

현대 조직이론의 각 특성에서 설명이 올바르지 못한 것은?

① 상황론적 조직이론은 효과적인 조직구조나 관리방법은 상황요인에 따라 달라진다고 본다.
② 대리인 이론에서 대리인의 도덕적 해이와 주인의 역선택으로 인해서 대리손실이 발생한다고 본다.
③ 거래비용이론은 거래비용이 조정비용보다 크면, 거래비용을 줄이기 위해 거래를 외부화하는 것이 효율적이라고 보았다.
④ 자원의존이론은 조직을 환경에 대하여 능동적으로 잘 적응 대처하며, 환경을 조직에 유리하도록 관리하는 존재로 보는 접근이다.

정답률 81%

③ 거래비용이론은 거래비용이 관료제의 조정비용보다 크면, 거래비용을 줄이기 위해 거래를 내부화 하는 것이 효율적이라고 보았다.

오답피하기

① 상황론적 조직이론은 모든 상황에 적용되는 유일·최선의 조직구조나 관리 방식은 없다는 전제 하에, 효과적인 조직구조나 관리방법은 상황요인에 따라 달라진다고 본다.
② 대리인 이론에서 대리인의 도덕적 해이와 주인의 역선택으로 인해서 대리손실이 발생한다고 본다. 조직은 대리손실을 줄이고 조직의 효율성을 높이기 위한 유인 구조를 재설계하기 위해 노력해야 한다.
④ 자원의존이론은 조직을 환경적 결정에 대하여 능동적인 존재로 보고, 스스로의 이익을 위해 능동적으로 잘 적응 대처하며, 환경을 조직에 유리하도록 관리하는 존재로 보는 접근이다.

행복노트

거래비용 이론(williamson)

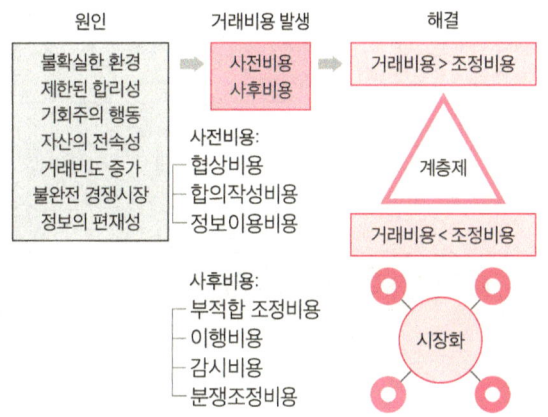

정답 | ③

09

균형성과표(BSC)에 대한 설명으로 옳지 않은 것은?

① 균형성과표는 재무적 관점과 비재무적 관점의 균형을 강조한다.
② 균형성과표를 정부부문에 적용시키는 경우 학습과 성장의 관점이 가장 중요하다.
③ 균형성과표는 단기적 목표와 장기적 목표 간의 균형을 강조한다.
④ 균형성과표는 과정과 결과 중 어느 하나를 강조하는 것이 아니라 이들 간의 인과성을 바탕으로 통합적 균형을 추구한다.

10

정책집행의 접근방법에 대한 설명으로 옳지 않은 것은?

① 하향식 접근방법은 정책집행을 정책결정단계에서 채택된 정책목표를 달성하는 과정으로 본다.
② 버만(Berman)은 적응적 집행에서 집행 현장에서 집행조직과 정책사업 사이의 상호적응이 중요함을 강조했다.
③ 엘모어(Elmore)는 정책집행 연구의 접근방법을 전방향적 접근법과 후방향적 접근법으로 구분했다.
④ 사바티어(Sabatier)의 정책지지연합모형은 하향적 접근방식을 기본적 관점으로 채택하고, 이에 상향적 접근방식을 결합했다.

정답률 72%

② 균형성과표를 정부부문에 적용시키는 경우 <u>고객 관점</u>이 가장 중요하다.

오답피하기

①, ④ 재무적 관점(과거), 비재무적 관점(학습과 성장 관점)(미래), 내부 비즈니스 프로세스 관점(내부), 고객 관점(외부)의 측면을 모두 강조하는 균형성과 지표이다.
③ 균형성과표는 <u>단기적 측면과 장기적인 측면을 조화시키는 통합적 균형성과 지표를 중시</u>한다.

행복노트
BSC(균형성과 관리)

과거 + 현재 + 미래, 결과 + 과정, 대내 + 대외, 선행 + 후행
하향적, 연역적, 계서적, 거시적, 고객중심적 관리

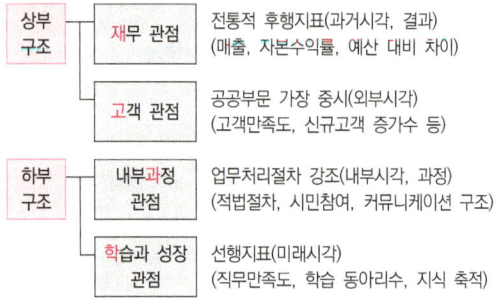

정답 | ②

정답률 95%

④ 사바티어(Sabatier)의 정책지지연합모형은 <u>상향식 접근방식을 기본적 관점으로 채택하고, 이에 영향을 미치는 요인으로 하향식 접근방법의 여러 가지 변수를 결합한다.</u>

오답피하기

② 버만(Berman)은 <u>상향적 집행인</u> 적응적 집행에서 집행 현장에서 집행조직과 정책사업 사이의 상호적응이 중요함을 강조했다.
③ 엘모어(Elmore)는 정책집행 연구의 접근방법을 전방향적 <u>접근법과 후방향적 접근법</u>으로 구분하고 상향직 집행으로 후방향적 접근방법을 제시하였다.

행복노트
Sabatier 통합모형(정책지지연합모형)

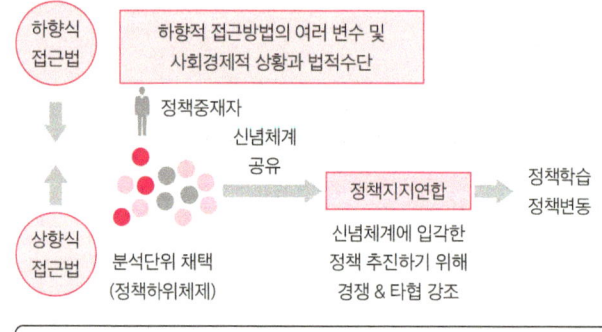

- 정책지지연합모형: 정책은 장기간에 걸쳐 점진적으로 변동
- 정책패러다임모형(Hall): 정책의 근본적 패러다임 급격히 변동 가능

정답 | ④

11

엽관주의와 실적주의에 대한 설명으로 옳지 않은 것은?

① 엽관주의는 특권적인 정부관료제를 일반 대중에게 공개함으로써 민주정치의 발달과 행정의 민주화에 공헌한다.
② 미국의 실적주의는 1883년 펜들턴법(Pendleton Act)이 통과됨으로써 연방정부에 적용되기 시작하여 확산되었다.
③ 엽관주의는 각 개인이 가지고 있는 능력에는 차이가 있음을 인정하고 개인의 능력, 적성, 기술을 공직 임용 기준으로 한다.
④ 엽관주의는 행정의 능률성과 전문성을 저해할 수 있다는 측면이, 실적주의는 인사행정의 경직화와 형식화를 초래할 수 있다는 점이 각각의 한계로 지적된다.

정답률 100%

③ 실적주의는 각 개인이 가지고 있는 능력에는 차이가 있음을 인정하고 엽관주의의 폐해를 극복하기 위하여 인사의 기준으로 정치적 당파성이나 정실, 혈연 등이 아닌 개인의 능력, 자격, 성적에 두는 객관적이고 과학적인 인사제도이다.

행복노트

실적주의

- **의의**: 개인의 능력, 자격 및 성적을 기준으로 운영
  - 정당의 예속 탈피, 국민을 위한 봉사자로 전환
  - 공직임용에 대한 기회균등
  - 정치적 중립, 신분보장
- **발생요인**
  - 추밀원령(영국): 직업공무원제바탕, 인사위, 사람중심
  - 펜들턴법(미국): 능력중심의 임용, 인사위, 직무중심
- **추밀원령**
  - 1차(1855년): 정실제 + 실적제(부분적), 인사위 설치
  - 2차(1870년): 임명: 공채, 시험: 계급별 실시
- **펜들턴법**
  - 초당파성의 독립기관으로 중앙 인사위 설치
  - 공채, 신분보장, 정치적 중립, 제대군인에 대한 특혜

정답 ③

12

고위공무원단 운영에 따르는 기대효과로서 가장 옳지 않은 것은?

① 정치적 중립의 강화
② 실적과 능력 중심의 새로운 공직문화 창출
③ 부처 간 상호 협력하는 분위기 조성
④ 통치권자의 국정운영 철학에 대한 이해 촉진

정답률 72%

① 고위공무원단에 속한 공무원을 신규임용하거나 고위공무원단 직위로 승진 임용될 때에는 반드시 대통령이 임용권을 행사하도록 규정하고 있기 때문에, 고위공무원단제도가 시행되면 대통령에 의한 정치적 임명이 확대되어 공무원의 정치적 중립이 심각하게 훼손될 것이라는 우려가 있기 때문에 정치적 중립의 강화가 틀렸다.

오답피하기

②, ③, ④ 고위공무원단제도는 국가의 고위공무원을 적재적소에 활용하고 개방과 경쟁을 통하여 자율과 성과, 책임을 강조함으로써 범정부적 차원에서 효율적으로 인사 관리하는 것을 의미한다. 따라서 실적과 능력을 중시하고 통합관리로 인해서 부처간 상호협력하는 분위기가 조성될 것이며 통치권자의 국정운영 철학에 대한 이해가 촉진 될 것이다.

행복노트

고위공무원단제도 장·단점

장점	단점
• 공직의 경쟁력 향상	• 정치적 정실임용의 확대
• 인사운영의 융통성 확보	• 정치적 중립성 훼손
• 임용의 개방화 촉진	• 응집성↓, 신분보장 취약
• 인사상 재량 범위 넓혀 강력한 정책 추진 가능, 능력발전 기여	• 계서적 전통과의 마찰가능성
• 범정부적 시야 기름	• 인기부서와 비인기부서간의 양극화
• 우수공무원에 대한 처우개선(성과와 책임 중심)	• 성과부서에 대한 선호집중의 문제

정답 ①

13

다음 설명 중 옳지 않은 것은?

① 4차 산업혁명은 초연결성, 초지능성을 특징으로 한다.
② 스마트정부는 맞춤형서비스에서 쌍방향서비스로 정부혁신의 방향 변화를 추구한다.
③ 스마트 워크는 정보통신기술을 이용해 시간, 장소의 제약 없이 업무를 수행하는 유연한 근무형태이다.
④ 빅데이터의 주요특징은 크기, 다양성, 속도에서 찾을 수 있다.

정답률 77%

② 스마트정부는 쌍방향(양방향)서비스에서 맞춤형서비스로 정부혁신의 방향 변화를 추구한다.

행복노트

4차 산업혁명

의미	인공 지능(AI), 사물 인터넷(IoT), 빅데이터, 모바일 등 첨단 정보통신기술이 경제·사회 전반에 융합되어 혁신적인 변화가 나타나는 차세대 산업혁명
특징	• 산업과 산업간의 초연결성을 바탕으로 초지능성 창출 • 사이버 물리 시스템 혁명(1,2,3차 혁명을 하나로) • AI, IoT, 빅데이터 등의 신기술을 기존 제조업과 융합하여 생산능력과 효율을 극대화

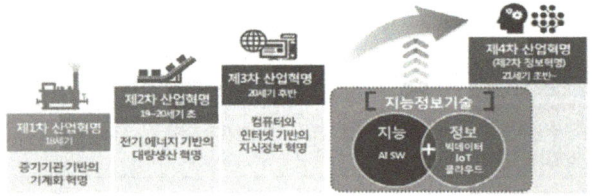

정답 | ②

14

행정통제에 대한 설명으로 가장 옳지 않은 것은?

① 행정책임은 행정상의 일정한 의무를 전제로 하여 발생하며, 결과에 대한 책임과 과정에 대한 책임이 포함된다.
② 행정 권한의 강화 및 행정재량권의 확대가 두드러지면서 행정책임 확보의 수단으로 행정통제의 중요성이 커지고 있다.
③ 옴부즈만제도는 일반적으로 기존의 행정결정을 무효, 취소시킬 수 없다.
④ 전통적인 행정통제방법으로 입법부에 의한 내부통제이다.

정답률 86%

④ 전통적인 행정통제방법으로 입법부에 의한 외부통제이다.

오답피하기

① 행정책임이란 행정기관이나 공무원이 행정목적을 달성하기 위하여 법령 등이 규정하는 일정한 행동기준에 따라 행동할 의무를 지닌 것을 의미한다. 행정책임은 행정인의 재량활동을 전제로 그 한계를 지켜야 한다는 일종의 의무이다.
② 현대 행정국가로 발달하면서 오늘날 행정기능이 확대되고 행정에 대한 통제가 약화되자 본래의 목적과 의도를 일탈한 관료제가 그 역기능이 커짐에 따라 행정책임이 점점 더 강조되는 경향이다. 그 수단으로서 행정통제의 중요성이 커진다.
③ 옴부즈만은 사실의 조사, 인정, 건의, 비판, 공표 등의 간접적인 수단이 주요 권한이다. 즉, 위법·부당한 행위에 대한 시정조치를 권고할 수 있지만 행정행위를 직접 무효·취소할 수 있는 <u>취소·변경권</u>이나 <u>직접적 통제권</u>, <u>감독권은 없다.</u>

행복노트

행정통제의 의의 및 유형(Gilvert)

• 행정책임 보장을 위한 사전적·사후적 제재 수반
성과측정 + 시정조치, 통제(대응성)와 자율(능률성)의 조화 필요

		통제자의 위치	
		외부통제	내부통제
공식성 여부	공식	• 입법부 • 사법부 • 헌법재판소 • 옴부즈만 제도	• 계층제 및 인사관리 제도 • 청와대와 국무조정실 • 독립통제기관 • 교차기능조직 • 중앙행정부처(교차기능)
	비공식	• 이익집단 • 시민 • 여론·매스컴·인터넷 • 전문가집단 및 정당	• 공무원 자율적 직업윤리 • 동료집단의 평가와 비판

정답 | ④

15

시·도자치경찰위원회에 대한 설명으로 옳지 않은 것은?

① 시·도자치경찰위원회는 위원장 1명을 포함한 7명의 위원으로 구성한다.
② 위원은 특정 성(性)이 10분의 6을 초과하지 아니하여야 한다.
③ 위원 중 1명은 인권문제에 관하여 전문적인 지식과 경험이 있는 사람이 임명될 수 있도록 노력하여야 한다.
④ 시·도자치경찰위원회 위원은 다음 각 호의 사람을 시·도지사가 임명한다.

정답률 31%

② 위원은 특정 성(性)이 10분의 6을 초과하지 아니하도록 <u>노력하여야 한다.</u>

오답피하기

제19조(시·도자치경찰위원회의 구성)

① 시·도자치경찰위원회는 위원장 1명을 포함한 7명의 위원으로 구성하되, 위원장과 1명의 위원은 상임으로 하고, 5명의 위원은 비상임으로 한다.
② 위원은 특정 성(性)이 10분의 6을 초과하지 아니하도록 노력하여야 한다.
③ 위원 중 1명은 인권문제에 관하여 전문적인 지식과 경험이 있는 사람이 임명될 수 있도록 노력하여야 한다.

**제20조
(시·도자치경찰위원회 위원의 임명 및 결격사유)**

① 시·도자치경찰위원회 위원은 다음 각 호의 사람을 시·도지사가 임명한다.

정답 | ②

16

국가재정법상 예비비에 대한 설명으로 옳지 않은 것은?

① 예비비는 각 중앙관서의 장이 관리한다.
② 각 중앙관서의 장은 예비비의 사용이 필요한 때에는 그 이유 및 금액과 추산의 기초를 명백히 한 명세서를 작성하여 기획재정부장관에게 제출하여야 한다.
③ 각 중앙관서의 장은 예비비로 사용한 금액의 명세서를 작성하여 다음 연도 2월 말까지 기획재정부장관에게 제출하여야 한다.
④ 정부는 예비비로 사용한 금액의 총괄명세서를 다음 연도 5월 31일까지 국회에 제출하여 그 승인을 얻어야 한다.

정답률 40%

① 예비비는 기획재정부장관이 관리한다.

국가재정법 제51조(예비비의 관리와 사용)

① 예비비는 기획재정부장관이 관리한다. <개정 2008. 2. 29.>
② 각 중앙관서의 장은 예비비의 사용이 필요한 때에는 그 이유 및 금액과 추산의 기초를 명백히 한 명세서를 작성하여 기획재정부장관에게 제출하여야 한다.

오답피하기

**국가재정법 제52조
(예비비사용명세서의 작성 및 국회제출)**

① 각 중앙관서의 장은 예비비로 사용한 금액의 명세서를 작성하여 다음 연도 2월 말까지 기획재정부장관에게 제출하여야 한다.
② 기획재정부장관은 제1항의 규정에 따라 제출된 명세서에 따라 예비비로 사용한 금액의 총괄명세서를 작성한 후 국무회의의 심의를 거쳐 대통령의 승인을 얻어야 한다.
③ 기획재정부장관은 제2항의 규정에 따라 대통령의 승인을 얻은 총괄명세서를 감사원에 제출하여야 한다.
④ 정부는 예비비로 사용한 금액의 총괄명세서를 다음 연도 5월 31일까지 국회에 제출하여 그 승인을 얻어야 한다.

정답 | ①

17

앨리슨(Allison)모형 중 다음 내용에 초점을 두고 정책결정을 설명하는 것은?

> ㄱ. 표준운영절차를 중시한다.
> ㄴ. 조직의 하위계층에의 적용가능성이 높다.
> ㄷ. 느슨하게 연결된 반독립적 조직들의 연합체를 가정한다.

① 합리적 행위자 모형
② 쓰레기통 모형
③ 조직과정 모형
④ 관료정치 모형

정답률 100%

③ 표준운영절차를 중시하며, 조직의 하위계층에의 적용가능성이 높으며 느슨하게 연결된 반독립적 조직들의 연합체를 가정하는 것은 조직과정 모형에 해당한다.

행복노트

Allison 모형
쿠바 미사일 위기 사건 연구 → 일반화

	합리적 행위모형	조직과정모형	관료정치모형

	Model 1	Model 2	Model 3
권력의 소재	최고 지도자 (유기체)	느슨하게 연결된 하부 조직 (연합체)	개인의 집합 (개인의 집합체)
합리성	완전	제한	정치
행위자 목표	조직직전체	전체 + 하부	전체 + 하부 + 개인
응집성	매우 강함	중간	매우 약함
정책 결정잉태	명령·지시	SOP	정치적 타협, 흥정
적용	조직 전반	하위 계층	상위 계층
논리	합리모형	회사 모형	쓰레기통 모형

정답 | ③

18

신제도주의에 대한 설명으로 옳지 않은 것은?

① 제도주의는 합리적 선택제도주의, 역사적 제도주의, 사회학적 제도주의로 나누어진다.
② 역사적 제도주의는 제도의 발전과정에서 선택된 경로의 중요성을 강조한다.
③ 사회학적 제도주의는 동형화를 강조하고 있어 인류의 보편적 제도를 강조한다.
④ 합리적 선택 제도주의는 인간을 자신의 이익을 극대화시키는 합리적인 행위자라고 가정하고 있다.

정답률 63%

③ 사회학적 제도주의는 점점 세계화에 따른 문화확산이 동형화(isomorphism)되어 가는 것을 설명하지만 <u>인류 보편의 제도는 존재하지 않는다고 본다.</u>

오답피하기

① 제도주의는 합리적 선택제도주의, 역사적 제도주의, 사회학적 제도주의로 나누어진다.
② 역사적 신제도주의는 역사적 맥락과 역사의 우연성, 경로의존성에 의한 제도의 형성과 외부의 충격에 의한 제도변화의 개념을 강조한다.
④ 합리적 선택 신제도주의는 균형상태의 변화는 개인의 전략적 선택은 개인의 편익이 비용보다 커야 일어난다는 점을 강조하고 경제학적 접근이므로 <u>인간을 자신의 이익을 극대화시키는 합리적인 행위자라고 가정하고 있다.</u>

역사적 vs 사회학적 vs 합리적 선택

	역사적 제도주의	사회학적 제도주의	합리적 선택
개념 제도	역사적 맥락 경로의 존성	사회문화 상징체계	개인의 합리적 계산
선호	내생적 선호	내생적 선호	외생적 선호
제도	제도의 지속성	제도의 유사성	제도의 균형성
제도범위	거시적 (국가, 정치체제)	거시적 (사회문화, 상징)	미시적 (개인선택, 거래)
분석	국가	사회	개인
변동	외부충격 권력의 불균형	동형화의 진행과 정당성 획득	비용편익 비교 개인의 전략선택
방법	사례연구, 비교연구 귀납적 접근 방법론적 총체주의	경험적, 해석학, 귀납적 접근 방법론적 총체주의	미시적 접근 연역적 접근 방법론적 개체주의

정답 | ③

19

정책실험에서 내적 타당성을 위협하는 요인 중 다음 설명에 해당하는 것은?

> 버스전용차선제의 효과를 평가하기 위하여 버스전용차선제의 시행 전과 시행 후의 도로교통 소통 정도를 측정·비교하려고 한다. 그런데 두 측정시점 사이에 측정구간을 통과하는 지하철이 개통되었다고 한다.

① 검사요인 ② 선발요인
③ 상실요인 ④ 역사요인

정답률 95%

④ 역사요인은 조사를 하는 동안에 일어나는 우발적 사건이 미치는 영향요인을 말한다.

오답피하기

① 사전측정을 경험한 실험 대상자들이 측정 내용에 대해 친숙해지거나 학습효과를 얻음으로써 사후측정 때 실험집단의 측정값에 영향을 주는 효과는 검사요인이다.
② 선발요인은 실험·통제집단의 구성원이 다르기(동질성 결여) 때문에 나타나는 요인을 말한다
③ 상실요인은 조사기간 중에 관찰 대상집단의 일부가 중도 탈락·상실됨으로써 남아있는 대상이 처음의 관찰대상 집단과 다른 특성을 갖게되어 실험결과에 영향을 미치는 현상이다.

행복노트

내적 타당도 저해요인

선발요인 (외재적)	실험집단과 통제집단의 구성원이 다르기 때문에 나타나는 요인 (무작위 배정과 사전측정으로 통제)
역사요인	외부환경에서 발생하여 사전 및 사후 측정값이 달라지게 만드는 어떤 사건
모방요인	통제집단의 구성원이 실험집단 구성원의 행동을 모방 (오염 혹은 확산효과)
성숙요인	순전히 시간의 경과 때문에 발생하는 조사대상 집단의 특성변화가 나타나는 경우
상실요인	정책집행 기간에 대상자 일부가 이탈하여 사전, 사후 측정값이 달라지는 것
측정요인	측정 자체가 평가되고 있는 대상에 영향을 주는 것(동일한 시험 2번 실시하면 사후 점수가 높음)
측정수단	상이한 난이도의 측정수단 사용 시

정답 | ④

20

우리나라의 지방자치제도에 관한 설명으로 가장 옳은 것은?

① 우리나라의 지방자치계층은 모두 중층제이다.
② 지방의회의 지방자치단체장에 대한 불신임권이 인정되고 있다.
③ 서울특별시는 특별지방자치단체에 해당한다.
④ 지방의회와 집행기관의 구성을 달리하려는 경우에는 「주민투표법」에 따른 주민투표를 거쳐야 한다.

정답률 45%

④ 지방의회와 집행기관의 구성을 달리하려는 경우에는 「주민투표법」에 따른 주민투표를 거쳐야 한다.

지방자치법 제4조
(지방자치단체의 기관구성 형태의 특례)

① 지방자치단체의 의회(이하 "지방의회"라 한다)와 집행기관에 관한 이 법의 규정에도 불구하고 따로 법률로 정하는 바에 따라 지방자치단체의 장의 선임방법을 포함한 지방자치단체의 기관구성 형태를 달리 할 수 있다.
② 제1항에 따라 지방의회와 집행기관의 구성을 달리하려는 경우에는 「주민투표법」에 따른 주민투표를 거쳐야 한다.

오답피하기

① 우리나라의 지방자치계층은 일반적으로 중층제이나, 특별자치시(세종특별자치시)와 특별자치도(제주특별자치도)의 경우 단층제이다.
② 지방의회의 의장에 대한 불신임권은 존재하지만 지방의회의 자치단체장에 대한 불신임의결은 인정되고 있지 않다. 자치단체장의 의회해산권 또한 인정되지 않는다.
③ 서울특별시는 보통지방자치단체에 해당한다. 2개 이상의 지방자치단체가 공동으로 특정한 목적을 위하여 광역적으로 사무를 처리할 필요가 있을 때에는 특별지방자치단체를 설치할 수 있다.

정답 | ④

10 2022 지방직 기출

01

공익에 대한 설명으로 옳은 것만을 모두 고르면?

ㄱ. 실체설에 의하면 공익은 사익을 초월한 것이다.
ㄴ. 과정설에 의하면 공익은 사익 간 갈등을 조정·타협하는 과정에서 산출되는 것이다.
ㄷ. 실체설은 다원적 민주주의에 도움을 준다.
ㄹ. 플라톤(Plato)과 루소(Rousseau) 모두 공익 실체설을 주장하였다.

① ㄱ, ㄴ
② ㄴ, ㄷ
③ ㄱ, ㄴ, ㄹ
④ ㄱ, ㄷ, ㄹ

02

허즈버그(Herzberg)의 욕구충족요인 이원론에서 위생요인에 해당하지 않는 것은?

① 감독
② 대인관계
③ 보수
④ 성취감

정답률 76%

ㄱ. 실체설에 의하면 공익은 사익을 초월한 것이고 과정설에서는 공익이 사익의 총합으로 본다.
ㄴ. 과정설에 의하면 공익은 사익 간 갈등을 조정·타협하는 과정에서 산출되는 것이다.
ㄹ. 플라톤(Plato)과 루소(Rousseau) 모두 공익 실체설을 주장하였다.

오답피하기

ㄷ. 과정설에서 공익을 사익의 조정과 타협의 산물로 보는 것이므로 다원적 민주주의에 도움을 준다.

행복노트

실체설(적극설)

국가주의, 선량주의(엘리트)
개발도상국의 입장
공익과 사익 구별
공익 우선주의
전체주의, 권위주의로 변질
Rawls, Platon, Aristotele

과정설(소극설)

개인주의, 다원주의
선진국의 입장, 민주적 공익관
조정과 타협의 산물
집단이기주의 폐단우려
정부의 활동: 중립적 조정자
Herring, Hobbes, Hume, schbert 등

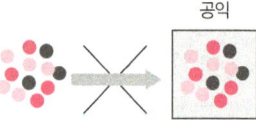

사익 합 ≠ 공익(Σ사익<공익)

사익 합 = 공익(Σ사익=공익)

정답 | ③

정답률 75%

④ 성취감은 직무자체적 요소에 해당하므로 허즈버그의 욕구충족요인 이원론에서 만족요인(동기요인)에 해당한다.

오답피하기

① 감독은 직무환경적 요소에 해당하므로 위생요인에 해당한다.
② 대인관계는 직무환경적 요소에 해당하므로 위생요인에 해당한다.
③ 보수는 직무환경적 요소에 해당하므로 위생요인에 해당한다.

행복노트

Herzberg 이원론
- 불만요인: 위생요인, 동기유발로 작용 ×
- 만족요인: 동기유인, 동기유발로 작용

불만요인(위생요인) 직무환경적 요소	만족요인(등기요인) 직무자체적 요소
• 회사의 정책 및 관리 • 감독 기술 • 작업조건 • 대인관계 • 급여·보수, 지위, 안전 • 복지시설	• 성취 • 인정 • 도덕적이고 보람있는 작업 자체 • 책임의 증대(직무충실) • 능력 및 지식의 신장 • 승진·성장과 발전
주변 환경에 영향을 미침	동기유발에 접적으로 영향을 미침

행복한 암기 TIP

Herzberg 이원론: 허즈번드는 불만은 없지만 만족도 없어요.

정답 | ④

03

서번트(servant) 리더십에 대한 설명으로 옳은 것만을 모두 고르면?

ㄱ. 구성원들이 공동의 목표를 이뤄 나갈 수 있도록 환경을 조성하고 도와준다.
ㄴ. 보상과 처벌을 핵심 관리수단으로 한다.
ㄷ. 그린리프(Greenleaf)는 존중, 봉사, 정의, 정직, 공동체 윤리를 강조했다.
ㄹ. 리더의 최우선적인 역할은 업무를 명확하게 지시하는 것이다.

① ㄱ, ㄷ
② ㄱ, ㄹ
③ ㄴ, ㄷ
④ ㄴ, ㄹ

04

행정학의 주요 접근법, 학자, 특성을 바르게 연결한 것은?

① 행정생태론 – 오스본(Osborne)과 게블러(Gaebler) – 환경 요인 중시
② 후기행태주의 – 이스턴(Easton) – 가치중립적·과학적 연구 강조
③ 신공공관리론 – 리그스(Riggs) – 시장원리인 경쟁을 도입
④ 뉴거버넌스론 – 로즈(Rhodes) – 정부·시장·시민사회 간 네트워크

정답률 84%

ㄱ. 서번트리더십은 구성원들이 공동의 목표를 이뤄 나갈 수 있도록 환경을 조성하고 도와준다.
ㄷ. 로버트 그린리프(Greenleaf)는 존중, 봉사, 정의, 정직, 공동체 윤리를 강조했다.

오답피하기

ㄴ. 전통적 리더십에서 보상과 처벌을 핵심 관리수단으로 한다.
ㄹ. 전통적 리더십에서 리더의 최우선적인 역할은 업무를 명확하게 지시하는 것이다.

행복노트

신속성론: 발전적 리더십(서번트 리더십, 섬김의 리더십)

부하들을 신뢰하고 부하에게 헌신하는 리더십, 자율, 도덕적 요소, 종복, 헌신 강조

전통적 리더십	발전적 리더십
계층에 따른 지시	상호작용을 통한 이해 증진
구성원을 수단으로 취급	구성원을 목적으로 인식
수직적 상하관계	수평적 파트너십 중시
복종적, 수동적 구성원	주인의식, 책임감, 능동적 구성원
통일성 및 일사분란 선호	유연성, 다양성, 창의성 강조
전체, 위계질서 강조	수평적 공동체, 팀워크 중시

정답 | ①

정답률 73%

④ 뉴거버넌스론 – 로즈(Rhodes) – 정부·시장·시민사회 간 네트워크

오답피하기

① 행정생태론 – 리그스(Riggs) – 환경 요인 중시
② 후기행태주의 – 이스턴(Easton) – 가치평가적 정책연구 강조
③ 신공공관리론 – 오스본(Osborne)과 게블러(Gaebler) – 시장원리인 경쟁을 도입

행복노트

Rhodes의 거버넌스 모형

최소국가	시장중심, 정부축소
기업적(법적) 거버넌스	주주의 이익을 보장하기 위한 이해관계자의 책임성·감독·평가·통제 방식을 공공부문에 도입
신공공관리 (NPM)	민간부문의 경영방식을 정부부문에 도입
좋은 거버넌스 (Good Governance)	세계 은행이 제시(신공공관리 + 자유민주주의) 구성원 간 경쟁보다는 동등하고 능동적인 참여, 협력과 보완의 관계 지향
사회적 인공지능 체계	사회정치 체계의 모든 행위자들의 상호노력의 공통적인 결과, 정부없는 거버넌스
자기조직화 연결망	자기조직적이고 자율적인 연결망들에 의해 자원배분이나 조정이 이루어지는 거버넌스

행복한 암기 TIP

로즈의 거버넌스 모형:
장미야! 최신기종 사자!

정답 | ④

05

티부(Tiebout) 모형의 전제조건으로 옳지 않은 것은?
① 시민의 이동성
② 외부효과의 배제
③ 고정적 생산요소의 부존재
④ 지방정부 재정패키지에 대한 완전한 정보

06

관료제 병리현상과 그 특징을 짝지은 것으로 옳지 않은 것은?
① 할거주의 – 조정과 협조 곤란
② 형식주의 – 번거로운 문서 처리
③ 피터(Peter)의 원리 – 관료들의 세력 팽창 욕구로 인한 기구와 인력의 증대
④ 전문화로 인한 무능 – 한정된 분야의 전문성 강조로 타 분야에 대한 이해력 부족

정답률 82%

③ 고정적 생산요소의 존재를 전제로 한다.

오답피하기
① 시민의 완전한 이동성은 티부모형의 전제조건에 해당한다.
② 외부효과의 배제는 티부모형의 전제조건에 해당한다.
④ 지방정부 재정패키지에 대한 완전한 정보 즉 세입세출구조에 대한 완전한 정보는 티부모형의 전제조건에 해당한다.

행복노트

티부가설

```
중앙정부  ←反→  지방정부
(Samuelson)        (Tiebout)
• 선택여지 ×       • 선택여지 ○ → 지역 간 이동
• 정치적 과정       • 시장배분적 과정 → 선호표출
                   ① 완전한 이동성
                   ② 완전한 정보
                   ③ 다수의 지방정부
                   ④ 배당수입에 의한 소득
                   ⑤ 외부효과의 배제
                   ⑥ 최적규모의 추구
                   ⑦ 규모에 대한 수익불변
                   ⑧ 고정적 생산요소
```

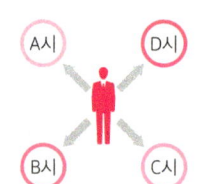

정답 | ③

정답률 75%

③ 피터(Peter)의 원리는 계층서열이 존중되는 관료조직의 특성으로 인해 결국 관료조직의 직위가 무능력자로 채워지는 경향을 말하는 것이다.

오답피하기
① 할거주의는 자신의 소속기관만을 중요시함에 따라 타 기관과의 업무 협조나 조정이 곤란한 문제가 나타난다.
② 형식주의는 모든 업무를 문서로 처리하는 문서주의로 인해 번문욕례(繁文縟禮)를 초래한다.
④ T. Veblen은 극히 한정된 분야의 전문성을 지니면서 타 분야에 대한 이해와 융통성이 약화되는 문제를 유발하는 현상을 전문화로 인한 무능이라고 보았다.

행복노트

근대 관료제 병리
- 동조과잉(Merton): 목표와 수단이 대치되는 목표 대치 현상, 경직성 발생
- 인간성 상실: 몰주관적 대인관계, 자기실현욕구 좌절
- 할거주의(Selznick): 소속부서 이익만 중시, 횡적 협조의 곤란
- 형식주의: 문서에 의한 사무처리 강조, 번문욕례(red tape)
- 전문화로 인한 무능(Veblen): 한가지 분야에만 전문성, 다른 분야는 융통성 상실
- 변동에 대한 저항: 국민의 요구에 대응 ×
- 관료제 내적·외적 가치로 인한 역기능: 형식주의(내적), 보신주의·책임회피(외적)
- 비히머스 증후군: 카멜리펀트 – 대규모화, 대응력 약화
- 무능력자의 승진약화(피터(Peter)의 원리): 능력넘는 수준까지 승진, 효율성
- 무사안일주의와 권위주의(굴드너(Gouldner)): 상관의 지시만 따르는 소극적 행동 복지부동 성향

정답 | ③

07

정책집행 연구 중 상향적 접근방법(bottom-up approach)으로 옳은 것만을 모두 고르면?

ㄱ. 엘모어(Elmore)의 후방향적 집행연구
ㄴ. 사바티어(Sabatier)와 매즈매니언(Mazmanian)의 집행과정 모형
ㄷ. 립스키(Lipsky)의 일선관료제
ㄹ. 반 미터(Van Meter)와 반 호른(Van Horn)의 집행연구

① ㄱ, ㄷ   ② ㄱ, ㄹ
③ ㄴ, ㄷ   ④ ㄴ, ㄹ

08

호그우드(Hogwood)와 피터스(Peters)가 제시한 정책변동의 유형에 대한 설명으로 옳지 않은 것은?

① 정책혁신은 기존의 조직이나 예산을 기반으로 새로운 형태의 개입을 결정하는 것이다.
② 정책승계는 정책의 기본 목표는 유지하되, 정책을 대체 혹은 수정하거나 일부 종결하는 것이다.
③ 정책유지는 기존 정책의 기본 골격을 유지하면서 정책수단의 부분적인 변화만 이루어지는 것이다.
④ 정책종결은 다른 정책으로의 대체 없이 기존 정책을 완전히 중단하는 것이다.

정답률 74%

ㄱ. 엘모어(Elmore)의 후방향적 집행연구는 상향적 접근방법에 해당한다.
ㄷ. 립스키(Lipsky)의 일선관료제론은 상향적 접근방법에 해당한다.

오답피하기

ㄴ. 사바티어(Sabatier)와 매즈매니언(Mazmanian)의 집행과정 모형은 하향적 접근방법에 해당한다.
ㄹ. 반 미터(Van Meter)와 반 호른(Van Horn)의 집행연구는 하향적 접근방법에 해당한다.

행복노트

Elmore 후방적 집행

전 방향적 집행	VS	후 방향적 집행
결정 → 집행		집행 → 결정

일선관료제론(Lipsky) - 상향적 접근방법

1. 일선관료의 근무환경

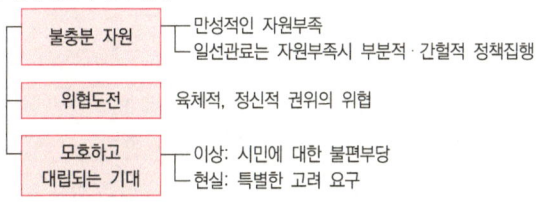

2. 일선관료의 특징

사람 대면↑, 고객 범주화 하여 차별적 대우함,
재량권↑, 업무과다와 자원부족, 고객 요구에 민감 ×

정답 | ①

정답률 60%

① 정책혁신은 기존의 조직이나 예산을 기반으로 하는 것이 아니라 새로운 정책을 형성할 뿐만 아니라 그에 관한 조직, 법률, 예산 등을 새로 만드는 것까지 포함하는 개념이다.

행복노트

정책변동의 유형(Hogwood & Peters)

	정책 혁신	정책 유지	정책 승계	정책 종결
변화 특징	무 → 유	기존정책 + 수단 유지 (조정)	기존정책 + 수단 폐지 (대체)	유 → 무
정책문제의 변화	새로운 문제	문제의 지속	문제의 변질	문제의 소멸
프로그램, 예산,조직	추가	지속	변경(대체)	종료

1. 정책 혁신(새로운 문제)
   완전히 새로운 정책 채택

2. 정책 유지(문제의 지속)
   정책목표 유지, 수단 유지
   정책 기본 골격 유지

   • 목표: 저소득국민 기초생활보장
   • 수단: 최하위계층 → 차상위계층

정답 | ①

09

조직문화의 경쟁가치모형에 대한 설명으로 옳지 않은 것은?

① 위계 문화는 응집성을 강조한다.
② 혁신지향 문화는 창의성을 강조한다.
③ 과업지향 문화는 생산성을 강조한다.
④ 관계지향 문화는 사기 유지를 강조한다.

10

2015년 공무원연금 개혁에 대한 설명으로 옳지 않은 것은?

① 퇴직연금 지급률을 1.7 %로 단계적 인하
② 퇴직연금 수급 재직요건을 20년에서 10년으로 완화
③ 퇴직연금 기여율을 기준소득월액의 9 %로 단계적 인상
④ 퇴직급여 산정 기준은 퇴직 전 3년 평균보수월액으로 변경

정답률 62%

① 위계 문화는 상하 수직적 관계를 중시하는 문화로서 내적통합과 안정성을 강조한다. 응집성은 인간관계모형에서 나타나는 관계지향 문화에서 강조한다.

오답피하기

② 개방체제모형에서의 혁신지향 문화는 창의성을 강조한다.
③ 합리적 목표모형에서의 과업지향 문화는 생산성을 강조한다.
④ 인간관계모형에서의 관계지향 문화는 사기 유지를 강조한다.

행복노트

퀸과 로보그의 경쟁적 가치 모형(효과성 측정 모형)

	인간(내부)	조직(외부)
통제 (안정)	내부과정모형(위계질서) 목표: 안정성, 균형 확보 수단: 정보관리, 의사소통 효과성기준: 조직안정성, 균형	합리적 목표모형(과업지향) 목표: 생산성,능률성, 수익성 수단: 계획, 목표 설정 효과성기준: 조직의 이윤, 생산성
유연성 (융통)	인간관계모형(집단문화) 목표: 인적자원 개발 수단: 응집력, 사기 및 훈련 효과성기준: 인적자원 개발	개방체제모형(혁신발전지향) 목표: 성장, 자원 확보 수단: 준비성, 외부평가 효과성기준: 조직성장여부

행복한 암기 TIP

퀸과 로보그의 경쟁적 가치모형: 로봇 합체(는) 인내를 가지고 하자!

정답 | ①

정답률 69%

④ 퇴직급여 산정 기준은 퇴직 전 3년 평균보수월액이 아니라 평균기준소득월액이다. "평균기준소득월액"이란 재직기간 중 매년 기준소득월액을 공무원보수인상률 등을 고려하여 대통령령으로 정하는 바에 따라 급여의 사유가 발생한 날의 현재가치로 환산한 후 합한 금액을 재직기간으로 나눈 금액을 말한다

공무원연금법 제43조(퇴직연금 또는 퇴직연금일시금 등)
④ 제1항에 따른 퇴직연금의 금액은 재직기간 1년당(1년 미만인 경우 1개월은 12분의 1년으로 계산한다. 이하 같다) 평균기준소득월액의 1.7퍼센트로 한다. 다만, 재직기간은 36년을 초과할 수 없다.

오답피하기

① 퇴직연금 지급률을 1.9%에서 1.7 %로 단계적 인하
② 퇴직연금 수급 재직요건을 20년에서 10년으로 완화
③ 퇴직연금 기여율을 기준소득월액의 7%에서 9%로 단계적 인상

행복노트

공무원 연금개혁

	종전	개편(2016)
기여율	평균기준소득월액 7%	평균기준소득월액 9%
지급률	평균기준소득월액 1.9%	평균기준소득월액 1.7%
지급개시 연령	만 60세	만 65세
유족연금 지급률	퇴직연금의 70%	퇴직연금의 60%
기여금 납부기간	33년	36년
연금수령 조건	가입기간 20년	가입기간 10년

정답 | ④

11

특별시·광역시의 보통세와 도의 보통세에 공통적으로 속하는 세목만을 모두 고르면?

ㄱ. 지방소득세	ㄴ. 지방소비세
ㄷ. 주민세	ㄹ. 레저세
ㅁ. 재산세	ㅂ. 취득세

① ㄱ, ㄴ, ㄹ
② ㄱ, ㄷ, ㅁ
③ ㄴ, ㄹ, ㅂ
④ ㄷ, ㅁ, ㅂ

12

정부회계에 대한 설명으로 옳지 않은 것은?

① 국가회계는 디브레인(dBrain) 시스템을 통해, 지방자치단체회계는 e-호조 시스템을 통해 처리된다.
② 재무회계는 현금주의 단식부기 회계방식이, 예산회계는 발생주의 복식부기 방식이 적용된다.
③ 발생주의에서는 미수수익이나 미지급금을 자산과 부채로 표시할 수 있다.
④ 재무제표는 거래가 발생하면 차변과 대변 양쪽에 동일한 금액으로 이중기입하는 복식부기 방식을 채택하고 있다.

정답률 57%

③ 특별시·광역시의 보통세와 도의 보통세에 공통적으로 속하는 세목은 ㄴ. 지방소비세, ㄹ. 레저세, ㅂ. 취득세가 해당한다.

오답피하기

ㄱ. 지방소득세는 특별시·광역시의 보통세이고 시·군세의 보통세이다.
ㄷ. 주민세는 특별시·광역시의 보통세이고 시·군세의 보통세이다.
ㅁ. 재산세는 자치구세의 보통세이고 시·군세의 보통세이다.

행복노트

자주재원(지방세)

구 분	광역자치단체		기초자치단체	
	특별시·광역시세	도세	자치구세	시·군세
보통세	취득세, 주민세, 자동차세, 담배소비세, 레저세, 지방소비세, 지방소득세	취득세, 등록면허세, 레저세, 지방소비세	등록면허세, 재산세	지방소득세, 주민세, 담배소비세, 자동차세, 재산세,
목적세	지방교육세, 지역자원 시설세	지방교육세, 지역자원 시설세		

행복한 암기 TIP

기초자치단체: 스스로 등재, 우리 시군에서는 소주담배 자재

정답 | ③

정답률 76%

② 재무회계는 발생주의 복식부기 회계방식이, 예산회계는 현금주의 단식부기 방식이 적용된다.

	예산회계(현금주의)	재무회계(발생주의)
인식기준	모든 거래를 현금의 유출, 유입시점에서 수입과 지출로 인식	현금의 유출, 유입에 관계없이 원인이 되는 거래가 발생한 시점에서 수익과 비용을 인식
인식범위	수입 및 지출	수익 및 비용, 이에 따라 수반되는 자산과 부채계정
결산보고서	세입세출결산서	재무제표
관계법령	국가재정법	국가회계법

행복노트

현금주의와 발생주의의 차이점

	현금주의	발생주의
거래의 해석과 분류	현금의 수입과 지불	쌍방흐름 (거래의 이중성)
수익비용의 인식기준	현금의 수취·지출	수익의 획득·비용의 발생
선급비용과 선수수익	비용과 수익으로 인식	자산과 부채로 인식
미지급비용과 미수수익	인식 X	부채와 자산
감가상각 충당금	인식 X	비용
상환이자 지급액	지급시기 비용	기간별 인식
무상거래	인식 X	이중거래
정보 활용원	개별자료	통합자료
추가정보 요구	별도 작업 필요	기본 시스템에 존재

정답 | ②

13

정부위원회에 대한 설명으로 옳은 것만을 모두 고르면?

> ㄱ. 책임성이 결여될 수 있다.
> ㄴ. 자문위원회는 업무가 계속성·상시성이 있어야 한다.
> ㄷ. 민주성을 제고하는 장점이 있다.
> ㄹ. 방송통신위원회, 공정거래위원회, 국민권익위원회, 금융위원회, 개인정보 보호위원회, 원자력안전위원회는 중앙행정기관이다.

① ㄱ, ㄷ
② ㄴ, ㄷ
③ ㄴ, ㄹ
④ ㄱ, ㄷ, ㄹ

14

공무원 보수의 유형에 대한 설명으로 옳지 않은 것은?

① 직능급은 자격증을 갖춘 유능한 인재의 확보에 유리하다.
② 연공급은 근속연수를 기준으로 하기 때문에 전문기술인력 확보에 유리하다.
③ 직무급은 동일노동에 대한 동일 임금이라는 합리적인 보수 책정이 가능하다.
④ 성과급은 결과를 중시하며 변동급의 성격을 가진다.

정답률 54%

ㄱ. 위원회는 복수의 구성원으로 이루어진 합의제 조직이기 때문에 책임이 분산되어 **책임성이 결여될 수 있다**.
ㄷ. 위원회는 복수의 구성원으로 다수의 의견이 모아 결정하므로 **민주성을 제고하는 장점**이 있다.
ㄹ. 방송통신위원회, 공정거래위원회, 국민권익위원회, 금융위원회, 개인정보 보호위원회, 원자력안전위원회는 **중앙행정기관**이다.

오답피하기

ㄴ. 업무가 계속성·상시성이 있어야 하는 것은 **행정위원회**이고 자문위원회의 경우 업무의 계속성·상시성이 요구되지는 않는다.

행복노트

위원회 복수의 의사결정권자로 구성된 합의제 행정기관

장점	단점
- 행정의 중립성, 행정의 민주화 - 정책의 안정성·일관성 유지 - 결정의 신중성·공정성 확보 - 전문지식과 기술의 활용 - 조직 간 부문 간의 조정을 촉진	- 행정의 기밀유지 곤란 - 비용·시간·노력 낭비 - 책임의식의 약화 - 결정의 지체로 신속 X

유형 1(3원설)

	자문	의결	집행
자문위원회	○	×	×
의결위원회	×	○	×
행정위원회	×	○	○

정답 | ④

정답률 81%

② 연공급은 근속연수를 기준으로 보수를 지급하므로 **전문기술인력 확보에 불리하다**.

오답피하기

① 직능급은 직무수행능력에 따라 보수를 지급하므로 **자격증을 갖춘 유능한 인재의 확보에 유리하다**.
③ 직무급은 **동일노동에 대한 동일 임금**이라는 합리적인 보수 책정이 가능하다.
④ 성과급은 **결과를 중시하며 변동급**의 성격을 가진다.

행복노트

보수체계의 구성

1. 계급제(사람)

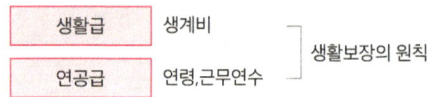

2. 직위분류제(직무)

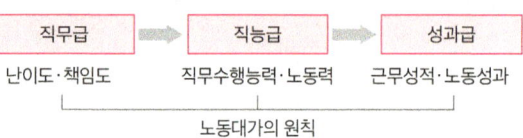

생활급	보수기준을 공무와 생계비에 역점, 계급제에서 중요시
연공급	근속연수·연령·경력·학력 등 속인적 요소 (호봉제 바탕) 개인의 생산성이나 능력, 성과(공헌도)의 차이 반영 ×

정답 | ②

15

다음은 국가재정법 상 예비타당성조사에 대한 내용이다. (가)와 (나)에 들어갈 숫자로 옳은 것은?

> 기획재정부장관은 총사업비가 (가) 억원 이상이고 국가의 재정지원 규모가 (나) 억원 이상인 신규 사업으로서 건설공사가 포함된 사업 등에 대한 예산을 편성하기 위하여 미리 예비타당성조사를 실시하고, 그 결과를 요약하여 국회 소관 상임위원회와 예산결산특별위원회에 제출하여야 한다.

	(가)	(나)
①	300	100
②	300	200
③	500	250
④	500	300

16

「공직자윤리법」상 재산등록의무자로 옳지 않은 것은?

① 법관 및 검사
② 소령 이상의 장교 및 이에 상당하는 군무원
③ 총경 이상의 경찰공무원과 소방정 이상의 소방공무원
④ 4급 이상의 일반직 공무원에 상당하는 보수를 받는 별정직 공무원

정답률 75%

④ 기획재정부장관은 총사업비가 500억원 이상이고 국가의 재정지원 규모가 300억원 이상인 신규 사업으로서 건설공사가 포함된 사업 등에 대한 예산을 편성하기 위하여 미리 예비타당성조사를 실시한다.

행복노트

예비타당성조사 도입(1999년 도입)

> 「국가재정법」 제38조 【예비타당성 조사】
> ① 기획재정부장관은 총사업비가 500억원 이상이고 국가의 재정지원 규모가 300억원 이상인 신규 사업으로서 대규모사업에 대한 예산을 편성하기 위하여 미리 예비타당성조사를 실시하고, 그 결과를 요약하여 국회 소관 상임위원회와 예산결산특별위원회에 제출하여야 한다.

- 경제적 타당성뿐만 아니라 정책적 타당성도 분석 대상
- 경제적 타당성: 수요, 편익, 비용 추정, 재무성 평가, 민감도
- 정책적 타당성: 지역경제 파급효과, 정책의 일관성, 상위계획과 연계성, 사업에서의 위험 요인, 환경영향, 균형발전을 위한 낙후도 평가

정답 | ④

정답률 49%

② 「공직자윤리법」상 재산등록의무자는 소령 이상의 장교 및 이에 상당하는 군무원이 아니라 대령 이상의 장교 및 이에 상당하는 군무원이다.

행복노트

재산등록의무자와 공개의무자 비교

구 분	등록의무자	공개의무자
정무직	전원	전원
일반직 · 별정직	4급 이상	1급 이상
법관 · 검사	모든 법관 및 검사	고법 부장판사 이상 대검 검사급 이상
군 인	대령 이상	중장 이상
경찰 · 소방	총경, 소방정 이상	치안감, 소방정감 이상
공공기관	공기업의 장 · 부기관장 상임이사 · 상임감사	공기업의 장 · 부기관장 상임감사

기타 등록의무자: 세무, 회계, 감사, 감찰사무, 건축 · 토목 · 환경 · 식품위생분야의 대민업무의 7급 이상

정답 | ②

17

살라몬(Salamon)의 정책도구 분류에서 강제성이 가장 높은 것은?
① 경제적 규제
② 바우처
③ 조세지출
④ 직접대출

18

일반회계, 특별회계, 기금에 대한 설명으로 옳지 않은 것은?
① 일반회계는 조세수입 등을 주요 세입으로 하여 국가의 일반적인 세출에 충당하기 위하여 설치한다.
② 특별회계와 기금은 예산총계주의 원칙의 예외이다.
③ 일반회계, 특별회계, 기금 모두 국회로부터 결산의 심의 및 의결을 받아야 한다.
④ 일반회계와 특별회계는 전쟁이나 대규모 재해가 발생한 경우 추가경정예산을 편성할 수 있다.

정답률 66%

① 살라몬(Salamon)의 정책도구 분류에서 강제성이 가장 높은 것은 경제적 규제이다.

오답피하기

② 바우처는 강제성이 중간정도이다.
③ 조세지출은 강제성이 낮은 편이다.
④ 직접대출은 강제성이 중간정도이다.

행복노트

Salamon의 정책수단의 유형(강제성)

강제성	행정수단	효과성	효율성	형평성	관리가능성	정당성
낮음	손해 책임법, 정보제공, 조세지출	낮음	중간	낮음	중간	높음
중간	바우처, 보험, 보조금, 공기업, 대출보증, 직접대출, 벌금	중간	높음	중간	중간	중간
높음	경제적 규제, 사회적 규제	높음	높음/낮음	높음	낮음	높음/낮음

정답 | ①

정답률 62%

② 특별회계와 기금은 예산총계주의 원칙의 예외에 해당하지 않고 단일성과 통일성의 원칙의 예외에 해당한다.

행복노트

세입·세출의 성질에 따른 구분: 일반회계와 특별회계

일반적인 세입(조세)으로 일반적인 지출을 담당하는 회계 — 일반회계 / 특별회계 — 특정한 세입으로 특정한 목적의 세출을 충당하는 회계

- 기업특별회계
  우편사업, 양곡관리
  조달, 우체국예금,
  책임운영기관

- 기타특별회계
  광역지역발전, 교도작업
  교통시설, 국방·군사시설이전
  우체국보험, 주한미군기지이전
  행복도시이전……

예산에서 특별회계가 많을수록 경직성 초래하지만 특별회계는 집행의 재량성은 큼

일반회계	─ 일반적인 세입으로 일반적인 지출을 담당하는 회계 ─ 단일성, 통일성의 원칙에 입각한 예산
특별회계	─ 특정한 세입으로 특정한 목적의 세출을 충당하는 회계, ─ 단일성, 통일성의 원칙의 예외
특별회계 종류	─ 특정한 사업 운영: 우편, 우체국예금, 조달, 양곡 + 책임운영기관 ─ 특정한 자금을 보유하고 운용 ─ 특정세입으로 특정세출 충당
특별회계 특징	─ 조세 외의 별도의 수입이 재원 ─ 국회의 심의를 받음 ─ 정부기업예산법이나 개별법 적용 ─ 재정운용의 자율성 하지만 재정팽창의 수단이 됨

정답 | ②

19

다음 설명에 해당하는 유연근무제의 유형은?

- 탄력근무제의 한 유형
- 1일 8시간에 구애받지 않음
- 주 3.5~4일 근무

① 재택근무형 ② 집약근무형
③ 시차출퇴근형 ④ 근무시간선택형

20

흘릿(Howlett)과 라메쉬(Ramesh)의 모형에 따라 정책의제 설정 유형을 분류할 때, (가)~(라)에 대한 설명으로 옳지 않은 것은?

의제설정주도자 \ 공중의 지지	높음	낮음
사회 행위자(societal actors)	(가)	(나)
국가(state)	(다)	(라)

① (가) - 시민사회단체 등이 이슈를 제기하여 정책의제에 이른다.
② (나) - 특별히 의사결정자들에게 접근할 수 있는 영향력 있는 집단이 정책을 주도한다.
③ (다) - 이미 공중의 지지가 높기 때문에 정책이 결정된 후 집행이 용이하다.
④ (라) - 정책결정자가 이슈를 제기하면 자동적으로 정책의제화 되기 때문에 성공적인 집행을 위한 공중의 지지는 필요없다.

정답률 63%

② 탄력근무제의 한 유형으로서 1일 8시간에 구애받지 않고 10~12시간 근무하면서 주 3.5~4일 근무하는 유형은 집약근무형에 해당한다.

행복노트

유연근무제
공직의 생산성과 삶의 질 향상위해 유연한 근무형태 선택 및 활용

시간근무제	주 15~35시간(1일 3시간 이상) 근무
탄력근무제	주 40시간, 자율적인 근무시간
시차출퇴근형	1일 8시간 근무, 출퇴근 시간 선택(7h~10h)
근무시간선택형	1일 4~12시간 근무, 주 5일 근무
집약근무형	주 40시간 근무를 주 3.5~4일로 압축하여 근무
재량근무형	출퇴근 의무 없이 프로젝트 수행으로 주 40시간 인정

. 시차출퇴근형, 근무시간선택형, 집약근무형, 재량근무형

| 원격근무제 | 특정 근무장소 ×, 정보통신망을 이용한 근무제도 심각한 보안위험이 예상되는 업무는 온라인 원격 근무 × |

. 재택근무형, 스마트워크 근무형

정답 | ②

정답률 69%

④ (라) 동원형에 해당하므로 정책결정자가 이슈를 제기하면 자동적으로 정책의제화 되지만 성공적인 집행을 위해서는 공중의 지지가 필요하므로 정부의 PR이 필요하다.

오답피하기

① (가) 외부주도형에 해당하므로 시민사회단체 등이 이슈를 제기하여 정책의제에 이른다.
② (나) 내부주도형에 해당하므로 특별히 의사결정자들에게 접근할 수 있는 영향력 있는 집단이 정책을 주도한다.
③ (다) 굳히기형에 해당하므로 이미 공중의 지지가 높기 때문에 정책이 결정된 후 집행이 용이하다.

행복노트

P.May와 Howlett & Ramesh의 정책의제 설정모형

의제 설정의 주도자		대중의 지지 정도	
		높음	낮음
	민간	외부 접근형 (정치적 과정중요)	내부 접근형(전문가,정부기관 주도)
	정부	굳히기(공고화)형 (정책결정자 주도)	동원형(PR필요)

정답 | ④

11 2022 지방직 미러링 1회

01

공익에 대한 설명으로 옳은 것만을 모두 고르면?

ㄱ. 공익 실체설은 엘리트주의의 관점을 취하는 반면, 공익 과정설은 다원주의의 관점을 취한다.
ㄴ. 공익 과정설은 정부와 공무원의 중립적 조정자 역할을 중시한다.
ㄷ. 공익 과정설은 대립적인 이익들을 평가할 수 있는 기준을 제시하고 있다.
ㄹ. 플라톤(Platon)과 루소(Rousseau)는 공익을 선험적으로 주어진 것으로 본다.

① ㄱ, ㄴ
② ㄴ, ㄷ
③ ㄱ, ㄴ, ㄹ
④ ㄱ, ㄷ, ㄹ

02

허즈버그(Herzberg)의 욕구충족요인 이원론에서 동기요인에 해당하지 않는 것은?

① 성취감
② 책임의 증대
③ 대인관계
④ 인정

정답찾기

ㄱ. 공익 실체설은 <u>엘리트주의</u>의 관점을 취하는 반면, 공익 과정설은 <u>다원주의</u>의 관점을 취한다.
ㄴ. 공익 과정설은 정부와 공무원의 중립적 조정자 역할을 중시한다.
ㄹ. 플라톤(Plato)과 루소(Rousseau) 모두 공익을 선험적으로 주어진 것으로 보는 <u>공익 실체설</u>을 주장하였다.

오답피하기

ㄷ. 공익 과정설은 대립적인 이익들을 평가할 수 있는 기준이 명확하지 않다.

행복노트

실체설(적극설)
국가주의, 선량주의(엘리트)
개발도상국의 입장
공익과 사익 구별
공익 우선주의
전체주의, 권위주의로 변질
Rawls, Platon, Aristotele

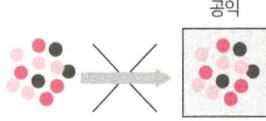
사익 합 ≠ 공익(Σ사익<공익)

과정설(소극설)
개인주의, 다원주의
선진국의 입장, 민주적 공익관
조정과 타협의 산물
집단이기주의 폐단우려
정부의 활동: 중립적 조정자
Herring, Hobbes, Hume, schbert 등

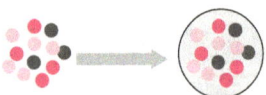
사익 합 = 공익(Σ사익=공익)

정답찾기

③ 대인관계는 허즈버그의 욕구충족요인 이원론에서 <u>위생요인(불만요인)</u>에 해당한다.

오답피하기

① 성취감은 직무자체적 요소에 해당하므로 <u>동기요인</u>에 해당한다.
② 책임의 증대는 직무자체적 요소에 해당하므로 <u>동기요인</u>에 해당한다.
④ 인정은 직무자체적 요소에 해당하므로 <u>동기요인</u>에 해당한다.

행복노트

Herzberg 이원론
- 불만요인: 위생요인, 동기유발로 작용 ×
- 만족요인: 동기유인, 동기유발로 작용

불만요인(위생요인) 직무환경적 요소	만족요인(등기요인) 직무자체적 요소
• 회사의 정책 및 관리 • 감독 기술 • 삭업소선 • 대인관계 • 급여 · 보수, 지위, 안전 • 복지시설	• 성취 • 인정 • 도덕적이고 보람있는 작업 자체 • 책임의 증대(직무충실) • 능력 및 지식의 신장 • 승진 · 성장과 발전
주변 환경에 영향을 미침	동기유발에 접적으로 영향을 미침

행복한 암기 TIP
Herzberg 이원론: **허즈**번드는 **불만**은 없지만 **만족**도 없어요.

정답 | ③

정답 | ③

03

문화적 리더십에 대한 설명으로 옳은 것만을 모두 고르면?

ㄱ. 크레머와 맥나일이 문화적 리더십을 주장하고 있다.
ㄴ. 문화적 리더십에 있어 리더의 주체적 역할이 과소평가되고 있다.
ㄷ. 리더는 조직내의 문화에 걸맞게 리더십을 행사하여야한다.
ㄹ. 조직문화는 조직이나 소문화의 정점에 있는 사람의 가치관에 영향을 받지 않는다.

① ㄱ, ㄷ
② ㄱ, ㄹ
③ ㄴ, ㄷ
④ ㄴ, ㄹ

04

행정학과 관련된 학자의 주장으로 가장 옳지 않은 것은?

① 가우스(Gaus) – 행정에 영향을 미치는 생태적·환경적 요인에는 국민(주민), 장소, 재산, 대화가 포함된다.
② 리그스(Riggs) – 프리즘적 모형에서 설명하는 프리즘적 사회의 특성에는 고도의 이질성, 형식주의, 다규범성이 포함된다.
③ 사이먼(Simon) – 인간이 실질적 합리성을 사실상 포기하고, 만족할 만한 대안을 선택하려는 절차적 합리성을 추구한다고 주장하였다.
④ 귤릭(Gulick)–POSDCoRB는 기획, 조직, 인사, 지휘, 조정, 보고, 예산을 의미한다.

정답찾기

① 가우스(Gaus)의 「행정에 대한 고찰」에서 정부기능은 환경과의 유기적 상호관계를 고려하면서 분석해야 한다는 생태론적 접근법을 시도함으로써 생태론적 접근법의 행정연구에의 도입을 제창하였다. 행정의 생태적·환경적 요인으로 주민(people), 지리·장소(place), 물리적·과학적 기술(physical technology), 인물(personality), 사회적 기술(social technology), 욕구·사상·이념(wishes and idea), 재난(catastrophe)이다. <u>재산과 대화는 포함되지 않는다.</u>

오답피하기

② 리그스(Riggs)의 프리즘적 모형에서 설명하는 프리즘적 사회의 특성에는 <u>고도의 이질성, 형식주의, 다규범성</u>이 포함된다.
③ 사이먼(Simon)은 인간이 실질적 합리성을 사실상 포기하고, <u>만족할 만한 대안을 선택하려는 절차적 합리성을 추구</u>한다고 주장하였다.
④ 귤릭(Gulik)은 <u>조직 제1의 공리를 능률로 여겼으며, POSDCoRB라는 행정과정 및 최고관리자의 기능</u>을 주장하였다. 즉, 조직의 최고관리층이 담당해야 할 총괄관리기능으로 그는 기획(Planning), 조직화(Organizing), 인사(Staffing), 지휘(Directing), 조정(Coordinating), 보고(Reporting), 예산(Budgeting)의 7대 기능을 제시하고, 이들 기능을 나타내는 단어의 첫 글자를 따 POSDCoRB라는 약어를 만들었다.

행복노트

생태론: Gaus(정치이론 = 행정이론)

생태론은 정치행정이원론 but 가우스는 정치행정일원론 주장

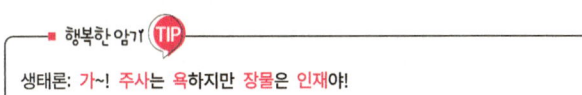

생태론: 가~! 주사는 욕하지만 장물은 인재야!

정답찾기

ㄱ. <u>크레머와 맥나일(Clemmer & McNeil)</u>이 문화적 리더십을 주장하고 있다.
ㄷ. 지도자와 추종자와의 관계에 초점을 두는 개념이 아니라 지도자와 추종자 간의 <u>사회문화적 맥락</u>에 그 초점을 두고 있다.

오답피하기

ㄴ. 문화적 리더십은 문화와 의식을 통하여 구성원에게 솔선수범하는 성직자와 같은 지도력을 말한다. 문화적 리더십에서는 리더의 역할과 가치관에 따라 조직문화가 <u>영향을 받는다고</u> 보고 신념과 상징에 의한 주체적인 역할과 가치관을 중시하며 참여와 권한 부여 또한 중시한다.
ㄹ. 조직문화는 <u>조직이나 소문화의 정점에 있는 사람의 가치관에 영향을 받는다.</u>

정답 | ①

정답 | ①

05

티부(Tiebout) 모형의 전제조건으로 옳지 않은 것은?

① 주민이 언제든지 별다른 이사비용 없이 다른 지역으로 이사할 수 있다.
② 주민이 다른 모든 다른 지역적 특성을 완전히 파악하고 있다.
③ 지역 간 외부효과가 존재하지 않는다.
④ 주민들이 선택할 수 있는 지역에 따라서 그들의 소득에는 차이가 있다.

06

다음 중 관료제 병리현상에 대한 설명으로 옳지 않은 것은 모두 몇 개인가?

> ㉠ 규칙이나 절차에 지나치게 집착하게 되면 목표와 수단의 대치현상이 발생한다.
> ㉡ 자신의 소속기관만을 중요시함에 따라, 타 기관과의 업무협조나 조정이 어려워지는 문제는 나타나지 않는다.
> ㉢ 피터의 원리에 따르면 무능력자가 승진하는 경우는 생길 수 없다.
> ㉣ 상관의 권위에 의존하면서 소극적으로 일을 처리하려는 할거주의가 나타난다.

① 1개 ② 2개
③ 3개 ④ 4개

정답찾기

④ 배당 수입에 의한 소득을 전제로 하므로 주민들이 어느 지역에 살거나 그들의 소득에는 차이가 없어야 한다.

오답피하기

① 완전한 이동성을 전제로 하므로 주민이 언제든지 별다른 이사비용 없이 다른 지역으로 이사할 수 있다.
② 주민이 다른 모든 다른 지역적 특성을 완전히 파악하고 있다.
③ 지역 간 외부효과가 주민의 지역선택에 중요한 기준이 될 수 있기에 외부효과의 부존재를 가설의 조건으로 한다.

행복노트

티부가설

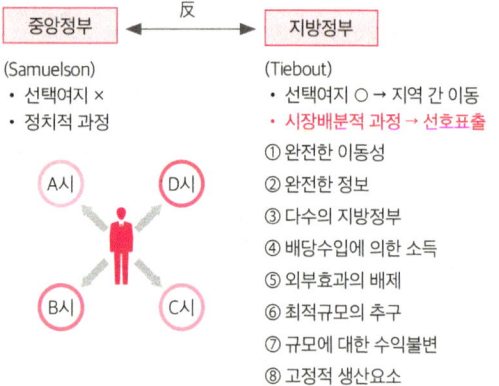

① 완전한 이동성
② 완전한 정보
③ 다수의 지방정부
④ 배당수입에 의한 소득
⑤ 외부효과의 배제
⑥ 최적규모의 추구
⑦ 규모에 대한 수익불변
⑧ 고정적 생산요소

정답 | ④

정답찾기

㉡ 자신의 소속기관만을 중시하는 할거주의가 발생할 시, 타 기관과의 업무협조나 조정이 어려워질 수 있다.
㉢ 피터(Peter)의 원리는 무능력자도 승진할 수 있다는 원리이다.
㉣ 상관의 권위에 의존하면서 소극적으로 일을 처리하려는 행위는 무사안일이다.

오답피하기

㉠ 규칙이나 절차에 지나치게 집착하게 되면 목표와 수단의 대치현상이 발생한다.

행복노트

근대 관료제 병리

- 동조과잉(Merton): 목표와 수단이 대치되는 목표 대치 현상, 경직성 발생
- 인간성 상실: 몰주관적 대인관계, 자기실현욕구 좌절
- 할거주의(Selznick): 소속부서 이익만 중시, 횡적 협조의 곤란
- 형식주의: 문서에 의한 사무처리 강조, 번문욕례(red tape)
- 전문화로 인한 무능(Veblen): 한가지 분야에만 전문성, 다른 분야는 융통성 상실
- 변동에 대한 저항: 국민의 요구에 대응 ×
- 관료제 내적·외적 가치로 인한 역기능: 형식주의(내적), 보신주의·책임회피(외적)
- 피터머스 증후군: 카멜리펀트 – 대규모화, 대응력 약화
- 무능력자의 승진약화(피터(Peter)의 원리): 능력넘는 수준까지 승진, 효율성
- 무사안일주의와 권위주의(Gouldner): 상관의 지시만 따르는 소극적 행동 복지부동 성향

정답 | ③

07

정책집행의 접근법에 대한 설명으로 옳지 않은 것은 모두 몇 개인가?

> ㉠ 하향식 접근법은 실제 행위자 중심의 연구로서 미시적 접근이며, 집행현장에서 발생하는 구체적인 현상들의 고찰로부터 시작하므로 귀납적 접근이다
> ㉡ 상향식 접근법은 규범적 처방을 정책집행자에게 제시하는 데 그 목적이 있다.
> ㉢ 상향식 접근법은 정치행정이원론과 합리모형을 배경으로 하고 있으며 엘모어(Elmore)의 전방향적 접근과 맥을 같이 한다.
> ㉣ 상향식 접근법은 정책집행을 반대하는 입장이나 전략 파악이 용이하다.

① 1개　② 2개
③ 3개　④ 4개

08

호그우드(Hogwood)와 피터스(Peters)가 제시한 정책변동의 유형 중 정책목표는 유지하면서 정책수단을 새로운 수단으로 대체하는 것은?

① 정책유지　② 정책혁신
③ 정책종결　④ 정책승계

정답찾기

㉠ 실제 행위자 중심의 연구로서 미시적 접근이며, 집행현장에서 발생하는 구체적인 현상들의 고찰로부터 시작하므로 귀납적 접근은 상향식 접근법에 대한 설명이다.
㉡ 규범적 처방을 정책집행자에게 제시하는 데 그 목적이 있는 것은 하향식 접근법에 대한 설명이다.
㉢ 정치행정이원론과 합리모형을 배경으로 하고 있으며 엘모어(Elmore)의 전방향적 접근과 맥을 같이 하는 것은 하향식 접근법에 대한 설명이다.

오답피하기

㉣ 상향식 접근법은 정책집행을 반대하는 입장이나 전략 파악이 용이하다.

행복노트

하향적 접근 vs 상향적 접근

	하향적 접근	상향적 접근
주요 행위자	상층부	일선 기관
연구전략	결정 → 집행	관료 → 네트워크
민주주의 모형	엘리트 민주주의	참여 민주주의
연구방법	거시·연역	미시·귀납
정책 상황	안정적, 구조화	유동적, 동태적
정책 목표의 수정	낮음	높음
평가기준	공식목표	현장적응성

정답 | ③

정답찾기

④ 정책승계란 정책목표는 그대로 유지하면서 기존 정책의 기본성격을 바꾸는 것으로서 정책목표는 유지하되 정책내용, 담당조직, 예산 등 수단을 수정·변경한다.

오답피하기

① 정책유지란 정책을 그대로 지속시키는 것으로서 기존 정책의 내용, 담당조직, 예산 등의 기본골격을 유지하면서 약간씩 수정하는 경우를 의미한다.
② 정책혁신이란 기존 정책, 조직, 예산이 없는 상태에서 새로운 정책을 만드는 경우를 의미한다.
③ 정책종결이란 기존의 정책 및 관련된 예산이나 조직을 폐지하고 이를 전혀 대체하지 않는 것을 의미한다.

행복노트

정책변동의 유형(Hogwood & Peters)

	정책 혁신	정책 유지	정책 승계	정책 종결
변화 특징	무 → 유	기존정책 + 수단 유지 (조정)	기존정책 + 수단 폐지 (대체)	유 → 무
정책문제의 변화	새로운 문제	문제의 지속	문제의 변질	문제의 소멸
프로그램, 예산,조직	추가	지속	변경(대체)	종료

정답 | ④

09

퀸(Quinn)의 경쟁적 가치의 조직문화 유형 중에서 (가)에 해당하는 것은?

	인간(내부)	조직(외부)
통제(안정)	(가)	(나)
유연성(융통성)	(다)	(라)

① 생산 중심 문화
② 인적 자원 문화
③ 개방 체제 문화
④ 위계 질서 문화

10

우리나라 공무원연금 제도에 대한 설명에서 옳지 않은 것은?

① 퇴직연금 지급은 65세가 되었을 때 혹은 정년 퇴임일로부터 5년이 경과한 때에 지급하게 된다.
② 기금제는 연금 개시비용이 많이 들긴 하지만, 인플레이션을 감안하여 실질가치 유지가 장점이다.
③ 우리나라는 기금조성의 비용을 정부와 공무원이 공동으로 부담하는 기여제를 채택하고 있다.
④ 퇴직연금제도는 공무원이 노령, 질병, 부상, 기타의 이유로 퇴직하거나 사망한 경우 본인 또는 유족의 생계를 돌보기 위해 연금을 지급하는 제도로, 직업공무원제를 확립하는 데 불가결한 제도이다.

정답찾기

④ 퀸과 로보그(Quinn & Rohrbaug)의 경쟁적 가치접근법 중 인간(내부)와 통제(안정)을 강조하는 모형은 내부과정모형이다. 내부과정모형은 위계질서문화를 추구한다.

오답피하기

① 생산 중심 문화는 합리적 목표모형에서 나타난다.
② 인적자원 문화는 인간관계모형에서 나타난다.
③ 개방체제 문화는 개방체제모형에서 나타난다.

	인간(내부)	조직(외부)
통제(안정)	(가) 위계질서문화	(나) 생산중심문화
유연성(융통성)	(다) 인적자원 문화	(라) 개방체제 문화

행복노트

퀸과 로보그의 경쟁적 가치 모형(효과성 측정 모형)

		인간(내부)	조직(외부)
통제 (안정)		내부과정모형(위계질서) 목표: 안정성, 균형 확보 수단: 정보관리, 의사소통 효과성기준: 조직안정성, 균형	합리적 목표모형(과업지향) 목표: 생산성,능률성, 수익성 수단: 계획, 목표 설정 효과성기준: 조직의 이윤, 생산성
유연성 (융통)		인간관계모형(집단문화) 목표: 인적자원 개발 수단: 응집력, 사기 및 훈련 효과성기준: 인적자원 개발	개방체제모형(혁신발전지향) 목표: 성장, 자원 확보 수단: 준비성, 외부평가 효과성기준: 조직성장여부

행복한 암기 TIP
퀸과 로보그의 경쟁적 가치모형: 로봇 합체(는) 인내를 가지고 하자!

정답 | ④

정답찾기

② 기금제는 연금 개시비용이 많이 들며 인플레이션이 발생하였을 경우 화폐가치 하락으로 실질가치가 유지되지 않는다.

오답피하기

① 퇴직연금 지급은 65세가 되었을 때 혹은 정년 퇴임일로부터 5년이 경과한 때에 지급하게 된다.
③ 우리나라는 기금조성의 비용을 정부와 공무원이 공동으로 부담하는 기여제를 채택하고 있다.
④ 퇴직연금제도는 공무원이 노령, 질병, 부상, 기타의 이유로 퇴직하거나 사망한 경우 본인 또는 유족의 생계를 돌보기 위해 연금을 지급하는 제도로, 직업공무원제를 확립하는데 불가결한 제도이다.

행복노트

연금재정의 조성

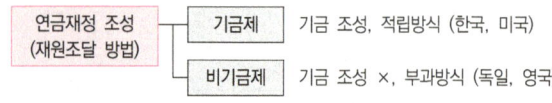

구 분	기금제	비기금제
개 념	사전 기금 조성	사전 기금 조성 ×
장 점	① 연금재정 및 급여 안정성 ② 일관성 있는 연금재정 ③ 인구구조의 변화와 무관	① 시행초 적은 부담 ② 간편한 운영 ③ 적은 관리비용
단 점	① 시행초 많은 부담 ② 인플레이션 취약 ③ 투자위험 노출	① 후세대 많은 부담 ② 불안정한 재정운영 ③ 인구구조변화에 취약

정답 | ②

11

통일성 원칙이란 특정 수입과 특정 지출이 연계되어서는 안 된다는 예산의 원칙이다. 〈보기〉에서 통일성 원칙의 예외와 관련된 세목을 모두 바르게 묶은 것은?

| 보기 |
| ㄱ. 법인세   ㄴ. 교통·에너지·환경세 |
| ㄷ. 교육세   ㄹ. 지방교육세 |
| ㅁ. 농어촌특별세   ㅂ. 소득세 |

① ㄱ, ㄴ, ㄷ
② ㄱ, ㄴ, ㄹ, ㅁ
③ ㄴ, ㄷ, ㄹ
④ ㄴ, ㄷ, ㄹ, ㅁ

12

정부회계에 관한 설명 중 가장 옳지 않은 것은?

① 현금주의는 기록의 보존과 관리가 간편하며 현금흐름 파악이 용이하다.
② 현금주의는 실질주의라고도 하며 현금을 발생시키는 경제적 사건이 실제로 발생한 시점에 거래를 인식하는 방식이다.
③ 발생주의는 미래의 현금지출에 대한 정보나 자산·부채를 정확하게 파악할 수 있어 실질적인 재정건전성 평가에 유용하다.
④ 현행 법령상 지방자치단체의 장은 발생주의와 복식부기를 기초로 하여 재무보고서를 작성하여야 한다.

정답찾기

통일성 원칙의 예외로는 목적세, 수입대체경비, 특별세, 기금 등이 있다.
ㄴ. 교통·에너지·환경세는 목적세이자 국세이다.
ㄷ. 교육세는 목적세이자 국세이다.
ㄹ. 지방교육세는 목적세이자 지방세이다.
ㅁ. 농어촌특별세는 목적세이자 국세이다.

오답피하기

ㄱ. 법인세는 보통세이자 국세이다.
ㅂ. 소득세는 보통세이자 국세이다.

행복노트

노이마르크의 예산의 전통적 원칙

| 통일성 | 전체세입 → 전체지출(특정세입, 특정지출 연계금지) |
| | 예외: 목적세, 수입대체경비, 특별회계, 기금 |

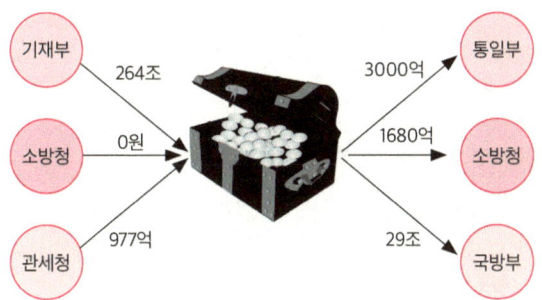

정답 | ④

정답찾기

② 발생주의는 실질주의라고도 하며 현금을 발생시키는 경제적 사건이 실제로 발생한 시점에 거래를 인식하는 방식이다.

오답피하기

① 현금주의는 기록의 보존과 관리가 간편하며 현금흐름 파악이 용이하다.
③ 발생주의는 자산가치 증감과 미래의 지불자금에 대한 정보를 제공하기 때문에 재정적 성과파악이 용이하다.
④ 현행 법령상 지방자치단체의 장은 발생주의와 복식부기를 기초로 하여 재무보고서를 작성하여야 한다.

행복노트

현금주의와 발생주의의 차이점

	현금주의	발생주의
거래의 해석과 분류	현금의 수입과 지불	쌍방흐름 (거래의 이중성)
수익비용의 인식기준	현금의 수취·지출	수익의 획득·비용의 발생
선급비용과 선수수익	비용과 수익으로 인식	자산과 부채로 인식
미지급비용과 미수수익	인식 ×	부채와 자산
감가상각 충당금	인식 ×	비용
상환이자 지급액	지급시기 비용	기간별 인식
무상거래	인식 ×	이중거래
정보 활용원	개별자료	통합자료
추가정보 요구	별도 작업 필요	기본 시스템에 존재

정답 | ②

13

정부의 각종 위원회에 대한 설명으로 가장 옳은 것은?
① 의결위원회는 의사결정의 구속력은 있지만 집행권이 없다.
② 행정위원회의 대표적인 예로 공정거래위원회, 공직자윤리위원회 등을 들 수 있다.
③ 관련분야 전문지식이 있는 외부전문가만으로 구성하여야 한다.
④ 자문위원회는 계선기관으로서 사안에 따라 조사·분석 등의 기능을 수행한다.

14

공무원 보수의 유형과 보수결정기준의 연결이 잘못된 것은?
① 생활급 - 생계비 수준에 맞춤
② 연공급 - 근무자의 능력에 맞춤
③ 직무급 - 직무의 난이도와 책임도에 맞춤
④ 직능급 - 노동력의 가치에 맞춤

정답찾기

② 연공급은 보수결정을 연공서열에 맞추는 평가이고, 근무자의 직무수행능력을 보수결정의 기준으로 삼는 보수유형은 직능급이다.

행복노트

보수체계의 구성

1. 계급제(사람)

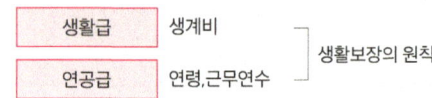

2. 직위분류제(직무)

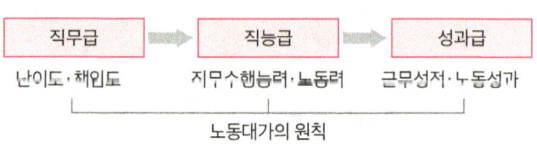

생활급	보수기준을 공무와 생계비에 역점, 계급제에서 중요시
연공급	근속연수·연령·경력·학력 등 속인적 요소 (호봉제 바탕) 개인의 생산성이나 능력, 성과(공헌도)의 차이 반영 ×

정답찾기

① 의결위원회는 자문위와 행정위의 중간 형태로 의사결정은 할 수 있으나 집행권이 없다. 대표적으로 공직자윤리위원회가 있다.

오답피하기

② 공정거래위원회는 행정위원회이나 공직자윤리위원회는 의결위원회에 속한다.
③ 관련분야 전문지식이 있는 외부전문가와 내부전문가로 구성한다.
④ 자문위원회는 특정의 개인 또는 조직 전체에 대한 자문에 응하게 할 목적으로 설치되는 참모(막료)기관의 성격을 가진 합의제조직으로 자문기능만 수행한다.

정답 | ①

정답 | ②

15

우리나라 국가재정법에서 정하고 있는 재정운영의 특성으로 올바르지 않은 것은?

① 정부는 예산이 온실가스 감축에 미칠 영향을 미리 분석한 보고서(이하 "온실가스감축인지 예산서"라 한다)를 작성하여야 한다.
② 예비타당성조사는 총사업비가 500억원 이상이고 국가의 재정지원 규모가 300억원 이상인 신규 사업이 해당된다.
③ 국가채무에는 국채, 차입금, 국고채무부담행위와 정부의 대지급 이행이 확정된 국가보증채무와 국가의 다른 회계 또는 기금으로부터의 차입금을 포함한다.
④ 각 중앙관서의 장은 완성에 2년 이상이 소요되는 사업으로서 대통령령이 정하는 대규모사업에 대하여는 그 사업규모·총사업비 및 사업기간을 정하여 미리 기획재정부장관과 협의하여야 한다.

16

행정윤리에 대한 설명으로 옳은 것을 모두 고르면?

> ㄱ. 행정윤리는 공무원이 수행하는 행정업무와 관련된 윤리를 의미한다.
> ㄴ. 국가공무원법, 공직자윤리법은 부정부패 방지 등을 위한 구체적이고 적극적인 행정윤리를 강조한다.
> ㄷ. 정무직 공무원, 4급 이상 일반직 고위공무원은 재산등록 대상이지만 정부출연기관의 임원은 제외된다.
> ㄹ. 공무원의 개인적 윤리기준은 공공의 신탁(public trust)과 관련된다.

① ㄱ, ㄴ
② ㄱ, ㄹ
③ ㄴ, ㄹ
④ ㄷ, ㄹ

정답찾기
③ 국가채무에는 국채, 차입금, 국고채무부담행위와 정부의 대지급 이행이 확정된 국가보증채무가 포함되지만, 국가의 다른 회계 또는 기금으로부터의 차입금은 제외된다.

오답피하기
국가재정법 제27조【온실가스감축인지 예산서의 작성】
① 정부는 예산이 온실가스 감축에 미칠 영향을 미리 분석한 보고서(이하 "온실가스감축인지예산서"라 한다)를 작성하여야 한다.
② 온실가스감축인지 예산서에는 온실가스 감축에 대한 기대효과, 성과목표, 효과분석 등을 포함하여야 한다.

국가재정법 제50조【총사업비의 관리】
① 각 중앙관서의 장은 완성에 2년 이상이 소요되는 사업으로서 대통령령이 정하는 대규모사업에 대하여는 그 사업규모·총사업비 및 사업기간을 정하여 미리 기획재정부장관과 협의하여야 한다. 협의를 거친 사업규모·총사업비 또는 사업기간을 변경하고자 하는 때에도 또한 같다.

정답 | ③

정답찾기
ㄱ. 행정윤리는 공무원이 수행하는 행정업무와 관련된 윤리를 의미한다.
ㄹ. 공무원의 개인적 윤리기준은 공공의 신탁(public trust)과 관련된다.

오답피하기
ㄴ. 국가공무원법, 공직자윤리법은 소극적인 행정윤리를 강조한다.
ㄷ. 재산등록의무자에 4급 이상~, 대령 이상의 장교 및 이에 상당하는 공무원, 총경 이상의 경찰공무원과 소방정 이상의 소방공무원 등과 정부출연기관의 임원 또한 포함된다.

정답 | ②

17

살라몬(Salamon)의 직접성의 정도에 따른 행정(정책)수단분류에 의할 때 다음 중 직접성이 가장 높은 행정(정책)수단은?

① 바우처
② 정부출자기업
③ 사회적 규제
④ 정부 제공

정답찾기

④ 직접적 정책수단은 정부가 직접 개입하는 것을, 간접적 정책수단은 제3자 혹은 민관이 공동으로 개입하는 것을 의미한다. Salamon의 정책수단 중 정부 제공은 직접성이 높은 정책수단이다.

오답피하기

① 바우처는 직접성이 낮은 정책수단이다.
② 정부출자기업은 직접성이 낮은 정책수단이다.
③ 사회적 규제는 직접성이 중간수준의 정책수단이다.

행복노트

Salamon의 정책수단의 유형(직접성)

직접성	행정수단	효과성	효율성	형평성	관리 가능성	정당성
낮음	손해 책임법, 보조금, 대출보증, 정부출자기업, 바우처	낮음	높음	낮음	낮음	높음
중간	조세 지출, 계약, 사회규제, 벌금 부과금	낮음/중간	중간	낮음	낮음	높음
높음	정부소비, 직접대출, 정부제공, 보험, 공기업, 경제규제	높음	중간	높음	높음	낮음

행복한 암기 TIP

Salamon의 정책수단의 유형(직접성)
직접성이 높은 수단: 살라살라! 소대 제보 공경!

정답 | ④

18

일반회계, 특별회계, 기금에 대한 설명으로 옳지 않은 것은?

① 기금은 일반회계 및 특별회계와 달리 세입세출에 의하지 않고 운영될 수 있다.
② 특별회계는 특정한 세입과 세출의 연계를 인정한다.
③ 기금은 반드시 법률로 설치하며 모든 기금은 국회의 심의 의결을 거쳐야 한다.
④ 기금은 특정수입과 지출을 연계한 특정자금으로서, 기금 관리의 주체는 기획재정부장관이다.

정답찾기

④ 기금관리주체는 기획재정부장관이다.

오답피하기

② 국가 회계 중 특정한 세입으로 특정한 세출에 충당하기 위한 예산을 특별회계예산이라 한다. 특별회계예산은 예산 통일성의 원칙의 예외이다.

> 국가재정법 제5조【기금의 설치】
> ① 기금은 국가가 특정한 목적을 위하여 특정한 자금을 신축적으로 운용할 필요가 있을 때에 한하여 법률로써 설치하되, 정부의 출연금 또는 법률에 따른 민간부담금을 재원으로 하는 기금은 법률에 의하지 아니하고는 이를 설치할 수 없다.
> ② 제1항의 규정에 따른 기금은 세입세출예산에 의하지 아니하고 운용할 수 있다.

행복노트

세입·세출의 성질에 따른 구분: 일반회계와 특별회계

일반적인 세입(조세)으로 일반적인 지출을 담당하는 회계 — 예산 — 일반회계 / 특별회계 — 특정한 세입으로 특정한 목적의 세출을 충당하는 회계

- 기업특별회계: 우편사업, 양곡관리 조달, 우체국예금, 책임운영기관
- 기타특별회계: 광역지역발전, 교도작업 교통시설, 국방·군사시설이전 우체국보험, 주한미군기지이전 행복도시이전……

예산에서 특별회계가 많을수록 경직성 초래하지만 특별회계는 집행의 재량성은 큼

- **일반회계**
  - 일반적인 세입으로 일반적인 지출을 담당하는 회계
  - 단일성, 통일성의 원칙에 입각한 예산
- **특별회계**
  - 특정한 세입으로 특정한 목적의 세출을 충당하는 회계.
  - 단일성, 통일성의 원칙의 예외
- **특별회계 종류**
  - 특정한 사업 운영: 우편, 우체국예금, 조달, 양곡 + 책임운영기관
  - 특정한 자금을 보유하고 운용
  - 특정세입으로 특정세출 충당
- **특별회계 특징**
  - 조세 외의 별도의 수입이 재원
  - 국회의 심의를 받음
  - 정부기업예산법이나 개별법 적용
  - 재정운용의 자율성 하지만 재정팽창의 수단이 됨

정답 | ④

19

다음 설명에 해당하는 유연근무제의 유형은?

- 탄력근무제의 한 유형
- 1일 4~12시간 근무
- 주 5일 근무

① 재택근무형 ② 집약근무형
③ 시차출퇴근형 ④ 근무시간선택형

20

정책문제에 대한 설명으로 옳지 않은 것은?

① 허쉬만(Hirshman)이 제시하는 강요된 정책문제는 정책담당자들의 신념이나 이념이 크게 작용하는 문제이다.
② 허쉬만(Hirshman)이 제시하는 선택된 정책문제는 정책집행 유형은 상향식보다 하향식 집행이 일반적이다.
③ 메이(May)가 제시하는 굳히기형은 논쟁의 주도자가 국가이고, 대중적 지지가 높을 때 자주 발생하는 모형이다.
④ 메이(May)가 제시하는 내부주도모형은 논쟁의 주도자가 사회적 행위자들이고, 대중적 지지가 낮을 때 발생하는 모형이다.

정답찾기

④ 탄력근무제의 한 유형으로서 1주 40시간을 근무하면서 1일 4~12시간 선택하여 주 5일을 근무하는 것은 근무시간선택형에 해당한다.

오답피하기

① 재택근무형은 원격근무제의 한 형태로 자택에서 근무하는 것이다.
② 탄력근무제의 한 유형으로서 1일 8시간에 구애받지 않고 10~12시간 근무하면서 주 3.5~4일 근무하는 유형은 집약근무형에 해당한다.
③ 시차출퇴근형은 1일 8시간 근무하면서 출퇴근 시간 선택을 7시에서 10시 사이로 선택할수 있다.

행복노트

유연근무제
공직의 생산성과 삶의 질 향상위해 유연한 근무형태 선택 및 활용

시간근무제	주 15~35시간(1일 3시간 이상) 근무
탄력근무제	주 40시간, 자율적인 근무시간
시차출퇴근형	1일 8시간 근무, 출퇴근 시간 선택(7h~10h)
근무시간선택형	1일 4~12시간 근무, 주 5일 근무
집약근무형	주 40시간 근무를 주 3.5~4일로 압축하여 근무
재량근무형	출퇴근 의무 없이 프로젝트 수행으로 주 40시간 인정

. 시차출퇴근형, 근무시간선택형, 집약근무형, 재량근무형

| 원격근무제 | 특정 근무장소 ×, 정보통신망을 이용한 근무제도 심각한 보안위험이 예상되는 업무는 온라인 원격 근무 × |

. 재택근무형, 스마트워크 근무형

정답 | ④

정답찾기

① 허쉬만(Hirshman)이 제시하는 강요된 정책문제는 정책담당자들의 신념이나 이념이 크게 작용하는 문제가 아니라, 일반국민의 여론에 의한 외부압력에 의하여 문제화되는 모형이다. 강요된 정책문제는 일반국민의 여론에 의한 외부압력에 의하여 채택되며, 집행유형은 상향식 집행의 특성이 있다.

오답피하기

② 허쉬만(Hirshman)이 제시하는 선택된 정책문제는 정책집행 유형은 상향식보다 하향식 집행이 일반적이다.
③ 메이(May)가 제시하는 굳히기형은 논쟁의 주도자가 국가이고, 대중적 지지가 높을 때 자주 발생하는 모형이다.
④ 메이(May)가 제시하는 내부주도모형은 논쟁의 주도자가 사회적 행위자들이고, 대중적 지지가 낮을 때 발생하는 모형이다.

행복노트

P.May와 Howlett & Ramesh의 정책의제 설정모형

		대중의 지지 정도	
		높음	낮음
의제 설정의 주도자	민간	외부 접근형 (정치적 과정중요)	내부 접근형(전문가, 정부기관 주도)
	정부	굳히기(공고화)형 (정책결정자 주도)	동원형(PR필요)

정답 | ①

12 2022 지방직 미러링 2회

01

공익에 대한 설명으로 가장 적절하지 않은 것은?
① 지나친 집단 이기주의를 극복하기 위해서는 공익 실체설의 입장을 반영할 필요가 있다.
② 공익 과정설은 절차적 합리성을 강조하여 적법절차의 준수에 의해서 공익이 보장된다고 본다.
③ 공익 실체설은 개인의 사적 이익은 성격상 아무리 합쳐도 공익이 될 수 없다고 본다.
④ 공익과정설은 공익을 단순히 개인들의 집합이 아니라고 보아 집단주의적 성격을 띤다.

02

동기이론에 대한 설명으로 가장 옳지 않은 것은?
① 브룸(Victor H. Vroom)은 노력과 성과 간의 관계를 1차적 동기부여로, 성과와 보상과의 관계를 2차적 동기 부여로 설명하였다.
② 맥클랜드(McClelland)는 욕구를 권력욕구, 친교욕구, 성취욕구로 분류하고, 성취욕구의 중요성을 강조한다.
③ 허즈버그(Herzberg)의 욕구충족요인이원론은 위생요인과 동기요인이 구성원에 따라 다를 수 있다는 인식하에 개인차를 강조한다.
④ 맥그리거(D. McGregor)의 X·Y이론에서 X이론은 주로 하위욕구를, Y이론은 주로 상위욕구를 중요시하는 것이다.

정답찾기
④ 공익을 단순히 개인들의 집합이 아니라고 보아 집단주의적 성격을 띠는 것은 공익 실체설에 해당한다.

오답피하기
① 과정설적인 입장을 지나치게 취하면 지역이기주의(집단이기주의)의 문제가 나타나므로 이를 극복하기 위해 규범설이라 불리는 실체설적인 입장이 필요하다.
② 공익 과정설은 절차적 합리성을 강조하여 적법절차의 준수에 의해서 공익이 보장된다고 본다.
③ 공익 실체설은 개인의 사적 이익은 성격상 아무리 합쳐도 공익이 될 수 없다고 본다.

행복노트

실체설(적극설)
국가주의, 선량주의(엘리트)
개발도상국의 입장
공익과 사익 구별
공익 우선주의
전체주의, 권위주의로 변질
Rawls, Platon, Aristotele

과정설(소극설)
개인주의, 다원주의
선진국의 입장, 민주적 공익관
조정과 타협의 산물
집단이기주의 폐단우려
정부의 활동: 중립적 조정자
Herring, Hobbes, Hume, schbert 등

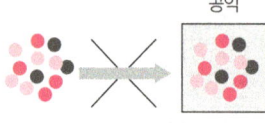
사익 합 ≠ 공익(Σ사익<공익)

사익 합 = 공익(Σ사익=공익)

정답 | ④

정답찾기
③ 허즈버그(Herzberg)의 욕구충족요인 이원론은 개인차가 고려되지 못했다.

오답피하기
① 브룸(Victor H. Vroom)은 노력과 성과 간의 관계를 1차적 동기부여로, 성과와 보상과의 관계를 2차적 동기 부여로 설명하였다.
② 맥클랜드(McClelland)는 욕구를 권력욕구, 친교욕구, 성취욕구로 분류하고, 성취욕구의 중요성을 강조한다.
④ 맥그리거(D. McGregor)의 X·Y이론에서 X이론은 주로 하위욕구를, Y이론은 주로 상위욕구를 중요시하는 것이다.

행복노트

동기부여 이론

내용이론(What)	과정이론(How)
Maslow 욕구계층이론	Adams 형평성이론
Alderfer ERG이론	Vroom 기대이론
McGregor X·Y이론	Porter & Lawler
Z이론모형	성과·만족이론
Herzberg 이원론	Locke 목표설정이론
Argryris 성숙·미성숙이론	학습이론
McClelland 성취동기이론	
Hackman & Oldham 직무특성이론	

동기유발의 실체가 무엇인가
(What)
욕구충족에 초점

동기가 어떻게 발휘되는가
(How)
동기유발과정에 초점

정답 | ③

03

다양한 리더십의 유형에 대한 설명에서 올바르지 않은 내용은?

① 지식정보사회에서는 네트워크화된 상호연계적 리더십을 중시한다.
② 다중연결모형은 장기적으로는 매개변수보다 상황변수를 더 중시한다.
③ 카리스마 리더십은 현상유지에 반대하고 자신의 소신과 이상을 확신하며, 다른 사람에게 영향을 행사하려는 욕구가 강하므로 리더 자신이 기꺼이 희생하려는 경향이 약하다.
④ 문화적 리더십은 조직 전체의 문화를 변화·유지시키는 데 맞추고 있기 때문에 중하위 계층의 리더보다는 상위 계층의 리더가 발휘하는 리더십이다.

04

행정학의 접근방법에 대한 설명으로 옳지 않은 것은?

① 딜레마이론은 참여자, 선택 기회, 문제 등의 모호성으로 인해 선택이 어려운 상황을 분석하는 연구방법이다.
② 행태론적 접근방법은 집단의 고유한 특성을 인정하지 않는 방법론적 개체주의의 입장이다.
③ 행정학 분야에서 각종 제도나 직제에 대한 자세한 기술에 관심을 갖는 것은 제도론적 접근방법에 따른 것이다.
④ 시차적 접근방법은 시간적 차이에서 오는 정책의 실패를 줄이기 위해 시간적 리더십을 강조한다.

정답찾기

③ 카리스마 리더의 특징은 리더 자신이 기꺼이 자기를 희생하려는 경향이 강하기 때문에 틀렸다.

오답피하기

① 지식정보사회에서는 네트워크화된 상호연계적 리더십을 중시한다.
② 유클(Yukl)의 다중연결모형은 기존의 이론을 집대성한 것으로 리더의 행동 11가지, 매개변수 6가지 그리고 상황변수 3가지로 조직의 효과성을 설명하고 있다. 단기적으로는 매개변수의 부족한 면을 얼마나 잘 시정하는가와, 장기적으로는 상황변수를 얼마나 유리하게 만드는가에 달려 있다.
④ 문화적 리더십은 조직 전체의 문화를 변화·유지시키는 데 맞추고 있기 때문에 중하위 계층의 리더보다는 상위 계층의 리더가 발휘하는 리더십이다.

행복노트

신속성론: 변혁적 리더십의 특징

| 의의 | 1980년대 경제 불황기에 혁신과 변동을 위해 리더의 개인적 영향력의 비중을 높이 평가함(Burns, Bass) |

구성요소
- 카리스마 리더십 — 난관극복 리더십, 부하에게 자긍심 고취
- 영감적 리더십 — 도전적 목표와 임무, 미래에 대한 비전
- 개별적 배려 — 부하에 대한, 개인적 배려, 존중
- 지적 자극 — 새로운 관념 촉발

행복한 암기 TIP
리더십이론 – 신속성론 / 변혁적 리더십의 특징:
카~영지 개 변혁

정답 | ③

정답찾기

① 정책 딜레마 모형은 정책결정과정에서 각 대안에 대한 분석과 평가가 체계적으로 수행하여, 참여자·기회·문제 등의 모호성 여부와는 상관없이 대안들의 표면적 가치를 비교할 수 없기 때문에 선택이 어려운 상황을 말한다.

오답피하기

② 행태론적 접근방법은 집단의 고유한 특성을 인정하지 않는 방법론적 개체주의의 입장이다.
③ 행정학 분야에서 각종 제도나 직제에 대한 자세한 기술에 관심을 갖는 것은 제도론적 접근방법에 따른 것이다.
④ 시차적 접근방법은 시간적 차이에서 오는 정책의 실패를 줄이기 위해 시간적 리더십을 강조한다.

행복노트

정책 딜레마 모형

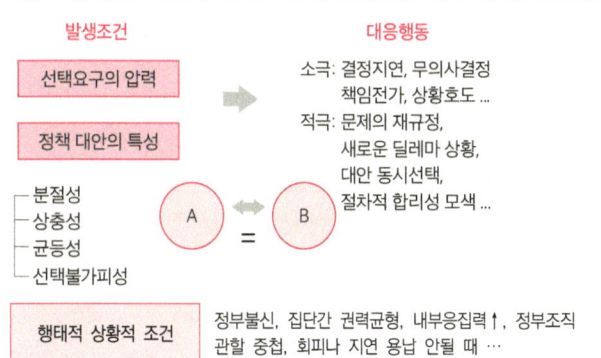

정답 | ①

05

여러 지역사회가 존재하는 상황에서 사람들이 발에 의해 투표를 하게 된다면 지방공공재의 분권화된 배분이 오히려 효율적으로 이루어지게 될 것이라는 이론에 해당하는 것은?

① 티부(Tiebout) 가설
② 피터슨(Peterson)의 도시한계론
③ 피터슨과 롬(Peterson & Rom)의 복지자석론
④ 로즈(Rhodes)의 동반자형

06

관료제 병리 및 행정문화에 대한 설명의 바람직한 연결이 아닌 것은?

① 일반주의 − 전문능력을 가진 사람을 존중하기보다는 넓은 능력의 소유자를 존중하는 문화이다.
② 과잉동조(over − conformity) − 규칙·절차의 엄격한 준수로 인해 발생하는 관료제 병리현상이다.
③ 무사안일주의 − 지나친 계서주의 강조로 발생하는 관료제 병리현상이다.
④ 형식주의(red tape) − 소속 부서의 업무에 대해서는 충성하면서, 부서 간 협조를 하지 않는 문화이다.

정답찾기

① 여러 지역사회가 존재하는 상황에서 사람들이 발에 의해 투표를 하게 된다면 지방공공재의 분권화된 배분이 오히려 효율적으로 이루어지게 될 것이라는 이론은 티부(Tiebout) 가설에 해당한다.

오답피하기

② 피터슨(Peterson)은 도시한계론에서 도시정부의 모든 공공정책을 개발정책, 재분배정책, 할당정책으로 분류하고, 도시정부의 정책결정자들은 정책선호 결정에 가장 중요한 변수는 정책의 경제적 영향으로 보고, 그들은 도시성장에 가장 도움이 되는 개발정책을 가장 선호하며, 재분배정책에 대한 선호가 가장 낮으며, 할당정책에 대한 선호는 중간정도라고 하였다.
③ 다른 조건이 일정한 상황에서 미국 일부 주정부의 복지혜택이 인접 주정부의 복지혜택에 비해 상대적으로 증가할 때, 인접 주정부의 가난한 사람들을 자석처럼 끌어당김으로써 주정부의 빈곤율이 증가할 것이라는 이론으로 피터슨과 롬(Peterson & Rom)의 복지자석론(welfare magnet)은 지방정부가 복지정책을 적극적으로 추구할수록 저소득층만 유입되고 고소득층은 유출되기 때문에 복지정책은 국가수준에서 추진되어야 한다는 주장의 근거로 제시된다.
④ 로즈(Rhodes)의 동반자형은 지방이 고유한 권한을 가지고 독자적인 결정을 내릴 수 있기 때문에 중앙정부와 상하 관계에 있다고 보지 않고, 다소 불편한 동반자 관계로 보는 모형이다.

행복노트

티부가설

중앙정부	←反→	지방정부
(Samuelson)		(Tiebout)
• 선택여지 ×		• 선택여지 ○ → 지역 간 이동
• 정치적 과정		• 시장배분적 과정 → 선호표출
		① 완전한 이동성
		② 완전한 정보
		③ 다수의 지방정부
		④ 배당수입에 의한 소득
		⑤ 외부효과의 배제
		⑥ 최적규모의 추구
		⑦ 규모에 대한 수익불변
		⑧ 고정적 생산요소

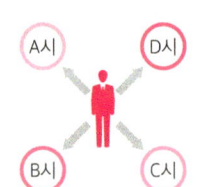

정답 | ①

정답찾기

④ 소속 부서의 업무에 대해서는 충성하면서, 부서 간 협조를 하지 않는 문화는 할거주의(sectionalism)에 해당한다.

오답피하기

① 일반주의 − 전문능력을 가진 사람을 존중하기 보다는 넓은 능력의 소유자를 존중하는 문화이다.
② 과잉동조(over−conformity) − 규칙·절차의 엄격한 준수로 인해 발생하는 관료제 병리현상이다.
③ 무사안일주의 − 지나친 계서주의 강조로 발생하는 관료제 병리현상이다.

행복노트

근대 관료제 병리

— 동조과잉(Merton): 목표와 수단이 대치되는 목표 대치 현상, 경직성 발생
— 인간성 상실: 몰주관적 대인관계, 자기실현욕구 좌절
— 할거주의(Selznick): 소속부서 이익만 중시, 횡적 협조의 곤란
— 형식주의: 문서에 의한 사무처리 강조, 번문욕례(red tape)
— 전문화로 인한 무능(Veblen): 한가지 분야에만 전문성, 다른 분야는 융통성 상실
— 변동에 대한 저항: 국민의 요구에 대응 ×
— 관료제 내적·외적 가치로 인한 역기능: 형식주의(내적), 보신주의·책임회피(외적)
— 비히머스 증후군: 카멜리펀트 − 대규모화, 대응력 약화
— 무능력자의 승진약화(피터(Peter)의 원리): 능력넘는 수준까지 승진, 효율성
— 무사안일주의와 권위주의(굴드너(Gouldner)): 상관의 지시만 따르는 소극적 행동 복지부동 성향

정답 | ④

07

정책집행 연구 중 상향적 접근방법(bottom-up approach)에 대한 설명으로 가장 옳은 것은?

① 정책목표의 설정과 정책목표 간 우선순위는 명확하다.
② 엘모어(Elmore)는 전방향적 집행이라고 하였다.
③ 버먼(Berman)은 정형적 집행이라고 하였다.
④ 지역 간의 집행상의 차이를 파악하는 데에 유리하다.

08

호그우드(Hogwood)와 피터스(Peters)가 제시한 정책변동의 유형에 대한 설명으로 옳지 않은 것은?

① 호그우드(Hogwood)와 피터스(Peters)는 정책변동의 유형으로 정책유지, 정책종결, 정책승계, 정책혁신을 들고 있다.
② 정책혁신은 기존 정책수단이 없는 무(無)에서 새로운 정책을 만드는 것이다.
③ 정책의 기본적 성격은 유지한 채 정책수단인 사업이나 담당조직을 바꾸는 경우는 '정책승계'이다.
④ 저소득층 자녀에 대한 교육비 보조를 그 바로 위 계층의 자녀에게 확대하는 사례는 정책유지에 해당한다.

정답찾기

④ 상향적 접근은 여러 지역 간의 집행상의 차이를 파악하는 데 용이하다.

오답피하기

① 정책목표의 설정과 정책목표 간 우선순위는 명확한 것은 하향적 집행에 대한 설명이다.
② 엘모어(Elmore)는 전방향적 집행이라고 한 것은 하향적 집행에 대한 설명이다. 엘모어(Elmore)는 상향적 집행을 일컬어 후방향적 집행이라고 하였다.
③ 버먼(Berman)의 정형적 집행은 하향적 집행을 의미한다. 버먼(Berman)은 상향적 집행을 일컬어 적응적 집행이라고 하였다. 적응적 집행이란 비교적 불명확한 정책목표에 의거하여 다수의 참여자들이 협상과 타협을 통하여 정책을 수정하고 구체화하면서 집행해 나가는 상황적응적인 집행유형이다.

행복노트

상향적 집행

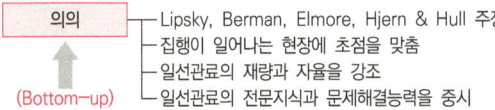

- **의의** (Bottom-up)
  - Lipsky, Berman, Elmore, Hjern & Hull 주장
  - 집행이 일어나는 현장에 초점을 맞춤
  - 일선관료의 재량과 자율을 강조
  - 일선관료의 전문지식과 문제해결능력을 중시
- **장점**
  - 집행과정의 인과관계 설명 용이, 집행현장 파악 가능
  - 복잡한 상황 신축적 연구 가능
- **단점**
  - 결정권자의 영향력 경시 및 거시적 틀 간과
  - 공식목표를 중시하지 않으므로 객관적 평가 곤란
  - 선출직 공무원에 대한 정책결정과 책임이라는 민주주의 기본가치 위배

정답 | ④

정답찾기

③ 정책의 기본적 성격은 유지한 채 정책수단인 사업이나 담당조직을 바꾸는 경우는 정책승계가 아니라 정책유지에 해당한다.

오답피하기

① 호그우드(Hogwood)와 피터스(Peters)는 정책변동의 유형으로 정책유지, 정책종결, 정책승계, 정책혁신을 들고 있다.
② 정책혁신은 기존 정책수단이 없는 무(無)에서 새로운 정책을 만드는 것이다.
④ 저소득층 자녀에 대한 교육비 보조를 그 바로 위 계층의 자녀에게 확대하는 사례는 정책유지에 해당한다.

행복노트

정책변동의 유형(Hogwood & Peters)

	정책 혁신	정책 유지	정책 승계	정책 종결
변화 특징	무 → 유	기존정책 + 수단 유지 (조정)	기존정책 + 수단 폐지 (대체)	유 → 무
정책문제의 변화	새로운 문제	문제의 지속	문제의 변질	문제의 소멸
프로그램, 예산, 조직	추가	지속	변경(대체)	종료

정답 | ③

09

퀸과 로보그(Quninne & Rohrbaugh)의 경쟁가치모형에 대한 설명으로 옳지 않은 것은?

① 융통성과 외부에 초점을 맞추어 개방체제 모형은 자원확보와 성장을 목표로 한다.
② 통제와 내부에 초점을 맞춘 내부과정 모형은 안정성과 균형을 목표로 한다.
③ 통제와 외부에 초점을 맞춘 합리목표 모형은 민주성과 형평성을 목표로 한다.
④ 융통성과 내부에 초점을 맞춘 인간관계 모형은 인적자원 개발을 목표로 한다.

10

다음 중 우리나라 공무원연금제도에 대한 설명으로 옳은 것을 모두 고른 것은?

> ㉠ 공무원연금제도는 행정안전부가 관장하고, 그 집행은 공무원연금공단에서 실시하고 있다.
> ㉡ 최초의 공적 연금제도로서 직업공무원을 대상으로 하는 특수직역 연금제도이다.
> ㉢ 「공무원연금법」상 공무원연금 대상에는 군인, 공무원 임용 전의 견습직원 등이 포함된다.
> ㉣ 사회보험원리와 부양원리가 혼합된 제도이다.

① ㉠, ㉡
② ㉡, ㉣
③ ㉡, ㉢, ㉣
④ ㉠, ㉡, ㉣

정답찾기

③ 합리목표 모형은 (민주·형평성이 아니라) 생산성이나 능률성을 목표로 하기 때문에 틀렸다.

오답피하기

① 융통성과 외부에 초점을 맞추어 개방체제 모형은 자원확보와 성장을 목표로 한다.
② 통제와 내부에 초점을 맞춘 내부과정 모형은 안정성과 균형을 목표로 한다.
④ 융통성과 내부에 초점을 맞춘 인간관계 모형은 인적자원 개발을 목표로 한다.

행복노트

퀸과 로보그의 경쟁적 가치 모형(효과성 측정 모형)

	인간(내부)	조직(외부)
통제 (안정)	내부과정모형(위계질서) 목표: 안정성, 균형 확보 수단: 정보관리, 의사소통 효과성기준: 조직안정성, 균형	합리적 목표모형(과업지향) 목표: 생산성,능률성, 수익성 수단: 계획, 목표 설정 효과성기준: 조직의 이윤, 생산성
유연성 (융통)	인간관계모형(집단문화) 목표: 인적자원 개발 수단: 응집력, 사기 및 훈련 효과성기준: 인적자원 개발	개방체제모형(혁신발전지향) 목표: 성장, 자원 확보 수단: 준비성, 외부평가 효과성기준: 조직성장여부

행복한 암기 TIP
퀸과 로보그의 경쟁적 가치모형: 로봇 합체(는) 인내를 가지고 하자!

정답 | ③

정답찾기

㉡ 최초의 공적 연금제도로서 직업공무원을 대상으로 하는 특수직역 연금제도로서 박정희 대통령때 실시되었다.
㉣ 공무원연금제도는 사회보험원리와 부양원리가 혼합된 제도이다.

오답피하기

㉠ 공무원연금제도는 인사혁신처가 관장하고, 그 집행은 공무원연금공단에서 실시하고 있다.
㉢ 공무원연금법상 공무원연금 대상에는 군인과 견습직원은 포함되지 않는다. 군인은 군인연금법이 별도로 존재한다.

정답 | ②

11

다음 지방세 중 보통세가 아닌 것은?
① 자동차세
② 주민세
③ 재산세
④ 지방교육세

12

정부회계방식으로서 복식부기와 발생주의 회계제도를 도입할 때의 장점으로 볼 수 없는 것은?
① 정부의 자산에 대한 평가와 재평가를 통해 자원을 효율적으로 사용할 수 있다.
② 미래의 현금지출에 대한 정보나 자산, 부채의 정확한 파악으로 실질적인 재정건전성 평가에 유용하다.
③ 회수가 불가능한 채권이나 지불이 불필요한 채무를 쉽게 구별하게 하여 재무정보의 왜곡현상을 제거한다.
④ 회계의 자기검증기능으로 부정과 비리에 대한 통제 가능성을 높여준다.

정답찾기
④ 지방교육세는 목적세이며, 특별시세·광역시세이자 도세이다.

오답피하기
① 자동차세는 보통세이며, 특별시세·광역시세이자 시·군세이다.
② 주민세는 보통세이며, 특별시세·광역시세이자 시·군세이다.
③ 재산세는 보통세이며, 시·군세이며 자치구세이다.

행복노트

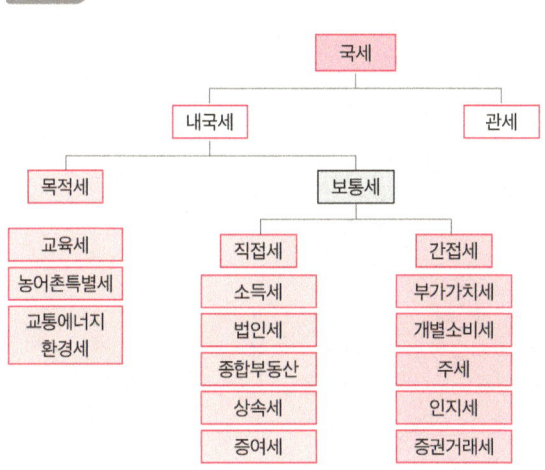

정답찾기
③ 발생주의 회계방식은 회수가 불가능한 채권이나 지불이 불필요한 채무를 쉽게 구별하지 못하며, 재무정보의 왜곡현상을 초래한다.

오답피하기
① 정부의 자산에 대한 평가와 재평가를 통해 자원을 효율적으로 사용할 수 있다.
② 미래의 현금지출에 대한 정보나 자산, 부채의 정확한 파악으로 실질적인 재정건전성 평가에 유용하다.
④ 회계의 자기검증기능으로 부정과 비리에 대한 통제 가능성을 높여준다.

행복노트
현금주의와 발생주의의 차이점

	현금주의	발생주의
거래의 해석과 분류	현금의 수입과 지불	쌍방흐름 (거래의 이중성)
수익비용의 인식기준	현금의 수취·지출	수익의 획득·비용의 발생
선급비용과 선수수익	비용과 수익으로 인식	자산과 부채로 인식
미지급비용과 미수수익	인식 ×	부채와 자산
감가상각 충당금	인식 ×	비용
상환이자 지급액	지급시기 비용	기간별 인식
무상거래	인식 ×	이중거래
정보 활용원	개별자료	통합자료
추가정보 요구	별도 작업 필요	기본 시스템에 존재

정답 | ④

정답 | ③

13

국민권익위원회에 관한 설명으로 옳지 않은 것은?

① 국무총리 소속 기관이다.
② 국민권익위원회 위원의 임기는 3년이며, 연임할 수 없다.
③ 정당의 당원은 국민권익위원회 위원이 될 수 없다.
④ 고충민원의 조사와 처리 및 이와 관련된 시정권고 업무를 수행한다.

정답찾기

② 국민권익위원회 위원장과 위원의 임기는 3년으로 하고 1차에 한하여 연임할 수 있다.

> 부패방지권익위법 16조(직무상 독립과 신분보장) ① 위원회는 그 권한에 속하는 업무를 독립적으로 수행한다.
> ② 위원장과 위원의 임기는 각각 3년으로 하되 1차에 한하여 연임할 수 있다.

오답피하기

① 국무총리 소속의 행정위원회이다.

> 부패방지권익위법 제15조(위원의 결격사유) ① 다음 각 호의 어느 하나에 해당하는 자는 위원이 될 수 없다.
> 1. 대한민국 국민이 아닌 자
> 2. 「국가공무원법」 제33조 각 호의 어느 하나에 해당하는 자
> 3. 정당의 당원
> 4. 「공직선거법」에 따라 실시하는 선거에 후보자로 등록한 자

행복노트

독립통제기관에 의한 통제

구분	감사원	국민권익위원회
기능	• 회계검사 • 직무감찰 • 예산결산 검사	• 고충처리 • 부패방지 • 행정심판
근거	헌법	법률
소속	대통령	국무총리
위원	• 헌법: 5~11명(감사원장 포함) • 법률: 7명(감사원장 포함)	15명(위원장 포함)
임기	4년, 1차 중임	3년, 1차 연임

정답 | ②

14

공무원 보수표에 대한 설명으로 틀린 것은?

① 계급제보다 직위분류제에서 보수등급의 수가 많다.
② 호봉을 두는 이유는 동일등급이라도 당사자 능력에 차이를 반영하기 위해서이다.
③ 계급제보다 직위분류제에서 보수 간의 중복이 심하다.
④ 고위등급으로 갈수록 J커브의 곡선(上厚下薄)이 되도록 하는 것이 바람직하다.

정답찾기

③ 계급제에서는 중복현상을 인정하여 보수등급이 적고, 직위분류제에서는 개별직무에 대한 정확한 분석을 기초로 한 간격형을 사용하여 보수등급이 많다.

오답피하기

① 계급제보다 직위분류제에서 보수등급의 수가 많다.
② 호봉을 두는 이유는 동일등급이라도 당사자 능력에 차이를 반영하기 위해서이다.
④ 고위등급으로 갈수록 J커브의 곡선(上厚下薄)이 되도록 하는 것이 바람직하다.

행복노트

보수등급의 수와 폭

등급의 수	승진의 단계 직위분류제: 등급 세분화, 기본급 중심 운영 계급제: 등급의 수 작음, 수당 중심 운영
등급의 폭	보수등급의 최고액~보수등급의 최저액 호봉 바탕, 근무실적 고려, 능률향상 고취
등급 간의 중첩	등급의 보수폭과 상급의 보수 폭의 일부 중복현상 장기 근속자 배려, 일시적인 예산상 부담의 충격↓
보수곡선	고위직으로 갈수록 상하위간 보수격차가 큰 J커브 상후하박 곡선(미국·일본) 우리나라: 하후상박형 곡선

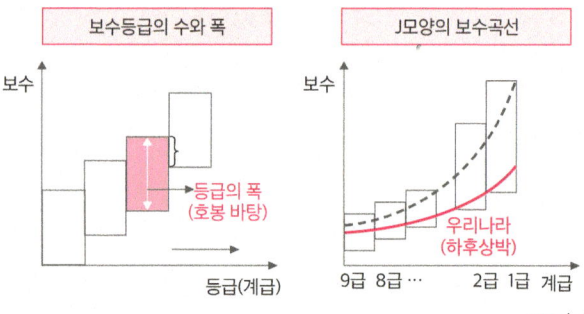

정답 | ③

15

다음 중 현행 국가재정법에서 규정하고 있는 내용으로 옳지 않은 것은?

① 예산은 예산총칙·세입세출예산·계속비·명시이월비 및 국고채무부담 행위를 총칭한다.
② 기획재정부장관은 국무회의의 심의를 거쳐 대통령의 승인을 얻은 다음 연도의 예산안편성지침을 매년 3월 31일까지 각 중앙관서의 장에게 통보하여야 한다.
③ 정부는 제60조에 따라 감사원의 검사를 거친 국가결산보고서를 다음 연도 5월 31일까지 국회에 제출하여야 한다.
④ 정부는 대통령의 승인을 얻은 예산안을 회계연도 개시 90일 전까지 국회에 제출하여야 한다.

16

다음 중 공직윤리 확보를 위해 우리나라에서 시행하고 있는 제도에 관한 설명으로 가장 옳지 않은 것은?

① 공직자 재산등록 및 공개 제도는 공직자, 공직후보자의 재산 정보를 등록 및 공개하는 제도로 우리나라 「공직자윤리법」에 시행근거를 두고 있다.
② 고위공직자의 직무 관련 주식 보유에 따른 공·사적 이해충돌 방지를 위해 주식백지신탁제도를 도입, 운용하고 있다.
③ 퇴직공직자 취업제한제도는 적용대상 공직자의 퇴직 후 3년 간 그가 퇴직이 전에 5년 간 속해있던 소속 부서나 기관과 밀접한 업무관련성이 있는 기관으로의 취업을 제한한다.
④ 현행 「부정청탁 및 금품 등 수수의 금지에 관한 법률」에 의하면 공직자는 직무관련 여부와 관계없이 동일인으로부터 1회에 100만원 또는 매 회계연도에 500만원을 초과하는 금품 등을 받을 수 없다.

정답찾기

④ 헌법에 예산편성, 심의, 의결에 관한 사항으로 정부는 회계연도마다 예산안을 편성하고 회계연도 90일 전까지 국회에 제출하여야 한다고 명시되어 있지만, 국가재정법에서는 정부는 재정운영의 효율화와 건전화를 위하여 매년 당해연도를 포함한 5 회계연도 이상의 기간에 대한 국가재정운용계획을 수립하고, 예산안과 함께 회계연도 개시 120일 전까지 국회제출을 의무화한다고 명시하고 있다.

오답피하기

① 예산은 예산총칙·세입세출예산·계속비·명시이월비 및 국고채무부담 행위를 총칭한다.
② 기획재정부장관은 국무회의의 심의를 거쳐 대통령의 승인을 얻은 다음 연도의 예산안편성지침을 매년 3월 31일까지 각 중앙관서의 장에게 통보하여야 한다.

> 국가재정법 제61조【국가결산보고서의 국회제출】
> 정부는 제60조에 따라 감사원의 검사를 거친 국가결산보고서를 다음 연도 5월 31일까지 국회에 제출하여야 한다.

정답 | ④

정답찾기

④ 현행 「부정청탁 및 금품 등 수수의 금지에 관한 법률」에 의하면 공직자는 직무관련 여부와 관계없이 동일인으로부터 1회에 100만원 또는 매 회계연도에 300만원을 초과하는 금품 등을 받을 수 없다.

오답피하기

① 공직자 재산등록 및 공개 제도는 공직자, 공직후보자의 재산 정보를 등록 및 공개하는 제도로 우리나라 「공직자윤리법」에 시행근거를 두고 있다.
② 고위공직자의 직무 관련 주식 보유에 따른 공·사적 이해충돌 방지를 위해 주식백지신탁제도를 도입, 운용하고 있다.
③ 공직자윤리법 제17조(퇴직공직자의 유관업체에의 취업제한 의무)에는 퇴직공직자 취업제한제도는 적용대상 공직자의 퇴직 후 3년 간 그가 퇴직이 전에 5년 간 속해 있던 소속 부서나 기관과 밀접한 업무관련성이 있는 기관으로의 취업을 제한한다.

정답 | ④

17

살라몬(Salamon)의 정책도구 분류에서 강제성이 가장 높은 것은?
① 정보제공
② 벌금
③ 조세지출
④ 사회적 규제

18

일반회계, 특별회계, 기금에 대한 설명으로 옳지 않은 것은?
① 일반회계는 통제지향의 관점에서 일반적인 정부의 예산활동을 관리 감독하는 회계이다.
② 기금은 예산 외로 운영되는 기금의 규모가 커지면서 '제3의 예산'이라고 불려진다.
③ 특별회계는 집행부의 예산 운영의 재량을 넓혀주거나 국가의 필요에 따라 한시적으로 집중적인 재정 지원이 요구되는 사업을 뒷받침하기 위해서 인정되고 있다.
④ 특별회계는 특정수입과 특정세출을 연계하면서도 추가경정예산의 편성은 제외된다.

정답찾기

④ 일반회계와 특별회계 모두 추가경정예산 편성이 적용된다.

오답피하기

① 일반회계는 통제지향의 관점에서 일반적인 정부의 예산활동을 관리 감독하는 회계이다.
② 기금은 예산 외로 운영되는 기금의 규모가 커지면서 '제3의 예산'이라고 불려진다.
③ 특별회계는 집행부의 예산 운영의 재량을 넓혀주거나 국가의 필요에 따라 한시적으로 집중적인 재정 지원이 요구되는 사업을 뒷받침하기 위해서 인정되고 있다.

행복노트

세입·세출의 성질에 따른 구분: 일반회계와 특별회계

일반적인 세입(조세)으로 일반적인 지출을 담당하는 회계

특정한 세입으로 특정한 목적의 세출을 충당하는 회계

- 기업특별회계
  우편사업, 양곡관리 조달, 우체국예금, 책임운영기관
- 기타특별회계
  광역지역발전, 교도작업 교통시설, 국방·군사시설이전 우체국보험, 주한미군기지이전 행복도시이전……

예산에서 특별회계가 많을수록 경직성 초래하지만 특별회계는 집행의 재량성은 큼

일반회계	일반적인 세입으로 일반적인 지출을 담당하는 회계 단일성, 통일성의 원칙에 입각한 예산
특별회계	특정한 세입으로 특정한 목적의 세출을 충당하는 회계. 단일성, 통일성의 원칙의 예외
특별회계 종류	특정한 사업 운영: 우편, 우체국예금, 조달, 양곡 + 책임운영기관 특정한 자금을 보유하고 운용 특정세입으로 특정세출 충당
특별회계 특징	조세 외의 별도의 수입이 재원 국회의 심의를 받음 정부기업예산법이나 개별법 적용 재정운용의 자율성 하지만 재정팽창의 수단이 됨

정답찾기

④ 살라몬(Salamon)의 정책도구 분류에서 강제성이 가장 높은 것은 사회적 규제이다.

오답피하기

① 정보제공은 강제성이 낮은 정도이다.
② 벌금은 강제성이 중간 정도이다.
③ 조세지출은 강제성이 낮은 정도이다.

행복노트

Salamon의 정책수단의 유형(강제성)

강제성	행정수단	효과성	효율성	형평성	관리 가능성	정당성
낮음	손해 책임법, 정보제공, 조세지출	낮음	중간	낮음	중간	높음
중간	바우처, 보험, 보조금, 공기업, 대출보증, 직접대출, 벌금	중간	높음	중간	중간	중간
높음	경제적 규제, 사회적 규제	높음	높음/낮음	높음	낮음	높음/낮음

정답 | ④

정답 | ④

19

동기유발 프로그램의 종류에 대한 설명에서 정확한 설명으로서 거리가 먼 것은?

① 유연근무제는 공직의 생산성을 향상시키고 삶의 질을 높이기 위해 공무원의 근무방식과 형태를 개인·업무·기관 특성에 따라 선택할 수 있는 제도이다.
② 직무 개선방법으로서 근무일에 더 오래 일하고 그 대신 쉬는 날을 늘릴 수 있는 방법은 재량근무형이다.
③ 시간선택제 공무원은 기관 사정이나 정부의 일자리 나누기 정책 구현 등을 위해서 활용되었다.
④ 근무생활의 질 개선은 개인의 필요와 조직의 목표를 결합시켜 통합하려는 원리를 추구하며, 참여관리, 작업환경개선 등의 복합적으로 동원한다.

20

정책의제설정에 관한 설명으로 옳지 않은 것은?

① 콥(R. W. Cobb)은 정책의제설정 유형을 주도 집단에 따라 외부주도형, 동원형, 내부접근형으로 분류하였다.
② 포자모형은 정책문제가 제기되어 정의되는 환경이 갖는 중요성에 주목한다.
③ 관련 집단들에 의해 예민하게 쟁점화된 사회문제일수록 정책의제화 가능성이 크다.
④ 동원형은 반대집단에게는 정책결정과정을 은폐시키고 정책내용을 공개하려 하지 않아 일종의 음모형이라고 불리운다.

정답찾기

② 직무 개선방법으로서 근무일에 더 오래 일하고 그 대신 쉬는 날을 늘릴 수 있는 방법은 집약근무제에 대한 설명이다.

오답피하기

① 유연근무제는 공직의 생산성을 향상시키고 삶의 질을 높이기 위해 공무원의 근무방식과 형태를 개인·업무·기관 특성에 따라 선택할 수 있는 제도이다.
③ 시간선택제 공무원은 기관 사정이나 정부의 일자리 나누기 정책 구현 등을 위해서 활용되었다.
④ 근무생활의 질 개선은 개인의 필요와 조직의 목표를 결합시켜 통합하려는 원리를 추구하며, 참여관리, 작업환경개선 등의 복합적으로 동원한다.

행복노트

유연근무제
공직의 생산성과 삶의 질 향상위해 유연한 근무형태 선택 및 활용

시간근무제	주 15~35시간(1일 3시간 이상) 근무
탄력근무제	주 40시간, 자율적인 근무시간
시차출퇴근형	1일 8시간 근무, 출퇴근 시간 선택(7h~10h)
근무시간선택형	1일 4~12시간 근무, 주 5일 근무
집약근무형	주 40시간 근무를 주 3.5~4일로 압축하여 근무
재량근무형	출퇴근 의무 없이 프로젝트 수행으로 주 40시간 인정

· 시차출퇴근형, 근무시간선택형, 집약근무형, 재량근무형

원격근무제	특정 근무장소 ×, 정보통신망을 이용한 근무제도 심각한 보안위험이 예상되는 업무는 온라인 원격 근무 ×

· 재택근무형, 스마트워크 근무형

정답 | ②

정답찾기

④ 주도집단이 정책내용을 일반대중에게 알리지 않으려고 공중의제화를 억제하기 때문에 일종의 '음모형'에 해당하는 것은 내부접근형이다.

오답피하기

① 콥(R. W. Cobb)은 정책의제설정 유형을 주도 집단에 따라 외부주도형, 동원형, 내부접근형으로 분류하였다.
② 포자모형은 정책문제가 제기되어 정의되는 환경이 갖는 중요성에 주목한다.
③ 관련 집단들에 의해 예민하게 쟁점화된 사회문제일수록 정책의제화 가능성이 크다.

기타 정책의제설정 모형

정책흐름 모형	쓰레기통 모형 등 조직화된 무정부상태에서의 합리성을 설명하는 모형
포자 모형	정책문제 자체 성격보다는 환경을 중시하는 모형
이슈관심주기	공공의 관심을 끌기 위한 치열한 경쟁으로 이슈 자체에 주기가 있다고 보는 모형
동형화 모형	정부간 정책전이가 모방, 규범, 강압에 의해 이루어 진다는 모형

정답 | ④

01

계급제에 대한 설명으로 옳지 않은 것은?
① 직무의 속성을 중심으로 공직을 분류하는 제도이다.
② 폐쇄형 충원방식을 원칙으로 한다.
③ 일반행정가 양성을 지향한다.
④ 탄력적 인사관리에 용이하다.

정답찾기

① 직무의 속성을 중심으로 공직을 분류하는 제도는 직위분류제이다.

오답피하기

② 계급제는 폐쇄형 충원방식을 원칙으로 한다.
③ 계급제는 일반행정가 양성을 지향한다.
④ 계급제는 탄력적 인사관리에 용이하다.

정답 | ①

02

민츠버그(Mintzberg)가 제시한 조직유형이 아닌 것은?
① 기계적 관료제
② 애드호크라시(adhocracy)
③ 사업부제 구조
④ 홀라크라시(holacracy)

정답찾기

④ 홀라크라시는 1967년 영국의 철학자이자 작가인 아서 케슬러(Koestler, A.)가 자신의 저서 《기계 속의 영혼(The Ghost in the Machine)》에서 언급한 '홀라키(holachy)'와 통치를 의미하는 어근인 크라시(cracy)를 조합하여 만든 합성어로서 '전체'를 뜻하는 그리스어 holos와 '통치'를 뜻하는 cracy가 합쳐진 말로 권한과 의사결정이 상위계급에 속하는 게 아닌 조직 전체에 걸쳐 분배되어있는 조직 형태이다.

오답피하기

① 기계적 관료제는 민츠버그(Mintzberg)가 제시한 조직유형이다.
② 애드호크라시(adhocracy)는 임시체제로서 민츠버그(Mintzberg)가 제시한 조직유형이다.
③ 사업부제 구조는 민츠버그(Mintzberg)가 제시한 조직유형이다.
① 민츠버그(Mintzberg)가 제시한 조직유형이다.

조직의 유형 : Mintzberg(다차원적 분류)

	단순 구소	기계적 관료제	사업부제	전문적 관료제	임시체제
예	신생조직	행정부	재벌조직	학교, 병원	연구소
환경	단순, 동태	단순, 안정	단순, 안정	복잡, 안정	복잡, 동태
핵심부문 (권력)	전략적 정점 (최고관리자)	기술구조 (기술관료)	중간계선 (중간관리층)	핵심운영 (작업계층)	지원참모
조정기제	직접감독	작업 표준화	산출물 표준화	기술 표준화	상호조정
공식화	낮음	높음	높음	낮음	낮음
분권정도	집권화	수평적 분권	제한된 수직적	수평적 수직적	선택적 분권화

정답 | ④

03

정책결정모형에 대한 설명으로 옳은 것은?

① 혼합주사모형(mixed scanning approach)은 1960년대 미국의 쿠바 미사일 위기사건을 설명하기 위해 연구된 모형이다.
② 사이버네틱스모형을 설명하는 예시로 자동온도조절장치를 들 수 있다.
③ 쓰레기통모형은 갈등의 준해결, 문제 중심의 탐색, 불확실성 회피, 표준운영절차의 활용을 설명하는 모형이다.
④ 합리모형은 만족할 만한 수준에서 의사결정이 이루어진다고 설명하는 모형이다.

04

행정이론의 발달을 오래된 순서대로 바르게 나열한 것은?

(가) 과학적 관리론 - 테일러(Taylor)
(나) 신공공관리론 - 오스본과 게블러(Osborne & Gaebler)
(다) 신행정론 - 왈도(Waldo)
(라) 행정행태론 - 사이먼(Simon)

① (가) - (다) - (라) - (나)
② (가) - (라) - (다) - (나)
③ (라) - (가) - (나) - (다)
④ (라) - (다) - (나) - (가)

정답찾기

② 사이버네틱스모형을 설명하는 예시로 자동온도조절장치를 들 수 있다.

오답피하기

① 1960년대 미국의 쿠바 미사일 위기사건을 설명하기 위해 연구된 모형은 엘리슨모형이다.
③ 갈등의 준해결, 문제 중심의 탐색, 불확실성 회피, 표준운영절차의 활용을 설명하는 모형은 회사모형이다.
④ 만족할 만한 수준에서 의사결정이 이루어진다고 설명하는 모형은 만족모형이다.

정답 | ②

정답찾기

② (가) 과학적 관리론 - 테일러(Taylor), (라) 행정행태론 - 사이먼(Simon), (다) 신행정론 - 왈도(Waldo), (나) 신공공관리론 - 오스본과 게블러(Osborne & Gaebler)순으로 발달하였다.

오답피하기

행정이론의 전개

과학적 관리론 ➡ 인간관계론 ➡ 행태론 ➡ 생태론 ➡ 체제론 ➡ 비교행정론 ➡ 발전행정론 ➡ 신행정론 ➡ 현상학, 공공선택론, 신제도론… ➡ 신공공관리론(NPM) ➡ 거버넌스 및 뉴거버넌스 ➡ 신공공서비스론(NPS) ➡ …

정답 | ②

05

엘리트이론과 다원주의이론에 대한 설명으로 옳지 않은 것은?

① 고전적 엘리트이론에서 엘리트들은 다른 계층에 대해 책임을 지지 않는다.
② 밀즈(Mills)는 명성접근법을 사용하여 엘리트들을 분석한다.
③ 달(Dahl)은 권력이 분산되어 있음을 전제로 다원주의론을 전개한다.
④ 바흐라흐와 바라츠(Bachrach & Baratz)는 무의사결정이 의제설정과정뿐만 아니라 정책결정과정에서도 발생할 수 있다고 주장한다.

06

예산 불성립에 따른 예산 종류에 대한 설명으로 옳지 않은 것은?

① 준예산은 전년도 예산을 기준으로 예산을 편성해 운영하는 제도이다.
② 현재 우리나라는 준예산제도를 채택하고 있다.
③ 가예산은 1개월분의 예산을 국회의 의결을 거쳐 집행하는 것으로 우리나라가 운영한 경험이 있다.
④ 잠정예산은 수개월 단위로 임시예산을 편성해 운영하는 것으로 가예산과 달리 국회의 의결이 불필요하다.

정답찾기

② 명성접근법을 사용하여 엘리트들을 분석한 것은 헌터에 해당한다. 밀즈는 군산복합체로서 엘리트를 분석하였다.

오답피하기

① 고전적 엘리트이론에서 엘리트들은 다른 계층에 대해 책임을 지지 않는다.
③ 달(Dahl)은 권력이 분산되어 있음을 전제로 다원주의론을 전개한다.
④ 바흐라흐와 바라츠(Bachrach & Baratz)는 무의사결정이 의제설정과정뿐만 아니라 정책결정과정에서도 발생할 수 있다고 주장한다.

정답 | ②

정답찾기

④ 잠정예산은 수개월 단위로 임시예산을 편성해 운영하는 것으로 가예산과 같이 국회의 의결이 필요하다.

오답피하기

① 준예산은 전년도 예산을 기준으로 예산을 편성해 운영하는 제도이다.
② 현재 우리나라는 준예산제도를 채택하고 있다.
③ 가예산은 1개월분의 예산을 국회의 의결을 거쳐 집행하는 것으로 우리나라가 운영한 경험이 있다.

정답 | ④

07

동기부여 이론에 대한 설명으로 옳은 것은?

① 로크(Locke)의 목표설정이론에서는 목표의 도전성(난이도)과 명확성(구체성)을 강조했다.
② 매슬로우(Maslow)의 욕구 5단계설에서는 욕구의 좌절과 퇴행을 강조했다.
③ 해크만과 올드햄(Hackman & Oldham)의 직무특성이론에서는 유의성, 수단성, 기대감을 동기부여의 핵심으로 보았다.
④ 앨더퍼(Alderfer)의 ERG이론에서는 위생요인이 충족되었다고 하더라도 동기부여가 되는 것은 아니라고 주장했다.

08

품목별예산제도(line-item budget system)에 대한 설명으로 옳지 않은 것은?

① 미국에서 공무원의 부정부패를 막고 행정의 능률을 향상시키기 위해 도입되었다.
② 정부 활동에 대한 총체적인 사업계획과 우선순위 결정에 유리하다.
③ 예산 집행의 책임성을 확보할 수 있는 통제지향 예산제도이다.
④ 특정 사업의 지출 성과에 대해서는 파악하기 어렵다.

정답찾기

① 로크(Locke)의 목표설정이론에서는 목표의 도전성(난이도)과 명확성(구체성)을 강조했다.

오답피하기

② 매슬로우(Maslow)의 욕구 5단계설에서는 욕구의 좌절과 퇴행을 인정하지 않았다.
③ 유의성, 수단성, 기대감을 동기부여의 핵심으로 보는 것은 브룸(Vroom)의 기대이론이고, 해크만과 올드햄(Hackman & Oldham)의 직무특성이론에서는 기술 다양성, 직무정체성, 직무중요성, 자율성, 환류를 강조하였다.
④ 위생요인이 충족되었다고 하더라도 동기부여가 되는 것은 아니라고 주장한 것은 허즈버그(Herzberg)의 이원론에 해당한다.

정답 | ①

정답찾기

② 정부 활동에 대한 총체적인 사업계획과 우선순위 결정에 유리한 것은 계획예산제도에 해당한다.

오답피하기

① 품목별예산제도는 미국에서 공무원의 부정부패를 막고 행정의 능률을 향상시키기 위해 도입되었다.
③ 품목별예산제도는 예산 집행의 책임성을 확보할 수 있는 통제지향 예산제도이다.
④ 품목별예산제도는 특정 사업의 지출 성과에 대해서는 파악하기 어렵다.

정답 | ②

09

블랙스버그 선언(Blacksburg Manifesto)과 행정재정립운동(refounding movement)에 대한 설명으로 옳지 않은 것은?

① 블랙스버그 선언은 행정의 정당성을 침해하는 정치·사회적 상황을 비판했다.
② 행정재정립운동은 직업공무원제를 옹호했다.
③ 행정재정립운동은 정부를 재창조하기보다는 재발견해야 한다고 주장했다.
④ 블랙스버그 선언은 신행정학의 태동을 가져왔다.

10

정부예산의 종류에 대한 설명으로 옳지 않은 것은?

① 기금은 예산원칙의 일반적 제약으로부터 벗어나 탄력적으로 운용된다.
② 특별회계예산은 국가의 회계 중 특정한 세입으로 특정한 세출을 충당하기 위한 예산이다.
③ 특별회계예산은 일반회계예산과 달리 예산편성에 있어 국회의 심의 및 의결을 받지 않는다.
④ 기금은 예산 통일성 원칙의 예외가 된다.

정답찾기

④ 블랙스버그 선언은 1983년 미국 행정학회 연례학술대회에서 당시 정부재창조 운동이 필요이상으로 관료 후려치기(bureaucrat bashing)를 하면서 행정의 정당성을 침해하고 있다고 비판하면서 Goodsell, Wamsley, Wolf, Rohr, White가 공동으로 발의한 선언으로서 신행정학 이후에 나타났다.

오답피하기

① 블랙스버그 선언은 행정의 정당성을 침해하는 정치·사회적 상황을 비판했다.
② 행정재정립운동은 직업공무원제를 옹호했다.
③ 행정재정립운동은 정부를 재창조하기보다는 재발견해야 한다고 주장했다.

정답 | ④

정답찾기

③ 특별회계예산은 일반회계예산과 같이 예산편성에 있어 국회의 심의 및 의결을 받는다.

오답피하기

① 기금은 예산원칙의 일반적 제약으로부터 벗어나 탄력적으로 운용된다.
② 특별회계예산은 국가의 회계 중 특정한 세입으로 특정한 세출을 충당하기 위한 예산이다.
④ 기금은 예산 통일성 원칙의 예외가 된다.

정답 | ③

11

지방정부의 사무에 대한 설명으로 옳지 않은 것은?

① 기관위임사무의 처리에 드는 경비는 중앙정부와 지방정부가 공동 부담하는 것이 원칙이다.
② 단체위임사무는 집행기관장이 아닌 지방정부 그 자체에 위임된 사무이다.
③ 지방의회는 단체위임사무의 처리 과정에 관한 조례를 제정할 수 있다.
④ 중앙정부는 자치사무에 대해 합법성 위주의 통제를 주로 한다.

12

대표관료제에 대한 설명으로 옳지 않은 것은?

① 우리나라는 양성채용목표제, 장애인 의무고용제 등 다양한 균형인사제도를 통해 대표관료제의 논리를 반영하고 있다.
② 다양한 집단의 이익을 반영하는 실적주의 이념에 부합하는 인사제도이다.
③ 할당제를 강요하는 결과를 초래하고, 특정 집단에 대한 역차별 문제를 야기할 수 있다.
④ 임용 전 사회화가 임용 후 행태를 자동적으로 보장한다는 가정하에 전개되어 왔다.

정답찾기

① 기관위임사무의 처리에 드는 경비는 중앙정부가 부담하는 것이 원칙이고 단체위임사무의 처리에 드는 경비는 중앙정부와 지방정부가 공동 부담하는 것이 원칙이다.

오답피하기

② 단체위임사무는 집행기관장이 아닌 지방정부 그 자체에 위임된 사무이다.
③ 지방의회는 단체위임사무의 처리 과정에 관한 조례를 제정할 수 있다.
④ 중앙정부는 자치사무에 대해 합법성 위주의 통제를 주로 한다.

정답 | ①

정답찾기

② 실적주의의 폐단을 극복하고 다양한 집단의 이익을 반영하는 인사제도이다.

오답피하기

① 우리나라는 양성채용목표제, 장애인 의무고용제 등 다양한 균형인사제도를 통해 대표관료제의 논리를 반영하고 있다.
③ 할당제를 강요하는 결과를 초래하고, 특정 집단에 대한 역차별 문제를 야기할 수 있다.
④ 임용 전 사회화가 임용 후 행태를 자동적으로 보장한다는 가정하에 전개되어 왔다.

정답 | ②

13

킹던(Kingdon)이 제시한 정책흐름모형에 대한 설명으로 옳은 것만을 모두 고르면?

> ㄱ. 경쟁하는 연합의 자원과 신념 체계(belief system)를 강조한다.
> ㄴ. 쓰레기통모형을 발전시킨 것이다.
> ㄷ. 정책 과정의 세 흐름은 문제흐름, 정책흐름, 정치흐름이 있다.

① ㄱ
② ㄷ
③ ㄱ, ㄴ
④ ㄴ, ㄷ

14

행정가치에 대한 설명으로 옳지 않은 것은?

① 합리성은 어떤 행위가 궁극적 목표 달성의 최적 수단이 되느냐의 여부를 가리는 개념이다.
② 효율성은 목표의 달성도를 나타내고, 효과성은 투입 대비 산출의 비율을 의미한다.
③ 자율적 책임성은 공무원이 직업윤리와 책임감에 기초해 전문가로서 자발적인 재량을 발휘할 때 확보된다.
④ 행정의 민주성은 국민과의 관계뿐만 아니라 관료조직의 내부 의사결정 과정의 측면에서도 고려된다.

정답찾기

ㄴ. 정책결정에서의 쓰레기통모형을 발전시켜 정책의제 설정과정에서 정책흐름모형을 제시하였다.
ㄷ. 킹넌(Kingdon)이 제시한 정책흐름모형에서의 정책 과정의 세 흐름은 문제흐름, 정책흐름, 정치흐름이 있다.

오답피하기

ㄱ. 경쟁하는 연합의 자원과 신념 체계(belief system)를 강조하는 것은 사바티어의 정책지지연합모형에 해당한다.

정답 | ④

정답찾기

② 효과성은 목표의 달성도를 나타내고, 능률성은 투입 대비 산출의 비율을 의미한다.

오답피하기

① 합리성은 어떤 행위가 궁극적 목표 달성의 최적 수단이 되느냐의 여부를 가리는 개념이다.
③ 자율적 책임성은 공무원이 직업윤리와 책임감에 기초해 전문가로서 자발적인 재량을 발휘할 때 확보된다.
④ 행정의 민주성은 국민과의 관계뿐만 아니라 관료조직의 내부 의사결정 과정의 측면에서도 고려된다.

정답 | ②

15

근무성적평정상의 오류에 대한 설명으로 옳지 않은 것은?

① 평정자가 피평정자를 잘 모르는 경우 집중화 경향이 발생할 수 있다.
② 평정자의 평정기준이 일정하지 않은 경우 총계적 오류 (total error)가 발생할 수 있다.
③ 연쇄효과(halo effect)는 초기 실적이나 최근의 실적을 중심으로 평가함으로써 발생하는 시간적 오류를 의미한다.
④ 관대화 경향의 폐단을 막기 위해 강제배분법을 활용할 수 있다.

16

라이트(Wright)의 정부간관계(Inter-Governmental Relations: IGR) 모형에 대한 설명으로 옳지 않은 것은?

① 정부 간 상호권력관계와 기능적 상호의존관계를 기준으로 정부간관계(IGR)를 3가지 모델로 구분한다.
② 대등권위모형(조정권위모형, coordinate-authority model)은 연방정부, 주정부, 지방정부가 모두 동등한 권한을 가지고 있다고 설명한다.
③ 내포권위모형(inclusive-authority model)은 연방정부, 주정부, 지방정부를 수직적 포함관계로 본다.
④ 중첩권위모형(overlapping-authority model)은 연방정부, 주정부, 지방정부가 상호 독립적인 실체로 존재하며 협력적 관계라고 본다.

정답찾기

③ 초기 실적이나 최근의 실적을 중심으로 평가함으로써 발생하는 시간적 오류는 근접오류를 의미한다.

오답피하기

① 평정자가 피평정자를 잘 모르는 경우 집중화 경향이 발생할 수 있다.
② 평정자의 평정기준이 일정하지 않은 경우 총계적 오류(total error)가 발생할 수 있다.
④ 관대화 경향의 폐단을 막기 위해 강제배분법을 활용할 수 있다.

정답 | ③

정답찾기

② 대등권위모형(조정권위모형, coordinate-authority model)은 연방정부, 주정부는 동등한 권한을 가지고 있고, 지방정부는 주정부에 종속된 이원적 관계를 유지하는 모형이다.

오답피하기

① 라이트(Wright)의 정부간관계 모형은 정부 간 상호권력관계와 기능적 상호의존관계를 기준으로 정부간관계(IGR)를 3가지 모델로 구분한다.
③ 내포권위모형(inclusive-authority model)은 연방정부, 주정부, 지방정부를 수직적 포함관계로 본다.
④ 중첩권위모형(overlapping-authority model)은 연방정부, 주정부, 지방정부가 상호 독립적인 실체로 존재하며 협력적 관계라고 본다.

정답 | ②

17

변혁적 리더십에 대한 설명으로 옳지 않은 것은?

① 도전적 목표와 임무, 미래에 대한 비전을 추구하도록 격려한다.
② 구성원 개개인에게 관심을 가지고 배려한다.
③ 상황적 보상과 예외관리를 특징으로 한다.
④ 새로운 관점에서 문제를 재구성하고 해결책을 찾도록 자극한다.

18

무어(Moore)의 공공가치창출론(creating public value)적 시각에 대한 설명으로 옳지 않은 것은?

① 행정의 정당성 위기를 극복하기 위한 대안적 접근이다.
② 전략적 삼각형 개념을 제시한다.
③ 신공공관리론을 계승하여 행정의 수단성을 강조한다.
④ 정부의 관리자들은 공공가치 실현에 힘써야 한다고 주장한다.

정답찾기

③ 상황적 보상과 예외관리를 특징으로 하는 것은 거래적 리더십에 해당한다.

오답피하기

① 변혁적 리더십은 도전적 목표와 임무, 미래에 대한 비전을 추구하도록 격려한다.
② 변혁적 리더십은 구성원 개개인에게 관심을 가지고 배려한다.
④ 변혁적 리더십은 새로운 관점에서 문제를 재구성하고 해결책을 찾도록 자극한다.

정답 | ③

정답찾기

③ 무어(Moore)의 공공가치창출론(creating public value)은 신공공관리론의 행정의 수단성만을 강조하는 것에 대한 비판으로 등장하였다.

오답피하기

① 무어(Moore)의 공공가치창출론은 행정의 정당성 위기를 극복하기 위한 대안적 접근이다.
② 무어(Moore)의 공공가치창출론은 전략적 삼각형 개념을 제시한다.
④ 무어(Moore)의 공공가치창출론은 정부의 관리자들은 공공가치 실현에 힘써야 한다고 주장한다.

정답 | ③

19

로위(Lowi)의 정책 유형과 리플리와 프랭클린(Ripley & Franklin)의 정책 유형에는 없지만, 앨먼드와 파월(Almond & Powell)의 정책 유형에는 있는 것은?

① 상징정책
② 재분배정책
③ 규제정책
④ 분배정책

20

정부 예산팽창이론에 대한 설명으로 옳지 않은 것은?

① 바그너(Wagner)는 경제 발전에 따라 국민의 욕구 부응을 위한 공공재 증가로 인해 정부 예산이 증가한다고 주장한다.
② 피코크(Peacock)와 와이즈맨(Wiseman)은 전쟁과 같은 사회적 변동이 끝난 후에도 공공지출이 그 이전 수준으로 되돌아가지 않는 데에서 예산팽창의 원인을 찾고 있다.
③ 보몰(Baumol)은 정부 부문과 민간 부문 간의 생산성 격차를 통해 정부 예산의 팽창 원인을 설명하고 있다.
④ 파킨슨(Parkinson)은 관료들이 자신들의 권력 극대화를 위해 필요 이상으로 자기 부서의 예산을 추구함에 따라 정부 예산이 지속적으로 증가한다고 주장한다.

정답찾기

① 상징정책은 로위(Lowi)의 정책 유형과 리플리와 프랭클린(Ripley & Franklin)의 정책 유형에는 없지만, 앨먼드와 파월(Almond & Powell)의 정책 유형이다.

오답피하기

정책의 유형: 정책 성격에 따른 분류

T. J. Lowi	분배, 구성, 규제, 재분배
Almond & Powell	분배, 규제, 상징, 추출정책
Ripley & Franklin	분배, 경쟁적 규제, 보호적 규제, 재분배
Salisbury	분배, 규제, 재분재, 자율규제 정책

정책 유형 → 정책 과정 (정책결정 + 정책집행)
로위 리플리 & 프랭클린

정답 | ①

정답찾기

④ 관료들이 자신들의 권력 극대화를 위해 필요 이상으로 자기 부서의 예산을 추구함에 따라 정부 예산이 지속적으로 증가한다고 주장한 것은 니스카넨의 예산극대화모형에 해당한다.

오답피하기

① 바그너(Wagner)는 경제 발전에 따라 국민의 욕구 부응을 위한 공공재 증가로 인해 정부 예산이 증가한다고 주장한다.
② 피코크(Peacock)와 와이즈맨(Wiseman)은 전쟁과 같은 사회적 변동이 끝난 후에도 공공지출이 그 이전 수준으로 되돌아가지 않는 데에서 예산팽창의 원인을 찾고 있다.
③ 보몰(Baumol)은 정부 부문과 민간 부문 간의 생산성 격차를 통해 정부 예산의 팽창 원인을 설명하고 있다.

정답 | ④

14 2023 지방직 미러링 1회

01

계급제에 대한 설명으로 옳지 않은 것은?
① 장래 발전 가능성과 잠재력을 지닌 사람을 채용함으로써 장기적 관점에서 유능한 인재를 공직에 흡수할 수 있다.
② 공무원의 경력발전의 기회를 증진시켜 주며, 신분보장과 직업공무원제 확립에 유리하다.
③ 인력 활용의 융통성과 효율성을 높여 탄력적 인사관리를 가능하게 하며 일반행정가 양성에 유리하다.
④ 횡적 직책의 한계와 종적 지휘 감독 관계가 분명해 권한과 책임의 한계를 명백하게 함으로써 조직관리의 합리성을 높여준다.

02

민츠버그(Mintzberg)가 제시한 조직유형의 설명으로 옳지 않은 것은?
① 애드호크라시는 높은 수준의 전문성을 지닌 전문가들에 의해 조직이 운영되기 때문에 수평적 분화가 커지고, 공식화의 정도는 매우 낮아진다.
② 사업부제 구조는 각 사업은 사업활동에 필요한 자율권을 부여받아 독자적으로 운영되기 때문에 한 사업부의 잘못된 운영이 다른 사업부에 미치는 영향을 최소화시킬 수 있다.
③ 전문적 관료구조는 표준화를 통한 효율성을 유지하면서 핵심 운영부문에 고도로 훈련 받은 전문가를 고용하여 운영되는 조직을 의미한다.
④ 기계적 관료구조는 분업화의 정도가 낮고, 공식화도 거의 이루어지지 않았으며, 권한이 최고경영자에 집중되어 있는 조직구조 형태이다.

정답찾기
④ 횡적 직책의 한계와 종적 지휘 감독 관계가 분명해 권한과 책임의 한계를 명백하게 함으로써 조직관리의 합리성을 높여주는 것은 직위분류제의 특성이다.

오답피하기
① 계급제는 사람 중심의 인사행정으로 잠재력 있는 사람을 선발해 장기적 관점에서 공직에 활용하는 제도이다.
② 계급제는 신분을 기준으로 하기 때문에 공무원의 신분보장과 경력발전에 유리하며, 직업공무원제 확립에 기여한다.
③ 계급제는 인력 활용의 융통성과 효율성을 높여 탄력적 인사관리를 가능하게 하며 일반행정가 양성에 유리하다.

정답 | ④

정답찾기
④ 기계적 관료구조는 분업화와 공식화의 정도가 높고, 매우 표준화된 업무처리가 특징이다. 분업화가 낮고 공식화가 거의 없는 것은 단순구조(Simple Structure)의 특징이다.

오답피하기
① 애드호크라시(임시조직)는 유기적이고 탈관료적인 조직으로 전문가들이 수평적으로 협업하는 구조이다.
② 사업부제 구조는 각 사업부가 독립적으로 운영되어 한 사업부의 문제가 다른 사업부에 영향을 주지 않는다.
③ 전문적 관료제는 표준화된 기술을 바탕으로 전문가가 자율성을 가지고 업무를 수행하는 조직구조이다.

정답 | ④

03

정책결정모형에 대한 설명으로 옳은 것은?

① 쓰레기통모형은 의사결정을 위해서는 문제, 해결책, 참여자의 세 가지 요소가 필요하다고 본다.
② 만족모형은 의사결정자들이 만족할 만하고 괜찮은 해결책을 얻기 위해 몇 개의 대안만을 병렬적으로 탐색한다고 본다.
③ 앨리슨(Allison) 모형II는 긴밀하게 연결된 하위 조직체들이 표준 운영절차를 통한 의사결정을 한다고 본다.
④ 최적모형은 '현실'과 '이상'을 통합한 것으로, 메타정책결정(meta-policy making)을 중요시한다.

04

행정이론의 발달을 오래된 순서대로 바르게 나열한 것은?

> (가) 과학적 관리론 - 테일러(Taylor)
> (나) 신공공서비스론 - 덴하트(J. V. Denhardt)
> (다) 체제론 - 이스턴(Easton)
> (라) 행정행태론 - 사이먼(Simon)

① (가) - (다) - (라) - (나)
② (가) - (라) - (다) - (나)
③ (라) - (가) - (나) - (다)
④ (라) - (다) - (나) - (가)

정답찾기

④ 최적모형은 점증주의의 보수성과 합리주의의 비현실성을 극복하고 '현실'과 '이상'을 통합하고자 드로가 제시한 것으로서, 메타정책결정(meta-policy making)을 중요시한다.

오답피하기

① 쓰레기통모형은 문제, 해결책, 참여자뿐만 아니라 '선택기회'를 포함한 네 가지 요소가 필요하다고 본다.
② 만족모형(제한된 합리성)은 대안을 순차적(병렬적이 아님)으로 탐색하며, 최초의 만족스러운 대안을 선택한다.
③ 앨리슨의 모형 II(조직과정모형)는 정부를 느슨하게 연결된 조직들의 집합체로 보고, 각 조직이 표준운영절차(SOP)에 따라 의사결정을 한다고 설명한다.

정답 | ④

정답찾기

② 테일러의 과학적 관리론(1910년대), 사이먼의 행정행태론(1940년대), 이스턴의 체제론(1960년대), 덴하트의 신공공서비스론(2000년대) 순이다.

오답피하기

①, ③, ④ 모두 행정이론의 발달 순서가 맞지 않다.

정답 | ②

05

이익집단자유주의(interest group liberalism)에 대한 설명으로 옳지 않은 것은?

① 정부의 특정 기관(agency)과 이익집단이 결합하여 정책이 결정된다는 이론이다.
② 이익집단과 정부기관의 결집은 기득권을 유지하는 과정에서 보수주의를 초래하게 된다.
③ 원자화된 개인이 정치적 힘을 발휘하기 힘들어서 대중에 의한 통제의 어려움이 있다.
④ 개별 부처나 산하기관의 권한이 약화되는 반면, 의회의 기능은 상대적으로 강화된다.

06

우리나라 예산 불성립 시의 대응 제도에 대한 설명 중 옳지 않은 것은?

① 현재 우리나라의 준예산제도는 지출항목이 제한되어 있다.
② 영국과 미국은 예산심의제도상 잠정예산을 사용하고 있다.
③ 회계연도 개시 30일 전까지 의결이 되지 않으면 준예산을 사용한다.
④ 준예산은 국회의 사전의결 없이 집행할 수 있는 제도이다.

정답찾기

④ 다원주의와 구별되는 로위(Lowi)의이익집단 자유주의에서는 개별 부처나 산하기관이 이익집단과 결합해 권한이 강화되고, 오히려 의회의 기능과 통제력이 약화된다.

오답피하기

① 이익집단자유주의는 특정 정부기관과 이익집단 간의 하위정부(sub-government) 또는 철의 삼각(iron triangle)을 형성하여 정책이 결정된다고 본다.
② 이익집단과 정부기관의 결합은 기득권을 보호하는 보수적 성향을 초래한다.
③ 개별 시민은 정치적 영향력이 약해 이익집단에 참여하지 않는 시민들의 이익이 정책에 반영되기 어렵다.

정답 | ④

정답찾기

③ 국가재정법 제148조에 따르면 예산안이 회계연도 개시일까지 의결되지 못한 경우에 준예산을 사용하며, 회계연도 개시 30일 전까지 의결되지 않으면 순예산을 사용한다는 규정은 없다.

오답피하기

① 준예산은 법정경비, 이미 예산으로 승인된 사업, 시설유지비 등으로 지출항목이 제한된다.
② 영국과 미국은 잠정예산(provisional budget) 제도를 사용한다.
④ 준예산은 국회의 사전의결 없이 헌법과 법률에 따라 집행이 가능하다.

정답 | ③

07

동기부여 이론에 대한 설명으로 옳지 않은 것은?

① Maslow의 욕구충족 5단계이론은 인간의 욕구충족의 일방향성과 다원성을 도외시하였다는 비판이 수반하고 있다.
② McClellend는 권력욕이 인간이 성장하고, 강해지려는 동기요인이라고 설파하고, 개인적 권력과 사회적 권력으로 나누었다.
③ 허즈버그(Frederick Herzberg)는 직무만족과 불만족의 독립적 연속 개념을 부정하고, 만족-불만족의 단일선적인 연속 개념으로 파악하였다.
④ Adams의 공정성 이론은 절대적 공정성과 상대적 공정성으로 나누고, 자신의 노력과 보상을 타인의 노력과 보상에 비교하여 추론하는 상대적 공정성인지가 동기부여 요인으로 작용한다고 보았다.

08

품목별예산제도(line-item budget system)에 대한 설명으로 옳지 않은 것은?

① 예산제도의 개혁과정에서 관료와 입법가들을 신뢰할 수 없다고 판단되던 시기의 예산제도이다.
② 자원배분 상 갈등이 축소된다.
③ 의회권한이 강화된다.
④ 정부기능의 핵심역량 강화에 기여한다.

정답찾기

③ 허즈버그는 직무만족과 불만족을 별개의 요인으로 보는 이원론적 관점을 취했다. 즉, 만족-불만족의 단일선적 연속이 아니라 만족요인(동기요인)과 불만족요인(위생요인)을 독립적인 개념으로 파악했다.

오답피하기

① 매슬로우의 욕구단계설은 욕구충족이 낮은 단계에서 높은 단계로 일방향적으로만 진행된다고 보는 한계가 있다.
② 매클랜드는 권력욕구를 개인적 권력욕구와 사회화된 권력욕구로 구분했다.
④ 애덤스의 공정성 이론은 자신의 투입/산출 비율을 타인의 투입/산출 비율과 비교하는 상대적 공정성 인식이 동기부여에 영향을 미친다고 본다.

정답 | ③

정답찾기

④ 품목별예산제도는 지출항목의 통제에 중점을 두는 제도로, 정부의 기능이나 성과에 관심을 두지 않기 때문에 정부기능의 핵심역량 강화와는 거리가 멀다.

오답피하기

① 품목별예산제도는 19세기 후반 미국에서 관료와 입법가의 부패와 방만한 재정운영을 통제하기 위해 도입되었다.
② 예산항목별로 세부적인 통제가 이루어져 자원배분을 둘러싼 갈등이 줄어든다.
③ 의회가 세부항목까지 심의·통제하므로 의회의 예산권한이 강화된다.

정답 | ④

09

관료제 옹호에 대한 설명으로 옳지 않은 것은?

① 블랙스버그 선언(Blacksburg Manifesto)으로 나타나게 되었다.
② 정치가들의 관료후려치기 현상에 대한 문제점을 지적하며 나타난 운동이다.
③ 관료제가 비효율적이라는 명확한 근거는 없다고 보았다.
④ 정부재발견보다는 정부재창조를 중시한다.

10

일반회계와 특별회계에 대한 설명으로 옳지 않은 것은?

① 일반회계는 통제지향의 관점에서 일반적인 정부의 예산 활동을 관리 감독하는 회계이다.
② 모든 정부 자금들이 일반회계로 통합되면 재원배분의 칸막이 병리가 줄어들어 자원배분의 효율성을 높이는데 기여하게 된다.
③ 특별회계는 집행부의 예산 운영의 재량을 넓혀주거나 국가의 필요에 따라 한시적으로 집중적인 재정 지원이 요구되는 사업을 뒷받침하기 위해서 인정되고 있다.
④ 일반회계는 특정수입과 특정세출을 배제하지만, 특별회계는 특정수입과 특정세출을 연계하면서도 추가경정예산의 편성은 제외된다.

정답찾기

④ 블랙스버그 선언은 기존 관료제의 가치를 재발견하고 보존해야 한다는 입장으로, 정부재창조보다는 정부재발견(rediscovering government)을 중시한다.

오답피하기

① 관료제 옹호론은 1980년대 블랙스버그 선언으로 시작되었다.
② 1980년대 신공공관리론자들의 관료 비판(관료 때리기, bureaucrat bashing)에 대응하여 등장했다.
③ 관료제의 비효율성에 대한 신공공관리론자들의 주장이 실증적 증거없이 이루어졌다고 비판했다.

정답 | ④

정답찾기

④ 특별회계도 추가경정예산 편성이 가능하다. 특별회계라고 해서 추가경정예산 편성이 제외되는 것은 아니다.

오답피하기

① 일반회계는 국가의 일반적인 세입·세출을 관리하는 회계로 통제 지향적이다.
② 일반회계로의 통합은 재원배분의 칸막이 현상을 줄여 자원배분의 효율성을 높인다.
③ 특별회계는 특정 사업을 위해 특정 재원을 운용할 필요가 있을 때 설치되어 집행부의 재량을 확대한다.

정답 | ④

11

지방정부의 사무에 대한 설명으로 옳지 않은 것은?

① 기관위임사무는 지방자치단체의 장이 중앙정부의 대리인 자격으로 처리한다.
② 기관위임사무는 원칙적으로 국가가 경비를 부담한다.
③ 고유사무는 지방자치단체의 존립목적을 위한 본래적 사무를 의미한다.
④ 기관위임사무는 국가 또는 상급자치단체의 사무가 법령에 의해 자치단체에 위임된 것이다.

정답찾기

④ 기관위임사무는 법령에 의해 국가나 상급자치단체의 사무가 지방자치단체가 아닌 지방자치단체의 장에게 위임된 것이다.

오답피하기

① 기관위임사무는 지방자치단체장이 국가의 대리인 자격으로 처리하는 사무이다.
② 기관위임사무는 원칙적으로 국가가 경비를 부담한다.
③ 고유사무(자치사무)는 지방자치단체가 자신의 존립목적을 위해 수행하는 본래적 사무이다.

정답 | ④

12

대표관료제에 대한 설명으로 옳은 것은 몇 개인가?

ㄱ. 기회균등의 측면에서 특권적인 정부 관료제를 대중에게 개방함으로써 민주주의 평등이념에 부합하기 때문에 행정의 민주화에 기여한다.
ㄴ. 정당에 대한 공헌도나 충성도를 임용기준으로 삼기 때문에 정당의 대중화와 정당정치 발전에 기여한다.
ㄷ. 선거에 이긴 정당에게 정부 관료제를 예속화함으로써, 국민의 요구에 대한 관료적 대응성을 향상시킨다.
ㄹ. 기회균등의 원칙을 보장함으로써 사회적 형평성의 제고라는 민주적 이념을 실현하는데 기여한다.
ㅁ. 집단중심의 사고로 개인중심의 자유민주주의 원리에 어긋난다.

① 2개   ② 3개
③ 4개   ④ 5개

정답찾기

① ㄹ. 대표관료제는 기회균등의 원칙을 보장함으로써 사회적 형평성의 제고라는 민주적 이념을 실현하는데 기여하고, 정부관료제에 다양한 집단을 참여시킴으로써 정부관료제의 민주화에 기여한다. 그러나 대표관료제는 민주주의에 대한 위협이 된다. 적극적 대표가 지나치게 활성화되어 정부관료제 내의 각 관료집단들이 자신들의 출신집단의 이익을 극대화하기 위해 경쟁할 경우에는 사회적 형평성을 제고하기 보다는 오히려 소수 집단에 더욱 불리한 결과를 초래하거나 집단 간 갈등을 증폭하게 된다.
ㅁ. 대표관료제는 집단중심의 사고로 개인중심의 자유민주주의 원리에 어긋나는 주장도 있다.

오답피하기

ㄱ. 기회균등의 측면에서 특권적인 정부 관료제를 대중에게 개방함으로써 민주주의 평등이념에 부합하기 때문에 행정의 민주화에 기여하는 것은 실적제이다.
ㄴ. 정당에 대한 공헌도나 충성도를 임용기준으로 삼기 때문에 정당의 대중화와 정당정치 발전에 기여하는 것은 엽관제에 해당한다.
ㄷ. 선거에 이긴 정당에게 정부 관료제를 예속화함으로써, 국민의 요구에 대한 관료적 대응성을 향상시키는 것은 엽관제에 해당한다.

정답 | ①

13

킹던(Kingdon)이 제시한 정책흐름모형에 대한 설명으로 옳지 않은 것은?

① 정책의 흐름은 문제를 검토하여 해결방안들을 제안하는 전문가들과 분석가들로 구성되며, 여기서 여러 가능성들이 탐색되고 그 범위가 좁혀진다.
② 문제의 흐름, 정책의 흐름, 정치의 흐름의 세 가지 흐름은 상호의존적 경로를 따라 진행된다.
③ '정책의 창'은 국회의 예산주기, 정기회기 개회 등의 규칙적인 경우뿐 아니라, 때로는 우연한 사건에 의해 열리기도 한다.
④ 문제에 대한 대안이 존재하지 않을 경우 '정책의 창'이 닫힐 수 있다.

14

행정가치에 대한 설명으로 옳지 않은 것은?

① 디목(Dimock)은 기계적 효율관을 비판하면서 인간관계론 입각하여 사회적 효율성을 강조했다.
② 프레데릭슨(Frederickson)과 왈도(Waldo) 등 신행정학의 학자들은 사회적 형평성이 행정가치로 주목받는 데 크게 기여하였다.
③ 기계적 효율성은 정치·행정일원론 시대에 경영학의 과학적 관리론이 행정학에 도입되면서 중시되었다.
④ 슈버트(Schubert)는 공익 과정설의 입장에서 다수의 국민들이 추구하는 가치관에 합치되도록 행동하는 정부에 의하여 공익이 결정된다고 보았다.

정답찾기

② 킹던의 정책흐름모형에서는 문제의 흐름, 정책의 흐름, 정치의 흐름이 각각 독립적으로 진행되다가 특정 시점에서 결합한다고 본다. 상호의존적 경로가 아닌 독립적 경로를 따른다.

오답피하기

① 정책의 흐름은 전문가들과 분석가들이 문제 해결을 위한 대안을 모색하는 과정이다.
③ 정책의 창은 규칙적인 사건(예산주기 등)이나 예측할 수 없는 우연한 사건에 의해 열릴 수 있다.
④ 정책의 창이 열렸을 때 적절한 대안이 준비되어 있지 않으면 창은 닫힐 수 있다.

정답 | ②

정답찾기

③ 기계적 효율성이 강조된 것은 정치·행정이원론 시대에 과학적 관리론과 함께였다. 정치·행정일원론 시대에는 오히려 사회적 형평성이나 민주성 등의 가치가 더 강조되었다.

오답피하기

① 디목은 기계적 효율성보다 사회적 효율성을 강조했다.
② 프레데릭슨과 왈도 등 신행정학자들은 사회적 형평성을 중요한 행정가치로 부각시켰다.
④ 슈버트는 공익 과정설의 입장에서 다수의 국민들이 추구하는 가치에 부합하는 정부 행동을 통해 공익이 구현된다고 보았다.

정답 | ③

15

근무성적평정상의 오류에 대한 설명으로 옳지 않은 것은?

① 한 평정요소에 대한 평정자의 판단이 피평정자의 다른 요소의 평정에도 영향을 주는 현상은 고정관념에 의한 오류(stereotyping)이다.
② 평정자가 모든 피평정자에게 대부분 중간 수준의 평정점을 주는 경향은 집중화 경향(central tendency)이다.
③ 우리나라에서 많은 평정자들은 승진에 임박한 선임순위자들을 우대하는 소위 역산제라는 오류를 범하고 있다.
④ 평정결과의 공개는 평정자의 관대화 경향을 초래한다.

16

라이트(Wright)의 정부간관계(Inter-Governmental Relations: IGR) 모형에서 지방정부가 주(州)정부와의 관계에서 딜런의 원칙(Dillon's rule)에 부합하는 모형은?

① 대등권위모형
② 내포권위모형
③ 중첩권위모형
④ 종속형

정답찾기

① 한 평정요소의 판단이 다른 요소의 평정에 영향을 주는 것은 후광효과(halo effect)이다. 고정관념에 의한 오류는 피평정자의 연령, 성별, 인종 등 특정 집단에 대한 선입견이 평정에 영향을 미치는 것이다.

오답피하기

② 집중화 경향은 평정자가 극단적인 평가를 회피하고 중간 수준으로 평정하는 경향이다.
③ 역산제는 승진에 임박한 선임자에게 높은 점수를 주는 오류이다.
④ 평정결과 공개는 평정자가 피평정자와의 갈등을 피하기 위해 관대하게 평가하는 관대화 경향을 초래한다.

정답 | ①

정답찾기

② 딜런의 원칙(Dillon's rule)은 미국의 주정부와 지방정부 간의 권력관계를 설정한 원칙으로서, 지방정부는 주의 창조물로서 연방정부와 주정부는 대등한 관계를, 주정부와 지방정부는 포함관계를 유지한다고 보는 이론으로서 지방정부가 주(州)정부로부터 명시적으로 권한을 부여받은 경우에만 그 권한을 행사할 수 있다는 원칙으로, 이는 상위정부가 하위정부를 포함하는 내포권위모형에 부합한다.

오답피하기

① 대등권위모형은 연방정부와 주정부가 대등한 관계에서 독자적 영역을 가진다는 모형이다.
③ 중첩권위모형은 정부 간 권한이 중첩되고 협상과 조정이 필요한 모형이다.
④ 라이트의 모형에는 '종속형'이라는 모형이 없다.

정답 | ②

17

변혁적 리더십에 대한 설명으로 옳지 않은 것은?

① 조직참여의 기대가 적은 경우에 적합하며 예외관리에 초점을 둔다.
② 리더가 부하에게 특별한 관심을 보이거나 자긍심과 신념을 심어준다.
③ 리더가 부하들의 창의성을 계발하는 지적 자극(intellectual stimulation)을 중시한다.
④ 리더가 인본주의, 평화 등 도덕적 가치와 이상을 호소하는 방식으로 부하들의 의식수준을 높인다.

18

보우즈만의 공공가치실패론적 시각에 대한 설명으로 옳지 않은 것은?

① 시장메커니즘이 효율적으로 작동하지 못하여 본질적 가치를 제공하지 못하는 실패현상을 공공가치실패라는 개념으로 정의하였다.
② 공공가치에 부합하는 재화나 서비스가 제공하지 못하는 경우를 공공실패로 간주하고 정부개입의 근거가 되어야 한다고 주장한다.
③ 공공가치의 핵심 가치들로 인간의 존엄성, 지속가능성, 시민참여, 개방성과 기밀성, 타협, 온전성, 강건성 등을 제시하였다.
④ 공공가치실패 기준으로 가치의 표출과 결집 매커니즘의 왜곡, 불완전 독점, 혜택 숨기기, 제공자의 부족, 단기적 시계, 최저 생활과 인간 존엄에 대한 위협 등을 제시하였다.

정답찾기

① 조직참여의 기대가 적은 경우에 적합하며 예외관리에 초점을 두는 것은 변혁적 리더십이 아닌 거래적 리더십의 특징이다. 변혁적 리더십은 부하의 가치관과 신념을 변화시켜 조직의 비전을 달성하도록 동기부여한다.

오답피하기

② 개별적 배려(individualized consideration)는 변혁적 리더십의 특징으로, 부하에게 특별한 관심을 보이고 자긍심을 심어준다.
③ 지적 자극은 변혁적 리더십의 특징으로, 부하의 창의성과 혁신을 촉진한다.
④ 이상적 영향력(idealized influence)은 변혁적 리더십의 특징으로, 도덕적 가치와 이상을 통해 부하의 의식수준을 높인다.

정답 | ①

정답찾기

① 시장메커니즘이 효율적으로 작동하고 있음에도 불구하고 본질적 가치를 제공하지 못하는 실패현상을 공공가치실패라는 개념으로 정의하였다.

오답피하기

② 보우즈만은 공공가치에 부합하는 재화나 서비스가 제공되지 못하는 경우를 공공실패로 보고 정부개입의 근거로 삼았다.
③ 공공가치의 핵심 가치들로 인간의 존엄성, 지속가능성, 시민참여, 개방성과 기밀성, 타협, 온전성, 강건성등을 제시하였다.
④ 보우즈만은 공공가치실패의 기준으로 여러 요소들(가치의 표출과 결집 메커니즘의 왜곡 등)을 제시했다.

정답 | ①

19

로위(Lowi)의 정책 유형별 특성 연결이 옳지 않은 것은?
① 분배정책 – 개인 대상의 간접적 강제력 행사 정책
② 규제정책 – 개인 대상의 직접적 강제력 행사 정책
③ 구성정책 – 환경 대상의 간접적 강제력 행사 정책
④ 재분배정책 – 환경 대상의 간접적 강제력 행사 정책

20

정부의 팽창요인과 관계가 없는 것은?
① 바그너(Wagner)의 경비팽창법칙
② 듀젠베리(Duesenberry)의 전시효과 (demonstration effect)
③ 니스카넨(Niskanen)의 예산극대화 가설
④ 양출제입 예산

정답찾기
④ 로위의 정책유형에서 재분배정책은 정책환경을 대상으로 직접적 강제력이 작동되는 정책이다.

오답피하기
① 분배정책은 개인을 대상으로 간접적 강제력을 행사하는 정책이다.
② 규제정책은 개인을 대상으로 직접적 강제력을 행사하는 정책이다.
③ 구성정책은 환경을 대상으로 간접적 강제력을 행사하는 정책이다.

정답 | ④

정답찾기
② 듀젠베리(Duesenberry)의 전시효과(demonstration effect)는 민간재의 소비지출의 수준은 대개 그 개인의 소득수준만으로 정해지는 것은 아니며, 소비자 자신의 체면유지 때문에 실제 필요 이상으로 많이 구매하게 되지만, 공공재는 그렇지 않기 때문에 과소공급의 원인이 된다는 주장이다.

오답피하기
① 바그너의 경비팽창법칙은 경제가 발전할수록 정부지출이 증가한다는 이론이다.
③ 니스카넨의 예산극대화 가설은 관료들이 자신의 권한과 영향력을 위해 예산을 극대화하려 한다는 이론이다.
④ 양출제입 세출을 먼저 정하고 그 이후에 세입을 결정하게 되므로 정부의 예산팽창 요인에 해당한다.

정답 | ②

01

계급제에 대한 설명으로 옳지 않은 것은?

① 폐쇄형을 채택함으로써, 일반 행정가 중심의 신분보장이 강하다.
② 계급 간의 차별성과 폐쇄성은 매우 강한 편이다.
③ 직장과 자신을 동일시하는 경향과 계급을 신분화하는 경향이 있다.
④ 개인의 성과와 직무능력에 따른 보상과 동기부여 강화에 기여한다.

02

민츠버그(Mintzberg)가 제시한 조직유형 중 수평·수직적으로 분권화된 조직 형태로서 복잡하고 안정적인 환경에서 적절한 조직구조에 해당하는 것은?

① 전문적 관료제 구조
② 기계적 관료제 구조
③ 사업부제 구조
④ 애드호크라시

정답찾기

④ 계급제는 개인의 성과나 직무능력보다는 근속연수, 계급에 따른 보상체계를 가지고 있어 성과나 직무능력에 따른 보상과 동기부여와는 거리가 멀다. 성과와 직무능력에 따른 보상은 직위분류제의 특징이다.

오답피하기

① 계급제는 폐쇄형 충원방식을 채택하여 일반행정가 양성에 적합하며 신분보장이 강하다.
② 계급제는 계급 간 차별성과 폐쇄성이 강하며, 계급에 따른 권한과 책임이 명확하다.
③ 계급제에서는 공무원들이 자신의 직업에 대한 소속감이 강해 직장과 자신을 동일시하는 경향이 있다.

정답 | ④

정답찾기

① 전문적 관료제 구조는 의사, 교수 등 전문가 집단이 많은 조직에서 나타나는 구조로, 복잡하지만 안정적인 환경에서 적합하다. 수평적으로는 전문가들의 자율성으로 분권화되고, 수직적으로도 전문성을 존중하는 분권화된 구조를 가진다.

오답피하기

② 기계적 관료제 구조는 수직적·수평적으로 집권화된 구조로, 안정적이지만 단순한 환경에 적합하다.
③ 사업부제 구조는 사업부 간에는 분권화되어 있지만 사업부 내에서는 집권화된 구조로, 완전한 수평·수직적 분권화와는 거리가 있다.
④ 애드호크라시는 복잡하고 동태적인 환경에 적합한 구조로, 문제에 맞게 임시로 구성되는 팀 중심의 조직구조이다.

정답 | ①

03

정책결정모형에 대한 설명으로 옳지 않은 것은?
① 현실적으로 정책을 결정하는 사람들은 합리성에 의존하기보다는 시간, 공간, 예산의 제약 때문에 제한된 합리성을 추구할 수밖에 없다는 주장을 최적모형이라 한다.
② 정책결정을 위한 대안탐색에 있어서 합리모형과 점증모형의 결합을 주장한 모형을 혼합모형이라 한다.
③ 대학조직에서의 정책결정과정을 설명하는 대표적 모형에는 쓰레기통 모형이 있다.
④ 우리나라 예산당국이 예산편성 및 심의 시에 주로 사용하는 정책결정 모형은 점증주의 모형이다.

04

행정이론에 대한 설명으로 옳지 않은 것은?
① 신행정론은 고객의 참여와 형평성을 중시한다.
② 행정체제론은 환경과 체제 간의 관계를 중시하였으나 환경에 대한 체제의 피동적 대응을 중시한다.
③ 행태론은 행정연구의 구조기능주의에 반발하여 논리실증주의 방법을 적용하였다.
④ 신공공관리론은 정부실패를 해결하기 위하여 공공부문에 시장원리를 도입하자는 것이다.

정답찾기
① 제한된 합리성(bounded rationality)을 추구한다는 것은 사이먼의 만족모형(satisficing model)에 해당하는 설명이다. 최적모형(optimal model)은 드로어(Dror)가 제시한 것으로, 현실과 이상을 조화시키려는 모형이다.

오답피하기
② 혼합모형(mixed scanning)은 합리모형과 점증모형의 장점을 결합한 모형으로, 에치오니(Etzioni)가 제시했다.
③ 쓰레기통 모형은 조직화된 무정부상태에서의 의사결정을 설명하는 모형으로, 대학 등의 조직 의사결정을 설명하는 데 적합하다.
④ 점증주의 모형은 전년도 예산에 약간의 증감만을 고려하는 방식으로, 우리나라를 포함한 많은 국가의 예산편성에 활용된다.

정답 | ①

정답찾기
③ 행태론은 논리실증주의 방법을 적용하는 것은 옳지만, 행정연구의 구조기능주의에 반발하여 실용주의를 적용한 것은 개발도상국의 관주도적 국가발전을 위해 연구된 발전행정론이다.

오답피하기
① 신행정론은 참여민주주의와 사회적 형평성을 중시한다.
② 행정체제론은 환경과 체제 간의 상호작용을 중시하며, 체제의 피동적 대응을 중시한다.
④ 신공공관리론은 정부실패를 해결하기 위해 시장원리와 기업적 관리기법을 공공부문에 도입하려는 이론이다.

정답 | ③

05

다원주의이론에 대한 설명으로 옳지 않은 것은?

① 정책결정에 있어서 정부의 이해관계와 영향력을 중시하고 있다고 비판을 받는다.
② 모든 사회문제는 거의 무작위적으로 정치체제로 투입된다는 이론이다.
③ 특정세력이 정책을 주도하지 못한다.
④ 정책의제 설정의 외부주도형과 연관된다.

06

각국의 예산 심의에 관한 내용으로 옳지 않은 것은?

① 미국과 같은 대통령 중심제 하에서는 예산 심의가 비교적 엄격하다.
② 우리나라, 독일 등에서는 예산 불성립 시 준예산 제도를 채택하고 있다.
③ 미국 영국 등은 예산을 법률과 구별한다.
④ 우리나라는 정부 예산안은 큰 수정 없이 채택된다.

정답찾기

① 다원주의이론은 정부의 이해관계와 영향력보다는 다양한 이익집단과 집단 간 경쟁을 중시한다. 때문에 정책결정에 있어서 정부의 이해관계와 영향력을 간과하고 있다고 비판을 받는다. 정부의 이해관계와 영향력을 중시한다는 비판은 엘리트이론에 대한 비판에 더 가깝다.

오답피하기

② 다원주의는 사회 문제가 다양한 집단의 이해관계에 따라 무작위적으로 정치체제에 투입된다고 본다.
③ 다원주의 관점에서는 권력이 여러 집단에 분산되어 있어 특정 세력이 정책을 주도하지 못한다.
④ 다원주의는 시민사회의 다양한 집단이 정책의제 설정을 주도하는 외부주도형과 연관된다.

정답 | ①

정답찾기

③ 미국은 예산을 법률의 형식으로 의결하는 예산법률주의를 채택하고 있으므로, 예산과 법률을 구별하지 않는다. 영국도 예산법률주의를 채택하고 있다.

오답피하기

① 미국과 같은 대통령제 국가에서는 권력분립의 원리에 따라 의회의 예산심의가 엄격하다.
② 우리나라와 독일 등은 예산 불성립 시 준예산제도를 채택하고 있다.
④ 우리나라는 정부의 동의가 없으면 증액 및 새 비목 설치가 불가하기에 예산이 큰 수정 없이 채택된다.

정답 | ③

07

동기부여 이론에 대한 설명으로 옳지 않은 것은?

① 포터와 롤러(Porter & Lawler)는 직무 만족이 노력과 성과를 초래한다는 전통적 욕구이론과 달리, 업무 성과가 직무 만족으로 이어진다는 점을 강조하였다.
② 맥그리거(McGregor)의 XY이론은 인간관에 따라 다른 관리전략이 필요함을 주장하였다.
③ 매슬로우(Maslow)는 인간욕구 추구의 단계를 5단계로 나누고, 개인별로 욕구단계가 달라질 수 있다고 주장하였다.
④ 맥클리랜드(McClelland)는 조직내 성공요인은 물질적 욕구보다 성취욕구가 중요하다고 주장하였다.

08

예산제도에 대한 설명으로 옳지 않은 것은?

① 품목별 예산제도 – 관료와 입법가 불신에서 시행
② 결과지향적 예산제도 – 집행의 재량과 결과에 대한 책임
③ 계획예산제도 – 계획과 예산의 독자적 자율성 부여
④ 영기준 예산제도 – 긴축 국면에서 공공서비스 성과 초점

정답찾기

③ 매슬로우는 인간욕구를 5단계로 나누었지만, 욕구충족의 순서는 낮은 단계에서 높은 단계로 순차적으로 이루어진다고 주장했으며 개인별로 욕구단계가 달라질 수 있다고 주장하지는 않았다.

오답피하기

① 포터와 롤러는 기대이론을 발전시켜 성과가 만족을 가져온다는 순환적 관계를 강조했다.
② 맥그리거의 XY이론은 X이론(인간은 본래 일을 싫어함)과 Y이론(인간은 책임을 맡고 창의력을 발휘함)에 따라 관리전략이 달라야 한다고 주장했다.
④ 맥클리랜드는 성취욕구, 권력욕구, 친교욕구 중 성취욕구가 조직 성공의 중요한 요인이라고 주장했다.

정답 | ③

정답찾기

③ 계획예산제도(PPBS)는 계획과 예산의 독자적 자율성을 부여하는 것이 아니라, 오히려 계획과 예산의 연계성을 강화하여 장기적 시각에서 자원을 배분하는 제도이다.

오답피하기

① 품목별 예산제도는 19세기 후반 관료와 입법가의 부패와 방만한 재정운영을 통제하기 위해 도입되었다.
② 결과지향적 예산제도는 투입보다 성과와 결과를 중시하며, 집행의 재량권과 함께 결과에 대한 책임을 강조한다.
④ 영기준 예산제도는 모든 사업을 제로베이스에서 검토하는 것으로, 재정 긴축기에 공공서비스의 성과에 초점을 맞춘다.

정답 | ③

09

정부재창조의 방안으로 강조되고 있는 기업가적 정부의 원리로 가장 거리가 먼 것은?

① 촉매작용적 정부
② 경쟁적 정부
③ 임무지향적 정부
④ 과정지향적 정부

10

우리나라 정부기금에 대한 설명으로 옳지 않은 것은?

① 기금은 특정수입과 지출을 연계한 특정자금으로서, 기금관리의 주체는 중앙관서장이다.
② 기금은 법률로써 설치하며 출연금, 부담금 등은 기금의 재원으로 활용할 수 있다.
③ 세입세출예산 내에서 운영되는 '제3의 예산'이다.
④ 기금운용계획안은 국무회의 심의와 대통령의 승인이 필요하다.

정답찾기

④ 과정지향적 정부는 절차와 규칙을 중시하는 전통적 관료제의 특징으로, 오스본과 게블러가 제시한 기업가적 정부의 원리와는 반대되는 개념이다. 기업가적 정부는 과정보다 성과와 결과를 중시한다.

오답피하기

① 촉매작용적 정부는 '노젓기보다 방향잡기'로 표현되며, 정부가 직접 서비스를 제공하기보다 민간의 활동을 촉진하는 역할을 강조한다.
② 경쟁적 정부는 '독점보다 경쟁'을 통해 서비스 질 향상과 비용 절감을 강조한다.
③ 임무지향적 정부는 '규칙보다 목표'를 중시하며, 조직의 사명과 목표 달성에 초점을 맞춘다.

정답 | ④

정답찾기

③ 기금은 세입세출예산과 구분되어 별도로 운영되는 '제3의 예산'이다. 세입세출예산 '내에서' 운영되는 것이 아니라 '밖에서' 운영된다.

오답피하기

① 기금은 특정 목적을 위해 특정 수입과 지출을 연계한 자금으로, 기금관리주체는 중앙관서의 장이다.(국가재정법 9조)
② 기금은 법률에 근거하여 설치되며, 출연금, 부담금 등이 재원으로 활용된다.
④ 기금운용계획안은 국무회의 심의와 대통령의 승인을 거쳐 국회에 제출된다.

정답 | ③

11

지방정부의 사무에 대한 설명으로 옳지 않은 것은?

① 고유사무에 대한 국가감독은 소극적 감독만이 허용되고 적극적 감독은 배제된다.
② 기관위임사무에 필요한 소요경비는 국가와 지방자치단체가 분담하는 것이 원칙이다.
③ 법령에 의하여 위임된 단체위임사무의 소요경비는 당해 지방자치단체와 국가가 분담한다.
④ 지방자치단체의 자치사무는 주민의 복리에 관한 고유사무가 주된 내용이다.

12

대표관료제에 대한 설명으로 옳지 않은 것은?

① 국민의 다양한 요구에 대한 대응성 향상에 기여한다.
② 실질적 기회균등 원칙을 보장함으로써 관료제의 국민 대표성 제고에 기여한다.
③ 관료제에 다양한 집단을 참여시킴으로써 정부 관료제의 민주화에 기여한다.
④ 할당제 방식의 공직배분에 따른 역차별 문제 해소에 기여한다.

정답찾기

② 기관위임사무는 국가사무를 지방자치단체의 장에게 위임한 것으로, 그 소요경비는 위임한 국가가 전액 부담하는 것이 원칙이다. 국가와 지방자치단체가 분담하는 것은 단체위임사무이다.

오답피하기

① 고유사무(자치사무)에 대한 국가감독은 합법성 감독인 소극적 감독만 허용되고, 합목적성 감독인 적극적 감독은 배제된다.
③ 단체위임사무의 소요경비는 위임한 국가와 지방자치단체가 분담한다.
④ 자치사무는 지방자치단체의 존립 목적이나 주민 복리에 관한 사무로, 고유사무가 주된 내용이다.

정답 | ②

정답찾기

④ 대표관료제는 사회의 인구통계학적 구성을 반영하여 관료를 임용하는 할당제 방식을 취하므로, 오히려 역차별 문제가 발생할 수 있다. 따라서 역차별 문제 해소에 기여한다는 설명은 옳지 않다.

오답피하기

① 대표관료제는 사회 각 집단의 다양한 가치와 이해관계를 반영함으로써 국민의 다양한 요구에 대한 대응성을 향상시킨다.
② 대표관료제는 사회적 소수집단에게 실질적 기회균등을 보장하여 관료제의 국민 대표성을 높인다.
③ 대표관료제는 다양한 집단의 참여를 통해 정부 관료제의 민주화에 기여한다.

정답 | ④

13

정책결정모형에 관한 설명으로 옳은 것은?

① '점증주의 모형'에서는 정책대안의 분석과 비교가 총체적·종합적으로 이루어진다.
② '만족모형'은 정책결정자나 정책분석가가 절대적 합리성을 가지고 있고 주어진 상황 하에서 목표의 달성을 극대화할 수 있는 최선의 정책대안을 찾아낼 수 있다고 본다.
③ '앨리슨(Allison) 모형'은 쿠바 미사일 사태에 대한 사례연구를 바탕으로 발전하였는데 합리모형, 조직과정모형, 관료정치모형의 세 가지 정책결정모형을 제시한다.
④ 킹던(Kingdon)의 '정책창문(Policy Window) 이론'은 정책 창문이 한 번 열리면 문제에 대한 대안이 도출될 때까지 상당기간 열려 있는 상태로 유지된다고 본다.

14

행정가치에 대한 설명으로 옳지 않은 것은?

① '사회적 형평성' 이념은 1960년대 후반에 미국사회의 혼란과 더불어 제기된 신행정학의 주요 이념의 하나이다.
② 예산의 분배과정에 있어 선택과 집중을 하는 것은 행정의 형평성을 강조하는 것이다.
③ 사회적 효율성은 행정의 사회목적 실현과 다원적 이익들 간의 통합조정 및 구성원의 인간가치의 실현 등을 강조한다.
④ 발전행정론은 효과성을 강조한 행정이론이다.

정답찾기

③ 앨리슨은 쿠바 미사일 위기를 분석하면서 합리모형(모형 I), 조직과정모형(모형 II), 관료정치모형(모형 III)이라는 세 가지 정책결정모형을 제시했다.

오답피하기

① 점증주의 모형은 정책대안의 분석과 비교가 총체적·종합적이 아니라 제한적·부분적으로 이루어진다.
② 만족모형은 정책결정자가 제한된 합리성을 가지고 있어 최적의 대안이 아닌 만족할 만한 대안을 선택한다고 본다.
④ 킹던의 정책창문이론에서는 정책창문이 열리는 기간이 짧고, 대안이 준비되지 않으면 창문이 닫힐 수 있다고 본다.

정답 | ③

정답찾기

② 예산의 분배과정에서 선택과 집중은 행정의 형평성보다는 능률성이나 효과성을 강조하는 것이다. 형평성은 공정한 분배를 중시하는 가치로, 선택과 집중보다는 균형적 배분에 더 가깝다.

오답피하기

① 사회적 형평성은 1960년대 후반 미국사회의 혼란 속에서 등장한 신행정학의 주요 이념이다.
③ 사회적 효율성은 기계적 효율성(능률성)과 달리 사회목적 실현과 인간가치 실현을 강조한다.
④ 발전행정론은 제3세계 국가의 경제발전을 위한 행정의 역할을 강조하며, 효과성을 중시했다.

정답 | ②

15

근무성적평정상의 오류에 대한 설명으로 옳지 않은 것은?

① 연쇄효과 오류는 평정자가 가장 중요시하는 평정요소가 다른 평정요소에도 연쇄적으로 긍정적인 영향을 주는 효과로 발생하는 오류를 말한다.
② 논리적 오류는 유형화(정형화 집단화)의 착오에 해당하는 것으로 사람에 대한 경직된 편견이나 선입견 또는 고정관념에 의한 오류를 말한다.
③ 총체적 오류는 평가자가 일관성 있는 평가기준을 갖지 못하여 관대화 및 엄격화 경향이 불규칙하게 나타나는 것을 말한다.
④ 관대화 오류는 상관이 부하와의 인간관계를 고려하여 실제보다 후한 평정을 하는 것을 말한다.

16

라이트(Wright)의 정부간관계(Inter-Governmental Relations: IGR) 모형에서 연방정부와 주정부가 각각 독립된 주권을 바탕으로 독자적으로 자치권을 행사하며 지방정부는 주정부에 종속되어 있는 이원적 관계의 모형에 해당되는 것은?

① 내포권위모형
② 조정권위모형
③ 중첩권위모형
④ 대리인 모형

정답찾기

② 사람에 대한 경직된 편견이나 선입견 또는 고정관념에 의한 오류는 상동적 오차(strereotyping)에 대한 설명이다. 성별, 학연, 지연등에 대한 편견이나 고정관념, 선입견에 의한 오류이다. 논리적 오류는 평정요소 간 논리적 관계가 있는 경우 그러한 상관관계에 의한 오류이다.

오답피하기

① 연쇄효과 오류는 후광효과(halo effect)를 말하는 것으로, 특정 평정요소에 대한 평가가 다른 요소에 영향을 미치는 오류이다.
③ 총체적 오류는 평가자가 일관된 기준 없이 불규칙하게 평가하는 것이다.
④ 관대화 오류는 전반적으로 후한 평정을 하는 것으로, 인간관계 유지를 위해 발생하기도 한다.

정답 | ②

정답찾기

② 조정권위모형은 중앙정부와 지방정부가 인사와 재정상 완전히 분리되어 서로 독립적으로 운영되는 형태이다.

오답피하기

① 내포권위모형은 주정부는 연방정부, 지방정부는 주정부에 종속된 관계의 모형이다.
③ 중첩권위모형은 연방-주-지방정부 간에 권한이 중첩되고 상호의존적인 관계를 강조하는 모형이다.
④ 대리인 모형은 라이트의 정부간관계 모형에 포함되지 않는 개념이다.

정답 | ②

17

변혁적 리더십에 대한 설명으로 옳지 않은 것은?

① 변혁적 리더십은 카리스마적 리더십을 기반으로 하고 있으나, 부하에게 확립된 의견뿐만 아니라 리더가 확립시킨 의견에도 문제를 제기할 수 있는 능력을 요구하는 점에서 차이가 있다.
② 영감적 리더십은 공공부문의 리더가 부하로 하여금 형식적 관례와 사고를 다시 생각하게 함으로써 새로운 관념을 촉발시키는 것을 의미한다.
③ 개별적 배려는 리더가 부하에게 특별한 관심을 보이고 각 부하의 특정한 요구를 이해해 줌으로써 부하에 대해 개인적으로 존중한다는 것을 전달하는 것을 의미한다.
④ 변혁적 리더십은 인간의 행태나 상황뿐 아니라 리더의 개인적 속성도 다시 재생시키고 있으므로 신속성론에 해당한다.

18

덴하트(J. Denhardt)와 덴하트(R. Denhardt)가 제시한 신공공서비스론에 관한 설명으로 옳지 않은 것은?

① 시민이 아니라 고객에게 봉사하는 행정이 되라.
② 전략적으로 생각하고 민주적으로 행동하라.
③ 방향잡기보다 봉사하는 정부가 되라.
④ 단순히 생산성보다 사람의 가치를 받아들여라.

정답찾기

② 영감적 리더십은 부하에게 형식적 관례와 사고에 문제를 제기하도록 하는 것이 아니라, 리더가 비전을 제시하고 부하에게 영감을 주어 동기를 부여하는 것을 의미한다. 형식적 관례와 사고에 문제를 제기하도록 하는 것은 지적 자극(intellectual stimulation)에 해당한다.

오답피하기

① 변혁적 리더십은 카리스마적 리더십과 달리 부하들이 리더의 의견에도 문제를 제기할 수 있는 능력을 요구한다.
③ 개별적 배려는 리더가 부하 개개인에게 관심을 보이고 그들의 요구를 존중하는 것이다.
④ 변혁적 리더십은 상황과 인간의 행태, 리더의 개인적 속성을 모두 고려하는 통합적 접근법으로 신속성론에 해당한다.

정답 | ②

정답찾기

① 신공공서비스론에서는 '고객이 아니라 시민에게 봉사하는 행정이 되라'고 주장한다. 시민을 고객으로 보는 것은 신공공관리론의 관점으로, 신공공서비스론은 이를 비판하며 시민을 공동체의 구성원으로 인식한다.

오답피하기

② 신공공서비스론은 전략적 사고와 민주적 행동을 강조한다.
③ 신공공서비스론은 방향잡기(조정)보다 봉사의 역할을 강조한다.
④ 신공공서비스론은 생산성보다 인간의 가치와 존엄성을 중시한다.

정답 | ①

19 ☐☐☐

정책유형에 대한 설명으로 옳은 것은?

① 알몬드(Almond)와 파웰(Powell)은 정책을 구성정책, 추출정책, 재분배정책, 규제정책으로 유형화했다.
② 로위(Lowi)는 정책유형에 따라 정책을 둘러싼 이해당사자들 사이의 상호작용 양식이 달라진다고 주장한다.
③ 로위(Lowi)의 정책유형론은 정책유형들 간의 높은 상호배타성을 특징으로 한다.
④ 로위(Lowi)에 따르면 규제정책에서는 포크배럴(pork-barrel)이나 로그롤링(log-rolling) 현상이 빈번하게 발생한다.

20 ☐☐☐

정부팽창에 대한 이론과 설명 내용의 연결이 잘못된 것은?

① 파킨슨 법칙 - 공무원은 서로를 위해 일을 만들어 낸다.
② 예산극대화 가설 - 공무원은 공공이익보다 자기 부서 예산극대화를 추구한다.
③ 전위효과 - 항상 위기 상황을 강조하여 가외성 효과를 창출한다.
④ 의존효과 - 광고효과로 인해 공공재의 과잉소비 성향으로 정부예산이 팽창된다.

정답찾기

② 로위는 정책유형에 따라 권력관계와 정치적 갈등의 양상이 달라진다고 주장했다. 이는 '정책이 정치를 결정한다'는 그의 핵심 주장이다.

오답피하기

① 알몬드와 파웰은 정책을 추출정책, 배분정책, 규제정책, 상징정책으로 분류했다.
③ 로위의 정책유형론은 정책 간 상호배타성이 낮아 많은 정책이 여러 유형의 특성을 동시에 가지고 있다는 비판을 받는다.
④ 포크배럴이나 로그롤링 현상은 규제정책보다는 분배정책에서 더 빈번하게 발생한다.

정답 | ②

정답찾기

④ 갈브레이스의 의존효과는 기업의 광고로 인해 소비자의 과소비가 유발되는 것에 비해, 공공재는 광고가 없기 때문에 공적 욕구 자극이 약해 과소공급이 될 수밖에 없다는 주장이다.

오답피하기

① 파킨슨 법칙은 공무원이 자신의 부하 직원 수를 늘리려는 경향이 있으며, 서로를 위해 일거리를 만들어 낸다는 것이다.
② 니스카넨의 예산극대화 가설은 관료가 공익보다 자신의 부서 예산을 극대화하려 한다는 이론이다.
③ 전위효과(displacement effect)는 위기 상황을 강조하는 것이 아니라, 전쟁 등의 위기 상황 때문에 증가한 세금이 위기가 지나간 후에도 원래 수준으로 돌아가지 않고 유지되는 현상을 말한다. 위기 상황을 강조하여 가외성 효과를 창조한다고 볼 수 있다.

정답 | ④

16 2024 지방직 기출

01
애덤스(Adams)의 공정성이론에 대한 설명으로 옳지 않은 것은?
① 투입과 산출의 비율을 준거인과 비교하여 공정성을 지각한다.
② 불공정성을 느낄 때 자신의 지각을 의도적으로 왜곡하기도 한다.
③ 노력과 기술은 투입에 해당하며, 보수와 인정은 산출에 해당한다.
④ 준거인과 비교하여 과소보상자는 불공정하다고 생각하고, 과대보상자는 공정하다고 생각한다.

02
공공선택이론에 대한 설명으로 옳지 않은 것은?
① 인간을 이기적이고 합리적인 경제인으로 본다.
② 비시장적 의사결정을 경제학적 관점에서 연구한다.
③ 뷰캐넌(Buchanan), 털럭(Tullock), 오스트롬(Ostrom) 등이 대표적인 학자이다.
④ 경제주체의 집단적 선택행위를 중시하는 방법론적 집단주의 입장이다.

정답찾기
④ 준거인과 비교하여 과소보상자와 과대보상자 모두 불공정하다고 생각한다.

오답피하기
① 투입과 산출의 비율을 준거인과 비교하여 공정성을 지각한다.
② 불공정성을 느낄 때 자신의 지각을 의도적으로 왜곡하기도 한다.
③ 노력과 기술은 투입에 해당하며, 보수와 인정은 산출에 해당한다.

정답 | ④

정답찾기
④ 공공선택론은 경제주체의 개인적 선택행위를 중시하는 방법론적 개체주의 입장이다.

오답피하기
① 인간을 이기적이고 합리적인 경제인으로 본다.
② 비시장적 의사결정을 경제학적 관점에서 연구한다.
③ 뷰캐넌(Buchanan), 털럭(Tullock), 오스트롬(Ostrom) 등이 대표적인 학자이다.

정답 | ④

03

피터스(Peters)가 『미래의 국정관리(The Future of Governing)』에서 제시한 정부개혁 모형에 해당하지 않는 것은?

① 시장 모형
② 자유민주주의 모형
③ 참여 모형
④ 탈규제 모형

04

「지방공무원법」상 공무원 인사이동에 대한 설명으로 옳지 않은 것은?

① 전직은 직렬을 달리하는 임명을 말한다.
② 전보는 같은 직급 내에서 보직변경을 말한다.
③ 강임의 경우, 같은 직렬의 하위 직급이 없는 경우 다른 직렬의 하위 직급으로는 이동할 수 없다.
④ 지방자치단체의 장 또는 지방의회의 의장은 공무원을 전입시키려고 할 때에는 해당 공무원이 소속된 지방자치단체의 장 또는 지방의회의 의장의 동의를 받아야 한다.

정답찾기

② 자유민주주의 모형은 피터스(Peters)가 『미래의 국정관리(The Future of Governing)』에서 제시한 정부개혁 모형에 해당하지 않는다. 시장, 신축, 참여, 탈규제 모형이 해당한다.

오답피하기

① 시장 모형은 피터스(Peters)가 『미래의 국정관리(The Future of Governing)』에서 제시한 정부개혁 모형에 해당한다.
③ 참여 모형은 피터스(Peters)가 『미래의 국정관리(The Future of Governing)』에서 제시한 정부개혁 모형에 해당한다.
④ 탈규제 모형은 피터스(Peters)가 『미래의 국정관리(The Future of Governing)』에서 제시한 정부개혁 모형에 해당한다.

정답 | ②

정답찾기

③ 강임의 경우, 같은 직렬의 하위 직급이 없는 경우 다른 직렬의 하위 직급으로는 이동할 수 있다.

오답피하기

① 전직은 직렬을 달리하는 임명을 말한다.
② 전보는 같은 직급 내에서 보직변경을 말한다.
④ 지방자치단체의 장 또는 지방의회의 의장은 공무원을 전입시키려고 할 때에는 해당 공무원이 소속된 지방자치단체의 장 또는 지방의회의 의장의 동의를 받아야 한다.

정답 | ③

05

프로그램 예산제도에 대한 설명으로 옳지 않은 것은?

① 우리나라 중앙정부는 2007년부터 프로그램 예산제도를 도입하였다.
② 예산 전 과정을 프로그램 중심으로 구조화하고 성과평가체계와 연계시킨다.
③ 세부 업무와 단가를 통해 예산 금액을 산정하는 상향식(bottom up) 방식을 사용한다.
④ 일반회계, 특별회계, 기금이 포괄적으로 표시되어 총체적 재정배분 파악이 가능하다.

06

사회적 형평성(social equity)에 대한 설명으로 옳지 않은 것은?

① 1968년 개최된 미노부룩 회의(Minnowbrook Conference)에서 태동한 신행정론에서 강조하였다.
② 롤스(Rawls)의 『정의론』은 사회적 형평성 논의에 영향을 주었다.
③ 수직적 형평성(vertical equity)은 '동등한 여건에 있지 않은 사람을 동등하게 취급'함을 의미하며, 누진세가 그 예이다.
④ 수평적 형평성(horizontal equity)은 '동등한 여건에 있는 사람을 동등하게 취급'함을 의미하며, 동일노동 동일임금이 그 예이다.

정답찾기
③ 품목별 예산제도에서 세부 업무와 단가를 통해 예산 금액을 산정하는 상향식(bottom up) 방식을 사용한다.

오답피하기
① 우리나라 중앙정부는 2007년부터 프로그램 예산제도를 도입하였다.
② 예산 전과정을 프로그램 중심으로 구조화하고 성과평가체계와 연계시킨다.
④ 프로그램 예산제도는 일반회계, 특별회계, 기금이 포괄적으로 표시되어 총체적 재정배분 파악이 가능하다.

정답 | ③

정답찾기
③ 수직적 형평성(vertical equity)은 '동등한 여건에 있지 않은 사람을 동등하지 않게 취급'함을 의미하며, 누진세가 그 예이다.

오답피하기
① 사회적 형평성은 1968년 개최된 미노부룩 회의(Minnowbrook Conference)에서 태동한 신행정론에서 강조하였다.
② 롤스(Rawls)의 『정의론』은 사회적 형평성 논의에 영향을 주었다.
④ 수평적 형평성(horizontal equity)은 '동등한 여건에 있는 사람을 동등하게 취급'함을 의미하며, 동일노동 동일임금이 그 예이다.

정답 | ③

07

다음 설명에 해당하는 정책분석기법은?

> 관련 사건이 일어났느냐 일어나지 않았느냐에 기초하여 미래에 어떤 사건이 일어날 확률에 대해서 식견 있는 판단(informed judgments)을 끌어내는 방법이다.

① 브레인스토밍
② 교차영향분석
③ 델파이 기법
④ 선형경향추정

08

예산 과정에 대한 설명으로 옳지 않은 것은?

① 「국가재정법」에서는 대통령의 승인을 얻은 정부 예산안이 회계연도 개시 90일 전까지 국회에 제출되어야 한다고 규정하고 있다.
② 기획재정부장관은 국무회의의 심의를 거쳐 대통령의 승인을 얻은 다음 연도의 예산안편성지침을 매년 3월 31일까지 중앙관서의 장에게 통보해야 한다.
③ 국회 예산결산특별위원회는 소관 상임위원회에서 삭감한 세출예산 각 항의 금액을 증가하게 하거나 새 비목을 설치할 경우 소관 상임위원회의 동의를 받아야 한다.
④ 정부는 국회에 예산안을 제출한 후 부득이한 사유로 인하여 그 내용의 일부를 수정하고자 하는 때에는 국무회의의 심의를 거쳐 대통령의 승인을 얻은 수정예산안을 국회에 제출할 수 있다.

정답찾기

② 교차영향분석은 관련 사건이 일어났느냐 일어나지 않았느냐에 기초하여 미래에 어떤 사건이 일어날 확률에 대해서 식견 있는 판단(informed judgments)을 끌어내는 방법이다.

오답피하기

① 브레인스토밍은 기발하고 다양한 아이디어를 자유분방하게 제안하도록 함으로써 많은 아이디어를 얻기 위한 활동이다.
③ 델파이 기법은 동질적인 전문가들의 의견을 수렴하여 의견일치를 유도하려는 예측기법이다.
④ 선형경향추정은 예측기법은 과거부터 현재까지의 자료를 토대로 미래 사회의 상태를 예상하는 방법이다

정답 | ②

정답찾기

① 「국가재정법」에서는 대통령의 승인을 얻은 정부 예산안이 회계연도 개시 120일 전까지 국회에 제출되어야 한다고 규정하고 있다.

오답피하기

② 기획재정부장관은 국무회의의 심의를 거쳐 대통령의 승인을 얻은 다음 연도의 예산안편성지침을 매년 3월 31일까지 중앙관서의 장에게 통보해야 한다.
③ 국회 예산결산특별위원회는 소관 상임위원회에서 삭감한 세출예산 각 항의 금액을 증가하게 하거나 새 비목을 설치할 경우 소관 상임위원회의 동의를 받아야 한다.
④ 정부는 국회에 예산안을 제출한 후 부득이한 사유로 인하여 그 내용의 일부를 수정하고자 하는 때에는 국무회의의 심의를 거쳐 대통령의 승인을 얻은 수정예산안을 국회에 제출할 수 있다.

정답 | ①

09

신공공서비스론에 대한 설명으로 옳지 않은 것은?

① 신공공관리론을 극복하기 위해 등장하였으며, 비판이론과 포스트모더니즘을 활용한다.
② 공익은 시민의 공유된 가치에 대한 담론의 결과이다.
③ 정부는 '노젓기'보다 '방향잡기'에 집중하면서 시민에게 더 많은 권력을 부여해야 한다.
④ 정부관료는 헌법과 법률, 정치 규범, 시민에 대한 대응성을 중요시해야 한다.

10

팀제 조직에 대한 설명으로 옳은 것만을 모두 고르면?

ㄱ. 결정과 기획의 핵심 기능만 남기고 사업집행 기능은 전문업체에 위탁한다.
ㄴ. 역동적 환경변화에 유연하게 적응하고 신속한 문제해결이 가능하다.
ㄷ. 기술구조 부문이 중심이 되고 작업 과정의 표준화가 주요 조정수단이다.
ㄹ. 관료제의 병리를 타파하고 업무수행에 새로운 의식과 행태의 변화 필요성으로 등장하였다.

① ㄱ, ㄴ   ② ㄱ, ㄷ
③ ㄴ, ㄹ   ④ ㄷ, ㄹ

정답찾기

③ 정부는 '방향잡기'보다 '봉사'에 집중하면서 시민에게 더 많은 권력을 부여해야 한다.

오답피하기

① 신공공관리론을 극복하기 위해 등장하였으며, 비판이론과 포스트모더니즘을 활용한다.
② 신공공서비스에서 공익은 시민의 공유된 가치에 대한 담론의 결과이다.
④ 신공공서비스에서 정부관료는 헌법과 법률, 정치 규범, 시민에 대한 대응성을 중요시해야 한다.

정답 | ③

정답찾기

③ 팀제조직은 ㄴ. 역동적 환경변화에 유연하게 적응하고 신속한 문제해결이 가능하고, ㄹ. 관료제의 병리를 타파하고 업무수행에 새로운 의식과 행태의 변화 필요성으로 등장하였다.

오답피하기

ㄱ. 네트워크 조직은 결정과 기획의 핵심 기능만 남기고 사업집행 기능은 전문업체에 위탁한다.
ㄷ. 기술적 관료제 조직은 기술구조 부문이 중심이 되고 작업 과정의 표준화가 주요 조정수단이다.

정답 | ③

11

옹호연합모형(Advocacy Coalition Framework)에 대한 설명으로 옳은 것만을 모두 고르면?

ㄱ. 정책하위체제에 초점을 두어 정책변화를 이해한다.
ㄴ. 정책지향학습은 옹호연합 내부만 아니라 옹호연합 사이에서도 발생한다.
ㄷ. 행정규칙, 예산배분, 규정의 해석에 대한 결정은 정책핵심 신념과 관련된다.
ㄹ. 신념 체계 구조에서 규범적 핵심 신념은 관심 있는 특정 정책 규범에 적용되며, 이차적 측면(secondary aspects)보다 변화 가능성이 작다.

① ㄱ, ㄴ   ② ㄱ, ㄹ
③ ㄴ, ㄷ   ④ ㄷ, ㄹ

12

「공직자윤리법」에서 규정하고 있는 것만을 모두 고르면?

ㄱ. 이해충돌 방지 의무   ㄴ. 등록재산의 공개
ㄷ. 종교 중립의 의무   ㄹ. 품위 유지의 의무

① ㄱ, ㄴ   ② ㄱ, ㄹ
③ ㄴ, ㄷ   ④ ㄷ, ㄹ

정답찾기

① 옹호연합모형(Advocacy Coalition Framework)은 ㄱ. 정책하위체제에 초점을 두어 정책변화를 이해하고, ㄴ. 정책지향학습은 옹호연합 내부만 아니라 옹호연합 사이에서도 발생한다.

오답피하기

ㄷ. 행정규칙, 예산배분, 규정의 해석에 대한 결정은 이차적 신념과 관련된다.
ㄹ. 신념 체계 구조에서 정책 핵심 신념은 관심 있는 특정 정책 규범에 적용되며, 이차적 측면(secondary aspects)보다 변화 가능성이 작다. 규범적 핵심 신념은 모든 정책에 적용되는 근본가치를 의미한다.

정답 | ①

정답찾기

① ㄱ. 이해충돌 방지 의무, ㄴ. 등록재산의 공개는 「공직자윤리법」에서 규정하고 있다.

오답피하기

ㄷ. 종교 중립의 의무는 국가공무원법상 의무에 해당한다.
ㄹ. 품위 유지의 의무는 국가공무원법상 의무에 해당한다.

정답 | ①

13

밑줄 친 연구에 해당하는 것은?

> 이 연구에서는 정책과 성과를 연결하는 모형에 정책 기준과 목표, 집행에 필요한 자원, 조직 간 의사소통과 집행 활동(enforcement activities), 집행기관의 특성, 경제·사회·정치적 조건, 정책집행자의 성향(disposition)이라는 변수를 제시하였다.

① 립스키(Lipsky)의 일선관료제 연구
② 오스트롬(Ostrom)의 제도분석 연구
③ 사바티어와 마즈마니언(Sabatier & Mazmanian)의 집행과정 연구
④ 반 미터와 반 혼(Van Meter & Van Horn)의 정책 집행과정 연구

14

예산집행의 신축성 유지 방안에 대한 설명으로 옳지 않은 것은?

① 추가경정예산의 경우, 정부는 국회에서 추가경정예산안이 확정되기 전에 이를 미리 배정하거나 집행할 수 없다.
② 예비비의 경우, 정부는 예측할 수 없는 예산 외의 지출 또는 예산초과지출에 충당하기 위하여 일반회계 예산총액의 100분의 5 이내의 금액으로 세입세출예산에 계상할 수 있다.
③ 계속비의 경우, 국가가 지출할 수 있는 연한은 그 회계연도로부터 5년 이내이나, 사업규모 및 국가재원 여건을 고려하여 필요한 경우에는 예외적으로 10년 이내로 할 수 있다.
④ 각 중앙관서의 장은 예산의 목적범위 안에서 재원의 효율적 활용을 위하여 대통령령으로 정하는 바에 따라 기획재정부장관의 승인을 얻어 각 세항 또는 목의 금액을 전용(轉用)할 수 있다.

정답찾기

④ 반 미터와 반 혼(Van Meter & Van Horn)의 정책 집행과정 연구에서 정책과 성과를 연결하는 모형에 정책 기준과 목표, 집행에 필요한 자원, 조직 간 의사소통과 집행 활동(enforcement activities), 집행기관의 특성, 경제·사회·정치적 조건, 정책집행자의 성향(disposition)이라는 변수를 제시하였다.

Van Meter & Van Horn의 집행연구
오클랜드 집행사례 선행 연구를 검토한 후 선행연구에서는 집행현상을 설명할 수 있는 이론적 관점이 결여되었음을 지적하고, 집행모형의 구축 필요성을 강조하였다. 이들은 정책집행을 정책이 결정되어 산출로 이어지는 연속적 과정으로 파악하고 그 과정에서 발생하는 일들을 모형화하여 설명하고자 하였다. 정책집행의 성과를 설명하는 6개의 변수(정책의 목표와 기준, 가용자원, 조직간 관계, 집행기관의 특성, 경제·정치·사회적 환경의 특징, 집행자의 성향 및 반응)를 제시하였다.
이들의 모형을 구성하는 6개 변수는 정책의 성과에 영향을 미치는 것들로서 조직의 역량과 계층적 통제와 관련되기 때문에 하향적 접근방법에 포함될 수 있지만, 이들의 모형에서는 하향적 접근방법의 주류와는 약간 다른 주장도 포함하고 있다. 이들은 정책변화의 정도가 효과적 집행의 가능성에 결정적인 영향을 미친다고 보며, 목표에 대한 합의 정도 역시 중요하다고 보았다. 따라서 이 모형은 정책결정자에게 정책집행을 위한 처방을 제공하는 것보다는 정책집행자에게 집행연구에 관한 청사진을 제공하고자 하는 것이다.

오답피하기

① 립스키(Lipsky)의 일선관료제 연구에서는 집행현장에서 일선관료의 재량과 자율을 강조한다
② 오스트롬(Ostrom)의 제도분석 연구는 공공선택론에 해당한다.
③ 사바티어와 마즈마니언(Sabatier & Mazmanian)의 집행과정 연구는 성공적인 정책집행이 이루어지기 위한 조건을 제시하였다.

정답 | ④

정답찾기

② 예비비의 경우, 정부는 예측할 수 없는 예산 외의 지출 또는 예산초과지출에 충당하기 위하여 일반회계 예산총액의 100분의 1 이내의 금액으로 세입세출예산에 계상할 수 있다.

오답피하기

① 추가경정예산의 경우, 정부는 국회에서 추가경정예산안이 확정되기 전에 이를 미리 배정하거나 집행할 수 없다.
③ 계속비의 경우, 국가가 지출할 수 있는 연한은 그 회계연도로부터 5년 이내이나, 사업규모 및 국가재원 여건을 고려하여 필요한 경우에는 예외적으로 10년 이내로 할 수 있다.
④ 각 중앙관서의 장은 예산의 목적범위 안에서 재원의 효율적 활용을 위하여 대통령령으로 정하는 바에 따라 기획재정부장관의 승인을 얻어 각 세항 또는 목의 금액을 전용(轉用)할 수 있다.

정답 | ②

15

「지방공기업법」상 지방공기업에 대한 설명으로 옳지 않은 것은?

① 지방직영기업의 관리자는 해당 지방자치단체의 공무원으로서 지방직영기업의 경영에 관하여 지식과 경험이 풍부한 사람 중에서 지방자치단체의 장이 임명한다.
② 지방공사를 설립하고자 하는 시장·군수·구청장은 설립 전에 행정안전부장관과 협의하여야 한다.
③ 지방자치단체는 상호 규약을 정하여 다른 지방자치단체와 공동으로 지방공사를 설립할 수 있다.
④ 지방자치단체는 지방직영기업을 설치·경영하려는 경우에는 그 설치·운영의 기본사항을 조례로 정하여야 한다.

16

정책문제의 구조화기법에 대한 설명으로 옳은 것만을 모두 고르면?

ㄱ. 가정분석: 문제상황의 가능성 있는 원인, 개연성(plausible) 있는 원인, 행동가능한 원인을 식별하기 위한 기법
ㄴ. 계층분석: 정책문제에 관해 서로 대립되는 가정의 창조적 종합을 목표로 하는 기법
ㄷ. 시네틱스(유추분석): 문제들 사이에 유사한 관계를 인지하는 것이 분석가의 문제해결 능력을 크게 증가시킬 것이라는 가정에 기초한 기법
ㄹ. 분류분석: 문제상황을 정의하고 분류하기 위해 사용되는 개념을 명확하게 하기 위한 기법

① ㄱ, ㄴ
② ㄱ, ㄹ
③ ㄴ, ㄷ
④ ㄷ, ㄹ

정답찾기

② 「지방공기업법」상 지방공사를 설립하고자 하는 시장·군수·구청장은 설립 전에 관할 특별시장·광역시장 및 도지사과 협의하여야 한다.

지방공기업법 제 49조(설립)
① 지방자치단체는 제2조에 따른 사업을 효율적으로 수행하기 위하여 필요한 경우에는 지방공사(이하 "공사"라 한다)를 설립할 수 있다. 이 경우 공사를 설립하기 전에 특별시장, 광역시장, 특별자치시장, 도지사 및 특별자치도지사(이하 "시·도지사"라 한다)는 행정안전부장관과, 시장·군수·구청장(자치구의 구청장을 말한다)은 관할 특별시장·광역시장 및 도지사와 협의하여야 한다.

오답피하기

① 지방공기업법 제7조에 따르면 지방직영기업의 관리자는 해당 지방자치단체의 공무원으로서 지방직영기업의 경영에 관하여 지식과 경험이 풍부한 사람 중에서 지방자치단체의 장이 임명한다.
③ 지방공기업법 제50조에 따르면 지방자치단체는 상호 규약을 정하여 다른 지방자치단체와 공동으로 지방공사를 설립할 수 있다.
④ 지방공기업법 제5조에 따르면 지방자치단체는 지방직영기업을 설치·경영하려는 경우에는 그 설치·운영의 기본사항을 조례로 정하여야 한다.

정답 | ②

정답찾기

ㄷ. 시네틱스(유추분석)은 문제들 사이에 유사한 관계를 인지하는 것이 분석가의 문제해결 능력을 크게 증가시킬 것이라는 가정에 기초한 기법이다.
ㄹ. 분류분석은 문제상황을 정의하고 분류하기 위해 사용되는 개념을 명확하게 하기 위한 기법이다.

오답피하기

ㄱ. 계층분석은 문제상황의 가능성 있는 원인, 개연성(plausible) 있는 원인, 행동가능한 원인을 식별하기 위한 기법이다.
ㄴ. 가정분석은 정책문제에 관해 서로 대립되는 가정의 창조적 종합을 목표로 하는 기법이다.

[정답] ④

17

직무평가 방법에 대한 설명으로 옳지 않은 것은?

① 분류법은 미리 정해진 등급기준표를 이용하는 비계량적 방법이다.
② 서열법은 비계량적 방법으로, 직무의 수가 적은 소규모 조직에 적절하다.
③ 점수법은 직무와 관련된 평가요소를 선정하고 각 요소별로 중요도를 부여하는 과정에서 계량화를 통해 명확하고 객관적인 이론적 증명이 가능하다.
④ 요소비교법은 조직 내 기준직무(key job)를 선정하여 평가하려는 직무와 기준직무의 평가요소를 상호비교하여 상대적 가치를 판단하는 방법이다.

18

리더-구성원교환이론에 대한 설명으로 옳은 것만을 모두 고르면?

> ㄱ. 내집단(in-group)에 속한 구성원이 많을수록 집단의 성과가 높아진다고 본다.
> ㄴ. 리더와 구성원이 파트너십 관계로 발전하는 과정을 '리더십 만들기'라 한다.
> ㄷ. 리더가 모든 구성원을 차별 없이 대우하는 공정성을 중시한다.
> ㄹ. 리더와 구성원이 점점 높은 도덕성과 동기 수준으로 서로를 이끌어 가는 상호 관계를 중시한다.

① ㄱ, ㄴ
② ㄱ, ㄹ
③ ㄴ, ㄷ
④ ㄷ, ㄹ

정답찾기

③ 점수법은 직무와 관련된 평가요소를 신정하고 각 요소별로 중요도를 부여한 후 요소별 가치를 점수화하여 측정한 요소별 점수를 합산한 총점으로 계량화를 통해 명확하고 객관적인 이론적 증명이 가능하다.

오답피하기

① 분류법은 미리 정해진 등급기준표를 이용하는 비계량적 방법이다.
② 서열법은 비계량적 방법으로, 직무의 수가 적은 소규모 조직에 적절하다.
④ 요소비교법은 조직 내 기준직무(key job)를 선정하여 평가하려는 직무와 기준직무의 평가요소를 상호비교하여 상대적 가치를 판단하는 방법이다.

정답 | ③

정답찾기

ㄱ. 리더-구성원교환이론에서 내집단(in-group)에 속한 구성원이 많을수록 집단의 성과가 높아진다고 본다.
ㄴ. 리더-구성원교환이론에서 리더와 구성원이 파트너십 관계로 발전하는 과정을 '리더십 만들기'라 한다.

오답피하기

ㄷ. 리더-구성원교환이론에서 리더는 모든 구성원을 차별 없이 대우하는 공정성을 중시하지 않는다.
ㄹ. 리더-구성원교환이론에서 리더는 구성원에게 신뢰와 영향력, 자율권, 현실적 이익을 제공하며 구성원은 이에 대한 대가로 보다 높은 충성심과 조직헌신, 몰입을 제공한다는 것이다.

정답 | ①

19

정책학의 발달에 대한 설명으로 옳지 않은 것은?

① 1951년 「정책지향(Policy Orientation)」이라는 논문은 정책학의 정체성 확립에 기여하였다.
② 라스웰(Lasswell)은 1971년 『정책학 소개(A Pre-View of Policy Sciences)』에서 맥락지향성, 이론지향성, 연합학문지향성을 제시하였다.
③ 1980년대 정책학의 연구는 정책형성, 집행, 평가, 변동 등 다양한 분야로 확대되었다.
④ 드로(Dror)는 정책결정 단계를 상위정책결정(meta-policymaking), 정책결정(policymaking), 정책결정 이후(post-policymaking)로 나누는 최적모형을 제시하였다.

20

공공가치론에 대한 설명으로 옳은 것만을 모두 고르면?

> ㄱ. 무어(Moore)는 공공가치 실패를 진단하는 도구로 '공공가치 지도그리기(mapping)'을 제안한다.
> ㄴ. 보즈만(Bozeman)은 공공기관에 의해 생산된 순(純)공공가치를 추정하는 '공공가치 회계'를 제시했다.
> ㄷ. '전략적 삼각형' 모델은 정당성과 지지, 운영 역량, 공공가치로 구성된다.
> ㄹ. 시장과 공공부문이 공공가치 실현에 필수적으로 요구되는 재화와 서비스를 제공하지 못할 때 '공공가치 실패'가 일어난다.

① ㄱ, ㄴ
② ㄱ, ㄹ
③ ㄴ, ㄷ
④ ㄷ, ㄹ

정답찾기

② 라스웰(Lasswell)은 1971년 『정책학 소개(A Pre-View of Policy Sciences)』에서 맥락지향성, 문제지향성, 연합학문지향성을 제시하였다.

오답피하기

① 1951년 「정책지향(Policy Orientation)」이라는 논문은 정책학의 정체성 확립에 기여하였다.
③ 1980년대 정책학의 연구는 정책형성, 집행, 평가, 변동 등 다양한 분야로 확대되었다.
④ 드로(Dror)는 정책결정 단계를 상위정책결정(meta-policymaking), 정책결정(policymaking), 정책결정 이후(post-policymaking)로 나누는 최적모형을 제시하였다.

정답 | ②

정답찾기

ㄷ. 무어의 공공가치창출론에서의 '전략적 삼각형' 모델은 정당성과 지지, 운영 역량, 공공가치로 구성된다.
ㄹ. 보우즈만의 공공가치 실패론에서 시장과 공공부문이 공공가치 실현에 필수적으로 요구되는 재화와 서비스를 제공하지 못할 때 '공공가치 실패'가 일어난다.

오답피하기

ㄱ. 보즈만(Bozeman)은 공공가치 실패를 진단하는 도구로 '공공가치 지도그리기(mapping)'을 제안한다.
ㄴ. 무어(Moore)는 공공기관에 의해 생산된 순(純) 공공가치를 추정하는 '공공가치 회계'를 제시했다.

정답 | ④

17 2024 지방직 미러링 1회

01 □□□

애덤스(Adams)의 공정성이론에 대한 설명으로 옳지 않은 것은?

① 개인은 자신의 투입 대비 산출 비율을 다른 사람과 비교하여 공정성을 판단한다.
② 불공정성을 인지한 개인은 투입이나 산출을 조정하여 공정성을 회복하려 한다.
③ 공정성에 대한 인식은 개인마다 차이가 있으며 객관적으로 측정할 수 있다.
④ 과소보상을 인지한 사람은 투입을 줄이거나 산출을 증가시키려 할 수 있다.

02 □□□

공공선택이론에 대한 설명으로 옳지 않은 것은?

① 공공재 공급의 집합적 의사결정 과정을 분석하는 이론이다.
② 관료는 공익보다 자신의 효용극대화를 추구한다고 가정한다.
③ 정부실패의 원인으로 정치인, 관료, 이익집단의 지대추구 행위를 지적한다.
④ 공공문제 해결을 위해 시장 메커니즘보다 정부 규제의 확대를 강조한다.

정답찾기

③ 애덤스의 공정성이론에서 공정성 인식은 주관적인 것으로, 객관적으로 측정할 수 있다는 설명은 옳지 않다. 개인은 자신의 투입 대비 산출 비율을 타인과 비교하여 주관적으로 공정성을 판단한다.

오답피하기

① 공정성이론의 핵심 전제로, 개인은 자신의 투입 대비 산출 비율을 준거인물과 비교하여 공정성을 판단한다.
② 불공정성을 인지하면 심리적 불균형이 발생하고, 개인은 투입이나 산출 조정을 통해 균형을 회복하려 한다.
④ 과소보상을 인지한 사람은 투입을 줄이거나(근무시간 단축, 노력 감소 등) 산출을 증가시키려는(임금인상 요구 등) 행동을 취할 수 있다.

정답 | ③

정답찾기

④ 공공선택이론은 정부 규제의 확대보다 시장 메커니즘을 통한 문제해결을 강조한다. 이 이론은 정부실패를 지적하고 정부개입의 비효율성을 주장하는 입장으로, 정부 규제 확대와는 반대되는 입장이다.

오답피하기

① 공공선택이론은 공공재 공급의 집합적 의사결정 과정을 경제학적 방법론으로 분석하는 이론이다.
② 공공선택이론은 공공부문 행위자들도 사적 이익을 추구한다는 가정하에, 관료들이 예산과 조직의 극대화를 추구한다고 본다.
③ 정부실패의 주요 원인으로 정치인, 관료, 이익집단 등의 지대추구 행위를 지적하며, 이로 인한 비효율성을 강조한다.

정답 | ④

03

피터스(Peters)가 미래의 국정관리(The Future of Governing)에서 제시한 정부개혁 모형에 해당하지 않는 것은?

① 네트워크 모형
② 시장 모형
③ 신축성 모형
④ 참여 모형

04

「지방공무원법」상 공무원 인사이동에 대한 설명으로 옳지 않은 것은?

① 전보는 동일 직급 내에서의 보직변경을 의미한다.
② 강임은 하위직급으로 임용하는 것을 의미하며, 본인의 동의가 필요하다.
③ 직위해제된 공무원은 3개월 이내에 직위를 부여받지 못하면 당연퇴직된다.
④ 다른 지방자치단체로 전출하기 위해서는 해당 공무원이 소속된 지방자치단체장의 동의가 필요하다.

정답찾기

① 피터스가 제시한 정부개혁 모형은 시장 모형, 참여 모형, 신축성 모형, 탈규제 모형이다. 네트워크 모형은 피터스의 분류에 포함되지 않는다.

오답피하기

② 시장 모형은 피터스의 정부개혁 모형 중 하나로, 시장원리와 경쟁을 통해 정부의 효율성을 제고하는 접근법이다.
③ 신축성 모형은 피터스의 정부개혁 모형 중 하나로, 유연한 조직구조와 관리방식을 강조한다.
④ 참여 모형은 피터스의 정부개혁 모형 중 하나로, 권한이양과 참여를 통한 민주성 강화를 강조한다.

정답 | ①

정답찾기

③ 「지방공무원법」에 따르면 직위해제된 공무원은 3개월 이내에 직위를 부여받지 못하면 당연퇴직되는 것이 아니라, 직권면직 등의 조치를 취할 수 있다. 당연퇴직은 법에 규정된 특정 사유가 발생했을 때 별도의 처분 없이 퇴직되는 것을 의미한다.

오답피하기

① 전보는 동일 직급 내에서 보직을 변경하는 인사이동으로, 직제 또는 정원의 변경이나 업무적 필요에 의해 이루어진다.
② 강임은 공무원을 하위직급에 임용하는 것으로, 본인의 동의가 필요하다는 설명은 맞다.
④ 지방공무원의 전출은 해당 공무원이 소속된 지방자치단체장의 동의를 얻어야 한다는 설명은 맞다.

정답 | ③

05

프로그램 예산제도에 대한 설명으로 옳지 않은 것은?

① 전략적 자원배분과 성과관리를 강화하는 예산제도이다.
② 기능-분야-부문-프로그램-단위사업 등 체계적인 구조를 갖는다.
③ 재정사업 자율평가제도와 연계하여 성과중심 예산운용을 강화한다.
④ 투입요소별 통제에 초점을 맞추어 예산 편성·집행의 자율성이 낮다.

06

사회적 형평성(social equity)에 대한 설명으로 옳지 않은 것은?

① 사회적 형평성은 능률성, 경제성과 함께 행정의 중요한 가치로 여겨진다.
② 롤스(Rawls)의 정의론에서는 최소수혜자에게 최대의 혜택을 주어야 한다고 주장한다.
③ 수직적 형평성은 동등한 여건에 있는 사람들을 동등하게 대우하는 것이다.
④ 신행정론은 행정의 주요 가치로서 효율성보다 형평성을 더 중시한다.

정답찾기

④ 프로그램 예산제도는 투입요소별 통제보다 성과와 결과에 초점을 맞추며, 예산 편성·집행의 자율성을 높이는 특징이 있다. 투입요소별 통제에 초점을 맞추는 것은 품목별 예산제도의 특성이다.

오답피하기

① 프로그램 예산제도는 전략적 자원배분과 성과관리를 강화하는 예산제도로, 정책과 예산의 연계성을 높인다.
② 프로그램 예산제도는 기능-분야-부문-프로그램-단위사업 등 체계적인 구조를 통해 사업 중심으로 예산을 편성한다.
③ 프로그램 예산제도는 재정사업 자율평가제도와 연계하여 성과중심의 예산운용을 강화하는 특성이 있다.

정답 | ④

정답찾기

③ 수평적 형평성이 동등한 여건에 있는 사람들을 동등하게 대우하는 것이다. 수직적 형평성은 동등한 여건에 있지 않은 사람을 동등하지 않게 취급함을 의미한다.

오답피하기

① 사회적 형평성은 행정의 중요한 가치로 능률성, 경제성과 함께 행정가치의 중요한 축을 형성한다.
② 롤스의 정의론에서는 차등의 원칙에 따라 최소수혜자에게 최대의 혜택이 돌아가도록 불평등이 조정되어야 한다고 주장한다.
④ 신행정론은 1960년대 말 미국에서 등장한 행정학 패러다임으로, 효율성보다 형평성, 사회정의를 중시하는 특징이 있다.

정답 | ③

07

다음 설명에 해당하는 정책분석기법은?

> 전문가들의 직관적 판단을 체계화하여 미래 예측에 활용하는 기법으로, 익명성, 반복적인 설문, 통제된 피드백, 통계적 집단반응의 특징을 가진다.

① 브레인스토밍
② 교차영향분석
③ 델파이 기법
④ 시나리오 기법

08

예산 과정에 대한 설명으로 옳지 않은 것은?

① 예산안 편성지침은 기획재정부장관이 매년 3월 31일까지 각 중앙관서의 장에게 통보해야 한다.
② 각 중앙관서의 장은 예산이 확정되기 전에 사업운영계획 및 이에 따른 세입세출예산·계속비와 국고채무부담행위를 포함한 예산배정요구서를 기획재정부장관에게 제출하여야 한다.
③ 국회에서 예산안을 심의할 때, 세출예산 각 항의 금액을 증액하려면 정부의 동의가 필요하다.
④ 예산안 심의 과정에서 예산결산특별위원회는 상임위원회의 예비심사 결과를 존중해야 한다.

정답찾기

③ 주어진 설명은 델파이 기법에 대한 것이다. 델파이 기법은 전문가들의 직관적 판단을 체계적으로 수집하고 피드백하는 과정을 통해 합의점을 도출하는 방법으로, 익명성, 반복적인 설문, 통제된 피드백, 통계적 집단반응의 특징을 가진다.

오답피하기

① 브레인스토밍은 자유로운 아이디어 제시와 토론을 통해 창의적 해결책을 모색하는 기법으로, 익명성이나 통제된 피드백 과정이 없다.
② 교차영향분석은 특정 사건의 발생이 다른 사건의 발생 확률에 미치는 영향을 분석하는 기법이다.
④ 시나리오 기법은 미래에 발생 가능한 여러 상황을 체계적으로 서술하고 대응책을 모색하는 기법이다.

정답 | ③

정답찾기

② 「국가재정법」 제42조(예산배정요구서의 제출)에 따르면 각 중앙관서의 장은 예산이 확정된 후 사업운영계획 및 이에 따른 세입세출예산·계속비와 국고채무부담행위를 포함한 예산배정요구서를 기획재정부장관에게 제출하여야 한다.

오답피하기

① 「국가재정법」에 따라 예산안 편성지침은 기획재정부장관이 매년 3월 31일까지 각 중앙관서의 장에게 통보해야 한다.
③ 헌법 제57조에 따라 국회는 정부의 동의 없이 정부가 제출한 지출예산 각 항의 금액을 증액하거나 새 비목을 설치할 수 없다.
④ 「국회법」에 따라 예산결산특별위원회는 소관 상임위원회의 예비심사 결과를 존중해야 한다.

정답 | ②

09

신공공서비스론에 대한 설명으로 옳지 않은 것은?

① 시민에 대한 봉사보다 고객에 대한 서비스를 강조한다.
② 행정의 역할은 방향잡기(steering)보다 시민과의 대화와 협력에 있다고 본다.
③ 덴하트(Denhardt)가 주창하였으며, 신공공관리론에 대한 비판에서 출발하였다.
④ 공익은 공유된 가치에 관한 담론의 결과로 형성된다고 본다.

10

팀제 조직에 대한 설명으로 옳은 것만을 모두 고르면?

ㄱ. 의사결정의 분권화와 구성원의 자율성을 강조한다.
ㄴ. 과업 중심의 일시적 조직으로 환경변화에 신속하게 대응할 수 있다.
ㄷ. 전문성보다 구성원 간의 협력과 조정능력이 중요하다.
ㄹ. 성과에 따른 보상체계가 강조되며 팀보다 개인 단위의 평가가 중시된다.

① ㄱ, ㄴ
② ㄱ, ㄷ
③ ㄴ, ㄹ
④ ㄷ, ㄹ

정답찾기

① 신공공서비스론은 고객에 대한 서비스보다 시민에 대한 봉사를 강조한다. 고객 중심의 접근은 신공공관리론의 특징이며, 신공공서비스론은 이를 비판하고 시민중심, 공익중심의 접근을 강조한다.

오답피하기

② 신공공서비스론은 행정의 역할이 방향잡기보다 시민과의 대화와 협력에 있다고 보며, 시민 참여와 공동체 가치를 중시한다.
③ 신공공서비스론은 덴하트 부부가 주창하였으며, 신공공관리론에 대한 비판적 대안으로 등장하였다.
④ 신공공서비스론에서는 공익을 개인 이익의 총합이 아닌 공유된 가치에 관한 담론의 결과로 형성된다고 본다.

정답 | ①

정답찾기

① 팀제 조직은 의사결정의 분권화와 구성원의 자율성을 강조하며(ㄱ), 과업 중심의 일시적 조직으로 환경변화에 신속하게 대응할 수 있다(ㄴ). 이는 팀제 조직의 가장 기본적인 특성이다.

오답피하기

ㄷ. 팀제 조직에서는 전문성이 중요하지 않다는 것은 옳지 않다. 오히려 각자의 전문성을 바탕으로 한 협력이 중요하다.
ㄹ. 팀제는 성과에 따른 보상체계가 강조되면 개인보다 팀 단위의 평가가 중시된다.

정답 | ①

11

옹호연합모형(Advocacy Coalition Framework)에 대한 설명으로 옳은 것만을 모두 고르면?

> ㄱ. 정책변동을 설명하기 위해 사바티어(Sabatier)와 젠킨스-스미스(Jenkins-Smith)가 개발하였다.
> ㄴ. 신념체계는 일차적 핵심, 정책 핵심, 이차적 측면으로 구성된다.
> ㄷ. 정책학습은 옹호연합 내부에서만 발생하고 옹호연합 간에는 발생하지 않는다.
> ㄹ. 정책하위체제 내 행위자들은 공통의 신념체계를 바탕으로 옹호연합을 형성한다.

① ㄱ, ㄴ
② ㄱ, ㄹ
③ ㄴ, ㄷ
④ ㄷ, ㄹ

12

「공직자윤리법」에서 규정하고 있는 것만을 모두 고르면?

> ㄱ. 재산 등록 및 공개 의무
> ㄴ. 내부고발자 보호제도
> ㄷ. 퇴직 후 취업제한
> ㄹ. 무기명 주식 매각 의무

① ㄱ, ㄴ
② ㄱ, ㄷ
③ ㄴ, ㄹ
④ ㄷ, ㄹ

정답찾기

② 옹호연합모형은 사바티어와 젠킨스-스미스가 개발하였고(ㄱ), 정책하위체제 내 행위자들이 공통의 신념체계를 바탕으로 옹호연합을 형성한다(ㄹ)는 설명은 옳다.

오답피하기

ㄴ 신념체계는 심층적 핵심(deep core), 정책핵심(policy core), 이차적 측면(secondary aspects)으로 구성된다. '규범적 핵심'이 아닌 '심층핵심'이 정확한 표현이다.
ㄷ 정책학습은 옹호연합 내부뿐만 아니라 옹호연합 간에도 발생할 수 있다. 특히 기술적 정보나 외부 충격이 있을 때 옹호연합 간 정책학습이 촉진될 수 있다.

정답 | ②

정답찾기

② 「공직자윤리법」은 재산 등록 및 공개 의무(ㄱ)와 퇴직 후 취업제한(ㄷ)을 규정하고 있다. 이는 공직자 윤리 확립과 부패 방지를 위한 핵심 제도이다.

오답피하기

ㄴ 내부고발자 보호제도는 「부패방지 및 국민권익위원회의 설치와 운영에 관한 법률」에서 규정하고 있는 사항이다.
ㄹ 무기명 주식 매각 의무는 「공직자윤리법」에 명시적으로 규정되어 있지 않다. 공직자는 재산등록 시 주식 보유 현황을 신고해야 하지만, 무기명 주식의 매각 의무를 특별히 규정하고 있지는 않다.

정답 | ②

13

밑줄 친 연구에 해당하는 것은?

> 이 연구는 정책집행 과정에서 일선 관료들이 가진 재량권에 주목하며, 이들이 업무 과부하, 자원 부족, 모호한 정책목표 등의 환경에서 대응기제(coping mechanism)를 발전시켜 정책을 재해석하고 변형시킨다고 주장하였다.

① 엘모어(Elmore)의 전방향적 접근 연구
② 립스키(Lipsky)의 일선관료제 연구
③ 프레스만과 윌다브스키(Pressman & Wildavsky)의 집행 과정 연구
④ 반 미터와 반 혼(Van Meter & Van Horn)의 정책 집행 과정 연구

14

예산집행의 신축성 유지 방안에 대한 설명으로 옳지 않은 것은?

① 예산의 이용은 국회의 승인을 얻어야 하며, 예산의 전용은 국회의 승인이 필요없다.
② 계속비는 완성에 수년이 소요되는 공사나 제조를 위해 여러 해에 걸쳐 지출할 수 있는 경비이다.
③ 국가재정법에서 예비비는 예측할 수 없는 예산 외의 지출이나 예산초과지출에 충당하기 위한 것으로, 일반회계 예산총액의 100분의 3 이내로 계상할 수 있다.
④ 명시이월비는 세출예산 중 경비의 성질상 연도 내에 지출을 끝내지 못할 것이 예측되는 때에는 그 취지를 세입세출예산에 명시하여 미리 국회의 승인을 얻은 후 다음 연도에 이월하여 사용할 수 있다.

정답찾기

② 주어진 설명은 립스키(Lipsky)의 일선관료제(street-level bureaucracy) 연구에 해당한다. 일선관료들이 업무 환경에서 재량권을 행사하며 정책을 재해석하고 변형시키는 현상에 대해 분석한 연구이다.

오답피하기

① 엘모어의 전방향적 접근은 정책결정자의 의도에 따른 집행을 강조하는 연구로, 일선관료의 재량권에 초점을 맞추지 않는다.
③ 프레스만과 윌다브스키의 연구는 집행과정의 복잡성과 결정점의 중요성을 강조하는 연구로, 일선관료의 재량권보다는 집행과정의 구조적 측면에 주목한다.
④ 반 미터와 반 혼의 연구는 정책목표와 집행 간의 관계를 체계적으로 설명하는 모형을 제시했으나, 일선관료의 대응기제를 중심으로 분석하지는 않았다.

정답 | ②

정답찾기

③ 국가재정법 제 22조 정부는 예측할 수 없는 예산 외의 지출 또는 예산초과지출에 충당하기 위하여 일반회계 예산총액의 100분의 1 이내의 금액을 예비비로 세입세출예산에 계상할 수 있다. 다만, 예산총칙 등에 따라 미리 사용목적을 지정해 놓은 예비비는 본문에도 불구하고 별도로 세입세출예산에 계상할 수 있다.

오답피하기

① 예산의 이용은 국회의 승인을 얻어야 하며, 예산의 전용은 국회의 승인없이 기획재정부장관의 승인만 필요하다.
② 계속비는 완성에 수년이 소요되는 공사나 제조를 위해 여러 해에 걸쳐 지출할 수 있는 경비로, 국회의 의결을 얻어 설정한다.
④ 국가재정법 제24조(명시이월비) ① 세출예산 중 경비의 성질상 연도 내에 지출을 끝내지 못할 것이 예측되는 때에는 그 취지를 세입세출예산에 명시하여 미리 국회의 승인을 얻은 후 다음 연도에 이월하여 사용할 수 있다.

정답 | ③

15

「지방공기업법」상 지방공기업에 대한 설명으로 옳지 않은 것은?

① 지방직영기업은 별도의 법인격이 없는 지방자치단체의 내부조직이다.
② 지방공사의 사장은 지방자치단체의 장이 임명하고, 임기는 3년으로 한다.
③ 지방공단의 이사장은 이사회의 의결을 거쳐 지방자치단체의 장이 임명한다.
④ 지방자치단체가 지방공기업을 설립하려면 주민복리 증진을 위해 필요한 사업이어야 한다.

16

정책문제의 구조화기법에 대한 설명으로 옳은 것만을 모두 고르면?

ㄱ. 경계분석: 정책문제에 내재된 가정들을 검토하고 대안적 가정을 탐색하는 기법
ㄴ. 분류분석: 정책문제를 유형화하고 범주화하여 체계적으로 이해하기 위한 기법
ㄷ. 가정분석: 정책문제의 범위와 한계를 명확히 설정하기 위한 기법
ㄹ. 계층분석: 정책문제를 수준별로 분해하여 상위문제와 하위문제의 관계를 파악하는 기법

① ㄱ, ㄴ
② ㄱ, ㄷ
③ ㄴ, ㄹ
④ ㄷ, ㄹ

정답찾기

③ 「지방공기업법」 제76조에 따르면 지방공단의 이사장은 이사회의 의결을 거치지 않고 지방자치단체의 장이 임명한다. 이사장은 지방자치단체장이 직접 임명하는 것이 원칙이다.

오답피하기

① 지방직영기업은 별도의 법인격이 없는 지방자치단체의 내부조직으로, 지방자치단체가 직접 운영한다.
② 지방공사의 사장은 지방자치단체의 장이 임명하고, 임기는 3년이며 1년 단위로 연임할 수 있다.
④ 「지방공기업법」 제2조에 따르면 지방자치단체는 주민복리 증진을 위해 필요한 사업을 지방공기업으로 운영할 수 있다.

정답 | ③

정답찾기

③ 분류분석(ㄴ)은 정책문제를 유형화하고 범주화하는 기법이며, 계층분석(ㄹ)은 정책문제를 수준별로 분해하여 상위문제와 하위문제의 관계를 파악하는 기법으로 옳은 설명이다.

오답피하기

ㄱ 경계분석은 정책문제의 범위와 한계를 명확히 설정하는 기법이다.
ㄷ 가정분석은 정책문제에 내재된 가정들을 검토하고 대안적 가정을 탐색하는 기법이다.

정답 | ③

17

직무평가 방법에 대한 설명으로 옳지 않은 것은?

① 서열법은 직무 전체를 비교하여 상대적 가치에 따라 서열을 매기는 방법이다.
② 분류법은 미리 설정된 직무등급기준에 따라 직무를 분류하는 방법이다.
③ 요소비교법은 보상 가능한 요소별로 직무 간 비교를 통해 금전적 가치를 산정하는 방법이다.
④ 점수법은 직무 난이도에 따라 가중치를 부여하지 않고 모든 평가요소에 동일한 점수를 부여하는 방법이다.

18

리더-구성원 교환이론(LMX)에 대한 설명으로 옳은 것만을 모두 고르면?

> ㄱ. 리더와 구성원들 간의 전체적 관계에 초점을 둔다.
> ㄴ. 내집단(in-group)과 외집단(out-group)의 구분이 핵심 개념이다.
> ㄷ. 리더와 구성원 간 관계는 시간이 지나면서 발전하고 변화한다.
> ㄹ. 리더는 모든 구성원에게 동일한 리더십 스타일을 적용해야 한다.

① ㄱ, ㄴ
② ㄱ, ㄹ
③ ㄴ, ㄷ
④ ㄷ, ㄹ

정답찾기

④ 점수법은 직무를 구성하는 여러 요소에 대해 각각 점수를 부여하고, 요소별 중요도에 따라 가중치를 부여하여 총점을 산정하는 방법이다. 모든 평가요소에 동일한 점수를 부여하는 것이 아니라, 직무의 난이도와 중요도에 따라 차등적인 점수를 부여한다.

오답피하기

① 서열법은 직무 전체를 비교하여 상대적 가치에 따라 서열을 매기는 가장 단순한 직무평가 방법이다.
② 분류법은 미리 설정된 직무등급기준(직무등급명세서)에 따라 직무를 분류하는 방법으로, 각 직무를 등급명세서와 비교하여 적합한 등급에 배치한다.
③ 요소비교법은 보상 가능한 요소(기술, 노력, 책임, 작업조건 등)별로 직무 간 비교를 통해 금전적 가치를 산정하는 방법이다.

정답 | ④

정답찾기

③ 리더-구성원 교환이론(LMX)은 내집단과 외집단의 구분(ㄴ)과 리더와 구성원 간 관계의 발전과 변화(ㄷ)를 핵심 개념으로 한다. 이 이론에서는 리더가 구성원과 차별적인 관계를 형성하고, 이 관계가 시간에 따라 변화한다고 본다.

오답피하기

ㄱ 리더-구성원 교환이론(LMX)은 리더와 각 구성원 간의 개별적 관계에 초점을 둔다.
ㄹ 리더는 모든 구성원에게 동일한 리더십 스타일을 적용해야 한다는 설명은 LMX 이론의 핵심 주장과 반대된다. LMX 이론은 리더가 구성원 개개인과 다른 관계를 형성한다고 본다.

정답 | ③

19

정책학의 발달에 대한 설명으로 옳지 않은 것은?

① 라스웰(Lasswell)은 정책학을 '민주주의 발전을 위한 지식'으로 정의하였다.
② 윌다브스키(Wildavsky)는 정책분석을 '직관적 판단을 통한 정책문제 해결'로 규정하였다.
③ 드로(Dror)는 '정책결정에서의 합리성 증진'을 위한 최적모형을 제시하였다.
④ 나카무라와 스몰우드(Nakamura & Smallwood)는 정책과정을 정책형성, 정책집행, 정책평가의 순환과정으로 설명하였다.

20

공공가치론에 대한 설명으로 옳은 것만을 모두 고르면?

> ㄱ. 무어(Moore)는 신공공관리론(NPM)을 긍정하며 공공부문의 존재 이유와 성공 기준을 재정립하는 데 중요한 이론적 기여를 하였다.
> ㄴ. 공공가치는 시민의 선호와 정치적 과정을 통해 집합적으로 결정된다.
> ㄷ. 보즈만(Bozeman)은 공공가치 실패를 시장실패에 대응하는 개념으로 제시하였다.
> ㄹ. 공공가치 창출에 있어 정부보다 시장 메커니즘의 역할이 더 중요하다고 강조한다.

① ㄱ, ㄴ
② ㄱ, ㄹ
③ ㄴ, ㄷ
④ ㄷ, ㄹ

정답찾기

② 윌다브스키는 정책분석을 '창조적 기술(creative art)'로 보고 "정책분석은 증거와 논리를 사용하여 정책문제에 대한 해결책을 찾는 과정"이라고 정의했다. 정책분석을 '직관적 판단을 통한 정책문제 해결'로 규정한 학자는 린드블룸이다.

오답피하기

① 라스웰은 정책학을 '민주주의 발전을 위한 지식'으로 정의하며, 다학문적 접근과 문제지향적 연구를 강조했다.
③ 드로는 정책결정에서의 합리성 증진을 위한 최적모형(optimal model)을 제시하였고, 순수 합리모형과 순수 정치모형의 중간형태를 추구했다.
④ 나카무라와 스몰우드는 정책과정을 정책형성, 정책집행, 정책평가의 순환과정으로 설명하며, 각 단계 간의 연계성을 강조했다.

정답 | ②

정답찾기

③ 공공가치론에서 보즈만은 공공가치 실패를 시장실패에 대응하는 개념으로 제시하였고(ㄷ), 공공가치는 시민의 선호와 정치적 과정을 통해 집합적으로 결정된다(ㄴ)는 설명은 옳다.

오답피하기

ㄱ 무어는 신공공관리론(NPM)의 한계를 극복하고 공공부문의 존재 이유와 성공 기준을 재정립하는 데 중요한 이론적 기여를 하였다.
ㄹ 공공가치 창출에 있어 정부보다 시장 메커니즘의 역할이 더 중요하다는 설명은 공공가치론의 입장과 다르다. 공공가치론은 공공영역의 역할과 공공가치 창출에 있어 정부의 중요성을 강조한다.

정답 | ③

18 2024 지방직 미러링 2회

01 □□□

애덤스(Adams)의 공정성이론에 대한 설명으로 옳은 것은?
① 개인의 노력과 보상 간의 절대적 균형이 중요하다고 주장한다.
② 과대보상을 받은 사람은 항상 만족감을 느끼므로 공정성 회복 노력을 하지 않는다.
③ 개인은 자신의 투입 대비 산출 비율이 타인보다 낮다고 인식하면 불공정을 느낀다.
④ 공정성 인식은 투입과 산출의 객관적 비교에 기초하므로 개인차가 거의 없다.

02 □□□

공공선택이론에 대한 설명으로 옳은 것은?
① 방법론적 전체주의에 기초하여 집단적 의사결정을 분석한다.
② 정부규제는 공익을 위해 도입되므로 효율성을 증진시킨다고 본다.
③ 정치인은 득표를 극대화하고 관료는 예산을 극대화하려는 경향이 있다고 본다.
④ 시장실패를 해결하기 위한 정부개입의 효과성을 강조한다.

정답찾기

③ 애덤스의 공정성이론에 따르면, 개인은 자신의 투입(노력, 시간, 교육 등) 대비 산출(보상, 인정 등)의 비율을 타인과 비교하여 공정성을 판단한다. 자신의 비율이 타인보다 낮다고 인식할 경우 불공정을 느끼고, 이를 해소하기 위한 행동을 취하게 된다.

오답피하기

① 애덤스의 공정성이론에서는 절대적 균형이 아닌 타인과의 상대적 비교가 중요하다. 자신의 투입-산출 비율과 타인의 투입-산출 비율 간의 비교가 핵심이다.
② 과대보상을 받은 사람도 불편함이나 죄책감을 느낄 수 있으며, 이를 해소하기 위해 더 열심히 일하거나 산출을 조정하는 등의 공정성 회복 노력을 할 수 있다.
④ 공정성 인식은 객관적이 아닌 주관적 과정이다. 같은 상황에서도 개인마다 공정성에 대한 인식과 판단이 다를 수 있다.

정답 | ③

정답찾기

③ 공공선택이론은 정치인, 관료, 이익집단 등 정치 행위자들이 자기이익을 추구한다고 본다. 정치인은 득표 극대화를, 관료는 예산과 조직 극대화를 추구한다는 것이 이 이론의 핵심 가정이다.

오답피하기

① 공공선택이론은 방법론적 전체주의가 아닌 방법론적 개체주의에 기초한다. 집단이나 조직의 행동도 개인의 합리적 선택에 기반하여 설명한다.
② 공공선택이론은 정부규제가 항상 공익을 위한 것이 아니라 규제기관의 포획(capture) 현상이 발생할 수 있으며, 오히려 비효율을 초래할 수 있다고 본다.
④ 공공선택이론은 시장실패보다 정부실패(government failure)를 강조하며, 정부개입의 한계와 문제점을 지적한다.

정답 | ③

03

피터스(Peters)가 미래의 국정관리(The Future of Governing)에서 제시한 정부개혁 모형 중 다음 설명에 해당하는 것은?

> 시장원리에 기초하여 정부기능을 민영화하고, 경쟁을 통한 효율성 증진을 강조하며, 고객지향적 서비스 제공을 중시한다.

① 참여 모형
② 시장 모형
③ 유연 모형
④ 탈규제 모형

04

「지방공무원법」상 공무원 인사이동에 대한 설명으로 옳은 것은?

① 겸임은 한 사람에게 둘 이상의 직위를 부여하는 것으로, 보수 중복 지급이 원칙이다.
② 전직은 같은 계급 내에서 직무분야를 달리하는 임용으로, 본인의 동의가 필요 없다.
③ 파견은 다른 기관의 업무를 일시적으로 수행하기 위한 것으로, 원칙적으로 2년을 초과할 수 없다.
④ 강임은 본인의 의사에 관계없이 하위직급에 임용할 수 있는 인사조치이다.

정답찾기

② 주어진 설명은 피터스의 시장 모형(market model)에 대한 것이다. 시장 모형은 시장 메커니즘과 경쟁, 민영화, 고객지향적 서비스 등을 강조하는 정부개혁 모형이다.

오답피하기

① 참여 모형은 시민참여와 분권화, 민주적 가치를 강조하는 모형으로, 시장원리나 경쟁보다 참여와 협력을 중시한다.
③ 유연 모형(신축성 모형)은 조직구조의 유연성과 적응력, 혁신을 강조하는 모형이다.
④ 탈규제 모형은 내부 규제와 통제를 완화하고 관리자의 재량권 확대를 강조하는 모형이다.

정답 | ②

정답찾기

③ 「지방공무원법」에 따르면 파견은 다른 기관의 업무를 일시적으로 수행하기 위한 것으로, 원칙적으로 2년을 초과할 수 없다. 필요한 경우 1년 범위에서 연장할 수 있다.

오답피하기

① 겸임은 한 사람에게 둘 이상의 직위를 부여하는 것이 맞지만, 보수 중복 지급이 원칙이 아니라 별도로 정해진 수당만 지급하는 것이 원칙이다.
② 전직은 같은 계급 내에서 직무분야를 달리하는 임용이 맞지만, 본인의 동의가 필요하다.
④ 강임은 공무원을 하위직급에 임용하는 것이지만, 본인의 동의를 얻어야 한다.

정답 | ③

05

프로그램 예산제도에 대한 설명으로 옳은 것은?

① 투입중심의 통제를 강화하여 예산 낭비를 방지하는 데 주된 목적이 있다.
② 단년도 예산의 한계를 극복하기 위해 중기재정계획과 연계되어 운영된다.
③ 개별 사업별로 독립된 회계처리를 함으로써 재정투명성을 높인다.
④ 성과와 결과보다 절차적 합법성과 예산 집행의 적정성에 초점을 둔다.

06

사회적 형평성(social equity)에 대한 설명으로 옳은 것은?

① 신공공관리론(NPM)의 핵심 가치로 등장하였다.
② 공익은 개인의 이익 총합이라는 공리주의적 관점에 기초한다.
③ 수평적 형평성은 능력이나 소득이 다른 사람들을 다르게 대우하는 것을 의미한다.
④ 행정의 전문성과 능률성보다 정의와 공정성을 강조하는 가치이다.

정답찾기

② 프로그램 예산제도는 단년도 예산의 한계를 극복하기 위해 중기재정계획과 연계하여 운영된다. 이를 통해 장기적 관점에서 자원을 효율적으로 배분하고 성과를 관리할 수 있다.

오답피하기

① 프로그램 예산제도는 투입중심의 통제보다 성과와 결과에 초점을 맞추는 예산제도이다. 투입중심의 통제는 품목별 예산제도의 특징이다.
③ 프로그램 예산제도는 개별 사업별 독립 회계가 아닌 프로그램 단위의 포괄적 예산관리를 강조한다. 프로그램 내에서 자원을 유연하게 활용할 수 있는 특징이 있다.
④ 프로그램 예산제도는 절차적 합법성보다 성과와 결과를 중시하는 예산제도이다. 프로그램의 목표 달성 여부와 효과성을 평가하는 데 중점을 둔다.

정답 | ②

정답찾기

④ 사회적 형평성은 행정의 전문성과 능률성보다 정의와 공정성을 강조하는 가치이다. 행정의 효율성만을 추구하기보다 자원과 서비스의 공정한 분배와 사회적 약자 보호 등을 강조한다.

오답피하기

① 사회적 형평성은 신공공관리론(NPM)이 아닌 신행정론(NPA)에서 핵심 가치로 등장했다. 신공공관리론은 효율성과 경제성을 더 강조한다.
② 사회적 형평성은 공익을 개인 이익의 총합이 아닌 공유된 가치와 사회적 정의로 보는 관점에 기초한다.
③ 수평적 형평성은 동등한 상황에 있는 사람들을 동등하게 대우하는 것을 의미하며, 능력이나 소득이 다른 사람들을 다르게 대우하는 것은 수직적 형평성에 해당한다.

정답 | ④

07

다음 중 델파이 기법에 대한 설명으로 옳지 않은 것은?

① 익명성을 보장하여 권위나 체면에 의한 왜곡을 방지한다.
② 반복적인 피드백을 통해 전문가들의 의견 수렴을 유도한다.
③ 공개적 토론과 대면 회의를 통해 다양한 관점을 도출한다.
④ 정성적 판단과 직관을 체계적으로 수집하는 데 유용하다.

08

예산 과정에 대한 설명으로 옳은 것은?

① 국회에서 세출예산 각 항의 금액을 증액할 때에는 정부의 동의가 필요하지 않다.
② 예산결산특별위원회는 상임위원회의 예비심사 결과를 참고할 필요가 없다.
③ 기획재정부장관은 다음 연도의 예산안편성지침을 매년 4월 30일까지 각 중앙관서의 장에게 통보해야 한다.
④ 「국가재정법」에 따르면 정부는 예산안을 회계연도 개시 120일 전까지 국회에 제출해야 한다.

정답찾기

③ 델파이 기법은 공개적 토론이나 대면 회의가 아닌, 익명성이 보장된 개별 설문과 피드백 과정을 통해 의견을 수렴한다. 이는 집단사고(groupthink)나 권위에 의한 편향을 방지하기 위함이다.

오답피하기

① 델파이 기법은 익명성을 보장하여 권위나 체면에 의한 왜곡을 방지한다는 특징이 있다.
② 델파이 기법은 여러 차례의 설문과 반복적인 피드백을 통해 전문가들의 의견 수렴을 유도한다.
④ 델파이 기법은 정성적 판단과 직관을 체계적으로 수집하는 데 유용한 기법이다.

정답 | ③

정답찾기

④ 「국가재정법」 제33조에 따르면 정부는 예산안을 회계연도 개시 120일 전까지 국회에 제출해야 한다. 이는 국회가 예산안을 충분히 심의할 수 있도록 하기 위함이다.

오답피하기

① 헌법 제57조에 따라 국회가 정부의 동의 없이 예산 각 항의 금액을 증액하거나 새 비목을 설치할 수 없다.
② 국회법에 따라 예산결산특별위원회는 상임위원회의 예비심사 결과를 존중해야 한다.
③ 기획재정부장관은 예산안편성지침을 매년 3월 31일까지 각 중앙관서의 장에게 통보해야 한다.

정답 | ④

09

신공공서비스론에 대한 설명으로 옳은 것은?

① 정부의 역할은 '조정(steering)'보다 '노젓기(rowing)'에 초점을 두어야 한다.
② 공무원은 기업가적 마인드를 가지고 성과를 극대화해야 한다.
③ 시민은 행정서비스의 단순한 소비자가 아닌 공공문제 해결의 주체이다.
④ 민영화와 시장경쟁을 통한 정부효율성 제고를 강조한다.

10

팀제 조직의 특성으로 옳은 것은?

① 명확한 계층구조와 권한체계를 통해 지휘·명령의 일원화를 추구한다.
② 직무 전문화와 부서별 독립성을 통해 업무효율성을 높인다.
③ 공식적 규칙과 표준화된 업무처리로 일관성을 유지한다.
④ 과업 중심의 유연한 조직구조로 환경변화에 대한 적응력이 높다.

정답찾기

③ 신공공서비스론은 시민을 단순한 소비자나 고객이 아닌 공공문제 해결의 주체이자 공동생산자로 본다. 시민의 참여와 공적 가치의 실현을 강조한다.

오답피하기

① 신공공서비스론은 '조정'보다 '봉사'에 초점을 두어야 한다고 본다. '노젓기'는 전통적 행정에 대한 역할에 해당한다.
② 공무원이 기업가적 마인드를 가지고 성과를 극대화해야 한다는 것은 신공공관리론의 특징이다. 신공공서비스론은 공무원의 민주적 가치와 시민에 대한 봉사를 강조한다.
④ 민영화와 시장경쟁을 통한 정부효율성 제고는 신공공관리론의 특징이다. 신공공서비스론은 공공성과 공익, 민주적 거버넌스를 더 중시한다.

정답 | ③

정답찾기

④ 팀제 조직은 과업 중심의 유연한 조직구조로 환경변화에 대한 적응력이 높다. 팀은 특정 과업이나 프로젝트를 중심으로 구성되며, 상황에 따라 유연하게 재구성될 수 있다.

오답피하기

① 팀제 조직은 명확한 계층구조보다 수평적 관계와 분권화된 의사결정을 강조한다. 지휘·명령의 일원화보다 팀원 간 협력과 자율성을 중시한다.
② 팀제 조직은 부서별 독립성보다 팀 간 협력과 통합을 강조한다. 직무 전문화도 중요하지만, 그보다 다기능 팀을 통한 시너지 효과를 추구한다.
③ 팀제 조직은 공식적 규칙보다 자율성과 창의성을 중시한다. 표준화된 업무처리보다 상황에 맞는 유연한 대응을 강조한다.

정답 | ④

11

옹호연합모형(Advocacy Coalition Framework)에 대한 설명으로 옳지 않은 것은?

① 정책변동을 위해서는 정책하위체제 외부의 충격이나 교란이 필요하다.
② 옹호연합 간의 정책갈등은 정책중개자(policy broker)에 의해 조정될 수 있다.
③ 옹호연합 내 행위자들은 핵심신념을 공유하며 장기간 안정적으로 유지된다.
④ 정책학습은 주로 옹호연합 간에 발생하며 신념체계의 핵심적 요소를 쉽게 변화시킨다.

12

「공직자윤리법」에 규정된 내용으로 옳은 것은?

① 공직자의 정치적 중립의무와 직무상 비밀엄수 의무
② 공직자의 재산등록 의무와 주식백지신탁 제도
③ 공직자의 청렴의무와 품위유지 의무
④ 공직자의 직장이탈 금지와 영리업무 금지

정답찾기

④ 옹호연합모형에서 정책학습은 주로 옹호연합 내부에서 발생하며, 신념체계의 이차적 측면(secondary aspects)에 영향을 미칠 뿐 핵심적 요소(deep core beliefs, policy core beliefs)를 쉽게 변화시키지 못한다. 신념체계의 핵심적 요소는 외부 충격이나 사회경제적 변화 등으로 인해 변화될 가능성이 크다.

오답피하기

① 옹호연합모형에서는 정책변동을 위해 정책하위체제 외부의 충격이나 교란(경제위기, 정권교체 등)이 중요한 역할을 한다고 본다.
② 옹호연합 간의 정책갈등은 정책중개자(policy broker)에 의해 조정될 수 있으며, 이를 통해 타협과 합의가 이루어질 수 있다.
③ 옹호연합 내 행위자들은 핵심신념(특히 규범적 핵심과 정책 핵심)을 공유하며, 이러한 신념은 쉽게 변하지 않아 옹호연합이 장기간 안정적으로 유지된다.

정답 | ④

정답찾기

② 「공직자윤리법」은 공직자의 재산등록 의무와 주식백지신탁 제도를 규정하고 있다. 이는 공직자의 부정한 재산 증식을 방지하고 공무집행의 공정성을 확보하기 위한 제도이다.

오답피하기

① 공직자의 정치적 중립의무와 직무상 비밀엄수 의무는 「국가공무원법」이나 「지방공무원법」에 규정된 내용이다.
③ 공직자의 청렴의무와 품위유지 의무는 「국가공무원법」이나 「지방공무원법」에 규정된 내용이다.
④ 공직자의 직장이탈 금지와 영리업무 금지는 「국가공무원법」이나 「지방공무원법」에 규정된 내용이다.

정답 | ②

13

다음 설명에 해당하는 정책집행 연구는?

> 1980년대에 함께 "정책집행과 공공정책(Implementation and Public Policy)"이라는 저서를 통해 정책집행에 관한 중요한 모형을 제시했다. 이 모형은 '하향식 접근법(top-down approach)'의 대표적 사례로 알려져 있다.

① 프레스만과 윌다브스키(Pressman & Wildavsky)의 연구
② 립스키(Lipsky)의 일선관료제 연구
③ 사바티어와 마즈마니안(Sabatier & Mazmanian)의 연구
④ 엘모어(Elmore)의 후방향적 집행분석(backward mapping) 연구

14

예산집행의 신축성 유지 방안에 대한 설명으로 옳은 것은?

① 이용은 예산의 목적 범위 내에서 재원의 효율적 활용을 위해 부처 장관의 승인으로 가능하다.
② 국가는 법률에 따른 것과 세출예산금액 또는 계속비의 총액의 범위 안의 것 외에 채무를 부담하는 행위를 하는 때에는 미리 예산으로써 국회의 의결을 얻어야 한다.
③ 계속비는 사업기간이 2년을 초과할 수 없으며 국회의 의결이 필요하다.
④ 전용은 각 세항 또는 목의 금액을 상호융통하는 것으로 국회의 사후승인이 필요하다.

정답찾기

③ 마즈마니안과 사바티어는 1980년대에 함께 "정책집행과 공공정책(Implementation and Public Policy)"이라는 저서를 통해 정책집행에 관한 중요한 모형을 제시했습니다. 이 모형은 '하향식 접근법(top-down approach)'의 대표적 사례로 알려져 있으며, 이들은 정책집행의 성공요인으로 정책의 명확성, 인과이론의 타당성, 집행구조, 집행담당자의 능력과 의지, 정책환경 등을 제시했다.

오답피하기

① 프레스만과 윌다브스키의 연구는 초기 집행연구로 정책집행 과정에서의 결정점(decision point)과 거부점(veto point)의 중요성을 강조했다.
② 립스키의 일선관료제 연구는 대표적인 상향식 접근으로, 일선관료의 재량과 대응기제(coping mechanism)에 초점을 맞춘다.
④ 엘모어의 후방향적 집행분석은 상향식 접근에 해당하며, 정책문제 해결에 가장 가까운 위치에 있는 일선현장에서부터 집행과정을 분석하는 방법을 제시했다.

정답 | ③

정답찾기

② 「국가재정법」 제25조(국고채무부담행위)에 따르면 국가는 법률에 따른 것과 세출예산금액 또는 계속비의 총액의 범위 안의 것 외에 채무를 부담하는 행위를 하는 때에는 미리 예산으로써 국회의 의결을 얻어야 한다.

오답피하기

① 이용은 예산 구조상 장(章)과 관(款) 사이의 융통으로, 국회의 승인을 얻어야 한다. 부처 장관의 승인만으로는 불가능하다.
③ 계속비는 완성에 수년이 소요되는 공사나 제조 등을 위한 것으로, 사업기간이 5년(최대 10년)까지 가능하다. 국회의 의결이 필요하다는 점은 맞다.
④ 전용은 각 세항 또는 목의 금액을 상호융통하는 것으로, 기획재정부장관의 승인을 얻어 가능하며 국회 사후승인은 필요 없다.

정답 | ②

15

「지방공기업법」상 지방공기업에 대한 설명으로 옳은 것은?

① 지방직영기업은 독립된 법인격을 가지며 특별회계방식으로 운영된다.
② 기획재정부장관은 제3조에 따른 지방공기업의 경영 기본원칙을 고려하여 대통령령으로 정하는 바에 따라 지방공기업에 대한 경영평가를 하고, 그 결과에 따라 필요한 조치를 하여야 한다.
③ 지방공사의 사장은 지방자치단체장이 임명하고, 임기는 3년이다.
④ 지방자치단체는 공공성이 크지 않아도 수익성이 높은 사업은 지방공기업으로 운영할 수 있다.

16

다음 중 정책문제의 구조화기법에 대한 설명으로 옳은 것은?

① 경계분석(boundary analysis)은 문제의 원인과 결과를 인과관계로 파악하는 기법이다.
② 계층분석(hierarchical analysis)은 정책문제를 상위문제와 하위문제로 분해하는 기법이다.
③ 분류분석(classification analysis)은 다양한 가치 간의 상충관계를 파악하는 기법이다.
④ 가정분석(assumption analysis)은 정책대안의 비용과 편익을 분석하는 기법이다.

정답찾기

③ 「지방공기업법」 제58조에 따르면 지방공사의 사장은 지방자치단체장이 임명하고, 임기는 3년이다. 이는 지방공사의 경영 안정성을 확보하기 위한 규정이다.

오답피하기

① 지방직영기업은 독립된 법인격을 갖지 않고 지방자치단체 내부조직의 일부로 존재한다. 다만, 특별회계방식으로 운영된다는 점은 맞다.
② 지방공기업법 제78조(경영평가 및 지도) 행정안전부장관은 제3조에 따른 지방공기업의 경영 기본원칙을 고려하여 대통령령으로 정하는 바에 따라 지방공기업에 대한 경영평가를 하고, 그 결과에 따라 필요한 조치를 하여야 한다.
④ 「지방공기업법」에 따르면 지방자치단체는 주민복리 증진을 위해 필요한 사업으로서 공공성과 기업성을 모두 갖춘 사업을 지방공기업으로 운영할 수 있다. 단순히 수익성이 높다는 이유만으로는 지방공기업으로 운영할 수 없다.

정답 | ③

정답찾기

② 계층분석(hierarchical analysis)은 정책문제를 상위문제와 하위문제로 분해하여 문제의 구조를 체계적으로 파악하는 기법이다. 이를 통해 복잡한 정책문제를 보다 명확하게 이해하고 해결방안을 모색할 수 있다.

오답피하기

① 경계분석(boundary analysis)은 문제의 원인과 결과를 인과관계로 파악하는 것이 아니라, 정책문제의 범위와 경계를 설정하는 기법이다. 즉, 무엇을 문제로 볼 것인지, 어디까지를 분석 대상으로 삼을 것인지를 결정한다.
③ 분류분석(classification analysis)은 다양한 가치 간의 상충관계를 파악하는 것이 아니라, 정책문제의 개념과 의미를 명확히 하고 체계적으로 범주화하는 기법이다.
④ 가정분석(assumption analysis)은 정책대안의 비용과 편익을 분석하는 것이 아니라, 정책문제에 내재된 가정들을 검토하고 대안적 가정을 탐색하는 기법이다.

정답 | ②

17

직무평가 방법 중 다음 설명에 해당하는 것은?

> 직무를 구성하는 요소(기술, 노력, 책임, 작업조건 등)를 선정하고, 각 요소에 가중치를 부여한 후, 직무별로 요소별 점수를 합산하여 직무 가치를 평가하는 방법

① 서열법
② 분류법
③ 요소비교법
④ 점수법

18

리더-구성원 교환이론(LMX)에 대한 설명으로 옳은 것은?

① 리더는 모든 구성원에게 동일한 리더십 스타일을 적용해야 효과적이다.
② 리더와 구성원 간의 관계는 시간이 지나도 변화하지 않는 안정적 특성이 있다.
③ 외집단(out-group) 구성원은 리더와 높은 신뢰와 상호작용을 가진다.
④ 리더와 구성원 간의 교환관계 질이 조직성과와 구성원 만족에 영향을 미친다.

정답찾기

④ 주어진 설명은 점수법(point method)에 대한 것이다. 점수법은 직무를 구성하는 요소를 선정하고 각 요소에 가중치를 부여한 후, 직무별로 요소별 점수를 합산하여 직무 가치를 평가하는 방법이다. 이는 직무평가의 양적 방법 중 가장 널리 사용되는 방식이다.

오답피하기

① 서열법은 직무 전체를 비교하여 상대적 가치에 따라 단순히 순위를 매기는 방법으로, 구체적인 요소별 평가나 점수화를 하지 않는다.
② 분류법은 미리 정해진 직무등급 기준에 따라 직무를 분류하는 방법으로, 각 직무를 정해진 등급에 배정한다.
③ 요소비교법은 주요 직무(기준직무)를 선정한 후, 다른 직무들을 이와 비교하여 요소별로 직무 가치를 평가하는 방법이다.

정답 | ④

정답찾기

④ 리더-구성원 교환이론(LMX)에서는 리더와 구성원 간의 교환관계 질이 조직성과와 구성원 만족에 영향을 미친다고 본다. 높은 질의 교환관계는 구성원의 직무만족, 조직몰입, 성과 등에 긍정적 영향을 미친다.

오답피하기

① LMX 이론에서는 리더가 모든 구성원에게 동일한 리더십 스타일을 적용하는 것이 아니라, 각 구성원과 차별화된 교환관계를 형성한다고 본다.
② LMX 이론에서는 리더와 구성원 간의 관계가 시간에 따라 발전하고 변화한다고 본다. 초기의 형식적 관계에서 점차 상호 신뢰와 존중에 기반한 관계로 발전할 수 있다.
③ 외집단(out-group) 구성원이 아닌 내집단(in-group) 구성원이 리더와 높은 신뢰와 상호작용을 가진다. 외집단 구성원은 상대적으로 리더와 낮은 수준의 교환관계를 형성한다.

정답 | ④

19

다음 중 정책학의 발달에 대한 설명으로 옳은 것은?

① 라스웰(Lasswell)은 정책학을 규범적 지향성보다 실증적 분석에 중점을 두어야 한다고 주장했다.
② 1960년대 정책학은 정책집행과 평가에 초점을 맞추며 발전했다.
③ 정책네트워크 모형은 1970년대 초반 정책학의 주류적 접근법이었다.
④ 윌다브스키(Wildavsky)는 정책분석을 '예술과 기예(art and craft)'로 규정했다.

20

다음 중 공공가치론에 대한 설명으로 옳은 것은?

① 공공가치는 시장에서의 개인 선택의 총합으로 정의된다.
② 무어(Moore)의 '전략적 삼각형'은 정당성, 효율성, 자율성으로 구성된다.
③ 공공가치 창출에 있어 시민의 참여와 숙의과정이 중요하다.
④ 공공가치는 객관적으로 측정 가능하며 보편적인 기준이 존재한다.

정답찾기

④ 윌다브스키는 정책분석을 '예술과 기예(art and craft)'로 규정하며, 창의성과 판단력이 중요하다고 강조했다. 그는 정책분석이 단순한 기술적 접근이 아닌 창조적 과정임을 강조했다.

오답피하기

① 라스웰은 정책학의 규범적 지향성을 강조했다. 그는 정책학이 민주주의 발전과 인간 존엄성 향상을 위한 지식(knowledge of and in the policy process)이 되어야 한다고 주장했다.
② 1960년대 정책학은 주로 정책형성과 결정에 초점을 맞추었다. 정책집행과 평가에 대한 본격적인 연구는 1970년대 이후에 활발해졌다.
③ 정책네트워크 모형은 1980년대 이후 발전했다. 1970년대 초반에는 체제론적 접근이나 합리모형, 점증모형 등이 주류를 이루었다.

정답 | ④

정답찾기

③ 공공가치론은 공공가치 창출에 있어 시민의 참여와 숙의과정을 중요시한다. 공공관리자는 시민과의 대화와 협력을 통해 공공가치를 발견하고 실현해야 한다.

오답피하기

① 공공가치론에서 공공가치는 시장에서의 개인 선택의 총합이 아닌, 집합적 선호와 공공의 이익을 반영하는 개념이다. 단순한 개인 이익의 총합을 넘어선 공유된 가치를 의미한다.
② 무어의 '전략적 삼각형'은 정당성과 지지(legitimacy and support), 운영 역량(operational capacity), 공공가치(public value)로 구성된다.
④ 공공가치는 맥락과 사회에 따라 다르게 정의될 수 있으며, 객관적 측정이 어렵고 보편적 기준이 존재하지 않는다. 공공가치의 다양성과 맥락의존성이 특징이다.

정답 | ③

메모

2025 김규대 비주얼 행정학

지방직 기출 미러링 모의고사

[정답편]

- 2019년
- 2020년
- 2021년
- 2022년
- 2023년
- 2024년

1. 2019 지방직 기출

01	②	02	②	03	④	04	④	05	③
06	①	07	①	08	④	09	③	10	④
11	②	12	②	13	④	14	③	15	④
16	②	17	①	18	③	19	①	20	③

2. 2019 지방직 미러링 1회

01	④	02	②	03	③	04	④	05	①
06	①	07	①	08	①	09	③	10	③
11	②	12	③	13	①	14	①	15	④
16	④	17	②	18	③	19	①	20	④

3. 2019 지방직 미러링 2회

01	④	02	②	03	②	04	③	05	①
06	④	07	④	08	④	09	③	10	④
11	③	12	④	13	②	14	③	15	④
16	④	17	④	18	①	19	②	20	④

4. 2020 지방직 기출

01	④	02	③	03	②	04	①	05	③
06	②	07	①	08	④	09	③	10	④
11	③	12	②	13	①	14	②	15	④
16	①	17	③	18	④	19	④	20	③

5. 2020 지방직 미러링 1회

01	④	02	③	03	④	04	④	05	④
06	④	07	③	08	①	09	①	10	③
11	②	12	②	13	③	14	②	15	①
16	②	17	④	18	①	19	②	20	①

6. 2020 지방직 미러링 2회

01	①	02	②	03	③	04	①	05	③
06	①	07	②	08	④	09	①	10	③
11	③	12	④	13	①	14	②	15	①
16	②	17	④	18	①	19	②	20	④

7. 2021 지방직 기출

01	①	02	②	03	④	04	①	05	③
06	②	07	③	08	①	09	④	10	②
11	④	12	②	13	②	14	①	15	②
16	③	17	④	18	③	19	①	20	④

8. 2021 지방직 미러링 1회

01	①	02	④	03	④	04	①	05	④
06	④	07	②	08	④	09	②	10	④
11	④	12	④	13	①	14	①	15	④
16	②	17	①	18	④	19	③	20	④

9. 2021 지방직 미러링 2회

01	④	02	③	03	④	04	③	05	④
06	③	07	②	08	③	09	②	10	④
11	③	12	①	13	②	14	④	15	②
16	①	17	③	18	③	19	④	20	④

10. 2022 지방직 기출

01	③	02	④	03	①	04	④	05	③
06	③	07	①	08	①	09	①	10	④
11	②	12	①	13	④	14	②	15	④
16	②	17	①	18	②	19	②	20	④

11 2022 지방직 미러링 1회

01	③	02	③	03	①	04	①	05	④
06	③	07	③	08	④	09	④	10	②
11	④	12	②	13	①	14	②	15	③
16	②	17	④	18	④	19	④	20	①

12 2022 지방직 미러링 2회

01	④	02	③	03	③	04	①	05	①
06	④	07	④	08	③	09	③	10	②
11	④	12	③	13	②	14	③	15	④
16	④	17	④	18	④	19	②	20	④

13 2023 지방직 기출

01	①	02	④	03	②	04	②	05	②
06	④	07	①	08	②	09	④	10	③
11	①	12	②	13	④	14	②	15	③
16	②	17	③	18	③	19	①	20	④

14 2023 지방직 미러링 1회

01	④	02	④	03	④	04	②	05	④
06	③	07	③	08	④	09	④	10	④
11	④	12	①	13	②	14	③	15	①
16	②	17	①	18	①	19	④	20	②

15 2023 지방직 미러링 2회

01	④	02	①	03	①	04	③	05	①
06	③	07	③	08	③	09	④	10	③
11	②	12	④	13	③	14	②	15	②
16	②	17	②	18	①	19	②	20	④

16 2024 지방직 기출

01	④	02	④	03	②	04	③	05	③
06	③	07	②	08	①	09	③	10	③
11	①	12	①	13	④	14	②	15	②
16	④	17	②	18	①	19	②	20	④

17 2024 지방직 미러링 1회

01	③	02	④	03	①	04	③	05	④
06	③	07	④	08	②	09	①	10	①
11	②	12	②	13	②	14	②	15	③
16	③	17	④	18	③	19	②	20	③

18 2024 지방직 미러링 2회

01	③	02	③	03	②	04	③	05	②
06	④	07	③	08	④	09	③	10	④
11	④	12	②	13	②	14	②	15	③
16	②	17	④	18	④	19	④	20	③

메모

메모

메모

메모

> 저자 소개

김규대

주요약력
연세대학교 사회학과 졸업
연세대학교 행정대학원 졸업

주요약력
現 박문각 행정학 대표강사
　공단기 행정학 대표강사
　군단기 행정학 대표강사
　에듀윌 행정학 대표강사

주요저서
- 김규대 행정학 기본서
- 김규대 행정학 정복노트
- 김규대 행정학 단원별 기출문제집
- 김규대 행정학 기출 진도별 모의고사
- 김규대 미러링 모의고사

- 온라인 강의 https://www.pmg.co.kr/
- 오프라인 강의 박문각 공무원학원
- 온라인 카페 https://cafe.naver.com/orangezs8de

2025 김규대 비주얼 행정학
지방직 기출 미러링 모의고사

발행일　2025년 4월 21일
집　필　김규대, 김규대행정학연구실
발행처　(주)K&P Traders
E-mail　kptraders@naver.com
ISBN　979-11-93503-12-6

값　　27,000원

온라인 카페 ttps://cafe.naver.com/orangezs8de
본 교재에 대한 저작권은 (주)K&P Traders에 있습니다.
(주)K&P Traders의 동의 없이 본 교재를 복사·변형하여 판매·배포·전송하는 일체의 행위를 금합니다